教育心理学
——献给教师的书

主　编　吴庆麟
副主编　胡　谊

华东师范大学出版社
上海

图书在版编目(CIP)数据

教育心理学:献给教师的书/吴庆麟主编.—上海:华东师范大学出版社,2003.11
ISBN 978-7-5617-3560-2

Ⅰ.教… Ⅱ.吴… Ⅲ.教育心理学 Ⅳ.G44

中国版本图书馆CIP数据核字(2003)第108047号

全国教育科学"十五"规划项目
"21世纪初我国教育心理学的改革与发展"课题成果

教育心理学
—— 献给教师的书

主　编	吴庆麟
副主编	胡　谊
策划组稿	翁春敏　彭呈军
特约编辑	孟　琦
责任校对	邱红穗
封面设计	黄惠敏
版式设计	蒋　克

出版发行　华东师范大学出版社
社　　址　上海市中山北路3663号　邮编 200062
网　　址　www.ecnupress.com.cn
电　　话　021-60821666　行政传真 021-62572105
客服电话　021-62865537　门市(邮购)电话 021-62869887
地　　址　上海市中山北路3663号华东师范大学校内先锋路口
网　　店　http://hdsdcbs.tmall.com

印　刷　者　江苏常熟市文化印刷有限公司
开　　本　787毫米×1092毫米　1/16
印　　张　24.75
字　　数　451千字
版　　次　2003年12月第1版
印　　次　2024年7月第28次
印　　数　98 601-99 700
书　　号　ISBN 978-7-5617-3560-2/B·199
定　　价　39.80元

出版人　王　焰

(如发现本版图书有印订质量问题,请寄回本社客服中心调换或电话021-62865537联系)

前言

　　教育心理学这一学科承载着众多人的希望：教育理论研究者将之视为构建大教育学科的基石之一；课程设计者则从该学科的基本原理出发，提出安排与变革课程的初步设想；教学法研究者则依据该学科中一些重要结论，构想出一系列具体的教学方法或措施；心理学工作者则以该学科的发展为契机，扩大心理学对实践特别是教育的影响；中小学教师则直接运用该学科来解释并指导自己的课堂教学；等等。

　　面对这些来自不同领域人的期望，国内教育心理学界的同仁一方面在追踪国际学术前沿课题时，引入并介绍了一些有代表性的理念、方法与技术，一方面在应对国内教育改革不断深化这一挑战时，提出了一些有创意的教育心理学观念与方法。近十年来，华东师范大学心理学系教育心理学教研组在上述方面也作了一些尝试：在理论上，密切关注国际学术观念的发展动向，先后出版多本在国内有较大影响的专著和教材——《教育心理学》(邵瑞珍主编)、《智育心理学》(皮连生著)、《认知教学心理学》(吴庆麟等编著)；在实践方面，长期参与国内中小学教育改革的理论指导与实践探索，形成了颇具特色的学习与教学的理论和技术。

　　在取得成绩的同时，我们也认识到：我国教育心理学的理论观念亟待整合。例如，国内一些学者曾基于行为主义的知识观，强调为教学、课程、评定中的知识制定详尽的目标，以学习层级的思想来实现对更复杂的知识的学习；而另一些学者已追踪至认知革命中最具代表性的建构主义理念，提出一些基于该观念的教学方法或技术，如基于问题的学习、教学对话等；更有些学者意识到在国际上，知识观已迈向一种更具人类学、人种学及生态学特征的情境观，即知识分布于人及人所处的物质环境之中，获取知识须依赖人与他人、人与其所处的物质环境系统的互动。所以，对于这些观念，我国教育心理学工作者的任务不仅仅是介绍或提出，更应该将它们融合。

　　在国内教育心理学的理论取向未定，或者尚未得到"整合"时，我国目前的教育改革实践似走到了理论视野之前，在学习、教学、学生评定等方面相继提出"探究性学习"、"合作学习"、"综合能力测试"等口号，似更具目前学与教的情境观的色彩；但已有调查表明,如何切实有效地实施这些口号,远非想像的那么简单。进一步来说,国内教育心理学的理论观念与中小学实践工作明显表现出各种"不合拍",这主要有:(1)教育心理学的研究追求科学化规律,这与教育实践追求实用的目的不同;(2)教育心理学的结论大多是描述性的,这与教师需要"处方式"教学方法存在差距;(3)教育心理学的原理大多从实验情境中获得,这限制了它对复杂课堂情境的解释和处置;等等。上述"不合拍"其实在深层次意义上却是和谐的,这也是我国教育心理学工作者需要努力的方向。

基于上述"居安思危"式的认识,教育心理学教研组近几年来一直在思考:如何"摆脱"由国际和国内两方面挑战所引发的窘境,转被动吸收为主动参与到国际学术观念之间的争论,转纯理论指导为切实解决国内基础教育改革中面临的实际问题,为21世纪初我国教育心理学的改革与发展探索出一条"新"路。因此,在如何加强教育心理学与中小学实践之间联系这方面,我们筹划编写《教育心理学——献给教师的书》这本教材。编写该教材,其目的在于从教师角度,阐述教育心理学中的基本原理与规律,促使教师学会在自己的课堂实践中运用这些知识。

本教材的编写工作由吴庆麟总负责。初稿分别由胡谊(第一章、第十一章、第十四章)、刘明波和张振新(第二章、第四章)、陈云儿和胡谊(第三章、第八章)、谢立波(第五章)、杜伟宇(第六章)、张振新(第七章第一、二、三节)、郝宁和余建华(第九章、第十章)、李同吉和胡谊(第七章第四节、第十二章)、袁薇薇(第十三章)等撰写;后经吴庆麟、钱文、汪航等审阅并修改;最后由吴庆麟、胡谊定稿。本教材的试教,是在华东师范大学"心理学"第二专业(2001级学员)和网络学院"教育学"专业(2002级学员)的"教育心理学"课程中完成。

本教材的编写,得到全国教育科学"十五"规划项目"21世纪初我国教育心理学的改革与发展研究"、华东师范大学网络课程建设、华东师范大学教育科学学院研究生课程建设等课题的经费资助;教材的素材部分取自上海市宝山区通河中学、长江二中、罗南中心小学、红星小学、庙行中心校等学校;教材的出版得到华东师范大学出版社有关同志的热情帮助;在此,我们一并感谢。

编写这样一本教材,仅是一次新的尝试和探索,其中纰漏,望读者指正。是曰:书结良友,知求异音。

编　者
2003年10月

目录

绪　论

3	**第一章　教师与教育心理学**
3	引言
3	教学设疑
4	第一节　教师的专业成长
4	一、新教师
7	二、从新教师到专家型教师
8	三、专家型教师
11	第二节　从心理学角度对教育现象的种种探索
12	一、关于学生心理
13	二、关于学习心理
14	三、关于教学心理
15	第三节　教育心理学对教师的作用
15	一、运用教育心理学的观念来理解教育
16	二、运用研究来理解和促进教学
19	三、本教材与教师
21	教学经验
22	教学反思
23	总结
23	重要概念
23	参考文献

目录

第一部分 学生心理

27	**第二章 认知发展**
27	引言
28	教学设疑
28	第一节 皮亚杰的认知发展理论
29	一、皮亚杰理论的基本观点
33	二、皮亚杰的认知发展阶段理论
41	第二节 维果斯基的认知发展理论
42	一、维果斯基理论的基本观点
44	二、维果斯基理论与教育
50	教学经验
52	教学反思
52	总结
52	重要概念
53	参考文献
54	**第三章 社会和情感发展**
54	引言
55	教学设疑
55	第一节 埃里克森的心理社会发展理论
55	一、理论的提出

57	二、心理社会发展的八阶段
60	第二节 自我意识的发展
60	一、自我意识
63	二、不同年龄阶段个体的自我意识
65	第三节 道德发展
65	一、皮亚杰的道德认知发展理论
66	二、柯尔伯格的道德发展理论
69	三、对柯尔伯格道德发展理论的挑战
70	第四节 影响个体社会化的因素
70	一、父母教养方式
74	二、同伴关系
78	教学经验
79	教学反思
79	总结
80	重要概念
80	参考文献
81	**第四章 智力与创造力**
81	引言
82	教学设疑
82	第一节 智力理论与教育
83	一、经典智力理论
86	二、现代智力理论
94	三、智力测验

95	第二节　创造力与教育
96	一、创造力的含义
97	二、从不同心理学角度来看创造力
100	三、培养学生的创造力
102	教学经验
103	教学反思
103	总结
104	重要概念
104	参考文献
105	**第五章　特殊学生**
105	引言
106	教学设疑
106	第一节　智力落后
106	一、智力落后的概述
108	二、智力落后学生的特点
112	第二节　情绪和行为障碍
112	一、情绪和行为障碍的概述
113	二、情绪和行为障碍学生的特征
115	第三节　学习困难
115	一、学习困难的概述
117	二、学习困难学生的特征
119	第四节　感觉和躯体障碍
119	一、听觉障碍

121	二、视觉障碍
123	三、躯体障碍
124	教学经验
125	教学反思
125	总结
126	重要概念
126	参考文献

第二部分　学习心理

第六章　学习的行为主义观

129	引言
129	教学设疑
130	第一节　经典条件作用
130	一、巴甫洛夫的经典实验
131	二、泛化、辨别和消退
133	第二节　操作条件作用
133	一、桑代克和斯金纳的工作
136	二、操作条件作用的理论
141	第三节　学习的行为主义观在课堂中的应用
142	一、课堂管理
147	二、课堂教学
149	第四节　学习的行为主义观在课堂中的新近应用

目录

149	一、自我管理
151	二、自我教学
153	教学经验
155	教学反思
155	总结
156	重要概念
156	参考文献
158	**第七章 学习的认知观**
158	引言
158	教学设疑
159	第一节 学习的认知观概述
159	一、历史背景
162	二、与行为主义观的比较
162	三、学习的信息加工模型
164	第二节 信息贮存
164	一、记忆系统
166	二、知识表征
174	第三节 认知过程
174	一、注意、知觉与复述
177	二、有意义地编码
181	三、提取
181	第四节 元认知
182	一、元认知的含义

183	二、关于元认知的研究
186	教学经验
187	教学反思
187	总结
188	重要概念
188	参考文献

第八章　学习的社会认知观和建构主义观

190	引言
191	教学设疑
191	第一节　班杜拉的社会认知理论
191	一、社会认知理论概述
193	二、观察学习
195	第二节　当代建构主义的理论
195	一、当代建构主义理论的兴起
196	二、当代建构主义的不同观点
199	三、不同建构主义观点的共识
201	第三节　当代建构主义理论的课堂应用
201	一、研究性学习与基于问题的学习
203	二、合作学习
208	三、教学对话
210	四、认知师徒法与互惠教学
212	教学经验
213	教学反思

目录

- 214 总结
- 214 重要概念
- 215 参考文献

第九章 复杂的认知过程(上)

- 216 引言
- 217 教学设疑
- 217 第一节 概念学习
  - 217 一、概念的含义
  - 218 二、教授概念
  - 224 三、纠正错误概念
  - 225 四、概念的扩展和联结
- 226 第二节 问题解决
  - 226 一、问题解决的概述
  - 231 二、特殊领域的问题解决
  - 236 三、培养学生问题解决的能力
- 239 教学经验
- 240 教学反思
- 240 总结
- 241 重要概念
- 241 参考文献

第十章 复杂的认知过程(下)

- 243 引言

244	教学设疑
244	第一节 认知策略
244	一、认知策略的概述
247	二、促进理解材料的学习策略
251	三、促进认知加工的思维技能
254	第二节 迁移
254	一、迁移的概述
257	二、迁移的内在机制
262	三、为促进正迁移而教学
265	教学经验
267	教学反思
267	总结
267	重要概念
268	参考文献

第三部分 教学心理

271	**第十一章 制订教学计划**
271	引言
272	教学设疑
272	第一节 教学计划的过程
272	一、有效教学计划的制订者
274	二、制订教学计划的阶段

275	三、制订教学计划的模式
277	四、影响教学计划制订的因素
278	第二节 教学计划的内容
279	一、确定教学目标
282	二、分析教学内容
285	三、安排教学事件
293	附:教学计划实例——三角比的应用问题
296	教学经验
297	教学反思
298	总结
298	重要概念
298	参考文献

300	**第十二章 激发学生动机**
300	引言
300	教学设疑
301	第一节 动机及其理论
301	一、动机的含义
302	二、动机的作用
303	三、动机理论
306	第二节 影响学生动机的各种因素
306	一、外部因素
310	二、内部因素
316	第三节 激发学生动机的策略

316	一、促进自信心的策略
319	二、促进学习参与的策略
323	教学经验
324	教学反思
324	总结
325	重要概念
325	参考文献

第十三章　有效课堂教学

326	引言
326	教学设疑
327	第一节　以教师为中心的教学
327	一、教学特征
329	二、直接教学
332	三、讲授法
334	第二节　以学生为中心的教学
334	一、教学特征及使用误区
338	二、发现学习
340	三、讨论法
341	四、个别化教学
342	第三节　运用技术的教学
342	一、教学特征
343	二、多媒体教学
345	三、网络教学

346	四、智能辅导系统
349	教学经验
350	教学反思
351	总结
351	重要概念
352	参考文献

第十四章　学习结果的测评

353	引言
353	教学设疑
354	第一节　测评理论概述
354	一、测评的基本概念
355	二、有效测评的必要条件
357	第二节　学校教育中的测验
357	一、实施测验的基本环节
359	二、对认知目标的测量
368	三、对情感目标的测量
372	第三节　学校教育中的评价
372	一、教学评价结果的功用
373	二、对测验结果的处理
375	教学经验
376	教学反思
376	总结
377	重要概念
377	参考文献

绪 论

第一章 教师与教育心理学

> 如果你是师范生,你认为今后择业,特别是应聘中小学教师时,自己的优势在哪里?如果你是物理系学生,与数学系学生相比,教授中学物理是否具有明显优势?如果你已经是教师,是否感觉自己从事这一职业很辛苦?如果你是小有成就的青年教师,可否总结几条成功的经验?等等。这些都是教师教育过程中师范生和教师面临的问题。
>
> 大多数师范生和新教师特别想知道"如何才能成为该领域的优秀者"。但是,仅仅了解"教师"的成功之道,还不足以获得成功;你还要了解教授对象——学生,特别是他们的心理发展特点和学习活动规律。那么,如何才能使自己"快速"了解"教师"和"学生"的内心世界呢?教育心理学这一学科,就是该"进口"的最佳"敲门砖"。本书将帮助你了解教育过程中学与教的原理,以及如何将这些原理运用于教学实践。
>
> 学完本章后,你应该能够:
> - 阐述专家型教师的发展过程;
> - 陈述教学专长的类型及其特点;
> - 围绕"关于学生"、"关于学习"和"关于教学"这三个主题,简述教育心理学的学科发展历程;
> - 理解教育心理学研究对教学的作用;
> - 了解本教材的特点。

教学设疑

明天,胡老师将要第一次走上讲台,面对那些曾经相识却又完全陌生的学生,开始他的人生"第一讲"。此时,小胡内心忐忑不安:穿什么衣服呢,最好不要出洋相;

还没有写好教案,上课如果时间"太多"或"不够"怎么办;学校领导会不会来听课,那时学生最好不要为难我……

如果你是胡老师:
- 如何制订你的教学计划?在课堂上怎样处理计划与实际情况二者的关系?
- 说出你的课堂管理办法,试想学生是否会遵守你的规定?
- 对不同的教学内容,你的课堂讲述是否有所不同?
- 在演示过程中,你考虑最多的是什么?
- 在提问时,你是否考虑学生能回答这些问题?
- 在布置课堂练习或家庭作业时,你的开场白是什么?
- 除了用语言来传递教学信息外,你是否还有其他非言语性方式与学生交流?

第一节 教师的专业成长

与初次踏进学校的儿童一样,初次走上讲台的新教师们,既好奇又充满各种幻想,都试图理解自己的新环境,都试图在即将的学习或工作中做得最出色。与新生认为自己"求知"生涯正式开始的想法不同,新教师往往认为,"初次讲课"并不预示着一个新"学习历程"的开始,而是充分展示自己"本领"的机会。殊不知,成为一名优秀教师,需要经历很多困难,需要掌握更多的实践性知识和技能。

一、新教师

学习要求 结合自己经历,描述新教师不同的错误观念
结合实例,描述新教师经历的心理困境

任何领域新手在一开始活动时,都会对自己领域产生各类错误观念,并遇到各种看似无法解决的困境。而在教学领域,新教师也无法避免这一点。关于教学和学会教学,新教师往往存在三种错误观念:(1)教学只是传递知识的过程;(2)主修某一学科就能提供教授这门学科所需的全部知识;(3)学会教学只不过是经验的积累过程。这些错误观念交织于新教师复杂的知识网络中,而且一时难以纠正。

首先,在课堂教学实践中,新教师授课往往"口干舌燥,面红耳赤",仍收效甚微,其中原因可能是教师认为只要把知识讲清楚就可以,而无须顾及教授对象——学生,

更不用说学生的错误知识可能对教学产生的影响。应当注意，在学习过程中，学生不是被动接受或记录信息，他们必须进行积极加工才能理解信息的含义。例如，一辆汽车以 50 公里/小时的速度匀速行驶在高速公路上，大多数人都认为使车前进的动力要比阻力大，但事实上，动力和阻力是相等的。在物理课上学生已经学过这一知识点，但大部分人仍持有这一错误观念。新教师在教学中如不了解这一点，将无法有效地完成教学任务。而本书的"学习心理"部分内容，将有助于新教师理解学生"为什么产生上述这类错误观念"，"如何长期受错误观念的误导"，应采取何种举措来消除学生的错误观念。

其次，有些新教师认为，学科知识就包括了教学所需的全部知识；但是，有关如何呈现教学内容、了解学生特点等知识或技能，也是新教师所必须具备的。有研究者曾对新教师有效说明并呈现数学概念作过调查研究，结果显示，在教学上，有数学专业背景的新教师与缺乏数学专业背景的新教师，并没有显著差异，这是因为他们都缺乏教学法—内容知识（pedagogical-content knowledge），即有效呈现教学内容的知识，如何为不同年龄段的学生安排授课难度，如何为不同内容选择合适教学方法等。值得注意的是，学科内容知识不会自动生成教学法—内容知识，而获得这类知识则需要相当长时间的教学经验。因此，学会教学除了掌握本学科内容知识外，还需要其他类型的知识，这在后面内容中将详细介绍。而新教师学习教育心理学的意义，就在于从中获得有效教学所必需的各类知识。

最后，教学经验对新教师成长固然重要，但仅有实践还远远不够。通过实践能积累经验，但这些经验本身可能存在两个问题：一方面，新教师观察到的教学或自己教学不一定都很成功，故而在一定程度上，这种经验并不能有助于自身教学能力的提高；另一方面，即使是同样优秀的教师，他们在教学方法上也存在很大差异，而滥学各类成功经验，不根据自己特点和所教学生的情况，也无法有效促进自我教学能力的提高。有研究发现，学校或各类教师培训机构必须为观察者（新教师或实习教师）提供特定指导，提醒应关注的行为，否则观察者将无所适从，并可能学到不恰当或无关的教学行为。因此，除了实践外，新教师还要学习各类理论知识；而教育心理学将从理论上指导新教师的学与教等活动。

此外，新教师刚走上新岗位，往往会体验到一些心理困境。有项调查研究发现，新教师认为课堂上要面临并处理的重要任务有：维持课堂纪律、激励学生、处理学生差异、评价学生的作业、联系学生家长等。在开始工作后，新教师每天要面对"艰难的课堂教学"，都会有"现实残酷"、"工作太累"这类体验，从而影响他们较快地进入角色。针对新教师的这一困境，虽然各级教师教育的机构，如师范院校，都为他们进入这一行业提供知识、技能、情感等各方面的准备,但仍无法保证师范生一毕业就成为一名合格教师。而我国现行教师教育体系为师范生或新教师提供与经验丰富的老教师,特别是与专家型教师或专家型校长相互交流的机会很少。

新教师即使进入角色,但随着经验积累,他们还要解决一些更为复杂的问题,例如,需要投入大量时间来尝试新教学方法,使用新教材,考虑新班级的学生等等。新教师的观念逐渐从"教材中心"转向"学生中心",开始关注学生的需求,如"我的学生爱学习吗?""他们正在形成积极的学习态度吗?""这是教后进生写论文的好方法吗?"等等。可以看出,要胜任"教师"这一岗位,新教师在学校中习得的理论知识远远不够,还要掌握大量的实践性知识和技能。

新教师 刚进入教学领域的新手
教学法—内容知识 有效呈现教学内容的知识

教学之窗

给新教师的建议——如何进行有效教学

☞ 精心组织授课内容
　→ 向学生说明教学目标;
　→ 一开始上课就在黑板上写下教学内容的大纲;
　→ 尽量以明确的步骤或阶段呈现教学内容;
　→ 不断复习,促进知识巩固。

☞ 明确解释
　→ 使用学生熟悉的例子或类比,举多个例子说明一个知识点;
　→ 提供不同水平的解释,保证好生和差生都能理解学习内容;
　→ 一次讲解一个主题。

☞ 用你的热情感染学生
　→ 向学生说明课程的重要性,强调学习本身的价值,而不要使用"考试会考到的"或"这是你明年必须学习的内容"等理由;
　→ 与学生保持眼神交流;
　→ 调整自己的语速和音量。

二、从新教师到专家型教师

成为优秀教师或专家型教师,这是大部分新教师的理想。从专长发展角度,可以勾勒出新教师向专家型教师的发展过程,也可以揭示出影响教师专业发展的一些因素。

1. 教师的专业发展

> **学习要求** 简述从新教师到专家型教师发展的五个水平

有研究者(Dreyfus & Dreyfus,1986)将教师从新手到专家的过程划分为5个阶段:新手水平(novice level)、高级新手水平(advanced beginner level)、胜任水平(competent level)、熟练水平(proficient level)、专家水平(expert level)。

新手水平教师是师范生或刚进入教学领域的教师。在这个水平,教师的任务是学习一般的教学原理、教材内容知识和教学方法等,并熟悉课堂教学的步骤和各类教学情景,初步获得教学经验。

高级新手水平教师是有两三年教龄的教师。他们的言语化理论知识与经验相融合,教学事件也与案例知识相结合。他们开始意识到各种教学情境有其共性,也会运用一些教学策略来调节和控制自己的行为。但是,他们还不能有意识地控制自己的行为或课堂中的教学事件,还不能确定教学事件的重要性。因此,此水平教师虽然获得了一些关于课堂教学事件的知识,但他们的课堂管理与教学活动并不是在意识水平下的行为,而是带有很大的偶然性和盲目性。

胜任水平教师并不是每个教师都能达到的。他们的教学有两个特性:能明确自己的教学目标和内容;能确定课堂教学活动中各类事件的主次。此水平教师对完成教学目标有较强的自信心,但是他们的教学技能仍然达不到迅速、流畅与变通的水平。

熟练水平教师对课堂教学情境和学生的反应有敏锐的观察力。他们能从不同教学事件中总结共性,形成有关于教学的模式识别能力,可以准确预测学生的学习反应。正是由于获得这些能力,熟练水平教师能根据课堂教学进程及学生的学习反应,及时调整自己的教学计划,并有效控制自己的教学活动。

专家水平教师在处理课堂教学事件时,并非以分析、思考、有意识选择与控制等方式,而是以直觉方式立即反应,从而能轻松、流畅地完成教学任务。此外,专家水平教师会针对复杂程度各异的教学情境,采取不同处理方式:当陌生的教学事件发生时,他们开始有意识地思考,采取审慎的解决方法;当教学事件进行得十分流畅时,他们的课堂行为就成为一种自然而然的反射行为。

专家型教师 胜任某一学科教学任务,其教学效绩优于一般教师的一类教师

2. 影响教师成长的因素

学习要求 简述影响教师成长的因素之间关系

在上述从新教师到专家水平教师的成长过程中,制约因素有哪些呢?有研究者(Glatthorn,1995)认为,这些因素可分为三类:个人因素(personal factors)、情境因素(contextual factors)、系统过程(systematic processes),如图1.1所示:

具体来说,个人因素涉及教师自身的职业与能力等方面特征,包括教师的自我评价、师德状况、人际关系、认知能力、职业发展和动机水平等;其中,认知能力是关键因素。情境因素即教师学习或工作的环境,教师所处的情境分为五个层面:社会与社区、学校体制、学校氛围、教学小组或部门、课堂。系统过程即有目的地影响教师成长的特定方法和手段,具体有:课堂教学观摩、教师评课与教学笔记等;此外,教师也可采用自我目标导向、合作小组、专家指导等方式来促进教学能力的发展。

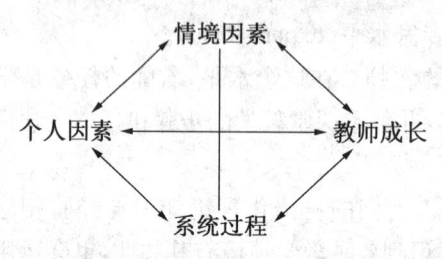

图1.1 教师成长的影响因素系统

三、专家型教师

1. 教学专长的类型

学习要求 简述教学专长的不同类型

专家型教师所具备的有关教学的知识和能力,被称为教学专长(teaching expertise)或教学法知识(pedagogical knowledge)。有研究者(Berliner,1992)曾提出一个涉及教师专长、教学能力和教学结果的作用模式,具体如图1.2。

在此模式中,专长层次的内容是教师的教学法知识;能力层次由受教学法知识直接作用的课堂行为组成;结果层次是指学生的发展状况,包括认知能力的增长、动机与价

值观的变化等。可以看出,教师专长(教学法知识)影响教师的教学能力(教学行为),并最终影响教学结果(学习结果)。

教师专长 (教学法知识)	教学能力 (教师行为)	教学结果 (学生结果)
知识专长	讲解	认知方面
管理专长 ⟹	管理 ⟹	学业成绩的提高
教授专长	教学	情感方面
诊断专长	诊断	社会方面

图1.2 教师专长、教学能力和教学结果的作用模式

具体来说,专家型教师所具备的教学专长有多种形式,可分为四类:学科知识专长(subject matter expertise)、课堂管理专长(classroom management expertise)、教授专长(instructional expertise)、诊断专长(diagnostic expertise)。

学科知识专长是指所教学科的内容知识。它包括一个组织良好且易于提取的知识实体,例如:(1)事实的或概念性的知识;(2)各种特殊解题方法;(3)对课程目标、内容等的反思;(4)知识的优化组织;(5)任务的难度;等等。因此,学科知识专长不仅指特定内容的知识,还有优化教学所需的知识结构。

课堂管理专长是指支持有效教学和有效学习的课堂条件的知识。此专长的作用在于:(1)维持课堂教学任务的进行;(2)预防或迅速消除课堂不良行为;(3)创造良好课堂气氛而采取的教学行为;等等。

教授专长是指为了完成目标,有关于教学策略与教学方法的内隐知识和外显知识的总和。教授专长存在于复杂但有规律的教学活动中,涉及的能力包括计划、监控、控制、评价和应变等;这些能力适应不断变化的课堂情境,使教学变得更为流畅。

诊断专长是指获得关于全部学生和个别学生的信息状况的方法,这些信息状况的内容主要有:(1)学习需求;(2)学习目标;(3)学生的能力;(4)学生现有学业水平;(5)学生的强项与不足;等等。

应当注意,拥有上述四类专长只是成为专家型教师的必要条件,而非充分条件。有研究发现,教师对所教科目的热爱程度与学生的学业成就存在正相关,热心、友好、善解人意这三种教师品质与学生的学习态度相关最大。也就是说,热心、友善的教师更受学生欢迎;但同时要注意,这仅仅是相关研究,其结果不能说明教师的热情是学生学习或形成积极态度的本质原因。所以,教师的教学能力并不仅仅是上述四类专长的综合运用,它还与教师的人格特征、动机、价值观与情绪等因素相联系。

教学专长　专家型教师所具备的教学知识和能力
学科知识专长　是指所教学科的内容知识
课堂管理专长　是指支持有效教学和有效学习的课堂条件的知识
教授专长　是指为了完成目标，所拥有的有关教学策略与教学方法的内隐知识和外显知识的总和
诊断专长　是指获得关于全部学生和个别学生的信息状况的方法

2. 教学专长的特点

学习要求　描述教学专长的特点

要成为专家型教师，就必须积累丰富的课堂教学经验，大量的教学实践经验是教师专长形成的必要条件。一般来说，获得教学专长至少需要10年的工作经验，或10 000小时的课堂教学时间。尽管并不是所有有经验教师(指教学年龄较长)都能获得教学专长；但不经过大量的课堂教学实践就成为专家型教师，这几乎不可能。例如，教学专长需要教师了解学生的认知水平，并据此较快地确定教学起点，但这一了解过程却是渐进的，需要经过一定教学时间。

一旦拥有教学专长，教师的某些教学行为就会达到自动化水平。如在批改作业中，专家教师所用时间只及新教师的三分之一，但前者能较快得知学生作业情况(如哪些学生需要个别辅导)，并能迅速核对作业答案。诸如批改作业这类教学技能的自动化，一方面使得专家教师能充分利用课堂情境的各种信息，激活自己头脑中的课堂教学知识或经验，从而灵活应变各种学生行为；另一方面可腾出更多思维空间，考虑多种解决问题的方法和学生的学习特征，以不同教学原则处理各类教学事件，为创造性地处理课堂行为提供可能。

同时，根据实际教学情境和学生的反应与要求来安排教学，也是教学专长的表现之一。例如，在计划教学的过程中，教学专长不仅表现在教师对教学方法要熟练掌握，还表现在教师要知道学生的能力、经验与知识背景，据此确定这一知识内容的可教性及相应教学方法。所以，在课堂教学过程中，拥有教学专长的教师不仅能预期自己的教学行为，还会根据学生的课堂行为来调整并最终完成教学目标。而在课堂教学之后，他们最为关注的是学生的学习效果以及学习态度与兴趣等，而非自己教学方法的使用是否得当等。

教学之窗

教师的知识结构

有研究者(Shulman,1987)认为,教师的知识结构至少应包括七个子类:

☞ 教材内容知识,不仅涉及具体的概念、规则和原理,还涉及它们之间的联系;不仅有"是什么"的知识,还有"为什么是这样"的知识;

☞ 一般教学法知识,特指不依赖于具体学科内容的课堂管理与组织的一般性原则和策略;

☞ 课程知识,是指教学媒体与教学计划的熟练掌握;

☞ 教学法——内容知识,是教学内容与教学法的结合,是教学领域内的专门知识,也是教师这一职业中特有的知识形式;

☞ 学生及其特点的知识,涉及个体发展与个体差异方面;

☞ 教育情境的知识,涉及小组或班级的活动状况,学区管理与资助,社区与地域文化的特点等;

☞ 有关教育宗旨、目的、价值和它们的哲学与历史背景的知识。

在这些子类中,教学法——内容知识是教学领域中特有的知识类型,是教材内容与一般教学法融为一体的知识,是对具体的教学目标与教学任务进行组织、表征,以适应不同学生的兴趣与能力的知识。此类知识的内容有例子、类比、图解、解释和演示等,还涉及对学生当前知识状况的了解,如何将新概念与学生已有的知识结构相联系。与教材内容知识不同的是,教学法——内容知识要求教师能明了,对学生而言,教学内容的难易所在及原因。从这个角度,教学法——内容知识是情境化、个性化的知识,教师通过运用这种知识,可使学生更容易地理解和掌握教学内容。因而,教学法——内容知识是教学中最为重要的知识。

第二节 从心理学角度对教育现象的种种探索

教育心理学这门学科的正式形成,其标志是美国心理学家桑代克(E. L. Thorndike,1874—1949)的著作《教育心理学》(1903);该书后来发展成教育心理学三大卷:《教育心理学:第一卷,人的本性》(1913),《教育心理学:第二卷,学习心理学》(1913),《教育心理学:第三卷,心智运作、疲劳、个体差异及其原因》(1914)。从该学科诞生至今整一百年的发展历程中,教育心理学研究者对学与教中各种现象的探索,主要涉及三大范畴:

Thorndike

学生心理、学习心理和教学心理。

一、关于学生心理

学习要求 简述教育心理学对学生心理的一些探索工作

　　对学生心理的研究,教育心理学从发展角度主要关注这样一些问题:何为能力(或智力、素质、智慧);人的能力如何发展(阶段的还是突变的);教育与智慧发展的关系(教育先于发展还是发展先于教育);智力与非智力因素的关系;人的道德从何而来,其发展阶段如何;人与人之间差异的表现及其原因;等等。

　　自20世纪20年代起,瑞士心理学家皮亚杰(J. Piaget)在认知发展领域,创立了"发生认识论",通过认知结构、图式、同化、顺应等概念,解释了个体发展中经由自身需要与环境特征的交互作用历程逐渐得到的知识发展,并提出了随年龄的增长在认知结构发展上的四个质变时期,即"认知发展阶段论"(具体可见第二章第一节)。在同一时期,苏联心理学家维果斯基(L. S. Vygotsky)在《教育心理学》一书中,强调了教育与教学在儿童发展中的主导作用,提出了"文化发展论"、"内化说"、"最近发展区"等认知发展的观点,阐述了教育先于个体认知发展的教育思想(具体可见第二章第二节)。

　　在认知领域之外,心理学研究者还提出一些非认知领域的发展问题。20世纪50年代,美国心理学家埃里克森(E. H. Erikson)提出了心理社会发展的八阶段理论,阐述个体个性发展的社会化历程;皮亚杰和美国心理学家柯尔伯格(L. Kohlberg)也分别提出了个体道德发展的阶段论思想(具体可见第三章相关内容)。而在国内,自20世纪80年代起,研究者也开始关注一些非认知领域中的个体心理特征及其发展,如非智力因素的组成、特点及其培养等。

　　在对学生所形成的能力实质及其发展的探索上,发展心理学领域的研究者集中关注于智力的本质及其测量。在理论构想上,从20世纪初英国心理学家斯皮尔曼(C. E. Spearman)提出的"智力二因素理论",到20世纪80年代美国心理学家加德纳(H. Gardner)提出的"多元智力理论"、斯腾伯格(R. J. Sternberg)提出的"智力三元理论",体现了研究者对智力内涵理解的不断深入;在心理测验上,从20世纪初的比纳-西蒙量表,到之后可以系统测量各年龄阶段个体智力的韦克斯勒智力量表,反映出智力测验工具的不断完善(具体可见第四章相关内容)。

　　在对个体心理差异,特别是对一些特殊个体的心理特征的了解上,心理学工作者已经进行了大量富有成效的工作,例如对存有智力落后、学习困难、情绪障碍和躯体障碍等一类人的研究工作,就已经揭示出这类特殊人群的独特心理特征,并提出了一些帮助他们进行有效学习的教育方法或手段(具体可见第五章)。

二、关于学习心理

学习要求 简述教育心理学对学习心理的一些探索工作

在科学心理学发展史上,自从1885年德国心理学家艾宾浩斯(H. Ebbinghaus, 1850—1909)出版《论记忆》一书之后,心理学家开始通过实验来研究学习。从20世纪初的学习行为主义观到60年代兴起的学习认知观(主要指信息加工理论),再到80年代开始的社会认知观和建构主义观,学习心理的研究如雨后春笋,积累了庞大的资料,形成了数十个可解释不同学习现象的研究派别。值得注意的是,学习心理是教育心理学这一学科的基础研究领域,也是教育心理学发展至今在研究力量、研究成果和研究争议上等投入或出现最多的一个领域。而通过追溯学习心理的研究历程,可以发现,关于学习的研究主要围绕在学习的实质、学习的过程和学习的条件三个主题上。

Ebbinghaus

无论是20世纪初桑代克的联结主义说和俄国生理学家巴甫洛夫(I. Pavlov)的经典条件反射学说,还是20世纪50年代美国心理学家斯金纳(B. F. Skinner)提出的操作条件反射学说,都采取在实验情境中研究动物的学习现象这一思路,通过揭示动物学习过程中一些外在行为变化,进而推断人类具有相同的学习现象和学习规律,据此提出一些教学方法,如强化与惩罚的运用、程序教学等。在行为主义者看来,学习就是联结或"S-R"联系,其过程就是获得这些联结或联系,其条件就是外界不断给予各种刺激或反馈(具体见第六章)。

自20世纪60年代起,从科学心理研究的角度,教育心理学研究工作者一反过去半个世纪的研究思路,将目标确定为试图理解和改进教学中的实际做法,同时又试图在此基础上提出自己的理论。心理学家借鉴其他学科(如计算机科学)的一些观念,来推测个体在学习时头脑中发生的各种变化,如信息加工论就解释了学习过程中个体对新信息感知、贮存、编码和提取等加工,以及元认知与自我调节能力在人的复杂作业中的重要性(具体见第七章)。在这段时间内,教育心理学还积累了一些描述学习心理过程的重要概念和规律,如概念形成和获得,具体领域问题解决的特征及其规律,有效策略的使用,迁移的实质及其促进方法等(具体见第九、十章)。从认知观出发,学习就是个体能力或倾向上的变化,其过程就是获得知识并运用知识来解决一般领域或具体领域的问题,其条件就是学习者原有的知识基础、学习态度和学习方法等。

至20世纪80年代,研究者开始关注在一定社会情境中的个体学习现象,即侧重从社会认知角度来思考个体的学习过程,将学习者置于一定物理和社会情境。从以"自然人"到以"社会人"为研究对象的这一视角转变,引发了在学与教的诸多方面发生的讨论,例如:知识的情境性(世界是否可知,特定情境还是跨情境)、学习的建构过程(同参与社会实践中的限定与给予相适应)、教师的作用(激发积极的参与、提供学会参与社会实践探索及领悟的环境)、课程设置(提供参与社会实践的课程)、多种形式的测评(对参与实践能力的评定)等(具体见第八章)。按照学习的社会认知观和建构主义观,人类学习是一种具有社会特性的行为,其过程主要通过个体的建构活动,将外在知识内化为个体自己的知识,其条件既包括外界提供的学习情境(如各类学习材料、语言、媒介等),也包括学习者自己主动参与学习的意识,以及建构自己认知结构的内部活动等。

三、关于教学心理

学习要求 简述教育心理学对教学心理的一些探索工作

自20世纪60年代起,随着认知心理学与教学中的实际问题相结合的不断深入,一门直接以提出各类"描述性"(descriptive)和"处方式"(prescriptive)教学理论的新兴学科——教学心理学,也就应运而生。1969年,美国教育心理学家加涅(R. Gagnè)及其合作者在《心理学年鉴》(Annual Review of Psychology)上,首次以"教学心理学"这一名称对当时这方面的研究工作作了述评。至20世纪70年代末,当时持认知观点的研究者大多认为,从行为主义角度对教学所作的分析,往往不适合解释教学对一些高级和复杂学习的影响;而当时教学心理学也已同其他绝大多数对人的学习与发展研究一样,已基本上持认知的观点,它涉及人的学习的内部心理过程,涉及它们怎样通过教学而得以提高。

Gagnè

20世纪80年代末,美国教育心理学家格拉泽(R. Glaser)及其合作者(1989)认为,教学心理学这一领域经过近二十年的发展,已经初步揭示出各种能力的实质,并从这些理论出发,对学与教的干预条件及干预活动作出种种探索,如认知技能的形成、自我调节能力的获得和知识结构的获得等。至21世纪初,格拉泽在《教学心理学进展:第五卷,教育设计和认知科学》(Advances in Instructional Psychology: Vol. 5, Educational Design and Cognitive Sciences)(2000)一书中,总结了近年来出现的一些教学理论和方法，如抛锚式教学、促进学习的自我解释的内在机制、认知模型与情境化教学对技能获得的促进作用等。

对教学的心理学研究，除了上述从实验角度来揭示一些教学规律的研究途径外，研究者还从教学专业发展与课堂实践角度，提出了一些有助于学习的有效教学方法和技术，如在制订课堂教学计划（对教学目标、教学材料、教学问题、教学事件等的计划）、激发学生的学习动机（个体动机的心理学原理以及如何来激发动机）、进行有效的课堂教学（以教师为中心的教学、以学生为中心的教学、借助技术手段的教学）和对学生学习结果的测评（对知识、技能、情感等测评）等方面（具体见第十一、十二、十三、十四章）。

Glaser

第三节 教育心理学对教师的作用

可以看出，教育心理学在100年的发展进程中，各种理论观点不断更替或变化，且如今并存着各类关于学生心理、学习心理和教学心理的大大小小的理论和方法。从应用角度，以学习和教学为研究内容的教育心理学，如何发挥其对教师的专业化发展和教师培训的直接作用，这就是本书致力回答的问题。有效发挥这一作用，主要在于两个方面：理论观念与研究方法。

一、运用教育心理学的观念来理解教育

学习要求 简述教育心理学在知识观、学习观、教学观上的一些结论

教育心理学是一门研究学习与教学的中间学科或联系学科。该学科具有较强的实用性，它不是普通心理学原理的简单应用，也不是儿童发展心理学、学习心理学和差异心理学等几门与教育有关的心理学分支学科的简单组合。作为一门拥有自己理论观点的独立学科，教育心理学有助于教师深入理解学习与教学中的种种现象及其实质，这就涉及知识（或能力）观、学习观和教学观这三方面。

首先，关于知识（或能力），教育心理学解释了人类获得的知识的类型及其特点，特别是已初步揭示了学生在各学科领域的不同能力的实质。例如，对于一般能力与特殊能力之间的关系，该学科已给出一些较为明确的答案：从知识类型的角度，不是一般策略或方法（弱方法）而是具体领域的技能或策略，确保个体成功解题；从各领域专长的实

质和发展来看,决定专家成为专家的不是那些通用于任何领域的思维能力、记忆能力和想像能力等,而是专家在自己领域内获得的独特知识结构、技能操作以及解题策略等。

其次,关于学习,教育心理学工作者越来越倾向认为,应侧重研究现实情境而非实验室情境中的学习现象,将知识(或能力)学习视为一个有机整体而非单个学习的组合,除了关注学习所导致的外在行为变化外,还应关注个体在学习中的内在认知结构的变化,以及学习的社会文化属性。教育心理学已归纳出人类学习过程中的一些规律。例如,知识在头脑中的编码质量,直接影响个体提取该知识;"学会如何学习"的内在认知机制,在于元认知、自我调节、反思等能力的形成;在问题解决过程中,除了解题方法或策略外,问题表征的质量也是成功解题的一个关键因素;一种学习之所以对另一种学习产生影响,在于它们之间存在共同的学习成分(或原理)。

最后,关于教学理论和方法,现有的教育心理学研究结论是:几乎不存在通用于各领域的一般教学理论,更多的是只适合于某一类知识(或能力)、某些学生、某个情境的特殊教学理论。教育心理学已总结出一些促进个体学习的教学规律。例如,对于简单、低级的学习,可以采用学习行为主义观中强化或惩罚手段;对于高级、复杂的学习,可以采用学习认知观中一些促进理解、编码和自我调节的方法;对于具有较强社会性质的学习,可以采用学习的建构主义理论中的认知师徒法、合作学习和教学对话等。

教育心理学　　一门研究学习与教学的中间学科或联系学科

二、运用研究来理解和促进教学

学习要求　　简述教育心理学研究的不同方式

在教育心理学学科范畴内开展研究,其主要任务有二:一是通过研究来回答教学实践中的问题;二是将各种研究结果加以整合,形成能"完美"诠释"教"与"学"之间关系的整体理论。为完成这两个任务,教育心理学家主要采用四种研究方式:描述性研究、相关研究、实验研究和建立教学理论。

1. 描述性研究

教育心理学家为了理解教与学,设计并进行了各种各样的研究。如果这些研究是"描述性"的,则它们的目的是描述某个或几个课堂教学中特定事件。一般来说,描述性研究所得出的报告包括调查结果、师生会见时的反应、真实课堂对话的例子或者对教学活动的记录等。

在描述性研究中,有一种方法是教师人种学,这是从人类学中借鉴过来的。人种学的方法涉及研究自然发生的事件和一个小组的活动情况,并试图理解这些事件对参与到其中的人的影响。例如,研究者会对课堂活动进行细致入微的观察,并且结合与教师会面时获得的信息来分析这些观察,由此可以来描述新教师与专家教师之间的区别。

在一些描述性研究中,研究者会仔细分析班级的教学录像,从中确定重复出现的教师行为和学生行为;而在其他研究中,研究者进行"参与性观察",他们会在班级或学校一起工作,从教师和学生的角度来理解这些行为;研究者也会使用个案研究,深入调查诸如教师如何备课、学生如何学习特定材料等活动。

描述性研究 对某个或某几个课堂教学中特定事件进行描述的研究方法

2. 相关研究

描述研究的结果通常涉及相关报告,并使用相关系数来表明两个事件之间相互联系的方向与强度。就联系方向而言,正相关系数表明这两个因素会同时增加或同时降低。例如,学习时间与学习成绩之间是正相关,这表明学习时间越长,学习成绩越好。负相关系数意味着一个因素的增加与另一个因素的降低相联系。例如,贪玩时间与学习成绩之间便是负相关。就联系强度而言,相关系数的取值范围是 1.00 到 -1.00。相关系数越接近 1.00 或 -1.00,相关程度就越大。例如,学习时间和学习成绩之间的相关大约是 0.5,学习成绩与所说语言的类型之间的相关大约是 0(完全没有相关)。

需要强调的是,相关并不意味着这两个因素之间存在着因果关系。学习时间与学习成绩之间存在相关,但学习时间的增加,并不能明显促进学习成绩;知道一个人的学习时间,只意味着可以对他的学习成绩进行大致估计。因此,教育心理学研究者确定相关系数的目的,就是从已掌握的信息出发,预测课堂中的重要事件。

相关研究 探讨两个事件之间的关联程度的研究方法
相关系数 表明两个测量事件之间相互联系的强度与方向的一个数值

3. 实验研究

要真正研究学与教中的因果关系,可以运用第三类研究,即实验。在实验中,研究者不是观察并描述某一现有情境,而是在情境中引入变量并记录结果。首先,要设计一些可以进行比较的被试组。在心理学研究中,"被试"这一术语通常指被研究的人,如教师或学生,而不是像数学、语文这样的学科。为确保被试组同质(在各项条件上基本相同),研究者可以将他们"随机"分配到各组。所谓"随机",就是每个被试进入任何一组的几率是相同的意思。

针对不同被试组中的一个或多个被试,研究者改变情境的某一方面,以观察这种改变是否会引起预料中该组的可能结果。每个组的结果都被记录下来,然后进行比较。通常,研究者会用统计方法来考察组间的差异是否显著。若差异在统计意义上非常显著,则说明该差异不可能是偶然发生的。在教育心理学中,有很多研究都是通过一些提问来确定因果关系,例如:如果教师忽视那些未经许可便擅自离开座位的学生,却表扬那些坐在课桌前努力学习的学生(原因),那么,学生是否会花更多的时间在课桌前学习呢(结果)?而通过分析课堂中的因果关系,研究者可以揭示出一些学与教的心理学规律。

实验研究 在情境中引入变量,记录结果并分析因果关系的研究方法

4. 教学理论

一旦在某领域内的研究积累了大量资料,而且所有研究发现都指向相同结论时,就可以说已获得了一条原则。所谓原则,就是指两个或多个因素之间确定的联系。但是,揭示学与教的原则或规律是一个缓慢过程,极少有研究能够"一劳永逸"地解决某类问题。例如,由于对象(学生)非常复杂,研究所考察的内容只能是情境中有限的一些方面,甚至只是同一时间内的一些变量或者一两个班级的活动情况。

因此,为了形成对学与教这一复杂过程的科学理解,教育心理学研究者常采用理论建模的方式。一般来说,科学理论是内在相互联系的概念的集合,可用于解释一系列数据并预测以后实验的结果。而在有大量确定的原则之后,教育心理学研究者就能对众多变量之间的联系,甚至联系的整个系统作出解释。值得注意的是,虽然没有一种理论能够完美地解释并预测所有现象,但理论模型的价值在于,它是研究者解决问题的一种工具,并能预测何种因素在新情境中起作用。例如,教育心理学中各类理论对教师的意义在于,帮助他们比较完整地了解某一情境中的学与教的规律,逐步积累专业知识,对教学进行批判的思考,从而更快成为所教学科的专家型教师。

三、本教材与教师

学习要求　比较国内同类教材的学科体系和框架
　　　　　　描述本教材的特点

要粗略了解教育心理学这一学科所研究的各个主题,可以借助各类教育心理学的教材。但是,不同的教育心理学教材有各自的侧重点,具体可以见表1.1。

表1.1　国内一些教育心理学教材的体系一览

邵瑞珍主编:《教育心理学》(修订本),上海教育出版社,1997。
　　总论(分两章:教育心理学概论,学习概论)
　　认知领域的学习(分三章:广义知识的分类与陈述性知识的学习,程序性知识的学习,解决问题与创造)
　　其他领域的学习(分两章:运动技能的学习,态度和品德的形成与改变)
　　影响学习的内部因素(分三章:认知结构与迁移,认知发展与个别差异,学习中的动机因素)
　　影响学习的外部因素(分两章:教学的方法与媒介,学习中的集体与社会因素)
　　测量与评价(一章:学习的测量与评价)

李伯黍、燕国材主编:《教育心理学》(第二版),华东师范大学出版社,2000。
　　第一编　德育心理(分七章:德育心理概述,道德认识的发展,道德情感的发展,道德行为的发展,价值观的形成和发展,德育模式,道德发展的判定方法)
　　第二编　学习心理(分六章:学习心理概述,学习的性质,学习过程,学习迁移,学习动机,学习中的非智力因素)
　　第三编　教学心理(分五章:教学心理概述,教学设计,教学模式,教学环境,教师心理)
　　第四编　差异心理(分三章:差异心理概述,智力差异,人格差异)

陈琦、刘儒德主编:《当代教育心理学》,北京师范大学出版社,1997。
　　第一部分　绪论(分两章:教育心理学的性质、作用、历史和方法,教育与心理发展)
　　第二部分　学习心理(分五章:学习的一般概述,行为—联想主义的学习理论,认知的—组织的学习理论,学习与迁移,学习动机)
　　第三部分　几种不同类型的学习(分四章:概念和原理的学习,问题解决、批判性思维和创造性,学习策略,品德形成与培养)
　　第四部分　教学心理(分三章:教学设计,有效的教学,学生的个别差异与因材施教)
　　第五部分　课堂管理心理(分两章:课堂管理,教师心理)
　　第六部分　学习的测量与评定(分两章:学习测量,课堂评定)

冯忠良等著:《教育心理学》,人民教育出版社,2000。
　　第一编　教育心理学的科学学问题(分三章:教育心理学的起源与发展,教育心理学的对象与任务,教育心理学研究方法)
　　第二编　学习理论(分五章:早期的学习观点,学习的联结理论,学习的认知理论,学习的联结—认知理论,新近的学习理论)

续 表

  第三编 学习心理(分四章:学习的实质、机制与类型,学习与个体发展,学习动机,学习的迁移)
  第四编 知识的学习(分四章:知识及其掌握概述,知识的领会,知识的巩固,知识的应用)
  第五编 技能的学习(分三章:技能及其形成概述,操作技能及其形成,心智技能及其形成)
  第六编 社会规范的学习(分三章:社会规范及其学习概述,社会规范的接受过程与条件,社会规范的背离及其纠正)
  第七编 教学设计与成效考核(分两章:教学设计,教学成效的测量与评价)

张大均主编:《教育心理学》,人民教育出版社,1999。
  第一部分 基本理论(分两章:绪论,教育心理学的基本理论)
  第二部分 学习心理(分五章:学习动机,知识的掌握,技能的形成,问题解决与创造力培养,学习策略)
  第三部分 德育与美育心理(分三章:品德及其形成,心理健康教育,美育心理)
  第四部分 教学心理(分三章:教师心理,教学设计的心理学问题,学生的心理差异与因材施教)
  第五部分 教育社会心理(分两章:班级中的人际关系,教学交往与课堂互动)

  与上述教材的出发点、框架和内容不同,本教材以师范生和参加职后培训(如专升本教育、网络教育、研究生教育等)的各类中小学教师为阅读对象,力求做到理论介绍与教学实践的统一,原理阐述的抽象与通俗的统一,阅读者的学会学习与学以致用的统一,使阅读者在系统掌握教育心理学的基本原理基础之上,学会初步运用甚至善于运用这些原理于教学实践。

  具体来说,本教材将从学生观、学习观和教学观出发,分三部分来介绍教育心理学中的理论与实践相结合的各个主题:在"学生心理"部分,将分别介绍不同学生的共性(认知发展、情感发展、社会化发展等)和个性(智力、创造力、特殊学生),帮助读者了解教育对象——学生——的心理活动特征;在"学习心理"部分,先介绍教育心理学中三种学习观及其教学运用(行为主义观、认知观、社会认知观和建构主义观),然后具体到各个不同的学习专题(概念、问题解决、认知策略和迁移等),详尽阐述学生的学习规律;在"教学心理"部分,从课堂教学阶段入手,分别介绍课堂前(制订教学计划)、课堂中(激发学习动机、进行有效教学)、课堂后(评价学习结果)的教学行为规律。

  为了能对第一线教师起实践指导作用,本教材重点阐述了各种理论对教学的实践意义,具体到形式上,教材向国外同类教材看齐,力求做到:在章节主要内容的基础上,丰富各类图片(如人物、研究场景)及表格,增设"教学设疑"(对各类教学情境进行提问)、"教学之窗"(理论如何运用于课堂教学实践)、"重要概念"(理论上的重要术语)、"教学反思"(根据教育心理学原理对课堂教学进行思考)、"教学经验"(来自中小学第一线教学实践的总结与分析)等内容,使读者真正能将教育心理学原理置于课堂教学实践来思考,并用之于实践。

教学经验

从新教师到专家教师

☞ 从事教学工作20年,感觉自己的教学方法有了很大的改变。过去一本教案一成不变地反复使用,而且通常是教师说了算,很少注意到学生的积极性和创造性。一期课改和二期课改我都参加了,这对我的影响也是很大的。例如,逐渐关注学生的主体性、个性、爱好,并加强与学生的相互交流。总的来说,我的教学观念是从以教师为中心转向了以学生为中心。但20年教学中不变的是:我与学生一直是朋友关系。我与学生有较多的情感交流,我认为只有把学生当作朋友、学生也把教师当做好朋友,才能真正教书育人、教学相长。(薄永娥)

☞ 教学时间越长,对学生就越好。刚开始工作的时候怕被学生欺负,对学生比较严厉;多年教学后积累了经验也树立了威信,对学生也越来越宽容。(姜海伟)

☞ 刚开始很容易对学生生气、发怒。几年后逐渐熟悉了学生的习性,开始理解学生的行为,并从学生的角度去思考其行为。以前觉得"可恶"的一些行为现在觉得正是学生的"可爱"之处。(姜建锋)

☞ 从新教师到"老"教师,我逐渐对"教育"有所认识。例如,现在的教育体制还是存在一些问题。中午和课间把学生限定在一定的活动范围之内,管得太死。往往只能达到表面的安静和守纪律,学生的逆反心理日增,这也扼杀了儿童活泼的天性。(蔡朱萍)

☞ 刚当教师的时候,因为受到很多传统观念的约束,老师的个性、特长的发挥也受到限制;后来我发现,与学生亲近非常重要,但这很难做得好。这是因为,很多教育政策的"指挥棒",比如升学率、及格率等各类"率",都在"压"着我与学生之间的关系。不过,后来慢慢地,学校也重视教师和学生的关系,会创造机会让老师与学生多接近,多亲近。所以,我在做教师的过程中就有这种与学生从陌生到熟悉的体会。(马世龙)

☞ 还未踏上讲台,我认为只要用感情去与学生交流,与学生沟通是不成问题的……但是,当我从事教学工作的时候,我发现事实并非如此。这是因为,一直以来学生与教师之间都是上对下的关系,学生也就认为,来一个新教师就应该是"凶"的,而且也会带着挑剔的眼光来看新教师,指出你身上很多缺点。因此我认为,没有原则地、一味地对学生"好",并不能够与他们建立起一种有效的师生关系;我开始变得严肃,改变自己的心理状态,不苟言笑;这样一来,确实在学生中建立起了自己的威信……但后来,我做了班主任,突然发现这种方法非常妨碍我和学生之间的关系,例如学生认为我很严厉,很多事情与想法都不和我交流。于是,我又采用一些比较"中间"的方法:告诉学生课上我是他们的老师,课后我就是他们的朋友;也利用中午休息的时间以及下午放学后的时间与学生聊天;甚至了解学生感兴趣的话题,寻找和他们之间的共同语言,与学生有更多的交流。这样,学生和我之间的关系就好了很多……所以,我在作为一名教师的过程中,与学生的关系上也是经历了"亲近——威严——融洽"这三个阶段。(陈惠莲)

☞ 从安徽教高中调到上海教初中,我感觉这么多年下来,自己的成长受到三方面因素的影响。第一是学校领导,一个有理念、有想法的学校领导会给我的教学工作带来很大的帮助,对于我在教学中贯彻自己的想法、贯彻新的教育理念非常有帮助。比如,最近学校搞课题,领导让我积极地参与进去,成为实验教师,提供给我学习并更新教学理念与方法的机会,让我在学习课题、准备公开课的过程中成长了很多。第二是学生,以前在安徽教高中,现在教初中,感觉学生有很大变化,即使在一所学校里,一届又一届的学生也有很大的不同。对不同的学生要用不同的教学方式,这促使我会去学习如何才能对这帮学生采用最好的教学方法。第三是同事,与同事的交流切合课堂教学,而且直观,让我学到很多"实际"的东西。(于春雨)

☞ 我觉得评课非常重要,在听取别人对自己所上的课的评价之后,能够受到很多启发,得到很大长进。例如,十年前我曾设计一堂公开课,被大多数参与听课的专家批评得一无是处、体无完肤,但我觉得受益颇多;最后这堂课经修改后,获得全国性公开教学课的一等奖。(王旭东)

教学反思

学完本章后,你可以思考:
- 优秀教师具有什么特征?你是否达到了?如否,差距在哪?
- 造成新教师与优秀教师之间差距的原因是什么?
- 成为优秀教师,最关键的因素是什么?
- 教育心理学的学科发展历程,对你有何启示?

- 学习教育心理学,可能对你有何帮助?
- 在今后的教学工作中,设想你可以怎样运用教育心理学知识来传授所教的学科知识?

总　结

教师的专业成长　在教学领域,新教师开始会产生一些错误观念并遭遇一些困境。经过数年的学习后,有的教师能达到专家型教师的水平,而有的教师只能停留在胜任这一水平,其原因在于有各种因素制约了教师的成长,如自身、教学环境和培训等方面的因素。专家型教师所具备的教学专长,一般可分为四类:教材知识专长、课堂管理专长、教授专长、诊断专长。这些专长的获得至少要10年工作经验,并且是建立在教师对学生的充分理解,自动化某些教学行为,对教学能力的高度自我调节等基础之上。

从心理学角度对教育现象的种种探索　从教育心理学这一学科诞生到现在整一百年的发展历程中,教育心理学研究者对学与教种种现象的探索,主要涉及三大范畴:学生心理、学习心理和教学心理。这些探索,使得教育心理学逐渐成为一门主要研究学习与教学的中间学科。

教育心理学对教师的作用　教育心理学的发展进程经历了多次变革,使得人们对知识、学习和教学等的认识逐步深入,这有助于教师理解学习与教学中的一些现象和规律。而通过描述性研究、相关研究、实验研究和建立教学理论等方法,教育心理学这一学科对揭示学习与教学之间关系发挥着越来越重要的作用。而本教材在反映这些成果的基础上,力图对教学第一线的工作者——教师——给予最大可能的帮助。

重要概念

学科知识专长	教育心理学	实验研究	新教师
教授专长	课堂管理专长	相关系数	诊断专长
教学法—内容知识	描述性研究	相关研究	专家型教师
教学专长			

参考文献

1. 邵瑞珍:《教育心理学》,上海教育出版社,1998。
2. 陈琦、刘儒德:《教育心理学》,北京师范大学出版社,1997。
3. 李伯黍、燕国材:《教育心理学》,华东师范大学出版社,1993。

4. Anderson, L. W., *International Encyclopedia of Teaching and Teacher Education*, Cambridge University Press, Cambridge, UK, 1995.

5. Oser, F. K., Dick, A., *Effective and Responsible Teaching: The new synthesis*, Jossey-Bass Publishers, San Francisco, 1992.

6. Shulman, L. S., Knowledge and Teaching: Foundations of the new reform. *Harvard Educational Review*, 1987, 57(1).

第一部分

学生心理

第二章 认知发展

怎样对6岁和14岁儿童解释"圆"或"球"这些概念？是用文字、图片还是用实例来说明？年幼和年长儿童在理解这些概念上会有何差异？教师在他们学习这些概念时应起何种作用？对这些问题的解答，主要涉及儿童的思维特征及其转变。儿童的思维转变便是认知发展。

认知发展理论认为，随着儿童年龄及其经验的增长，他们的行为以及思维会发生量与质的变化。因此，认知发展理论对认知发展作阶段性的划分，认为在不同的阶段，儿童的行为及其思维不仅存在着量的差异，更有质的差异，是量变的累积达至质变并在此基础上开启新一轮量变的辩证统一。此外，这类理论还认为，每个儿童会以相同的顺序经历时间大致相同的发展阶段。

本章将详尽介绍两种最具影响力的认知发展理论：皮亚杰的理论和维果斯基的理论。皮亚杰的理论告诉教师，学生能够学习什么，以及什么时候可以开始这一学习；而维果斯基的理论则突出了社会因素，如教师和父母以及语言在儿童认知发展中的作用。

学完本章后，你应该能够：
- 阐述皮亚杰认知发展理论的基本观点；
- 解释在皮亚杰提出的四个发展阶段上儿童的思维差异；
- 总结皮亚杰理论的教学启示；
- 阐述维果斯基认知发展理论的基本观点；
- 总结维果斯基理论的教学启示。

教学设疑

在诗歌欣赏课上,刘老师正在讲解诗词中常见的"象征"手法。根据往常经验,他知道小学五年级学生很难理解"象征"这一抽象概念,他决定用提问法和举例说明来帮助学生理解。老师问:"象征是什么?"一个学生说:"象征就是……比如,好像……"另一学生说:"象征就是一个东西代表另一个东西。"大多数学生仍茫然不解,老师举例说,"象征是指,比如戒指是结婚的象征,心形是爱的象征,或者……"有学生插话说:"五星红旗象征国家","绿色象征和平","鸽子也象征和平"……老师问:"小林,奥运会会旗上的五个圆圈象征什么呢?""象征……象征……噢,对了,象征团结。"——这样,刘老师通过不断的提问,自己举例和学生举例相结合,最终帮助学生理解了"象征"这一抽象的概念。

如果你是刘老师:

- 从学生的这些反应中,你对儿童的思维有何了解?
- 你将如何更好地安排这堂课的教学活动?
- 为了使教学与学生的思维水平相匹配,你将如何"倾听"学生的思维?
- 如何让学生对象征手法有具体的体验?
- 如果学生的发展水平还没达到教学内容的要求,你该怎样做?

第一节 皮亚杰的认知发展理论

皮亚杰(J. Piaget,1896—1980)是 20 世纪杰出的认知发展心理学家、发生认识论专家。他的研究把众多心理学家的目光引向了认知过程,促使研究者重新思考人的认知发展是如何发生的这一问题。皮亚杰一生著述极丰,出版了近 50 部著作,发表了 200 多篇论文。通过将心理学视为连接认识论和生物学的桥梁,皮亚杰一生致力于个体认识发生发展的研究,成功地创立了"发生认识论"。该理论的核心内容"儿童认知发展理论"成了最具影响力的儿童心理学理论。

Piaget

一、皮亚杰理论的基本观点

1. 发生认识论

> **学习要求** 解释皮亚杰发生认识论的核心思想

在皮亚杰那一时代,心理学界主要流行着精神分析学派及行为主义学派的思想。精神分析学派的心理学家认为,人的天性是非理性的,人的行为取决于无意识的需求和欲望;而行为主义者由于不研究人头脑内部的事件,因而认为人是否具有理性无关紧要,在他们看来,只要对环境中各种刺激进行精心的安排,引出有机体的反应并加以及时的强化,就可以控制和塑造人的行为。

与上述两种观点不同,皮亚杰认为,人总是积极地、理性地试图学习。他把儿童看作是积极的学习者,他们会主动去建构有关外部世界的知识。在皮亚杰看来,儿童就像小科学家,他们通过对自己的假设进行检验来发现世界是如何运作的。因此,人生而理性,人总是企图了解周围世界,这就是皮亚杰对人的根本看法。

从这一观点出发,皮亚杰认为,智慧或思维的本质是"生物适应性的一种特殊表现";儿童的思维(智慧)不是单纯地来自客体,也不是单纯地来自主体,而是来自主体对客体的动作,即来自主体与客体的相互作用。这种对于认识起源实质的回答,强调了儿童本身的主动性和能动性。可见,知识(认识)不是人脑对外物的简单摹写,它要通过人与环境、人与其他人的相互作用才能获得。

所以,在皮亚杰看来,发生认识论有充分理由作为一门独立学科而存在。他认为,"发生认识论就是企图根据认识的历史、它的社会根源以及认识所依赖的概念与运算的心理起源,去解释认识尤其是科学认识的一门学科"(Piaget,1970)。也就是说,发生认识论研究人的认识发展,它要解决人(群体和个体)的智慧是通过何种机制,经历怎样的过程,怎样从低级水平过渡到高级水平的这类问题。总之,发生认识论研究的主题是,认识是如何发生或起源的,以及认识是如何逐渐发展的。

> **智慧(思维)** 生物适应性的一种特殊表现,来自主体与客体的相互作用
> **发生认识论** 研究认识如何发生或起源以及如何逐渐发展的一门学科

2. 建构知识

> **学习要求** 描述皮亚杰关于知识建构的观点

皮亚杰关于儿童如何获得新知识的观点,通常被称之为认知建构主义。他认为,人们通常是在自身经验的基础上建构自己的知识;人们需要亲身探索和经历事物的机会。例如,在父母看来,儿童经常往地上扔玩具是一种"调皮"行为,但其实他们有可能正在体验物体的重力现象以及自由落体的过程。从这一观点来看课堂,学生同样需要各种通过经验和实践来学习的机会。大量证据表明,在物理教学中,教师如果仅给学生解释各种概念,可能会导致学生形成"死的知识"(inert knowledge),因此,在某些教学内容上,给学生以实践的机会,让他们自己去发现,是很有必要的。

为什么可以让学生自己去发现知识呢?其理由是儿童有一种与生俱来的探索事物如何运作的好奇心,即人具有一种探究世界的内部动机。皮亚杰认为,人之所以有各种活动,特别是认识活动,是由于人具有理解客观世界和满足好奇心的内在欲望,而儿童对周围世界的探索活动,是这种内部动机所驱动的。从某种意义上讲,这种信念源自达尔文的生物适应环境的观点,即人使用自己的智慧去适应自身所处的环境;换言之,为了生存,人类凭借智慧去发现世界的运作方式或预测事件的发生。

3. 认知发展

> **学习要求** 举例说明图式在个体发展中所起的作用
> 说明认知发展的结构与机能的关系
> 举例说明同化与顺应在认知发展中所起的不同作用

经过对各年龄阶段儿童的多年观察,皮亚杰提出了著名的儿童认知发展阶段论(下节介绍)。皮氏在阐述儿童认知发展的过程中,常涉及一些关键概念,诸如认知发展、认知结构与图式、认知机能、组织、适应、同化与顺应等,它们之间的关系如图 2.1 所示。

任何事物的发展都包含结构和机能的辩证统一,儿童认知的发展也是如此。图 2.1 表明,认知发展包括认知结构和认知机能两个成分。皮亚杰通常把认知结构称为图式,而把认知机能进一步区分为组织和适应两种;组织和适应代表着认知机能相辅相成的两个方面,组织代表着认知机能的内部方面,适应代表着认知机能的外部方面。组织和适应这两种

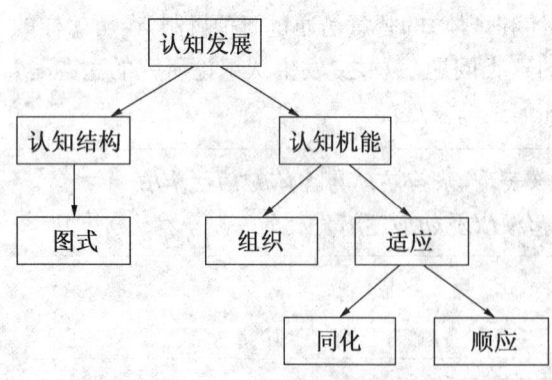

图 2.1 皮亚杰关于认知发展的重要概念之间的关系图

机能和认知结构紧密联系在一起,因为通过认知的组织机能才能使认知结构组织起来,而适应过程促使认知结构不断丰富和发展。

在皮亚杰的理论中,智慧的适应是通过同化和顺应两种方式完成的。通过同化,有机体的认知结构得到了丰富,通过顺应,有机体的认知结构得到了改造;通过同化和顺应过程,有机体的认知结构发生了量变和质变,而后者又构成了认知发展阶段的基础。下面详细介绍适应(同化和顺应)和图式这两个概念。

适应

皮亚杰认为,适应由同化和顺应两种过程构成。当我们同化某物时,对它进行整合,然后加以吸收。以吃饭过程为例,食物进入口腔后,先要进行一番咀嚼,使之适合食管、消化道等的生理结构,然后进入肠胃,被人体消化吸收,成为人体的一部分。学生的同化学习过程也是如此,课本中的知识、教师讲课的内容、黑板上的板书以及多媒体呈现的信息,学生根据自己的图式主动地对它们进行整合,使之符合自己的认知结构,就好像咀嚼食物以适合生理结构一样,然后,把这些知识吸收到认知结构之中。

适应还有另外一种形式,即顺应。例如,有些人开始喝苦丁茶时,会导致腹泻,说明这些人的肠胃无法同化苦丁茶,但如果再坚持喝几天,苦丁茶会使这些人生理结构产生生物化学变化,从此再也不会腹泻了。同样地,当我们和周围环境中的刺激相互作用时,一方面我们改变了刺激物,但同时刺激物也会改变我们原有的认知结构。

皮亚杰认为,个体的认知发展就是通过同化和顺应日益复杂的环境而达到平衡的过程。当个体面临环境中新的刺激,总是先试图去同化,如同化成功,便得到暂时的平衡;如原有图式无法同化新刺激,个体便会做出顺应,即调节原有的图式甚至重建新图式,以达到新的平衡状态。通过不断的同化和顺应,个体图式沿着平衡—不平衡—更高水平的平衡状态一直向前发展,这也是人的智慧发展的实质所在。

图式

图式是个体经过组织而形成的思维以及行为的方式,它有助于我们适应外在的环境,并可能表征着行动和经验的某种固定的形式。儿童最初的图式是先天的,即皮亚杰所说的"遗传性图式";它只有少量的几种,如"吸吮图式"、"抓握图式"等,正是依靠这种"遗传性图式",婴儿作出了最初的反应,开始了构造图式的漫长历程。例如,婴儿天生具有"抓握图式",他会伸出小手去碰触物体,如果他碰触的是毯子,在一次又一次碰触毯子的过程中,婴儿逐渐知道了毯子的一些属性,如它的重量、大小以及质地。换言之,婴儿构建了有关这条毯子的图式。从此例可知,个体后天建构的图式最初源于动作,这种主体和周围环境相互作用的观点构成了皮亚杰理论的核心。具体来说,主体主动地组织图式去同化环境中新的信息,如同化成功,图式得到丰富;如同化失败,则原有图式得到改造或建构新的图式。随着同化和顺应的进行,儿童的认知能力不断得到发展。

> **图式** 个体经过组织而形成的思维以及行为的方式
> **适应** 通过同化和顺应维持有机体生存的一种认知机能
> **组织** 通过对图式中有关信息的组织,促进对环境中新信息的同化和顺应,属于另一认知机能
> **同化** 对环境中信息进行整合,吸收到图式中去的过程(一种量变)
> **顺应** 环境中刺激导致图式调整或重构的过程(一种质变)

4. 影响认知发展的因素

> **学习要求** 举例说明成熟、经验、社会环境和平衡化对个体认知发展的影响

在皮亚杰看来,影响认知发展的因素主要有四类:成熟、物理环境、社会环境和平衡化。首先,有机体的成长,特别是神经系统和内分泌系统的成熟,为儿童形成新的行为模式和思维方式提供了生理基础。例如,婴儿只有手眼能够协调时,其动作图式才可能建构。但成熟只给儿童的认知发展提供了可能性,如要使可能性转变为现实性,则有赖于个体的练习和经验。

其次,个体从与物理环境的相互作用,尤其从对物体发出的动作中获得经验。皮亚杰把这种经验分为两类:一类是物理经验,指个体作用于物体,获得物体的特性,如物体的大小和重量等;另一类是逻辑—数理经验,它是个体对动作与动作之间关系理解的结果,这类经验来源于动作,而不是来源于物体。例如,一个处于具体运算阶段的儿童在沙滩上摆放鹅卵石,通过反复的摆放,他会发现,不管他把鹅卵石摆放成什么形状,不管他从左数还是从右数,鹅卵石的总数保持不变。这个儿童通过对各个摆放动作关系的理解,他明白了一组物体的总和与这组物体中各个成分的空间排列位置无关,也与计数的先后次序无关。

再次,人与人之间的相互作用和社会文化的传递,即社会环境也会加速或阻碍认知发展。社会环境与物理环境一样,对主体的认知发展发挥作用,必须建立在能被主体同化的基础上;因而,皮亚杰十分强调,教育必须适合儿童的认知结构,"只有当所教的内容可以引起儿童积极从事再创造的活动,才会有效地被儿童同化"。显然,教育的关键在于,对不同发展阶段的儿童提出恰当、不超出儿童的同化能力,又能促使他们向更高阶段发展的、富有启迪作用的"适中问题"。此外,儿童与其他人(包括老师、成人、同龄

人)之间的相互作用,可以使他们分享一些观念,并获得新的认识。

最后,具有自我调节作用的平衡化过程在认知发展中起关键作用,这一因素为皮亚杰所特别强调。所谓平衡化,就是指一种动态的认知过程,其目标是要达到更高水平的平衡状态。其具体的历程是:当个体已有的认知结构能同化环境中新的信息时,他在心理上处于暂时的平衡状态;但如果当个体已有的认知结构不能同化环境中新的信息时,他在心理上处于不平衡状态,这种不平衡会使个体产生一种自我调节的内驱力,推动个体调整或者建构新的认知结构,直到能同化环境中新的信息为止。此时,个体的心理处于较前一水平更高的平衡状态,其结果自然是个体的智慧发展水平得到了提高。因此,皮亚杰认为,具有自我调节作用的平衡过程是智力发展的内在动力。

成熟 指有机体的成长,特别是神经系统和内分泌系统的成熟
物理经验 指个体作用于物体,获得物体的特性
逻辑—数理经验 是个体对动作与动作之间关系理解的结果,这类经验来源于动作,而不是来源于物体
平衡化 指一种动态的认知过程,其目标指向更好的平衡状态
自我调节 是个体认知发展从不平衡到平衡状态的一种动力机制

二、皮亚杰的认知发展阶段理论

皮亚杰提出,人的认知(思维)发展依次经过四个主要阶段,每个阶段都大致地对应一定的年龄范围,而且每个阶段都以行为的质变为特征。皮亚杰认为,儿童思维发展既是连续的,又是分阶段的,每个阶段是前一阶段的自然延伸,也是后一阶段的必然前提,发展阶段不能逾越,也不能逆转,认知(思维)总是朝着必经的途径向前发展。

1. 感知运动阶段

学习要求 阐述处于感知运动阶段的儿童认知的特征

这一阶段(0岁—2岁)的儿童只有动作层面上的智慧,语言和表象尚未产生。本阶段的主要特征是:儿童仅靠感知动作的手段来适应外部环境,并构筑感知动作图式。也就是说,婴儿这时只能通过看、听、触、摸、尝、嗅等方式来探索周围世界。感知和动作是他们获取信息的直接而有限的手段。在该阶段中,感觉和运动经验使儿童获得技能并发展图式。到本阶段结束,儿童开始使用符号和语言。

处于感知运动阶段的儿童,在认知上获得两大成就:主体与客体的分化及因果关系的初步形成。首先,在婴儿的眼中世界最初只是一幅幅走马灯式的、变动不居的画面,每幅画面反复地时生时灭,在他们看来,只有自己看得见的东西才存在,看不见的东西就不存在。所以,婴儿最初的世界不存在永久的客体。直到2周岁左右,儿童才表现出会将眼前消失的物体仍然视为存在,例如,这时儿童能够找到绕着沙发迂回滚到沙发下面的一只球。儿童之所以能够这样做,是由于他虽然看不见球了,但他仍能在自己的内心想像球滚动的轨迹。这表明儿童已建立了"客体永久性"。这标志着儿童已经把主客体分化开来,这对婴儿的认知发展来说意义重大,以致于皮亚杰称之为婴儿完成了"哥白尼式的革命",此时的儿童已能将自己看成是无数客体中的一个。

其次,早期婴儿把一切事物的运动都看成是自己动作或欲望的延伸,也即把自己的动作看成是一切事物运动的唯一原因。到后来,在婴儿的动作与客体的不断相互作用过程中,逐渐对动作与动作的结果之间进行了区分,以后又扩展到客体之间的运动关系。当儿童能运用一系列协调的动作实现某一个目的,例如儿童用手拉动面前的毯子,拿到放在毯子上的玩具的时候,就意味着因果性认识已产生了。

感知运动阶段　儿童仅靠感知动作的手段来适应外部环境,并构建动作图式的认知发展阶段

2. 前运算阶段

学习要求　阐述处于前运算阶段的儿童认知的特征

与感知运动阶段相比,处于前运算阶段(2岁—7岁)儿童的思维有一个质的飞跃:处于前一阶段的儿童只能对当前知觉到的事物施以实际的动作而进行思维;而处于本阶段的儿童,由于语言的出现和发展,使儿童逐渐用表象符号来代替外界事物,开始出现表象或形象图式。在这一阶段,儿童能够从事许多象征性游戏,如唐诗有云:"郎骑竹马来,绕床弄青梅。"在两小无猜的幼年时代,一根竹竿就是一匹骏马。前运算阶段,又可具体分为两个子阶段:前概念或象征性思维阶段(2岁—4岁)和直觉思维阶段(4岁—7岁)。

在前概念或象征性思维阶段,儿童已能运用概念进行思维,但儿童运用的概念与成人运用的概念有很大的差异。儿童的概念往往是把初学到的语言符号附加到一些事物上而形成的。在这一阶段,儿童的概念是具体的、动作的,而非抽象的,往往游离于概念

的一般性和个别样例之间,所以,该阶段的儿童不能做出合乎逻辑的推理,只能是从个别现象推论到另一个别现象,皮亚杰称之为"传导推理"。例如,儿童看见别人戴的帽子与自己的相同,就认为是自己的帽子,这是因为,在儿童看来,"帽子"这个概念仅表示是他的那顶帽子(样例),不具有普遍性。

在直觉思维阶段,儿童思维的主要特征是,他们的思维直接受到知觉到的事物表面显著特征的影响。因此,儿童的判断基于直觉活动,还不能真正认识事物,这一点在皮亚杰的守恒任务上表现尤为突出。如图2.2,桌子上放两个形状一样的矮而宽的杯子,当着4岁或5岁儿童的面,将两个矮而宽的杯子倒满水,儿童知道这两个杯子里的水一样多,然后将其中一杯水倒入高而窄的杯子,将另一杯倒入低而宽的杯子,再问他们:两杯水是否一样多?部分儿童会说低而宽的杯子中水多,另一部分儿童会说高而窄的杯子中水多。这种现象表明此时儿童的思维极易受到事物表面特征的影响。

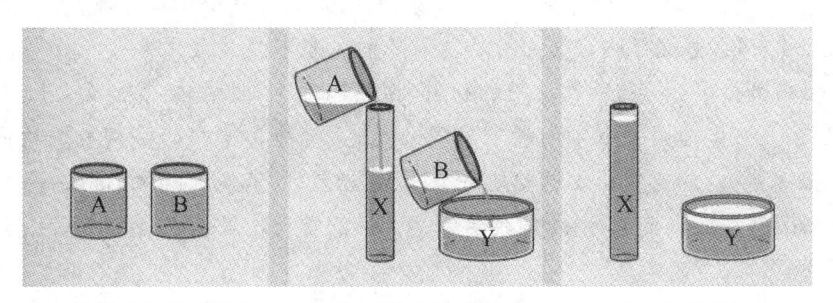

1. 将同样多的水倒入等同大小容器
2. 将同样多的水倒入不同容量的容器
3. 哪个容器的水多

图 2.2　水任务的守恒

此外,处于前运算阶段的儿童的思维往往是自我中心的。他认为万事万物不仅为他所设,还为他所控制。例如,儿童认为太阳和月亮是跟着他走的;天为什么会下雨呢?那是因为他要它下雨。此外,儿童的自我中心思维还表现在不能从他人的观点考虑问题,以为每个人看到的世界都和他看到的一样。例如,请儿童坐在一座山的模型的一边,将玩具娃娃放在另一边,要儿童描述玩具娃娃所看到的景色,结果儿童所描述的玩具娃娃看到的景色和自己看到的景色完全相同。

前运算阶段　儿童从具体动作中摆脱出来,逐渐用表象符号代替外界事物,开始出现表象或形象图式的阶段

教学之窗

对处于前运算阶段的儿童的教学

☞ 使用具体事物和视觉辅助物
　　→ 在讨论"部分"、"整体"或"一半"这些概念时,使用纸板做成的形状进行说明。
　　→ 在学加法和减法时,让儿童使用小木棒、石头或糖果。

☞ 采用行动,缩短直接说教的时间
　　→ 如果教师想让幼儿学会课间休息后如何进入教室并准备学习,就可以让一名幼儿做演示,安安静静地走进来,直接走到自己的座位上,把课本、纸和笔放在课桌上。
　　→ 使用行动而不是语言来解释游戏规则。
　　→ 向幼儿说明作业要求时,准备一份符合要求的作业并使用投影仪向他们展示。

☞ 注意不同幼儿在从他人角度来看待世界的能力上,存在个体差异
　　→ 常识、语言等课的内容与儿童已有经验的差距不应过大。
　　→ 明确所要学习的规则及使用的材料,但避免对规则的一般原理做过长解释。

☞ 关注幼儿可能为同一个字词赋予不同含义,也可能用不同的字词来表达同一个意思,同时,应注意到幼儿也期望每个人(包括教师)都能理解他们创造的字词
　　→ 如果幼儿说,"我不打瞌睡,我要休息。"注意学生这里说的"打瞌睡"可能是"换上睡衣,躺在床上"的意思。
　　→ 要求幼儿解释他们自创的字词。

☞ 在学习一些复杂技能如阅读时,让幼儿有机会大量地练习基础性的子技能
　　→ 使用图片进行识字教学。
　　→ 在算术学习中除了使用纸笔任务,还可以附加一些需要测量和简单计算的活动——可以设立课堂活动展览区,并平均分配资源。

☞ 在概念和语言的学习中,为幼儿提供各种体验
　　→ 带幼儿去动物园、花园、电影院和图书馆;邀请他人在课堂上讲故事。
　　→ 用字词描述学生正在做的事,包括听到的、看到的、触摸到的、尝到的和闻到的。

3. 具体运算阶段

学习要求 　阐述处于具体运算阶段儿童的认知特征
　　　　　　　举例说明儿童守恒观念的发展

　　处于具体运算阶段(7岁—11、12岁)的儿童正在小学阶段读书,此时的儿童认知结构中已经具有了抽象概念,因而能够进行逻辑推理。但是,他们的逻辑推理是具体的,不是形式的。他们只能对具体事物、具体情境进行思考,如果在纯粹语言叙述的情况下进行推理,儿童就会感到困难。比如,当成人说,要对某些想法"泼泼凉水"时,他们可能会立即问,"为什么要弄湿它?"与处于前运算阶段的儿童相比,处于具体运算阶段的儿童在分类、排序、推理、守恒等任务上都有所不同。

　　首先,处于具体运算阶段的儿童,能够根据客体的各种较为抽象的特征来分类,能够根据物体的相似性来划分事物的种类,例如,根据动物出现的地点来分类(农场动物、丛林动物、家庭动物等)。相比之下,处于前运算阶段的儿童就只能在客体的物理特征(大小、形状、颜色等)的基础上进行分类,而不能在抽象特征的基础上进行分类。此外,处于具体运算阶段的儿童已能很好地理解整体与部分的关系。

　　其次,处于具体运算阶段的儿童能够按照逻辑上的顺序给客体排序。当给他们一些长短不一的小木条,他们就会从短到长依次排列出来,反之亦然,甚至无需提出这种要求,他们也会自动按顺序排列。而前运算阶段儿童,即使要求他们按顺序排列,他们也只能够随机地摆放这些小木条。

　　再次,处于具体运算阶段的儿童已能进行递推性思维。如问7、8岁的儿童:假定A>B,B>C,问A和C哪个大,他们可能难以回答。但如果问他们,小明比小刚高,而小刚又比小伟高,问他们:"是小明高还是小伟高?"处于具体运算阶段的儿童能正确回答这个问题,而处于前运算阶段的儿童则需要亲眼看到这三个人才能得到正确答案。

　　最后,处于具体运算阶段的儿童已出现了守恒观念,这也是这个阶段的标志之一。所谓守恒是指儿童已认识到无论客体的外形发生什么变化,但其特有的属性不变,其根本原因是儿童已能够同时考虑到问题的多个维度。皮亚杰曾做了许多守恒实验,以检验不同阶段的儿童是否已形成守恒观念。以儿童判断不同形状的杯子中的水是否相等的实验为例,上述已介绍,处于前运算阶段的儿童尚不能正确判断,而处于具体运算阶段的儿童,已形成了守恒观念,而且几乎都可以完成皮亚杰设计的各种守恒任务。

具体运算阶段 儿童从表象性思维中摆脱出来,逐渐进行抽象思维的认知发展阶段

守恒 指儿童已认识到无论客体的外形发生什么变化,但其特有的属性不变

教学之窗

对处于具体运算阶段的儿童的教学

☞ 使用具体的事物和视觉辅助物,尤其在教授复杂内容时
　→ 在历史课中使用时间列表,在自然科学课中使用立体模型。
　→ 使用图表说明层级关系,如政府下面的各个机构,机构下面的各个部门。

☞ 继续为学生提供操作的机会
　→ 安排简单的科学实验(如燃烧和氧气关系的实验),并问"当你从远处吹蜡烛,但又不将蜡烛吹灭,这时火焰会发生什么变化?"或者问,"如果用一个瓶子罩住蜡烛,将会出现什么结果?"
　→ 若有条件,可让学生亲自体验一些我国传统的手艺活,并以此说明我国古代劳动人民的职业特点。

☞ 表述和阅读材料应简短且组织良好
　→ 让学生阅读的故事或书籍,篇幅应短但要有逻辑性,只有当学生具备了一定的阅读能力,才可考虑让他们阅读篇幅较长的材料。
　→ 在表述说明过程中注意停顿,在讲解新内容前让学生复习先前学习的内容。

☞ 使用学生熟悉的例子来说明复杂的观念
　→ 比较学生的生活与故事中人物的生活。如在读完有关一个女孩独自在荒岛上成长的真实故事后,问学生,"你们曾经独自一人呆过很长时间吗?有什么感受?"
　→ 在教"面积"这一概念时,让学生亲自去测量学校中两间教室的面积。

☞ 让学生对复杂水平递增的物体和观念进行组合和分类
　→ 把段落中的句子分别写在小纸条上,让学生把这些句子重新组织成完整的段落。
　→ 把人类身体的各个系统与其他物质系统进行比较:如大脑与电脑,心脏与水泵。把故事分解成各个成分:作者;人物、情节、主题;地点、时间;对话、描写、行动。

☞ 呈现一些需要逻辑思维和分析性思维的问题
　→ 使用谜语、脑筋急转弯等问题。
　→ 讨论开放性问题,以激发学生的思考,如"大脑和心理是同一回事吗?""城市应该如何处理流浪的动物?""最大的数字是什么?"

4. 形式运算阶段

学习要求　阐述处于形式运算阶段的儿童认知的特征
　　　　　　比较形式运算阶段的儿童与具体运算阶段儿童的认知差异

　　处于形式运算(11、12岁以上)阶段的儿童,倾向于从可能性开始,然后进展到现实;当面临问题时,他们会细致考察问题情境,并试图确定所有可能的解决办法,然后再来系统地检验哪一种方法才是现实的。可见,此时的儿童已懂得将现实性视为更广泛的可能性的一部分。这一阶段的儿童还能运用逻辑思维来处理抽象的、假设的情境。例如,他们可以回答诸如"如果巨大的行星与地球相撞将会怎样?"等一些抽象的、假设的问题。显然,处于形式运算阶段的儿童,其思维最大特点是已经摆脱了具体事物的束缚,能根据种种可能的假设进行推理,相信演绎得到的推论,使认识指向未来。

　　此外,处于具体运算阶段的儿童,虽然也能够产生、理解和验证命题,但是在处理命题的方式上,他们只能个别地考虑命题,只能根据相关的经验材料逐个地检验命题。由于每一个命题只是关于外部世界的个别论断,因此皮亚杰将具体运算思维称为命题内思维,即儿童的思维被限制在某个单一命题内的思维;而处于形式运算阶段的儿童还能够推论两个或更多命题之间的逻辑关系,皮亚杰称之为命题间的思维,更为重要的是,这种思维形式至少在原则上,可以不受现实和情感因素的影响。

形式运算阶段　儿童逐渐从依赖于具体内容的抽象思维中摆脱出来,而逐渐进行脱离具体内容的抽象思维的认知发展阶段

教学之窗
对处于形式运算阶段的儿童的教学
☞ 继续使用具体运算阶段的教学策略和材料
　→ 使用图表和插图等视觉辅助物,可以增加图表的复杂程度。

→ 比较故事中人物的经历和学生自己的经历。
☞ 鼓励学生探索人为假定的问题
→ 让学生写表明立场和态度的论文,然后与持对立观点的同学交换文章并阅读;讨论一些社会热点话题——环境、经济、国家医疗保险制度等。
→ 让学生写下对乌托邦的个人看法;想像并描述人类灭绝后的地球。
☞ 创造机会让学生科学地推理及解决问题
→ 安排小组讨论,让学生自己设计实验以解答问题。
→ 让学生确定关于"动物权力"这一主题的两种立场,并提供符合逻辑的论据。
☞ 教学内容不应仅限于事实,还应逐渐加入一些普遍性的概念,尽可能利用接近学生生活的材料和观念
→ 鼓励学生思考及讨论为什么中国在鸦片战争后会沦为半封建、半殖民地的国家。
→ 在流行歌曲中选择一些能反映社会问题的歌词,引导学生对流行音乐在文化中的位置等问题展开讨论。

教学之窗

基于皮亚杰认知发展理论的教学方法

根据皮亚杰的认知发展理论,教育界提出了几种行之有效的教学方法,这包括:活动法、自我发现法、认知冲突法和同伴影响法。

☞ 活动法

从前面内容已知,皮亚杰认为智慧(思维)发端于动作,而主体的活动(动作)就是连接主客体的桥梁,也是智慧的根本来源。在教学过程中实施活动原则,就应该放手让儿童去动手、动脑子,探索外物,获得丰富的逻辑—数理经验,通过反省抽象,逐步形成、发展自己的认知结构。活动越多,认知结构同化外来信息的功能就越强。对教师来说,强调活动就意味着应着眼于儿童认知结构的发展,而不必拘泥于某一事物的精确记忆。

☞ 自我发现法

根据皮亚杰理论,儿童自我发现的东西才能积极地被同化,进而产生深刻的理解。对于某些学习内容,较"呈现学习的材料,强化正确答案"的传统学习方法,自我发现法的学习效果要好得多。皮亚杰曾指出:"每次过早地教给一些儿童自己日后能够发现的东西,会使他无所创造,结果也不能对这种东西有真正的理解。"要实施自我

发现教学,教师要根据儿童的认知发展水平来创设适当的教学情境,给予儿童自我探索、自我发现的机会,使儿童通过积极的同化和顺应,获取对外界事物的认识。

☞ 认知冲突法

认知冲突法(或认知失衡法)是让儿童学习那些与自己已经具有的知识有所不同的新事物。前面论及的平衡化思想可以说明这一点。平衡化是一种动态平衡过程,它是影响发展的重要因素。处于某一发展阶段的儿童具有一定水平的认知结构,儿童运用这些结构去同化输入的信息,有些能同化,有些则不能。于是,在能够同化与企图同化的两种信息之间就有了矛盾,导致认知结构内部的不平衡。这种内部的不平衡接着又可能引起认知结构的变化(即顺应作用),这样就使结构得到发展。

运用认知冲突法,要注意材料引发的认知冲突的适当性,即材料的适度新颖原则,这样才能激起儿童求知的欲望,增强学习的动机。从激发学生学习动机的角度来说,新旧知识的衔接、承启、组织,是十分重要的。欲望、动机、兴趣,甚至意志,都是认知活动不可忽视的动力方面,都是教师在教学中应当注意并加以利用的。

☞ 同伴影响法

皮亚杰一贯重视儿童之间的互教和相互影响。儿童之间彼此交流看法,可以使他们不断了解他人的观点。在同一认知水平上的其他儿童似乎比成人更能够促进儿童从自我中心中解脱出来。因此,鼓励儿童多与自己年龄相仿的同伴一起活动、一起游戏、一起学习,可以有效地促进儿童认知水平的发展。

第二节 维果斯基的认知发展理论

维果斯基(L. S. Vygotsky,1896—1934)是苏联杰出的心理学家,也是一位享誉世界的大学者。他一生主要研究儿童心理和教育心理,着重探讨思维与语言、学习与发展的关系问题。在其短暂的学术生涯中,他以马克思主义哲学为指导,创立了著名的社会文化历史学派。在他去世60多年后的今天,维果斯基在西方重新声名鹊起,被公认为是当今学习理论中社会建构主义和情境学习理论的先驱。

Vygotsky

一、维果斯基理论的基本观点

1. 社会因素在儿童认知发展中的作用

> **学习要求**　举例说明个体心理发展的两种心理机能
> 　　　　　　简述社会文化环境因素在儿童认知发展中所起的作用

维果斯基创立了"文化—历史发展理论",用以解释与动物有本质差异的人类高级心理机能,诸如思维、逻辑记忆、概念形成、随意注意、意志等。维果斯基认为,在个体心理(行为)的发展过程中,融合了两类心理机能:低级的心理机能和高级的心理机能,这两类心理机能分别依赖于生物进化和人类发展的历史。维果斯基强调,研究儿童心理的发展,必须依据历史的观点,在社会环境中去考察儿童高级心理机能的发生发展过程,特别是心理结构的质变过程。

维果斯基提出了著名的"两种工具"说,即"物质生产工具"和"精神生产工具"。精神生产工具也即心理工具,是指人类社会特有的语言和符号,它能使人的心理机能发生质的变化,使人在低级心理机能的基础上上升到高级阶段,从而形成各种高级心理机能。由于语言符号是人类社会文化历史发展的产物,它必然受社会文化历史发展规律的制约,从而个体心理尤其是人的高级心理机能的发展,也必然受社会文化历史发展的制约。

在维果斯基看来,由于儿童自出生以来就处在其周围特定的社会环境的影响之中,他的成长过程中必然伴随着他所处的社会文化环境中语言文字符号的学习,在学习和运用语言文字符号的过程中,他以其所掌握的心理工具为中介,他的高级心理机能逐步从低级心理机能的基础上发展起来。在整个认知发展过程中,虽有生物成熟的影响,但成熟更多的是对低级心理机能(如各类感知觉)的制约作用,而对高级心理机能而言,主要受社会文化环境的影响。

总之,个体心理(认知)发展,是在特定社会文化环境的影响之下,以各种逐步掌握的心理工具为中介,在各种低级心理机能的基础上,逐步发展高级心理机能的过程。而在整个儿童认知发展过程中,社会文化环境因素的影响可谓举足轻重。

低级心理机能　个体在心理发展过程中所形成的一类主要受成熟因素所制约的机能

高级心理机能　个体在心理发展过程中所形成的一类主要受社会文化因素所制约的机能

> **文化—历史发展理论** 由维果斯基提出,是运用社会文化环境等因素,从历史发展角度来考察人类高级心理机能的一种认知发展理论

2. 心理发展的原因

> **学习要求** 举例说明儿童心理发展机能的原因

维果斯基认为,心理发展就是指个体心理在环境与教育的影响下,在低级心理机能的基础上,逐渐向高级心理机能转化的过程。儿童的心理机能发展的原因何在？维果斯基强调以下三点。

其一,受社会文化—历史发展以及社会规律制约的结果。儿童生来就处在一定的社会文化环境之中,在社会文化环境的影响下,在物质生产活动中,在与人的交往中,儿童才逐步发展起新的行为系统(高级心理机能),所以,个体行为(心理)起源并受制于社会文化历史的发展,心理的发展是在物质生产过程中发生的人与人之间的关系和社会文化历史发展的结果。

其二,儿童在与成人交往的过程中,掌握了能对高级心理机能起中介作用的工具——语言、符号——的结果。通过与社会环境(包括组成社会的人)的相互作用,儿童逐步掌握了心理工具(语言符号),即获得了向高级心理机能发展的工具。一旦掌握了这种心理工具,就为低级心理机能向高级心理机能的转化提供了可能。

其三,高级心理机能本身不断内化的结果。维果斯基是"内化"学说的最早提出者之一。他指出,教学能够激起和推动儿童一系列内部的发展过程,从而使儿童把人类经验内化为儿童自身的内部财富。他认为,儿童早年的心理活动是"直接的和不随意的、低级的、自然的",只有掌握语言这个工具以后,才能转化为"间接的和随意的、高级的、社会历史的"心理机能。所有高级的、社会历史的心理活动形式,首先都是作为外部活动的形式,而后内化为在头脑中进行的内部活动。

> **内化** 指儿童在与成人交往过程中,将外部的人类经验不断转化为自我头脑中内部活动的过程

二、维果斯基理论与教育

1. 语言与发展

学习要求　描述语言在社会交往过程中所起的作用
　　　　　　举例说明语言作为自我调控的工具
　　　　　　比较维果斯基与皮亚杰关于语言的不同阐述

语言：作为发展的媒介与思维的工具

语言是维果斯基认知发展理论的核心，维果斯基认为，语言在儿童认知发展中起关键作用。他相信，拥有高度发展语言的人，可以完成那些文盲所不能完成的复杂任务，这是因为人们在学习语言时，不仅仅在学习语词，同时还在学习与这些语词相连的思想。因此，语言是儿童用以认识与理解世界的一种中介工具，也即一种思维工具。

语言使得人们能够向其他人学习，并提供了获得其他人已有知识的途径。所以，语言为学习者提供了认知工具，使得他们能够对世界进行思考并解决问题。同时，语言作为一种中介物，不仅能促进儿童认知的发展，还能帮助儿童建构自己有关世界的知识，并对这一知识进行检验、精制和反思。此外，语言也提供了分享观念、精炼想法的机会。

语言：作为社会交往与活动的工具

语言在发展中还有另外一种功能，即使得儿童能与他人进行交往，从而开始人与人之间的文化交流或观念交换。维果斯基认为，文化在发展过程中起到重要的作用，而社会交往是文化得以分享并传递的主要途径。

成年人（尤其是父母和其他照顾孩子的人）以及同伴，在文化的传递过程中均起到重要作用。成年人进行解释，给予指导，提供反馈并引导交流。而同伴则在游戏与课堂情境中，通过对话来促进儿童之间的合作。所以，社会交往一方面可交换信息，另一方面也提供了各种有关观念有效程度的反馈。

"活动"这一概念也是维果斯基理论的一个重要因素。儿童在"做"中学，即通过与更有能力的人一起进行有意义活动来学习。活动提供了使对话可能发生的情境。通过活动来进行对话，在个体之间相互交流思想，个体便得以发展。

语言：作为自我调控与反思的工具

语言在发展中还有第三个作用，即为人们提供了对自己的思维进行反思与调控的工具。所有的人都会自言自语，但维果斯基认为，这种"自言自语式"的外在言语是个人言语内化的先兆。个人言语是引导个体思维与行为的自我谈话。皮亚杰在年幼儿童中也观察到了这种现象,他称个人言语为"自我中心式言语",皮亚杰认为,这种形式的言语只是思维的一种副产品,它还缺乏指向性,因而它是认知发展不成熟的一种表现。

但是,与皮亚杰的自我中心式言语观点不同,维果斯基对个人言语作了不同的诠释。他认为,这些仿佛没有目标的"咕哝",其实是个人内部言语的开端,而且这种语言在自我调控的发展中起重要作用。个人言语,最初是大声咕哝出来的,然后逐渐被内化,进而成为复杂认知技能的基础,这些技能包括保持注意("我得注意了,这很重要")、记忆新信息("如果我重复说这个数字,我就能记住它")和问题解决("我应该先做什么呢")。

表2.1 皮亚杰的自我中心式言语理论与维果斯基的个人言语理论的区别

	皮亚杰	维果斯基
发展的意义	代表一种不能从他人角度出发,或无法进行相互交流的表现。	代表外在的思想,其功能是与自己交流,旨在自我指导与自我指引。
发展过程	随年龄增长而削弱。	年幼时增加,然后慢慢变为听不见的,成为内部言语的思想。
与社会言语的关系	负相关;在社会性和认知上最不成熟的儿童,使用更多的自我中心言语。	正相关;正是在与他人的社会交往过程中,个人言语才得以发展。
与环境的关系	——	任务越难,联系越密切。在需要较多认知努力来解决问题的情境中,个人言语可发挥良好的自我指导作用。

个人言语 *引导思维与行为的自我谈话*
自我中心式言语 *以自我为中心而忽略他人的一种言语,代表个人认知发展的不成熟*

教学之窗

维果斯基有关语言的观点在课堂教学中的运用

在课堂教学中,语言的中介作用体现为,学生逐渐内化成人的自我指导性言语,由此控制自己的行为。例如,教师可能教授或演示一些自我监控和自我指导的规则,而学生通过观察、模仿或实践,逐渐学会问自己:"现在应该干什么?我们在语文课之后要做什么？语文课中有没有一些没有实际用处的内容，或者是否需要收集一些材料，为下节课做准备？"

在帮助儿童学会把语言作为中介过程来使用这一方面，父母和教师起相当重要的作用。研究发现，3岁—4岁天才儿童的父母，往往会鼓励孩子使用语言来预测、监控和检测他们自己的行为，而同龄的一般儿童的父母却不这样做。例如，天才儿童的父母，通常会提这样的问题："你认为故事下一步会发生什么事？"或"爸爸这样做之后，你应做什么呢？"与此类似，在儿童预测、自我监控和自我改正时，教师或父母也可鼓励他们用语言表述出来，这样有助于儿童发展自己的高级思维技能。

2. 学习与发展

学习要求 描述两种不同的认知发展水平
阐述最近发展区对儿童学习和发展的影响

在实际课堂教学情景中，不同的学生虽然"现有"能力相当，但在一些"超前"类问题上则表现出较大差异：一些儿童在引导性问题、例子及演示等的帮助下，可较容易地解决超过其认知发展的（真实）水平的问题；而另一些则不能。此外，教师通常会发现，与自己独立完成某些任务的学习形式相比，学生在与教师或小组同伴一起学习时可能会表现更好。维果斯基将这种现象解释为，人类认知过程在个体和群体两种水平上可能表现出不同功能。进一步，维果斯基认为，至少应确定儿童的两种发展水平：第一种水平是儿童现有心理机能的发展水平（儿童实际的发展水平）；第二种水平是在成人的指导和帮助下所达到的解决问题的水平（儿童潜在的发展水平），也就是通过教学所获得的潜力。

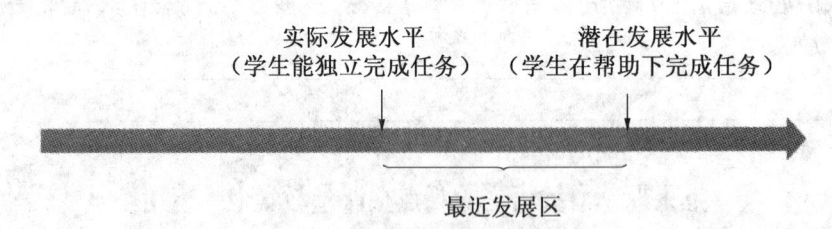

图 2.3 维果斯基的"最近发展区"

根据这两个发展水平的界说，维果斯基提出了"最近发展区"这一概念，其意指认知发展真实水平（由独立解决问题所决定）与认知发展的潜在水平（由在成人的指导下或与其他更能干的同龄人合作解决问题所决定)这两者之间的距离(如图 2.3)。最近发展区存在个别差异和情境差异。也就是说,不同个体之间,最近发展区有所不同;在不同情境中,同一个体也可能有不同的最近发展区。

最近发展区 认知发展的真实水平与认知发展的潜在水平这两者间的距离

教学之窗

维果斯基的"最近发展区"观点在课堂教学中的运用

作为教师,应当尽力弄清每个学生的最近发展区。在个别教学过程中,通过提问或者提出一些建议,来促使学生向认知发展的潜在水平方向发展。此外,还应营造合作性的学习情境使学生们相互指导和帮助。也就是说,教师应当通过教学或合作性学习情境的创设,来促进儿童跨越其最近发展区,从而促进儿童认知的成长与发展。

以下就是一运用"最近发展区"来教授百分比的教学实例。

在百分数教学中,教师与小林、小丽和小亮一起进行小组学习。小林很快做出了答案;小丽还在自言自语,埋头苦做;小亮已经放弃努力,在四处张望了。此时教师没有和往常一样对小丽和小亮讲解如何解题,他让小林说一说解题的过程。

"我是这样想的,要求卖掉的书的百分比,我先要得到一个分数,有了一个分数,我就把它化成小数,然后就得到百分数了。你们看,我第一步是这样的……"

小林在说的时候,小丽和小亮一直在跟着小林的思路。

接下来,教师就对小丽和小亮说:"现在你们两个帮我来解这道题目,芳芳有 12 颗糖,送给小明 9 颗,那么芳芳送掉的糖的百分比为多少?"

"首先,"教师接着说,"我们要找到一个分数,然后就能得到一个小数,接着就知道百分数了,小丽,我们为什么需要一个分数?"

"因为……如果……如果我们有了一个分数就能得到小数,然后是百分数。"

"很好,那么芳芳给小明的糖是几分之几呢,小丽?"

"12 分之 9。"

"太好了,小亮,我们怎么把这个分数化成小数呢?"

……小亮还是在摇头。

"再看看这个分数,怎么化呢?"

此时教师就看到小丽很快就得出了答案 0.75,而小亮仍不知道如何去做。

从这个教学实例可以看出,学生从教学中得益的程度是有差异的。同样是百分数问题,对小林而言,完全在其实际发展水平之内,他不需要额外的帮助就能解决问题,小亮则处于潜在发展水平之外,即使有教师的帮助仍不能解答这类问题,小丽恰位于这个"最近发展区"之内,在教师和同伴的帮助下学会了解题方法。可见教学应该瞄准儿童的"最近发展区",在师生的共同合作之下促进潜在水平的发展。

3. 教学与发展

学习要求 理解皮亚杰"发展先于教学"和维果斯基"教学先于发展"的观点
解释支架式教学

维果斯基把"教学"概念分为广义和狭义两种。广义的教学是指儿童通过活动和交往而掌握"精神生产工具"的过程,它带有自发的性质;而狭义的教学则是有目的、有计划、有系统的交际形式,它"创造着"儿童的发展。另外,根据儿童不同发展阶段,维果斯基还把教学划分为三类:针对3岁前儿童的教学为自发型教学,儿童按自身的"大纲"来学习;针对学龄前期儿童的教学是自发反应型教学,大多数要考虑儿童自身的需要或兴趣;针对学龄期儿童的教学为反应型教学,是一种按照社会的要求来进行的教学,以向老师学习为主要形式。

皮亚杰认为儿童认知发展必须先于教学,儿童只有处于特定的阶段,才能掌握某些概念。与此观点相反,维果斯基认为,发展和教学相互影响,甚至教学要先于发展。显然,维果斯基更强调教学在儿童认知发展中的重要作用。那么,教学如何促进发展呢?基于维果斯基认知发展的理论,教师可以采取教学支架(teaching scaffolding)。

教学支架就是在儿童试图解决超过他们当前知识水平的问题时,教师所给予的支持和指导。给予教学支架的目的就是使学生最终能够独立完成任务,帮助他们顺利通过最近发展区。在操作上,教学支架应该考虑学生的需要:当学生需要更多的帮助时,教师就进一步提供"支架";当学生需要较少的帮助时,教师就撤消"支架",以便学生能独自完成任务。从功能发挥角度来说,教学支架扩展了学习范围,使学习者能完成一些在其他条件下不可能完成的任务。所以,这种支架式教学是一种教学模式,它要求为学生提供一定的帮助,使他们能够完成不能独立完成的任务。

在课堂上,支架式教学一般采取的方式有:把学生要学习的内容分割成许多便于掌握的片段,向学生演示要掌握的技能,提供有提示的练习,在学生准备好之后让他们自己活动等。在支架式教学中,教师的作用在于,为学生自己完成任务提供恰到好处的支持和帮助。如果教师提供的帮助太多,学生独立思考或操作能力就得不到充分发展;

相反,如果提供的帮助不够,学生又会因失败而泄气。所以,有效的教学支架必须是灵活的,必须适应学生通过最近发展区的需要。

教学支架 是指儿童试图解决超出他们当前知识水平的问题时,教师所给予的支持和指导

支架式教学 一种帮助学生顺利通过最近发展区的教学模式

教学之窗

支架式教学类型及其实例

☞ 示范解题步骤,让学生知晓有效解题方法

通过演示如何解决问题,教师就可以给学生提供专家是如何解决问题的具体例子。例如,美术课教师先演示如何绘制两点透视图,然后要求学生自己去画。

☞ 进行"出声思考",让学生理解操作时的思维过程,并进而模仿

这一技术有助于学生在自己解决问题时,模仿并使用教师有效的思考方法。例如,一位物理课教师在黑板上解答动量问题时,口述自己的解题思路。

☞ 使用"提问",激发学生的思维

通常,在学生自己努力解决问题的时候,教师提出问题来引导他们,或者把学生注意力引向关键之处,或者给予一些选择性建议等。例如,在示范和出声思考以后,物理老师让学生思考一些涉及重要知识点的问题。

☞ 改变教学材料,以层层递进式发展学生能力

改变教学材料的一种形式就是改变任务要求。例如,在教学生如何对阅读材料进行提问的时候,教师先提出关于单个句子的问题,然后是关于段落的问题,最后是整篇的问题。再如,在体育课上,老师调低篮圈,让学生练习投篮,一旦练习熟练后,再升高篮圈。

☞ 提供书面或口头的"提示和线索",引导学生思维

如在幼儿教育中,常常用"小兔子绕洞跑,跑了一圈跳进去"来教儿童如何系鞋带,等等。

教学之窗

基于维果斯基认知发展理论的教学方法

维果斯基的理论对教育工作者之所以具有吸引力,是因为它本身就十分强调成

第二章 认 知 发 展 · 49

人在指导儿童认知成长过程中的积极作用，以及教师在帮助学生成为更成熟的思考者过程中的潜在作用。

☞ **确定每个学生的两种水平：一是他们能够独立而有效地完成作业的水平，二是他们在指导下能够有效地完成作业的水平**

也就是说，要弄清每个学生认知发展的实际水平和潜在水平。认识到学生的最近发展区将有助于制订教学计划，以促进学生实现其潜在水平。例如，如果知道学生能够独自完成"异分母分数的加法运算"，那么在教师帮助下，他们可能会完成"异分母分数的减法运算"，甚至不久之后，他们将无需帮助也能完成。

☞ **定期与每个学生一起探讨那些能提供"教学支架"的问题**

向学生呈现新任务时，提供言语指导并演示新技能，安排好学生进行小组作业，使他们能够相互学习。群体学习能够诱发动机；社会交往可以激发学生使用语言来交流他们的看法、为自己的观点辩护以及阐述相关问题；小组作业则可以教会学生合作性地工作、同意和反对以及从不同角度看待事件。

☞ **鼓励学生在解决问题时使用内部言语**

"对你自己说"或"大声说出解决问题的步骤"有助于学生认识到问题的关键方面、判断可能的解决办法、认识其推理过程中的破绽或矛盾。

☞ **把班级营造成为学习者团体**

通常是教师指导学生，但实际上，学生们自己也可以相互指导。教师应当鼓励学生在结对学习或小组学习中相互支持。

此外，教师或成人在帮助儿童学习时，还可以通过以下途径进行：（1）示范行为以供学生模仿；（2）在学生表现出所期望的行为时给予奖励；（3）给予学生其作业情况的反馈，允许他们对自己的作业做出修正和改进；（4）为学生提供必须学习的信息；（5）提出一些需要学生积极阐述予以回答的问题；（6）为学生组织和理解新知识提供必要的认知结构，这种结构可能是宏大的，如一种理论、世界观或哲学；也可能是简易的，如指明一个概念。

教学经验

根据学生的思维发展水平来进行教学

☞ 刚做教师时，教材编写得很规范。例如，初中的教材就很照顾初中学生思维能力的转变，基本上是用具体、形象的方式来描述和讲解知识；直到高中，教材才比较抽象。但是，现在的教材仿佛没有照顾到这一点，有些超前，这使得那些"照本宣科"的教师很少去考虑所教学生的思维发展特点。……教书五、六年后，开始认识到学生的思维发展有一定阶段性，于是也将这种理念贯彻到自己的教学当中。……3年前，我开始意识到物理教学中"变式"训练的重要性，在课上将一道题目"变来变去"，这可以促使学生真正学习到一种分析问题、解决问题的思维能力。（王旭东）

☞ 以前照本宣读，因为以前的教材很系统，很好学。但近年来，我发现有些学生在学习几何时，其思维水平总是跟不上。开始，我仍然采用反复灌输的方法，但是效果很差。后来听一名老教师上课，发现他将一切知识都先内化成自己的，然后用形象、生动的语言表达给学生，这样学生就比较容易接受。后来，我又学会了将知识与生活经验相结合，这样学生不仅能够想像，而且可以实际看到、听到乃至触摸到，于是他们接受"新知识"更快，课堂气氛也就热烈了。（陈惠莲）

☞ 教英语的老师，更应该注意如何让学生学会用英语去思维，至少能用一些简单的英语去表达一些简单的问题。于是，我从初一开始，英语课上就坚持少讲或不讲中文，现在到了初二，学生一般都可以对一些简单的问题直接用英语来思考、回答问题了。（朱红琴）

☞ 在备课时注意多设计一些与学生当前思维发展水平相适应的问题。初中学生都比较喜欢发问，我就从这一点出发来设计教学。而且按照学生的思维水平，我所设计的问题也是循序渐进，引发学生思考的。（朱冬妹）

☞ 在实际教学中确实发现，教材与学生的思维水平有些脱节。例如，现在初中物理教材中不要求画"受力图"，但对初中生而言，不让他们有一个直观的感觉，他们根本不能够理解。再如，牛顿第一运动定律中说"不受外力的物体会静止或做匀速直线运动"，但现实生活中的物体常常是受到外力为零的物体，而非绝对不受力的物体。在这类情况下，教师就必须要让学生去画出物体的受力图，让他们明白什么是"受力为零"，什么是"不受力"。物理教学必须让学生在头脑中建立一个"模型"，用以形象地表征问题，尤其是对初学物理的初中生而言。……此外，针对初中生的思维发展特点，"做中学"也很重要。这是因为他们的思维还没有抽象到那么高的程度。实际的操作在很大程度上能加深他们的理解，增强他们的记忆。例如，在教温度计时，我告诉学生冰水混合物的温度是0摄氏度，沸水是100摄氏度。但至考试时，他们还是会说0度是最低的温度，100度是温度计上最高的温度，这样回答反映出他们对温度其实还是没有真正理解。如果能让他们亲手测一下冰水混合物和沸水的温度，再去标注温度计，则他们的理解会深刻许多。（马世龙）

教学反思

学完本章后,你可以思考:
- 你现在的学习是同化还是顺应?
- 经常使个体处于认知的"不平衡状态",这样做有什么好处?
- 现在学习的内容是否处于你的"最近发展区"之内?
- 教师提供的"支架"与学生积极主动学习,这两者之间如何协调?
- 从个体或学生的自言自语中,能否理解他们的内在思维过程?
- 怎样安排学习成绩好的学生,为其他学生提供学习上的"支架"?

总　结

皮亚杰的认知发展理论　皮亚杰认为,人是建构外部世界知识的能动主体,而非被动的接受者,因此人类智慧的源泉应是主体对客体的动作,也就是主体与客体的相互作用。从这个角度出发,皮亚杰创立的"发生认识论",主要研究认识如何发生或起源乃至逐渐发展的问题。按照皮亚杰的观点,个体是凭借认知结构(或图式),通过适应(同化与顺应)和组织这两种机能,才逐渐认识外界事物、适应外界环境,实现认知的发展。而在认知发展阶段中,个体主要经历了感知运动阶段、前运算阶段、具体运算阶段和形式运算阶段这四个阶段,每个阶段都大致地对应一定的年龄范围,而且每个阶段都以行为的质变为特征。

维果斯基的认知发展理论　维果斯基主要采用历史观点,在社会环境中考察儿童高级心理机能的发生发展,创立了"文化—历史发展理论"。这一观点强调个体心理发展过程中社会文化的影响因素,尤其重视语言在这一思维内化过程中所起的突出作用。此外,维果斯基所提出的"最近发展区"概念,拓展了对学生能力的认识,指出教师和成人在儿童认知发展中所起的重要作用,这一观念对当前建构主义的教育思想产生了深远影响。

重要概念

成熟	具体运算阶段	守恒	支架式教学
低级心理机能	逻辑—数理经验	顺应	智慧
发生认识论	内化	同化	自我调节
感知运动阶段	平衡化	图式	自我中心式言语

高级心理机能	前运算阶段	文化—历史发展理论	组织
个人言语	认知结构	物理经验	最近发展区
教学支架	适应	形式运算阶段	

参考文献

1. 刘金花：《儿童发展心理学》(修订本)，华东师范大学出版社，1997。

2. 邵瑞珍：《教育心理学》(修订本)，上海教育出版社，1997。

3. J·皮亚杰著，王宪钿等译，胡世襄等校：《发生认识论原理》，商务印书馆，1981。

4. R·凯斯著，吴庆麟等译：《智慧的发展：一种新皮亚杰主义理论》，上海教育出版社，1994。

5. Woolfook, A., *Educational Psyhchology* (8th), Allyn and Bacon, 2001.

6. Borich, G. D., Tombari, M. L., *Educational Psychology: A contemporary approach* (2nd ed.), New York: Addison Wesley Longman, Inc., 1997.

7. Eggen, P., Kauchak, D., *Educational Psychology: Windows on classroom* (3rd ed.), Uper Saddle River, NJ: Prentice-Hall, 1997.

第三章 社会和情感发展

引言

你适应自己所处的社会吗？你了解社会的行为要求、道德规范与价值观念吗？你了解自己的父母、教师、同学和朋友吗？你了解自己吗？你在做出重大人生抉择时，受谁的影响最大？这一系列问题都与个体社会化过程密切相关。

人从一出生就开始与周围世界互动，社会化过程也由此开始，并贯穿个体一生。在社会化过程中，个体需要了解自己以及周围社会环境。了解自己，包括形成健康的自我意识，正确地认识自己、积极地悦纳自己及恰当地调节和控制自己；了解周围社会环境，则包括逐渐掌握判断是非的标准，并将这些标准内化，最终反映在自己的实际行动中。在个体社会化过程中，家庭和同伴是两个最重要的因素。

本章将首先介绍埃里克森的心理社会发展理论，提供一个思考人格和社会化过程的理论框架；然后阐述个体社会化的两个重要成果：个体自我意识和道德的发生与发展；最后分别介绍影响个体人格和社会化的两个重要因素：父母教养方式和同伴关系。

学完本章后，你应该能够：
- 描述埃里克森心理社会发展的八阶段，列举该理论的教学含义；
- 提出一些促进学生自信心的方法；
- 解释个体自我意识的发展；
- 举例说明皮亚杰道德认知阶段理论；
- 举例说明柯尔伯格道德认知阶段理论；
- 阐述父母教养方式和同伴关系对个体社会和情感发展的影响。

教学设疑

作为班主任，汪老师发现班上有些学生很特殊：小明学习成绩虽好，但几乎没有知心朋友；小红表现出对周围世界充满了好奇心，喜欢寻根究底，有时会给任课教师带来很多教学麻烦；小平成绩一般，但自我评价过高、骄傲自满；小军做事退缩，缺乏自信心，不善于表现自我；小力由于父母放弃管教，整天呆在游戏机房而不上课。

如果你是汪老师：

- 你认为小明没有朋友的可能原因来自哪些方面？如何帮助他建立良好的同伴关系？
- 你将如何引导小红的探索行为？
- 你如何使小平正确认识自我？
- 你如何帮小军树立自信心？
- 你如何与小力的父母沟通，使他重新回到课堂？

第一节 埃里克森的心理社会发展理论

埃里克森（E. H. Erikson，1902—1982），是一名美国精神分析医生，也是一位精神分析学家，他建立了代表新精神分析学派的人格发展理论。他认为个性的发展受生物、心理和社会等三方面因素的影响，并从情绪、道德和人际关系的整体发展角度来研究个性。因此，埃里克森的这一理论又被称为心理社会发展理论。

Erikson

一、理论的提出

学习要求 讨论生物、社会与心理这三种因素在个体人格发展中所起的作用
阐述埃里克森心理社会发展理论的意义

对于"儿童个性是怎样形成和发展的"这个问题，心理学家各持己见，其中分歧主要存在于，如何看待生物学因素和社会因素在发展中的地位，以及它们的相互作用。1950年，埃里克森出版了《儿童与社会》一书，提出了心理社会八阶段论，并在姊妹篇著作《青年路德》和《同一性：青少年和危机》中对该理论作了详尽、系统的阐述。他认为，在人

的心理发展过程中,自我与社会环境相互作用,所形成的人格是生物、心理和社会三方面因素组成的统一体。他把人的一生从出生到死亡划分为八个互相联系的阶段,具体见表3.1。

表3.1 埃里克森心理社会发展的八阶段

危机	年龄范围	特征
信任感对不信任感	婴儿期（出生—1岁）	通过持续不断的爱与关怀,形成对环境的信任。
自主感对羞耻感与怀疑感	幼儿期（1岁—3岁）	在父母支持下,不断体验成功,形成自主。
主动感对内疚感	儿童早期（3岁—6岁）	由交流和挑战所导致的探究和探索态度。
勤奋感对自卑感	儿童晚期（6岁—12岁）	通过成功和取得各类成就,体验对任务熟练掌握的胜任感。
自我同一感对同一感混乱	青少年期（12岁—18岁）	在学校和社会实践中,通过扮演不同角色,形成人格、社会、性别和职业等方面的自我同一感。
亲密感对孤独感	青年期	通过与他人交往,对他人开放并形成亲密联系。
繁殖感对停滞感	成人期	通过职业的成功和社会责任感的增强,对社会做出大量富有创造意义的贡献,关心下一代的发展。
自我整合感对绝望感	老年期	通过理解个人在整个生命周期中的位置,接受并理解自己的生活。

这八个阶段以不变的序列逐渐展开,每一个发展阶段都需要解决某一具有普遍性的心理与社会矛盾。对于这些心理与社会矛盾,埃里克森使用了"危机"这一概念,其含义并不是一种灾难性的威胁,而是指发展中的重要转折点。在每个转折点上,个体不可避免地要对发展的方向作出选择。前一阶段危机的积极解决,增加了下一阶段危机解决的可能性,而消极地解决危机,则减少了这种可能性,给下一阶段的发展造成障碍。因此,各阶段发展任务解决得顺利与否,将直接影响到个体未来人格和生活的具体方面。从本质上讲,社会环境决定了各阶段的任务能否获得积极解决,也正是出于这个原因,埃里克森才把人生的八个阶段称为心理社会发展阶段。

心理社会发展理论 阐述人的一生从出生到死亡,由生物、心理和社会等三方面因素制约的人格和社会发展理论

危机 发展中的一个重要转折点,其解决与否将直接影响个体的人格发展

二、心理社会发展的八阶段

学习要求 从年龄、任务、品质和特征等角度,描述埃里克森心理社会发展的八阶段
举例说明处于不同心理社会发展阶段的儿童

信任感对不信任感

该阶段的基本任务,主要是形成信任感,发展对周围世界,尤其是对社会环境的基本态度。这个阶段的儿童对成人的依赖性最大。如果父母等抚养者能爱抚儿童,及时满足他们各方面的基本需求,就能使婴儿对周围的人产生信任感,使他们感到世界和人是可靠的。相反,如果需要没有得到满足,儿童就会产生不信任感和不安全感。对人和对环境的信任感,是形成健康个性品质的基础,也是以后各阶段发展的基础,更是青少年期形成同一性的基础。这一阶段危机的积极解决,会在儿童的个性中形成一种良好的品质,即希望,它是指对自己愿望的可实现性具有持久的信念。

自主感对羞耻感与怀疑感

该阶段的基本任务,主要是形成自主性。一方面,父母要给儿童一定的自由,允许他们去做力所能及的事情。如果父母对子女的行为限制、惩罚与批评过多,就会使儿童产生羞耻感,怀疑或否定自身的能力。另一方面,父母根据社会的要求,对儿童的行为进行一定程度的限制或控制;只有这样,才能使儿童既学会独立生活,又能服从一定的规定和要求,以便将来能遵守社会的秩序和法规。积极地解决了这一阶段的危机,所形成的良好品质为意志,它是指个体成功驾驭自己情感。

主动感对内疚感

该阶段的基本任务,主要是发展主动性。在这一阶段,儿童的肌肉运动与言语能力发展很快,活动范围也进一步向外界扩展,对周围环境充满了好奇心。此时,如果成人对儿童的好奇心和探索行为不横加阻挠,让他们有更多机会自由参加各种活动,并耐心地解答他们提出的各种问题,那么儿童的主动性就会得到进一步发展。相反,如果父母经常采取否定与压制态度,这会使儿童认为自己游戏玩得不好,提出的问题笨拙,从而产生内疚感和失败感。对这一阶段危机的积极解决,所形成的良好品质为目的,它是指

面对和追求有价值的目标的勇气。

勤奋感对自卑感

该阶段的基本任务,主要是发展学习中的勤奋感。儿童不仅接受父母的影响,而且还接受教师和同学的影响。为了不落后于众多同伴,他们必须勤奋学习,但不可避免会体验到失败情绪。如果儿童在学习上不断取得成就,在其他活动中也经常受到成人的奖励,就会产生勤奋感;如果在学业上屡遭失败,在日常生活中又常遭到批评,就容易形成自卑感。这一阶段危机的积极解决,所形成的良好品质为能力,它是指在完成任务中运用自如的聪明才智。

自我同一感对同一感混乱

该阶段的基本任务,主要是发展或建立自我同一感。所谓自我同一感,是一种关于自己是谁,在社会上占什么样的地位,将来准备成为什么样的人,以及怎样努力成为理想中的人等一系列感觉。顺利实现同一感,关键是教师或父母鼓励并支持青少年亲自去做一些尝试。通过亲身体验,他们发现适合自己的生活方式,并逐渐形成自己独特的世界观、人生观和价值观。然而,有些青少年由于长期遭到同一性挫折,出现了持久的、病态的同一性危机。这些青少年不能正确选择适应社会环境的生活角色,形成的自我同一感是消极的,且背离了社会要求。此外,他们的道德推理不够成熟,行为冲动,责任感不强。这一阶段危机的积极解决,是青少年获得积极的同一性,形成一种良好的品质为忠诚,它是指忠于自己内心的誓言的能力。

亲密感对孤独感

该阶段的基本任务,主要是形成亲密感。亲密感是人与人之间的亲密关系,包括友谊与爱情。亲密感在危急情况下,往往会发展为一种互相承担义务的感情,它是在共同完成任务的过程中建立起来的。埃里克森指出,只有建立了牢固的自我同一感的人,才敢热烈追求与他人建立亲密关系。亲密关系的建立,要求个体把自己的同一性和他人的同一性融合在一起,此过程包含着让步和牺牲。而一个没有建立自我同一性的人,担心同他人建立亲密关系而丧失自我。这种人离群索居,害怕与他人过于亲密,不愿与他人交流思想和情感,从而产生孤独寂寞感。这一阶段危机的积极解决,所形成的良好品质为爱,它是指一种永久的相互献身的精神。

繁殖感对停滞感

这一阶段有两种发展的可能性:一种是积极的发展,即繁殖感,个人除了关心家庭成员外,还会扩展到关心社会上其他人,他们在工作上勇于创造,追求事业的成功,而不仅仅为了满足个人的需要;另一种是消极的发展,即停滞感,就是只顾及自己和自己家庭的幸福,而不顾他人的困难和痛苦。这一阶段危机的积极解决,所形成的良好品质为关心,它是指自觉地关心他人,爱护他人。

自我整合感对绝望感

有些人积极地解决了前面七个阶段中的发展危机,此时他们具有充实感和完善感,回顾这一生会觉得一辈子过得很有价值,生活很有意义。而屡遭挫折的人在回忆自己一生时,经常体验到失败甚至绝望,这是因为他们生活中的主要目标尚未达成。他们感到已经处于人生的终结,想要重新开始已经太晚了。这一阶段危机的积极解决,所形成的良好品质为明智,它是指以超然的态度来对待生活和死亡。

教学之窗

在教育中运用埃里克森的心理社会发展理论

埃里克森不仅指出了每个发展阶段的任务,个体将面临的危机,还提出了解决矛盾、完成任务的具体教育方法。其教育措施既强调父母的作用,也十分重视同伴、教师和社会的作用。

在第一阶段(婴儿期),形成基本的信任感,应使儿童的生活有一定的规律并适时地满足他们的各种需要。父母不仅要重视育儿技巧,更要重视育儿时亲子关系的双向性。父母对生活、对他人、对社会的不信任感会潜移默化地传递给儿童。

在第二阶段(幼儿期),发展自主感,应允许并鼓励儿童去做一些力所能及的事情。在这一阶段,儿童开始学习走路,玩玩具,对周围世界充满了好奇,并自发地进行探索。此时过多的限制、批评和惩罚则会阻碍儿童的发展。例如,对幼儿尿床过度批评,或对儿童打碎杯子碗碟严加指责,就会使儿童产生羞耻感。当然过分爱护,替儿童包办一切,也不利于其自主感的发展。

在第三阶段(学前期),发展主动感,应提倡儿童开展各类游戏或自己从事某些活动。利用游戏,其目的在于补偿儿童失败和受挫的体验,有助于缓释和解决前面两个阶段中未能很好处理的危机。如果父母对儿童的游戏行为给予鼓励和支持,则会增加儿童探索外界事物的信心,从而更有可能形成主动性。相反,如果父母对儿童的游戏不闻不问或讥讽嘲笑或横加阻止,都会给儿童的心灵带来伤害,产生退缩和焦虑反应。同时,这一阶段也是儿童最喜欢问"为什么"的时期。对于儿童提出的各种问题,父母应该耐心地给予解答,这不仅能丰富儿童的知识,而且也促进了他们的求知欲。

在第四阶段(小学期),发展勤奋感,要善于利用各种心理效应和强化手段。教师是这一阶段儿童心目中的权威,其影响力逐渐超过了父母。教师的期待可以使儿童向期望的方向发展,这也就是通常所说的"皮格马利翁效应"。儿童如果在学习中屡遭失败,在同伴中不被认可和尊重,自卑感就随之产生。如果教师严厉批评他们的学习表现，或采取听之任之的忽视态度，都将加深儿童的自卑感。如果教师能抓住时机恰当地给予表扬和赞许，久而久之儿童会建立自信心，并对学习产生兴趣，从而自觉地投入到学习中去。

在第五阶段（青少年期），形成自我同一感，要帮助或引导学生的人格、心理、性别和社会等方面的发展。在这一阶段，学生面临着众多选择，如升学的选择、理想的选择、职业的选择、异性朋友的选择等，青少年往往会感到茫然、焦虑与不安。父母和教师应给他们自由选择的权利，同时要提供正确的参考意见，并以自身的言行为他们树立榜样。过分干涉或漠不关心都不利于青少年的身心发展。

在个体一生中，尤其是从婴幼儿期到成年早期，家庭和学校教育对个体的心理社会发展起了十分重要的作用。了解个体社会化的整个过程以及各个阶段心理活动的特点和规律，有助于父母和教师采取相应的教育方式和行之有效的措施。

第二节 自我意识的发展

自我意识不是与生俱来的，而是个体在与周围环境相互作用的过程中，随着身心成长逐渐产生和发展。自我意识是个体社会化的一个结果，同时它的形成和发展又进一步推动了个体社会化的进程。

一、自我意识

1. 自我意识的含义

> **学习要求** 讨论自我意识在心理社会与道德发展中的作用
> 解释自我意识的三个心理成分

所谓自我意识（self-consciousness），是指人对自己的认识以及对自己和周围人的关系的认识。自我意识包括两个方面，一个是主观的我，即对自己身心活动的觉察者；另一个是客观的我，即被觉察到的我。平时我们经常说，"我是一个聪明的学生"，"我很受欢迎，同学们都喜欢和我交朋友"，"我将来要成为一名医生"，"我体质不太好，经常生病"等等。这些都是主体的我对自己身心活动的觉察。具体来说，自我意识由自我认识、自我体验与自我控制三种心理成分构成。这三种成分相互联系、相互制约。

自我认识

自我认识是主观的我对客观的我的认知与评价。自我认知是自己对自己身心特征的认识，而自我评价是在此基础上形成的判断。正确认知并评价自己是一个复杂的过程，除了认知因素外，动机、需要、期望等心理因素也参与其中。如果一个人只看到自己的缺点，长期徘徊在失败的阴影中，很容易失去自信心，从而导致自卑心理的产生。相反，如果一个人一直以自我为中心、盲目乐观、刚愎自用，则会阻碍良好人际关系的形成，容易在社会交往中受挫。

自我体验

自我体验是个体对自己所具有的情绪体验和态度。自尊、自信、自负、自我满足、自我欣赏、自我贬低都是各种自我体验。自尊是自我体验中最主要的一个方面，是指尊重自己的人格和荣誉，维护自我尊严的情感体验。对于一个缺乏自尊心的人，任何表扬和批评都无法起作用。羞耻心与自尊紧密相连，是指发现自己的缺点、不足和错误时产生的羞愧感，是自尊心产生的基础，也关系到个体的进步和成长。

自我控制

自我控制是个体对自身行为和心理活动自觉而有目的的调整和控制。自我控制包括两个方面：一是激发作用，即自己命令或激励自己从事某些活动；二是抑制作用，即审时度势地控制自己的言行。自我控制有利于个体学习和工作的顺利进行，同时它促进了良好人际关系的形成和维系。

在上述三种心理成分中，自我意识有积极和消极之分。积极的自我意识对"现实我"有比较清晰客观的认识，而且"理想我"的确立比较现实，既不好高骛远又具有一定挑战性。积极的自我意识对自我的情感体验是健康、向上的；在实际生活中能自觉地自我控制，不断地完善自己。而消极的自我意识则恰恰相反，它对自我的认识是不准确的，是否定的或歪曲的；情感体验是消极或虚妄的；面对所发生的事情往往无所适从。

自我意识 人对自己的认识以及对自己和周围人的关系的认识
自我认识 主观的我对客观的我的认知与评价
自我体验 个体对自己具有的一种情绪体验和态度
自我控制 自己对自身行为和心理活动自觉而有目的的调整和控制

> **教学之窗**
>
> ### 在教育中如何引导学生自我意识的三种心理成分
>
> ☞ **引导学生正确评价自我**
>
> 　　向儿童展示规范行为的榜样，提供评价行为的参考信息，并创造有利的环境，使他们通过活动反馈形成正确的自我评价。例如，教师首先应以身作则，通过自己良好的言行为学生树立自我评价的榜样。教师的模范行为，对学生起着潜移默化的作用。同时，在集体中有意识地树立"小模范"作为儿童的学习榜样，或者用学生熟悉的模范人物的思想和事迹去启发他们，为他们找到自我评价的生动具体的标准。此外，由于教师和家长的评价对儿童的成长具有指导性，因此他们的评价一定要正确、适当且及时。孩子做了好事，有了成绩应给予表扬；做了错事，出现问题要给予批评。通过评价引起儿童自我教育、自我完善的一种需要，从而促进其自我意识的发展。
>
> ☞ **引导学生产生积极的自我体验**
>
> 　　激发学生的成就动机，不断创造条件增加学生的成功体验。具体来说，教师应注意发现学生身上的闪光点，从多方面挖掘学生的潜能，使其在某些领域取得成功和进步，这些措施都有利于唤起学生的自尊、自重、自强的良好体验。当然，帮助学生确立符合实际的理想，对于培养学生的自信心也是十分必要的。例如，有些学生争强好胜，常常在给自己确立目标时好高骛远，当努力失败、境况不如愿时，极易产生自暴自弃、悲观消沉等不良体验。遇到这些学生，教师应首先引导学生明确努力的目标。
>
> ☞ **引导学生学会自我控制**
>
> 　　应注意培养学生良好的意志品质，提高学生调节、控制情绪的能力。引导学生从多个角度全面地看待理解问题，避免因片面看问题而导致消极情绪的产生，同时指导他们恰当、适度地表达情绪，这有助于达到心理的相对平衡状态。此外，为充分发挥学生的自我调节和控制能力，真正实现自我教育，教师应协助学生制订计划，并在实现目标的活动中，不断给予鼓励、指导和反馈，直至其目标实现。学生的自觉性和能动性一旦被激发，他们就能坚持不懈地努力以实现既定目标，而且在此过程中可以逐渐培养和发展自觉、果断、自制等良好的个人品质。

2. 自我概念

学习要求　解释自我概念

　　什么是自我概念（self-concept）？在心理学中，自我概念通常是指"由个体对自身

的观念、情感和态度组成的混合物"。在很多场合,自我概念和自我意识可以互换使用。自我概念不是永恒、统一或不变的,它随着情境和年龄阶段的不同而不断变化。有研究者(H. W. Marsh 和 R. J. Shavelson)总结出英语国家学生自我概念的层级结构,如图 3.1 所示。

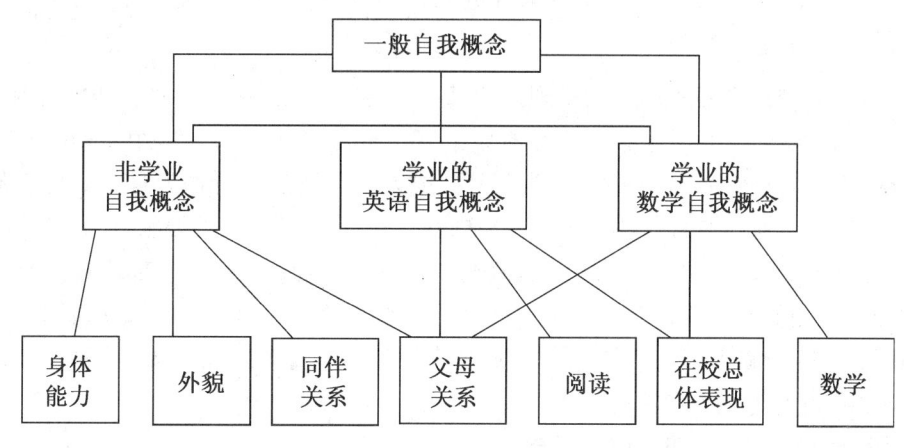

图 3.1　自我概念的层级结构

可以看出,对自我的总体知觉可以分为非学业方面的和学业方面的。其中学业自我概念至少包括两部分——英语的和数学的。这种分法比较适合小学阶段的学生,随着年龄增长、学业课程的增加,学生可能形成其他的学业自我概念,如对社会科学、自然科学等的自我概念。这些位于第二层的自我概念本身又是由更为具体而独立的自我概念组成的,如对身体能力、外貌、与同伴的关系、与家庭(尤其是父母)的关系等方面的认知。这些概念在日常经历及体验(例如体育运动表现,对身体、皮肤或头发的评价,友谊,对群体作出的贡献等)的基础上逐渐形成。

自我概念　由个体对自身的观念、情感和态度组成的混合物

二、不同年龄阶段个体的自我意识

学习要求　描述不同年龄阶段学生的自我意识特点
　　　　　　讨论学生自我意识发展的水平对学习与教学的影响

婴幼儿的自我意识

婴儿刚出生时不具有自我意识。大约到第一年末,儿童开始能把自己的动作和动作对象区分开来,随后又能把自己和自己的动作区分开来,此时自我意识开始萌芽。一岁左右,儿童在跟其他人的交往中,逐渐认识了自己身体的各个部分并产生了对自己行动的意识;三岁左右产生了对自己心理活动的意识;四岁以后,开始出现对自己的认识活动和语言的意识。

自我评价是自我意识的一种表现。儿童自我评价大约从二三岁左右开始出现。幼儿的自我评价尚处于学习阶段。它具有以下五个特点:(1)依从性,由于幼儿自身认知水平的限制,加上对权威的服从,他们常把成人对自己的评价作为自己对自己的评价;(2)被动性,幼儿的自我评价通常不是自发的,而是出于成人的要求,而且评价的内容多数仅仅是重复成人的评价;(3)表面性,自我评价集中于自我外部表现的具体行为,尚不会评价自己的心理活动及个性;(4)主观情绪性,幼儿对权威(如父母、教师)和自己的评价总是偏高;(5)不稳定性,幼儿的自我评价忽高忽低,很不稳定,这一特点与儿童自我评价的依从性和被动性有关。

学龄初期儿童的自我意识

儿童进入学校以后,自我意识加速发展。这一方面是由于儿童已能利用语言符号调节自己的行动;另一方面是由于客观环境向儿童提出了一系列的要求,迫使儿童按照这些要求来检查、约束自己的行为,同时成人和同伴也经常以这些要求来评定儿童的行为。因此,儿童对自我有了更多的了解。

一般来说,小学生自我评价的水平还很低,处在从具体的、个别的评价向抽象的、概括的评价过渡的阶段,有以下五方面的变化:(1)从受外部条件的制约过渡到受内部道德认识的制约;(2)从注重行为的效果过渡到注重行为的动机;(3)从注重行为的直接后果过渡到注重行为或后果的性质;(4)自我评价的独立性日渐发展,并且有了一定的批判性;(5)从对具体行为的评价到有了一定的概括程度、涉及到某些个性品质的评价。

青少年的自我意识

随着个体的成长,同伴作用日益增强,尤其在青少年时期,同伴的影响甚至超过了父母和教师。在与周围同龄人相处中,青少年把自己和同龄人相比较,寻找自己的优缺点,不断调整自己与周围人的关系。通过这一过程,自我体验水平高的青少年,不仅能正确认识自己的价值,且对自我的一切包括缺陷能泰然处之,不怨天尤人。而自我体验水平较低的学生则过于自责,他们可能因有某方面的缺陷而贬低自己,丧失自信。

应当注意,从中学开始,青少年的独立意识迅速发展。他们会自觉地、更加深刻地认识自己并产生自我实现的愿望。自我控制力较强的学生在学习和生活各方面能自我监督、自我约束、自我检查,为达到预定目标而对自己的认识、情感和行为进行积极主动的调节。而自我控制力较差的学生,往往注意力难以集中,不能对自己的行为做到果断、自觉的监控,常产生程度不同的敌对行为或攻击行为,如意志薄弱、行为无目的、盲从、遇事优柔寡断、轻率鲁莽等。因此,如果父母或教师仍把这个时期的青少年当作孩子对待,就会导致他们的不满情绪,甚至会演化为敌对情绪,进而产生反社会行为。

第三节 道德发展

在社会化过程中,个体需要了解或学习社会的道德准则,并努力使自己的行为符合社会要求。了解道德发展的阶段和规律,有助于教育工作者更好地开展道德教育。而本节将主要介绍皮亚杰和柯尔伯格有关道德认知发展的理论及其教育含义。

一、皮亚杰的道德认知发展理论

学习要求 描述皮亚杰的道德认知发展理论的三个阶段
举例说明儿童在皮亚杰道德认知发展三阶段的行为表现

皮亚杰认为,道德由种种规则体系构成,道德的实质包括两方面的内容:一是对社会规则的理解和认识;二是对人类关系中平等、互惠的关心,这是公道的基础。皮亚杰及其同事主要从三方面研究道德认知的发展规律:(1)儿童对游戏规则的理解和使用;(2)有关过失和说谎的道德判断的发展;(3)儿童的公正观念。基于以上三方面的研究和考察,皮亚杰概括了儿童道德认知发展的三个阶段,即前道德判断阶段、他律道德或道德实在论阶段、自律道德或道德主观主义阶段。

皮亚杰认为儿童道德认知的发展,是从他律道德向自律道德转化的过程。所谓他律道德,是根据外在的道德法则进行判断。儿童在这一阶段只注意行为的外部结果,不考虑行为的动机,他们的是非判断标准取决于是否服从成人的命令或规定。儿童在自律道德阶段,其道德判断开始从主观动机出发,他们已经具有主观的价值所支配的道德判断。皮亚杰认为,只有达到了这个水平,儿童才算有了真正的道德。儿童在各道德阶段的表现各异,具体如下。

第三章 社会和情感发展 · 65

前道德判断阶段

这个阶段(1.5岁—7岁)有两个子阶段：一是集中于自我的时期(1.5岁—2岁)，它与感知运动阶段相对应,表现为所有的感情都集中于身体和动作本身；二是集中于客体永久性的时期(2岁—7岁),它与前运算思维相对应,表现为从集中儿童自身转向集中权威(父母或其他抚养者)。此阶段儿童的道德认知不守恒。例如,同样的行为规则,父母提出就愿意遵守,而若是同伴提出则不遵守；认为对父母要说真话,对同伴可以说假话；等等。在这一时期的儿童行为,不能说是道德还是不道德。

他律道德或道德实在论阶段

这个阶段(5岁—10岁)是比较低级的道德思维阶段,儿童往往:(1)认为规则是固定不变的;(2)看待行为有绝对化倾向,非好即坏,还认为别人也这样看;(3)根据后果的严重程度判断行为的好坏;(4)把惩罚看作是天意,赞成严厉的惩罚;(5)单方面尊重权威,有一种遵守成人标准和服从成人规则的义务感。

自律道德或道德主观主义阶段

在这个阶段(9岁—11岁),儿童往往:(1)认为规则或法规是人为协商制定的,可以改变;(2)判断行为时,不只考虑行为的后果,还考虑行为动机;(3)与权威和同伴处于相互尊重的关系,能较客观、现实地判断自己和他人的观点;(4)不再绝对化判断,能从他人的角度看问题;(5)在适当惩罚下能认识并改正错误。

道德认知发展理论 阐述儿童道德认知随年龄发展,从他律道德向自律道德转化的理论

前道德判断阶段 所遵守的社会准则不固定,或根本没有任何准则的道德认知阶段

他律道德阶段 根据外在的道德法则进行判断,只注意行为的外部结果而不考虑行为动机的道德认知阶段

自律道德阶段 根据已有主观价值进行判断的道德认知阶段

二、柯尔伯格的道德发展理论

学习要求 描述柯尔伯格的道德认知发展理论的三个水平六个阶段
举例说明儿童在柯尔伯格道德认知发展各阶段的行为表现

柯尔伯格(L. Kohlberg,1927—1987)是皮亚杰道德认知发展理论的追随者,但又

对皮亚杰的道德发展理论做了进一步的修改和扩充。他致力于儿童道德判断能力发展的研究,提出了"道德发展阶段"理论。该理论以不同年龄儿童道德判断的思维结构来划分道德观念发展阶段,强调道德发展与年龄及认知结构的变化之间的关联。

在研究方法上,柯尔伯格主要采用道德两难故事,让儿童在两难推理中做出选择并说明理由。对这类问题的回答,柯尔伯格并不关心儿童的回答是否正确,而是关注他们的推理过程,通过不断向儿童提问,进而了解他们的思维过程。根据不同年龄儿童对这些问题的反应,柯尔伯格把儿童道德发展划分为三个水平,每个水平有两个阶段,共六个阶段,具体见表3.2。

Kohlberg

表 3.2　柯尔伯格的道德推理三水平六阶段

第一水平:前习俗水平 具有关于是非善恶的社会准则和道德要求,但主要从行动结果及自身的利害关系来判断是非	
第一阶段 惩罚与服从的道德定向阶段	为了避免惩罚,就应服从规则。
第二阶段 天真的利己主义的道德定向阶段	应满足自己需要,并为满足自己的需要和利益而活动;只在与自己的利益直接有关时,才遵守规则。
第二水平:习俗水平 关注社会需要和价值观中个人的地位或作用	
第三阶段 好孩子的道德定向阶段	做一个"自己和他人眼中的好人",强调遵从大多数人的看法,重视行为背后的动机,通过"做好人"而寻求认可。
第四阶段 维护权利和社会秩序的道德定向阶段	履行个人责任,尊重权威和为了自己而维持已有社会秩序;不仅遵守现有社会秩序,而且对此进行维护、支持和论证。
第三水平:后习俗或原则性水平 逐渐形成不拘泥于某一特定社会团体的抽象道德原则	
第五阶段 社会契约或功用和个人权利的道德定向阶段	认识到有各种与所属团体有关的价值观和意见;但为了公正,同时也因为这些规则是社会契约,所以认为应该拥护这些规则。
第六阶段 普遍的伦理原则的道德定向阶段	遵守自我选择的伦理原则、特定法令或社会协议;超越某些规章制度,更多考虑道德的本质,而非具体的原则。

第三章　社会和情感发展

道德两难　在两难推理中做出选择并说明理由

道德发展阶段理论　以不同年龄儿童道德判断的思维结构来划分道德观念发展阶段的理论

教学之窗

在教育中运用柯尔伯格的道德发展理论

柯尔伯格强调,研究所得的发展规律,可用于学校道德教育的实践。他按照道德认知发展阶段的理论,对如何进行道德教育提出了以下建议:(1)了解儿童道德认知发展的水平;(2)提供稍高于儿童已达到的发展水平的思维模式,使之与现有的水平加以比较,引起冲突;(3)帮助个体体会冲突,使他们认识到采用下一阶段的判断方式更为合理;(4)把下一个道德阶段作为当前道德教育的目标。

具体可以采用如下方法来促进儿童的道德认知发展:

☞ **认知冲突法**

认知冲突法分两步进行。第一步,使用道德两难问题引发认知上的冲突;第二步,让处于两个相邻发展阶段的学生进行讨论。由于学生的道德推理方式存在差异,所以在此时,教师要支持和澄清这些学生中最低水平之上的那个阶段的观点。学生已经理解这个观点时,教师又提出一个新的情境以引发认知冲突,并澄清超过先前发展阶段的论点,就这样逐步引导学生发现思维方式中的不当之处,并找到解决问题的方法。

☞ **角色扮演**

通过角色扮演,儿童从自我中心向考虑他人的感情、观点和动机变化,这种转变是道德认识发展的关键。教师应提供各种社会场景,如游戏、讨论或辩论、操作等,促进儿童与他人相互交流,接受他人的观点,从他人角度来考虑问题,等等,从而引发儿童道德发展。

下面是一则通过同伴互动来促进道德发展的实例:

教师:刚才我们阅读了一个非常有趣的故事,现在我们来讨论这一故事中的一个细节。在故事中,小英捡到钱包,里面有很多钱,那么她留下这个钱包是否可以?哦,我看到大多数同学摇头,为什么?

学生1:因为钱包不是她的。

学生2:因为里面有很多钱,她父母可能要她把钱包归还失主。

学生3:为什么不留下呢?是失主的错,而不是捡钱包人的错。

学生4：但是，如果失主非常需要这些钱或钱包里有其他非常贵重的东西，小英就应该归还。

教师：归还还是不归还，我们各人都有理由。我们可以继续讨论一下。首先，站在小英的角度，你是否会归还钱包呢？除了把钱留下，小英可以做什么？如果把钱包归还失主，小英是否值得物质奖励？你怎么想呢？

在类似这样的道德两难问题中，教师可遵循一些教学原则，如：(1)关注具体的道德冲突，以及解决这些冲突的不同方法；(2)促使学生从他人角度来思考问题；(3)要求学生作出反应或回答，并给出理由；(4)分析不同行动方案，讨论每一方案的优势与不足。

三、对柯尔伯格道德发展理论的挑战

学习要求　讨论柯尔伯格道德发展理论的局限性

柯尔伯格道德发展阶段理论受到多方面的质疑，其中一个就是这些阶段在现实生活中并非分离的、按固定次序的。例如，个体作出道德选择后，给出的理由往往同时体现了不同道德发展阶段的特点。个体在某一场合中的选择可能符合某阶段的道德推理，而在另外一个情境中的决策可能反映另一阶段的道德推理。在帮助他人还是满足自己私欲的道德推理中，儿童往往体现出较高的推理水平；而在触犯法律或接受惩罚的道德推理中，则体现出较低的推理水平。此外，柯尔伯格虽然强调对道德的认知推理，但忽略了道德发展的其他特性，如性格和品德等，而这些特性在个体解决日常生活中的道德问题时起了十分重要的作用。

该理论在道德推理的低级阶段不区分社会习俗与实际道德问题，是对柯尔伯格理论的另一个批评。社会习俗是指某一特定群体或社会的规则和期望。例如，"直接用手抓饭吃是无礼的"，这一行为在道德上没有错，只是从社会性角度来看不合适。当然在某些社会文化中，直接用手抓饭吃是允许的。而道德问题涉及个体的权利、群体的一般福利、避免伤害等方面。即使没有任何社会"准则"规定不准"偷"，但"偷"就是错误的。三岁儿童就能区分社会习俗与道德问题。例如，他们知道如果对吵闹不加限制，那么在学校里吵闹是可以的；但是打人却是不允许的，尽管没有这样的规定。所以，即使年幼儿童也可以根据道德准则来进行推理，而这些推理与社会习俗或规则无关。

最后，在"最高"道德阶段的内涵这一问题上存在诸多分歧。对柯尔伯格道德发展阶段理论的批评还包括：阶段5和阶段6的道德推理仅适合于西方社会中强调个人主义的男性价值观。在更强调女性作用或群体的文化中,最高的道德价值可能是将集体利益置于个体利益之上。

第四节　影响个体社会化的因素

儿童社会化过程基本上是沿着这样两条路线进行:儿童最初几年在家里度过,父母是与其相互作用的主要对象。家庭作为儿童社会化最基本的动因,对儿童早期的行为塑造起关键作用。随着年龄的增长,个体的认知能力不断提高,活动范围也进一步扩大。个体逐渐地从生理上的断乳期过渡到心理上的断乳期,自然地疏远了与父母的交往,而更多地走到同龄伙伴中去。

一、父母教养方式

1. 父母教养方式的类型

> *学习要求*　描述父母不同的教养方式及其可能后果
> 　　　　　　讨论你所接受的教养方式,或者对子女的教养方式

家庭是儿童最初的生活场所,儿童的社会性发展首先从家庭开始。通过家庭成员特别是父母的抚养与教育,儿童逐渐获得了知识和技能,掌握了各种行为规则和社会规范。但在诸多影响儿童社会化发展的家庭因素中,父母教养方式是最重要的一个。正是通过父母对子女的教养行为,才把社会的价值观念、行为方式、态度体系及社会道德规范传递给儿童。

一般来说,可以把父母教养方式归纳为两个维度:其一是父母对待儿童的情感态度,即接受—拒绝维度;其二是父母对儿童的要求和控制程度,即控制—容许维度。在情感维度的接受端,家长以积极、肯定、耐心的态度对待儿童,尽可能满足儿童的各项要求;在情感维度的拒绝端,家长常以排斥的态度对待儿童,对他们不闻不问。在要求与控制维度的控制端,家长为儿童制订了较高的标准,并要求他们努力达到这些要求;在要求与控制维度的容许端,家长宽容放任,对儿童缺乏管教。

根据这两个维度的不同组合,可以形成四种教养方式:权威型、专断型、放纵型和忽视型。不同的教养方式无疑会对儿童的社会性发展和个性形成产生重大影响。具体见表 3.3 所示。

表 3.3　教养方式的两维分类

教养方式	维度类型	可 能 后 果
权威型	接受+控制	儿童期：心情愉悦,幸福感；高自尊和高自我控制 青少年期：高自尊,高社会和道德成熟性；高学术和学业成就
专断型	拒绝+控制	儿童期：焦虑,退缩,不幸福感；遇到挫折易产生敌对感 青少年期：与权威型相比,自我调整和适应较差；但与放纵型和忽视型相比,常有更好的在校表现
放纵型	接受+容许	儿童期：冲动,不服从,叛逆；苛求且依赖成人,缺乏毅力 青少年期：自我控制差,在校表现不良；与权威型或放纵型相比,更易产生不良行为
忽视型	拒绝+容许	儿童期：在依恋、认知、游戏、情绪和社会技巧方面存在缺陷；攻击性行为 青少年期：自我控制差；学校表现不良

权威型教养方式

这是一种理性且民主的教养方式。权威型的父母认为自己在孩子心目中应该有权威。但这种权威来自父母对孩子的理解与尊重,来自他们与孩子的经常交流及对子女的帮助。父母以积极肯定的态度对待儿童,及时热情地对儿童的需要、行为做出反应,尊重并鼓励儿童表达自己的意见和观点。同时他们对儿童有较高的要求,对儿童不同的行为表现奖惩分明。

这种高控制且在情感上偏于接纳和温暖的教养方式,对儿童的心理发展有许多积极的影响。这种教养方式下的儿童独立性较强,善于自我控制和解决问题,自尊感和自信心较强,喜欢与人交往,对人友好。

专断型教养方式

专断型父母则要求孩子绝对地服从自己,希望子女按照他们为其设计的发展蓝图去成长,希望对孩子的所有行为都加以保护监督。这一类也属于高控制型教养方式,但在情感方面与权威型父母有显著的差异。这类父母常以冷漠、忽视的态度对待儿童,他们很少考虑儿童自身的要求与意愿。对儿童违反规则的行为表示愤怒,甚至采用严厉的惩罚措施。

这种教养方式下的学前期儿童常常表现出焦虑、退缩和不快乐。他们在与同伴交往中遇到挫折时,易产生敌对反应。在青少年时期,在专断型教养方式下成长的儿童与权威型相比,自我调节能力和适应性都比较差。但有时他们在校的学习表现比放纵型和忽视型下的学生好,而且在校期间的反社会行为也较少。

第三章　社会和情感发展・71

放纵型教养方式

这类父母和权威型父母一样对儿童抱以积极肯定的情感,但缺乏控制。父母放任儿童自己做决定,即使他们还不具有这种能力,例如,任由儿童自己安排饮食起居,纵容儿童贪玩、看电视。父母很少向孩子提出要求,如不要求他们做家务事,也不要求他们学习良好的行为举止;对儿童违反规则的行为采取忽视或接受的态度,很少发怒或训斥儿童。

这种教养方式下的儿童大多很不成熟,他们随意发挥自己,往往具有较强的冲动性和攻击性,而且缺乏责任感,合作性差,很少为别人考虑,自信心不足。

忽视型教养方式

这类父母对孩子既缺乏爱的情感和积极反应,又缺少行为方面的要求和控制,因此亲子间的互动很少。他们对儿童缺乏最基本的关注,对儿童的行为缺乏反馈,且容易流露厌烦、不愿搭理的态度。如果儿童提出诸如物质等方面易于满足的要求,父母可能会对此做出应答;然而对于那些耗费时间和精力的长期目标,如培养儿童良好的学习习惯、恰当的社会性行为等,这些父母很少去完成。

这种教养方式下的儿童与放纵型教养方式下的儿童一样,具有较强攻击性,很少替别人考虑,对人缺乏热情与关心,这类孩子在青少年时期更有可能出现不良行为问题。

> **教养方式**　父母将社会价值观念、行为方式、态度体系及社会道德规范传递给儿童的方式
>
> **权威型教养方式**　父母树立权威,对孩子理解、尊重,与孩子经常交流及给予帮助的一种教养方式
>
> **专断型教养方式**　父母要求子女绝对服从自己,对子女所有行为都加以保护监督的一种教养方式
>
> **放纵型教养方式**　父母对子女抱以积极肯定的态度,但缺乏控制的一种教养方式
>
> **忽视型教养方式**　父母对子女缺乏爱的情感和积极反应,又缺少行为要求和控制的一种教养方式

2. 父母教养方式对儿童的影响

> **学习要求**　解释不同教养方式对儿童的影响

一般来说,父母教养方式对儿童社会化的影响主要体现在以下三方面:

学业成绩

儿童进入学龄期后,学业成绩成为父母最为关注的成长内容。研究表明,父母对子女的教养方式均可直接影响到孩子的学习成绩。如果父母关心、体谅孩子,同时对孩子有较高的要求,则原本学生成绩良好的学生会更加努力,取得更大的成就。但如果父母采取的教育方式为埋怨、放弃、不管不问或严厉惩罚,这不仅严重影响孩子的身心健康,而且使原本成绩差的学生越来越差。

自我价值感

个体的自我价值感与父母教养方式的各个维度之间存在密切关系。教养方式的各维度中,父母的"情感温暖与理解"对子女的自我价值感有显著的积极影响,而父母的"过分保护"、"拒绝否认"、"惩罚严厉"则对子女的自我价值感有显著的消极影响。也就是说,儿童所感受到的来自父母的情感温暖与理解越多,其自我价值感的水平越高;而当感受到的父母的严厉惩罚、拒绝否认以及过分保护越多时,其自我价值感的水平越低。

心理健康

父母教养方式对子女心理健康状况的影响非常显著。如果父母对待孩子缺少情感温暖和理解,过多采用惩罚和拒绝否定的教育方式,则孩子易形成孤独、学习焦虑和对人焦虑的心理障碍;而父母在家庭生活中注重亲子间的情感交流,这可以大大减少孩子的孤独感和对人焦虑。但是,过度的溺爱或过度保护,也容易使孩子有冲动任性的倾向。这是因为,如果儿童从小对父母过度依赖,而父母对孩子的不良行为,采取不适当的严厉惩罚或拒绝否定的方式,则儿童容易对父母产生反感,甚至是敌意。

教学之窗

帮助父母采取正确的教养方式

教师可以建议学生家长采用如下措施来促进儿童的学业成绩、自我价值感和心理健康:

☞ **及时沟通**

当子女遇到不顺心的事情时,父母应多从子女角度考虑,给予理解,使其感受到父母的支持与鼓励。

☞ **体贴入微**

父母作为家庭生活的主导,子女健康成长的监护者,应该细心关注孩子成长过程中的情绪、行为的微妙变化,给孩子以理智的爱和适度的控制。

☞ **适当要求**

对子女提出知识和社会能力方面的要求,并提供各种便利条件。有研究提出,对孩子的适当要求不仅可以促进儿童认知的发展,而且还能促进其社会能力的发展,特别是当要求与对儿童的支持和反应相结合时更有效。

☞ **监督学习**

先了解子女的学习状况,制订学习计划,随时检查每一内容的理解和掌握程度,并以此作为调节进度的依据。

但更为重要的是,家长应慎用各种惩罚措施。有研究者曾专门研究了惩罚这一普遍性的教养方式对儿童社会化的影响。他们把惩罚分为强制和"爱的收回"两种。强制是指父母对儿童的体罚、冷漠地拒绝、剥夺以及威胁等。研究表明,强制方式会阻碍儿童道德规范的内化,同时也会降低儿童良知的发展。之所以会产生这样的结果,是因为强制会引发孩子的敌意,同时又向儿童提供了一个社会模仿的榜样。"爱的收回"是一种心理上的惩罚方式,它表现为父母不理睬、孤立儿童、对儿童表示失望等。这种惩罚方式会导致父母与儿童感情的破裂,使儿童体验到自身安全受到威胁和焦虑感。

而另一些研究则表明,那些有着强烈的亲社会行为和道德责任感的儿童,他们的父母对其惩罚常富有情感,并伴随着合理的解释,而且父母一般采用权威型的教养方式。

二、同伴关系

1. 制约同伴关系形成的条件

> **学习要求**　解释学生同伴关系形成的特征
> 　　　　　　讨论不同同伴关系的形成的条件

影响同伴关系形成的因素,主要涉及学业成绩、个人的行为特征、教师的评价和个人的身体特征四方面。

首先,学业成绩影响着同伴关系的形成。儿童在校的学习成绩不仅是教师、家长关注的焦点,而且也是学生评价自己和同学的重要标准。在赋予学习成绩极高价值的社会文化中,学业成绩好,就易于被某一同伴群体接纳;而学习成绩差,则往往被同伴群体拒斥。所以,学习优秀的儿童,同伴接纳水平最高,而且容易为同伴所尊重和羡慕。相反,学习困难儿童不仅自己为学业上的失败感到自卑,而且也为同学们所轻视,成为不受欢迎、不受接纳的对象。

其次,个人的行为特征是被同伴接纳的重要条件。在同伴关系中,受欢迎的儿童大多具有亲社会性、擅长体育、风趣等特点;被拒斥的儿童最容易产生攻击和破坏性行为;被忽视儿童的亲社会性和攻击性都很低,他们害羞、不敢自我表现。与此类似,被同伴喜欢的重要原因,则有宽厚大度、容易相处,对人友好、合群、易接近,有同情心、善解人意等特征;而不被同伴喜欢的重要原因,则是自私自利、不考虑他人、攻击与破坏等行为。

再次,教师的评价对同伴关系的形成也产生影响。儿童常常会说,"我们老师就是这样说的""老师是这样教我们的……""不行,老师知道了,会批评的",而随着年龄的增长,虽然学生已不再把教师的话机械地奉为评判标准、行为准则,但教师的言行、评价、期望仍会对学生产生较大影响。所以,教师对一个学生的评价和认可程度会间接地影响其他学生对这个学生的接纳程度。

最后,个人的身体特征也影响是否被同伴接纳。儿童倾向于给外貌有吸引力(如英俊、漂亮)的同伴,赋予积极的认知与评价。对外貌有吸引力的儿童的评价,往往是肯定、积极的,而对无吸引力儿童的评价则相反。因此,有吸引力的儿童常被同伴更多地提名为"最好的朋友",当然,并不是所有儿童都把身体吸引力作为择友的标准。

2. 同伴关系对儿童的影响

学习要求 *解释同伴关系在儿童社会化中所起的作用*
讨论父母与同伴关系对儿童的不同影响

同伴关系在个体发展中具有成人无法替代的独特作用,而这一作用主要体现在以下三方面。

满足儿童的多种心理需要

首先,同伴关系能够满足儿童的安全需要。他们能从同伴那里获得情感支持和帮助,这无疑减少了他们的孤独感和恐惧感。特别当儿童面临挫折时,同伴的帮助可以使他们减少无助感。如果这种需要得不到满足而且经常被同伴拒斥,就会产生焦虑进而影响其身心健康。

其次,同伴关系能够满足儿童归属与爱的需求。同伴群体是与儿童息息相关的非正式群体,是儿童学习和生活的一个重要环境。在与同伴的交往过程中,儿童逐渐发展复杂的人际关系和友谊。儿童可以从同伴处得到宣泄、宽慰、同情和理解。

再次,儿童成就感的需要同样可以通过发展同伴关系得到满足。学习行为对小学儿童择友的影响很大。小学儿童用学习的好坏来衡量一个人能力的大小和在班集体中地位的高低。学习好的儿童容易得到教师的赞扬和集体的承认,因而也容易成为同学们敬慕的对象。

为社会能力发展提供背景

皮亚杰曾指出,年幼儿童是自我中心的,他们不能意识到同伴的观点和感情。然而在同伴交往中,儿童逐渐建立起平等互惠关系,同时他们也体验到彼此观点和意见的冲突。与同伴的交往使儿童意识到积极的社会交往是通过合作而获得并维系的。皮亚杰也特别强调,同伴间的讨论和争论是道德判断能力发展所必须的。因此,没有与同伴平等交往的机会,儿童将不能学习有效的交往技能,不能获得控制攻击行为所需要的能力,也不利于性别社会化和道德价值的形成。

促进自我意识的发展

在同伴交往中,经常可以听到这样的评价,"你真聪明"、"你很内向"、"他学习很差"、"大家都不愿和他交朋友"等等。来自同伴的评价,在儿童自我意识的发展中起了重要作用。儿童听到或者从同伴的言行、表情上了解到他人对自己的评价,通过整合多方面的反馈就形成了自我评价。良好的同伴关系也是形成健康的自我意识所必须的。当他人的评价不一致时,儿童经常运用社会比较,即把自己与同伴做比较。随着社会比较能力的发展,儿童的自我意识也越来越准确,越接近真实的自我。

从上述三方面可以看出,同伴关系对儿童社会化发展产生重要影响。但是,也不要忽视它所带来的不利一面。由于同伴群体鼓励服从,因而有可能压抑个体的独特性。群体成员对所属群体表现出的忠诚有可能使他们为自己划定交往的圈子,从而失去与其他人交往的机会,这对个体的社会适应以及社会认可行为的获得反而不利。同时,还应该看到,并不是每个人都能加入到某个同伴群体中去,有些学生可能会遭到拒绝,从而这部分学生的归属感难以得到满足,自我意识受到损害。另外,同伴群体的规范和价值观可能不完全正确,甚至是错误的,如果个体盲目遵从,就会产生过错行为,甚至品行不良。

同伴关系 由年龄、兴趣、爱好、价值观和行为方式大体相同的人组成的一个群体

教学之窗

运用同伴关系来促进儿童的自我意识

☞ 尊重儿童的同伴关系

交往是儿童的一种社会需要,同伴关系是他们最广泛的社会关系。首先,教师应该充分地尊重他们的同伴关系,与此同时还应及时地给予支持和指导。比如,儿童在实际交往中会遇到各种各样的困难,他们可能对情境缺乏正确判断,往往还不善于在交往场合中自觉地坚持道德标准,对于他们的人际交往,尤其是选择朋友,教师应通过讲道理、摆事实、树榜样的方法予以指导。但这种指导应该建立在尊重的基础上。简单命令或粗暴拦截的处理方式只能适得其反。对于青春期独立意识急剧增长的儿童来讲,恰当的指导显得尤为重要。

☞ 组织儿童共同的活动

同伴关系是在共同的活动中逐渐形成的。同时,良好的同伴关系又促进了活动的顺利进行。家庭和学校都应该为儿童的共同活动创造有利条件。家庭对儿童社会化的发展具有无可比拟的作用,但它并不能替代儿童的同伴关系。因此,父母应该鼓励孩子走出家庭寻找同伴,允许儿童到自己的世界中去发展社会交往和适应能力。学校是学龄儿童主要的社会活动场所,它除了组织学生学习文化知识外,还必须尽可能多地组织活动以增进儿童的社会交往,如举办各种课外活动、兴趣小组,开设拓展性课程,组织社会实践和生产劳动等。

☞ 行为训练

被忽视的儿童通常不善交往或不敢交往,而被排斥的儿童在班集体中缺乏良好的人际关系,没人乐意与其交往。他们中的大部分人也有强烈的交往需要,但通常由于缺乏交往技巧而导致失败。大多数不受欢迎的儿童可以通过行为训练来提高社交兴趣,改善自我评价。教师应关心那些不受欢迎的儿童,为他们的正常交往创造条件,并给予及时的指导和帮助。常用的训练策略有:(1)口头指导,教师及时指出儿童在交往活动中的不当行为,告诉他们在某一特定情境下正确的做法,并让他们按教师提供的交往策略进行练习;(2)强化,对良好的交往行为给予一定的奖赏,对不当的行为给予相应的惩罚。在同伴交往互动过程中,同伴的反馈本身也是一种强化;(3)角色扮演,让学生站在不同的角度处理和分析问题,通过角色扮演使他们了解他人的需求,体验他人的感受从而达到改善交往的目的。

☞ 培养良好的集体气氛

在对不受欢迎的儿童进行行为训练的同时,教师还要加强班集体的教育工作,改变集体对他们的看法,消除排斥、敌对的心理,形成一个有利于同伴广泛交往的良好氛围。鼓励学生尝试与不受欢迎的儿童正常交往,这不仅可以为这些儿童提供正确的同伴交往范型,还使他们体会到集体的温暖,从而激发行为训练的内在愿望。

教学经验

学生社会心理的形成与道德的培养

☞ 现在的孩子比较自我中心,在宽容和谅解上不如以前的孩子。父母、社会、同学都会影响儿童的社会心理发展,而儿童受父母的影响尤其深刻。我认为要使学生形成健全的心理品质,仅靠教师的个人力量是远远不够的,在课堂上教学仍是主要任务,课后的时间非常有限。因此要从家庭教育抓起。(蔡朱萍)

☞ 教师总是尽其所能帮助学生,如有些学生家庭经济条件很差,教师可以帮助学生申请补助或减免一些费用;又如一些学生与同学关系不好,教师也可以从中协调。但有些情况下教师也无能为力或者说能做的很少,如离异家庭和单亲家庭学生的一些心理健康问题。(姜海伟)

☞ 低年级学生的独立性还很差,易受外界的影响。教师一般只能以正面教育为主。目前学生的一些心理问题不仅仅是学校的原因,更多的是社会的原因。特殊的家庭环境会导致儿童学业不良、心理不健全。(朱晓珍)

☞ 对于低年级学生来说,教师的言行是最好的榜样。这一年龄阶段的儿童尚未形成正确、稳定的判断标准去分析看待周围的问题和事情,他们会把教师作为权威、崇拜的对象,并在日常生活中模仿教师的言行。因此教师在平时与学生的交往中必须树立良好的榜样。而对于高年级的学生来说,要以讲道理为主。……所以,不同年龄的学生要区别对待。(薄永娥)

☞ 在传统的纪念日或伟人纪念日,有必要组织一些集体活动。中华民族的优良传统应该代代相传。学生在这些活动中不仅可以重温历史,还能从伟人的事迹中受到启发。这对学生形成良好的道德品质有一定的帮助。(姜海伟)

☞ 通常,教师是把行为表现好的学生和不良的学生分派在一起,希望表现好的学生在平时的学习生活中潜移默化地影响表现不良的学生。……当然,这种"硬性"分派比学生自发组成的"团体",其影响效果要小得多了!(蔡朱萍)

教学反思

学完本章后,你可以思考:
- 你或你的学生现在处于埃里克森心理社会发展的哪一阶段?
- 你或你的学生现在处于柯尔伯格道德发展阶段的哪一水平和阶段?
- 你是否了解自己?
- 如何发挥教师的作用,促进学生自我意识的发展?
- 对小学生、中学生和大学生,你将如何向他们解释某些道德观念,如"作弊是可耻的"?
- 如何借助父母或同伴的力量,帮助具有自卑心理的人建立自信心?

总　　结

埃里克森的心理社会发展理论　埃里克森认为,在人的心理发展过程中,自我与社会环境相互作用,所形成的人格是生物、心理和社会三方面因素组成的统一体。他把人的一生从出生到死亡划分为八个互相联系的阶段:信任感对不信任感;自主感对羞耻感与怀疑感;主动感对内疚感;勤奋感对自卑感;自我同一感对同一感混乱;亲密感对孤独感;繁殖感对停滞感;自我整合感对绝望感。这八个阶段以不变的序列逐渐展开,每一个发展阶段都有普遍性的心理与社会矛盾需要解决。

自我意识的发展　自我意识,是指人对自己的认识以及对自己和周围人的关系的认识。自我意识是个体社会化的一个结果,同时它的形成和发展又进一步推动了个体社会化的进程。自我意识包括两个方面,一个是主观的我,即对自己身心活动的觉察者;另一个是客观的我,即被觉察到的我。具体来说,个体的自我意识由自我认识、自我体验与自我控制三种心理成分构成。这三种成分相互联系、相互制约。此外,不同年龄阶段的学生具有不同的自我意识。

道德发展　皮亚杰认为,道德由种种规则体系构成,道德的实质包括两个方面的内容:一是对社会规则的理解和认识;二是对人类关系中平等、互惠的关心,是公道的基础。皮亚杰概括了儿童道德认知发展的三个阶段:前道德判断阶段,他律道德阶段或道德实在论阶段,自律道德或道德主观主义阶段。柯尔伯格致力于儿童道德判断能力发展的研究,提出了"道德发展阶段"理论。根据不同年龄儿童对道德两难问题的反应,柯尔伯格把儿童道德发展划分为三个水平六个阶段。

影响个体社会化的因素　在影响儿童社会化过程的诸多家庭因素中,父母教养方式较为重要。根据接受—拒绝和控制—容许这两个维度的不同组合,可以形成四种教养方式：权威型、专断型、放纵型和忽视型，不同的教养方式无疑会对儿童的社会性发展和个性形成产生重大影响，具体体现在学生的学业成绩，自我价值感和心理健康等方面。随着年龄的增长，同伴关系对个体社会化逐渐发挥作用。而同伴关系对儿童社会化的影响主要体现在满足儿童的多种心理需要，为社会能力发展提供背景，促进自我意识的发展等方面。

重要概念

道德发展阶段理论	前道德判断阶段	专断型教养方式
道德两难	权威型教养方式	自律道德阶段
道德认知发展理论	他律道德阶段	自我概念
放纵型教养方式	同伴关系	自我控制
忽视型教养方式	危机	自我认识
教养方式	心理社会发展理论	自我体验
		自我意识

参考文献

1. 陈帼眉、冯晓霞、庞丽娟：《学前儿童发展心理学》，北京师范大学出版社，1995。
2. 刘金花：《儿童发展心理学》，华东师范大学出版社，1997。
3. 全国13所高等院校社会心理学编写组编，《社会心理学》，南开大学出版社，1995。
4. 时蓉华：《现代社会心理学》，华东师范大学出版社，1989。
5. 张文新：《儿童社会性发展》，北京师范大学出版社，1999。
6. [美]詹姆斯·O·卢格著，陈德民、周国强、罗汉等译：《人生发展心理学》，学林出版社，1996。
7. Berk, L. E., *Child Development*, 4th ed, Ally and Bacon, 1997.
8. Slavin, R. E., *Educational Psychology: theory and practice*, 6th ed, Ally and Bacon, 2000.
9. Penrod, S., *Social Psychology*, Prentice-Hall. Inc, 1983.

第四章　智力与创造力

引言

如何根据儿童智力分数的高低，预测他们将来的行为？怎样向智力水平不同的学生进行教学？智力高，创造力就一定强吗？对创造力强的学生，应该如何教学？智力和创造力是天生的，还是受后天因素影响更大？可以开设专门课程来培养个体的智力或创造力吗？这些问题都涉及人类的高级心理过程——智力和创造力，且长期以来颇受心理学研究工作者的关注。

如今，各式各样的智力理论层出不穷，不断更新发展，这一方面表明了人类对自身智慧能力的认识不断深入，另一方面也指出研究者尚未达成令人满意的一致和共识。尽管如此，心理学家们对智力和创造力的有限认识，仍然为了解人类心理作出了贡献，同时也为教育理论和实践工作提供了诸多有意义的启发。

本章将首先概述一些经典智力理论，然后着重介绍现代智力理论的一些主要观点，并说明这些理论对当前课堂教学的启示；之后，将分析创造力的基本性质以及不同心理学视角下创造力的观点，并给出一些培养创造力的方法。

学完本章后，你应该能够：
- 简述经典智力理论中的不同观点；
- 阐述加德纳的多元智力理论及其教学含义；
- 阐述戴斯的 PASS 理论模型及其教学含义；
- 阐述斯腾伯格的三元智力理论及其教学含义；
- 比较不同心理学视角下的创造力观。

教学设疑

为了解班上学生的智力水平，钱老师安排了智力测验，结果发现：甲同学虽然平时挺爱提问题，但其智力测验分数反而不如其他人；乙同学学业成绩一般，但智力测验分数超过班上许多人；丙同学智力超常，正如他的学业一样；丁同学平时测验属于中上，但其智力测验分数并不及班上大多数人；戊同学平时比较调皮，成绩属下游，但其智力测验分数却比较高……

如果你是钱老师：

- 甲同学、戊同学似乎具有创造性，因为一般认为创造性与"好提问"、"好动"和"顽皮"等联系在一起，而与"听话"、"守规矩"和"文静"无关。那么如何看待创造力与"服从意识"、"独立意识"以及智力的关系呢？
- 如何看待乙同学、丙同学的学业成绩与智力分数的关系？
- 假使班级智力测验平均分数为105，而丁同学只有90，如何向他（她）父母解释这一测验结果？
- 常常有报道说，某地出现了天才或神童，如在背诵诗文、绘画、电脑操作等方面表现出超常的能力。你如何看待这类儿童未来发展的前景，能否提出一些建议？
- 某学校开设了"智力开发"课程，你如何看待这一课程？尝试对该课程提出一些建议。
- 知识传承和创造力培养是教育的两个不可分割目标，如何理解这两者的关系？

第一节 智力理论与教育

人类对自身的智力及其发展始终表现出浓厚的兴趣，而对人类智力的探索也一直是心理学研究中较为活跃的领域。近百年来，智力研究者从心理学、心理计量学、认知科学、信息加工等不同角度和水平，对人类智力问题作了种种探索，提出一些智力理论。关于智力的理论研究有两大模式：心理地图模式和计算模式。心理地图模式将智力视作心理地图，由此得到智力的结构理论（经典智力理论）；而计算模式将智力视作具有信息加工功能的计算性装置，以此为基础构建了智力的信息加工理论（现代智力理论）。

一、经典智力理论

学习要求 描述不同经典智力理论的内容
分析不同经典智力理论的差异

该类理论认为,智力是人脑的内部特性和有待发现的心理结构。建构这种理论的主要方法是因素分析法。所谓因素分析,是从一组变量或不同测验的实验数据中,找出其中潜含着的起决定作用的共同的基本因素。通过因素分析,研究者们得到的智力因素结构各不相同,这也就形成了不同智力结构理论间的分歧与争论。

1. 斯皮尔曼的智力二因素理论

英国心理学家斯皮尔曼(C. E. Spearman)在因素分析的基础上,于1927年首先提出了智力的二因素理论。他认为,智力由一种单一的 g 因素(一般因素)和一系列 s 因素(特殊因素)(见图 4.1)构成,而完成任何一项任务都必须依靠这两种因素。他认为,g 因素是智力的首要因素,基本上是一种推理因素,而且在相当程度上是遗传的;s 因素有五类:口语能力、数算能力、机械能力、注意力、想像力;此外,还可能有第六种因素,即心理速度。他指出,每个人的 g 因素和 s 因素都不相同,即使拥有同一种 s 因素,但在程度上也会有所不同。例如,人们在多种测验中的得分表现出正相关,有些人在几乎所有测验中得分都很高,而有些人则总是居中,还有些人总是得分很低;这种不同测验的得分之间所存在的一致性,为 g 因素提供了依据。有时,同一个人在有些测验上却比在另一些测验上得分高,这又为 s 因素的存在提供了依据。但是,一般因素与特殊因素是相互联系的,其中一般因素是智力结构的关键和基础。

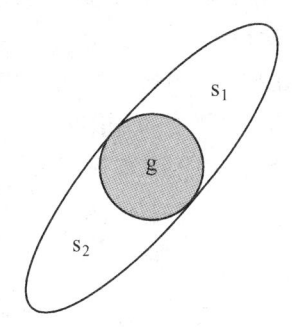

图 4.1 斯皮尔曼二因素论

2. 卡特尔的流体智力与晶体智力理论

20世纪50年代,美国心理学家卡特尔(R. B. Cattell)等人认为,仅凭 g 因素无法为智力提供足够的解释,他们在因素分析中发现了前人没有注意到的一个重要事实:一般智力因素不是一种,而是两种,即流体智力和晶体智力。流体智力是指与基本心理过程有关的能力,如知觉、记忆、运算速度和推理能力等,它排除了文化因素,几乎可以参与到一切活动中去,因而被称作流体智力;晶体智力是经验的结晶,它是在一定的社会文化背景中习得的,是流体智力过去应用的结果,如在学校学习获得词汇的能力和计算能力等。在卡特尔看来,流体智力大多是先天的,依赖于大脑的神经解剖结构,不大依赖于学习;而晶体智力则依赖于后天的学习和经验。这两种智力通常包含在任何智力活动中,难以分开。流体智力随生理成长而变化,随机体的衰老而衰退,在14岁左右达到顶峰,然后就逐渐下降;相比之下,晶体智力的衰退要缓慢得多,它随年龄不断增长、保持,直到60岁左右才开始缓慢衰退(如图4.2)。

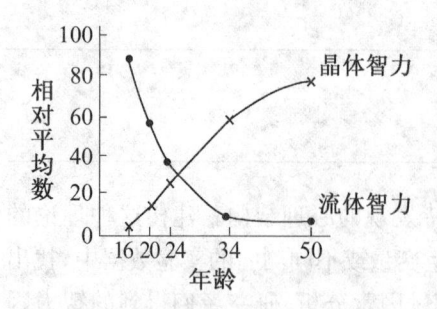

图4.2 流体智力与晶体智力的发展趋势

3. 瑟斯顿的群因素论

美国心理学家瑟斯顿(L. L. Thurstone)凭借多因素分析的方法,突破了过去智力因素理论的框架,于1938年提出了一种智力七因素结构模型。他认为,存在着7种"基本能力":计算(N)、语词流畅(W)、语词理解(V)、记忆(M)、推理(R)、空间知觉(S)、知觉速度(P)。可用图4.3来表示瑟斯顿的群因素论,图中椭圆形 V_1、V_2、V_3、V_4 代表四种语言能力,椭圆形 S_1、S_2、S_3、S_4 代表四种空间能力。各种语言能力或空间能力之间高度相关,但两类能力之间独立或彼此不相关。

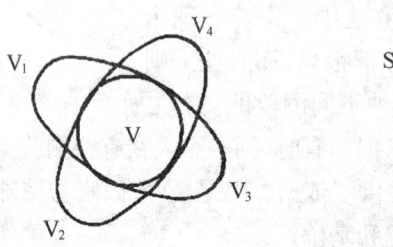

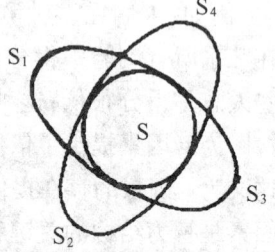

图4.3 瑟斯顿的群因素论

瑟斯顿认为,斯皮尔曼的二因素理论过分强调 g 因素,达不到区分个体差异的目的。因此,他提出智力由以上7种基本心理能力构成,并且各基本能力之间彼此独立,这是一种多因素论。后来,瑟斯顿通过测验发现这些能力之间并非是独立的、彼此无关的,而是有不同程度的正相关,似乎仍可提取出更高级的心理因素,而这种因素很可能就是斯皮尔曼的 g 因素。瑟斯顿的智力理论后来成了多元智力理论的前身,从某种意义上讲,这一理论能说明学生在智力的某些方面表现出不足,但在另一些方面往往又很优异的现象。

4. 吉尔福特的智力结构模型

美国心理学家吉尔福特(J. P. Guilford)否认 g 因素的存在,坚持智力因素的独立性。他认为,智力结构应该从操作、产物和内容三个维度去考虑。他于1959年提出了智力结构模型,经1977年修改后,确立该模型含三个维度共150种独特的智力因素(如图4.4)。第一个维度是操作,即心理活动或过程,包括:认知(发现或认识)、记忆(保持)、发散思维(求异思维)、集中思维(求同思维)和评价(判定知识的适当性);第二个维度是内容,即心理加工的信息材料类型,包括:视觉(视觉图像信息)、听觉(听觉声音信息)、符号(词或数字)、语义(言语含义或概念)和行为(与人交往的智力行为);第三个维度是产物,即心理加工所得到的结果,包括:单元(一个单词、数字或概念)、类别(一系列有关的单元)、关系(单元与类别之间的关系)、系统(用逻辑方法组成的概念)、转换(对安排、组织、意义的修改或改变)和蕴含(从已知信息中观察到的某些结果)。

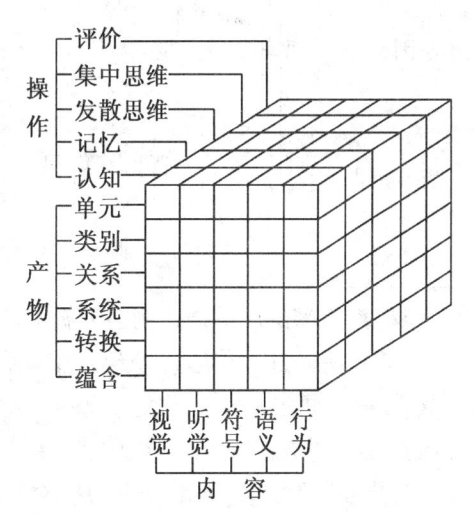

图 4.4 吉尔福特智力三维结构图

5. 阜南的智力层次结构模型

英国心理学家阜南(P. E. Vernon)于1960年提出了智力层次结构模型。他继承和发展了斯皮尔曼的二因素论,反对吉尔福特的三维智力结构论,认为智力结构是按层次排列的。他把智力划分为四个层次:最高层次是智力的普遍因素(g因素);第二层次分为两大因素群,即言语和教育方面的因素、机械和操作方面的因素;第三层次分为几个小因素群,包括言语理解、数量、机械信息、空间能力和手工操作等;第四层次指各种特殊因素(s因素)。具体结构模型见图4.5。

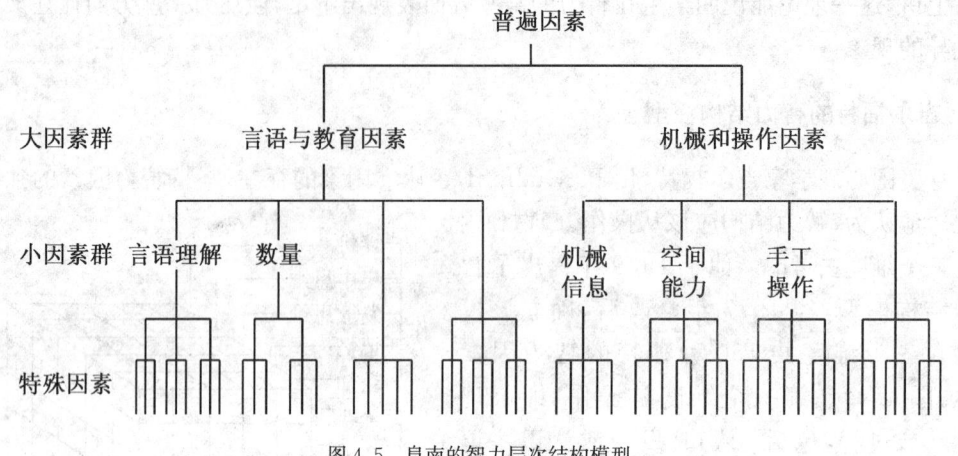

图 4.5　阜南的智力层次结构模型

经典智力理论　将智力视为人脑的内部特性和有待发现的心理结构的理论
斯皮尔曼的智力二因素理论　智力由一种单一的 g 因素和一系列 s 因素构成
g 因素　是智力的首要因素,基本上是一种推理因素,而且在相当程度由遗传得来
s 因素　有五类:口语能力因素、数算能力因素、机械能力因素、注意力、想像力
卡特尔的流体智力与晶体智力理论　一般智力因素有两个,即流体智力和晶体智力
流体智力　是指与基本心理过程有关的能力,如知觉、记忆、运算速度和推理能力等
晶体智力　是经验的结晶,是流体智力应用的结果,如词汇能力和计算能力等
瑟斯顿的基本心理能力理论　智力涉及 7 种"基本能力":计算、语词流畅、语词理解、记忆、推理、空间知觉、知觉速度
吉尔福特的智力结构模型　智力结构含三个维度(操作、内容、产物)共 150 种独特的智力因素
阜南的智力层次结构模型　智力可划分为四个层次:普遍因素(g 因素)、大因素群、小因素群和各种特殊因素(s 因素)

二、现代智力理论

学习要求　比较经典智力理论与现代智力理论
　　　　　　描述现代智力理论的不同观点

前述的各种经典智力理论主要是对智力结构进行静态描述,由于建构这些理论的

方法(以因素分析法为核心)存在某些不足,因而这些理论很少涉及智力活动的内部心理过程。同时,这些理论也难以得到整合,往往给人零散琐碎之感。此外,根据这些理论编制的智力测验,也只停留在测量各种反映个体差异的智力构成因素,难以对内在心理过程作进一步揭示。

20世纪60年代以来,信息加工心理学得以蓬勃发展,心理学家们开始把智力研究的重点转移到对其内部活动过程的分析上,提出许多新的智力理论。这些理论大都属智力的计算模型,认为智力是人脑对各种信息进行加工、处理的能力,并对智力的内部活动过程进行了深入探讨,因而被称为现代智力理论。

> **现代智力理论** 认为智力是人脑对各种信息进行加工、处理的能力,并对智力的内部活动过程进行了深入研究的理论

1. 加德纳的多元智力理论

> **学习要求** 描述加德纳多元智力理论的观点
> 解释多元智力理论的教育含义

美国心理学家、哈佛大学教授加德纳(H. Gardner)认为,人有七种智力:言语智力、逻辑数理智力、音乐智力、空间智力、身体动作智力、人际智力和自省智力;之后,他还认为,人的智力除前述七种外,还包括自然智力、精神智力和存在智力。在他看来,前八种智力都有经验证据的有力支持,而后两种智力的证据稍显薄弱。虽然加德纳对智力进行类别划分,带有传统智力理论的一些痕迹;但相比之下,他的智力划分,在更为宏观的水平上进行,且更多地从各专门领域所需专长角度来研究智力,因而也与当代认知心理学有着密切联系。各种智力的内涵见表4.1。

Gardner

表4.1 加德纳的多元智力的含义及教学

智力种类	运用
言 语 智 力	如何让学生就这一主题写下观点或发表意见?
逻辑数理智力	如何引进数字、逻辑和分类来鼓励学生对这一观念进行量化或阐述?

第四章 智力与创造力 · 87

续 表

智力种类	运 用
音 乐 智 力	如何帮助学生使用周围环境的声音或者将观念嵌套于节奏与旋律中？
空 间 智 力	如何帮助学生想像、画出这一观念或者让他们在空间上将这一思想概念化？
身体动作智力	怎样帮助学生用整个身体来运动或者让他们能按照教师口头传授的经验来运动？
人 际 智 力	怎样用同伴、不同年龄的学生或者合作学习来帮助学生发展他们的交互技能？
自 省 智 力	怎样让学生思考自己的能力与感情，使他们更加明白自己作为人和学习者的特点？
自 然 智 力	怎样提供一些经验来让学生对各种不同的物体进行分类，并且分析他们分类的图式？

根据加德纳的观点，每个人都或多或少地拥有上述 8 种智力；各人在有些智力上表现出高水平，而在有些智力上表现出低水平；这些智力相互独立，能够用来解释不同个体的能力差异。加德纳等人(Gardner & Hatch,1989)认为，社会和学校教育仅重视言语智力和数理智力，而对其他类型的智力关注较少；如要全方位发展学生的各种智力，学校应从其他类型的智力角度来激励学生，并为学生提供更多获取成功的额外机会。

加德纳多元智力理论　　人有七种智力，即：言语智力、逻辑数理智力、音乐智力、空间智力、身体动作智力、人际智力和自省智力；在此基础上，还有自然智力、精神智力和存在智力

教学之窗
基于加德纳多元智力理论的教学方法

多元智力理论要求学科教学采用多种方式进行，在学生学习某个主题时提供不同的切入点。教师解释或教授某个主题的方式越多，学生的理解也就越深刻。例如，加德纳(1991)在《未经教育的头脑》(The Unschooled Mind)一书中曾指出，对任何内容至少可用以下五种方式来教授：叙述、逻辑分析、动手经验、艺术探索和哲学考验，他后来还增加了参与合作的经验或人际经验的方式。例如，学习"进化论"这一知

识点,可以通过以下不同的途径:阅读关于达尔文及其旅程的故事(叙述);考查繁殖的显性和隐性特征的数量关系(逻辑);饲养具有某种特征的果蝇(动手);寻找果蝇翅膀的相同点和不同点,并画出图像(艺术);思考一些基本问题,如是否所有事物的进步都由进化导致(哲学);在某个项目上一起工作,承担不同的角色(人际)。

值得注意的是,在将多元智力理论用于课堂教学时,应注意一些错误运用的观念或方法,如:(1)想使用所有的智力来教授所有的概念或学科;(2)假定使用一种智力就够了;(3)将一种智力当作其他活动的背景,例如当学生做数学题的时候放音乐;(4)将智力与教师期望的其他品质混合起来;(5)直接评价甚至不考虑情境就对智力进行评估。因此,为正确运用多元智力理论,教师应持有个别化教学的观念,运用各种不同的方法来获得概念、主题知识和学科知识,培养学生多方面的能力。

2. 戴斯的 PASS 智力模型

> **学习要求** 描述戴斯的 PASS 智力模型
> 阐述戴斯的 PASS 智力模型的教育含义

加拿大心理学家戴斯等人(J. P. Das)把信息加工理论、认知研究新方法与智力研究的传统方法(因素分析)相结合,通过大量的实验研究探讨了智力活动中的信息加工过程,于 1990 年提出了人类的智能活动的三级认知功能系统的智力模型:"计划—注意—同时性—继时性加工"模型(Planning-Attention-Simultaneous-Successive Processing Model),即 PASS 模型。该理论认为,智力有三个认知功能系统,即注意—唤醒系统、同时—继时编码加工系统与最高层次的计划系统(见图 4.6)。

根据戴斯的观点,注意—唤醒系统是影响个体对信息进行编码加工和作出计划的基本功能系统,该系统在智力活动中起激活和唤醒作用。

编码加工系统负责对外界刺激信息的接收、解释、转换、再编码和存储,该系统是智力活动的主要的信息操作系统。它的认知功能可据其加工方式划分为两种基本类型:a. 同时(并行)性加工,指若干个加工单元同时对信息进行处理,或把一组有序信息形成一个单一编码,如认识到"猫、狗、金鱼都是宠物"时,就是进行同时性加工;b. 继时(序

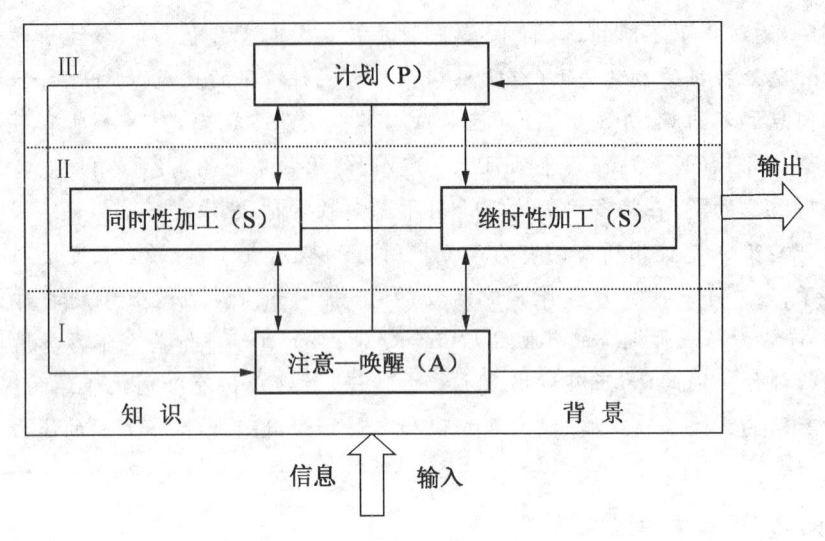

图 4.6　戴斯的 PASS 模型示意图

列)性加工,指几个加工单元相继对信息进行加工处理,或把要输入的信息生成为一组有序信息并保存它,如将数字列成一个电话号码,或遵照一系列指令行事,这时就是进行继时性加工。

　　最高层的是计划系统,它是整个认知功能系统的核心,负责认知过程的计划性工作,在智能活动中确定目标,制定和选择策略,对操作过程进行监控和调节。它对前两者都起着监控和调节作用。三个功能系统在一定的知识背景中执行各自的功能,但它们又是相互影响、共同作用的。

戴斯 PASS 智力模型　智力有三个认知功能系统,即注意—唤醒系统、同时—继时编码加工系统和最高层次的计划系统

教学之窗

基于戴斯 PASS 智力模型的教学设计原则与教学方法

　　戴斯等人(J. P. Das,J. A. Naglieri 和 J. R. Kirby,1994)曾指出与教学设计有关的一些原则。第一,个体策略的获得是一个归纳和渐进的过程,学习者只有理解策略的特点,并且知道它在什么情境下有用,才可能保留并有效使用这种策略;第二,策略的归纳过程是在一系列经验的基础上进行的,而且个体应当有机会去试图进行策略的迁移,从这个角度讲,向学生提供在广阔背景基础上学习的机会,并指出归纳、概

括的方法,学生就有可能发生远迁移;第三,教学应该在儿童对任务的解决方法有所理解之后才开始,应当让学生理解"老"方法和"老"策略的无效性,以及发展"新"策略的必要性;第四,策略和技能的学习应以小步调进行为宜,从熟悉的和亲切的内容入手,复杂性应当逐步地增加,并常常要回到容易的内容上;第五,认知过程教学应从非学业内容入手,逐步加入学业内容,以便在每一阶段都能有效地显示一般认知过程的应用状况。

戴斯等还指出,为提高儿童的认知功能,必须重构儿童的思维习惯,那么,教师在学生学习时要作出一定程度的干预。教师在引导学生正确学习方面应做到以下几点:

(1) 同学生相互影响。作为教师,要了解学生对课程目的的想法。学习目的是什么? 教师自己的想法是什么? 完成任务的最好方法是什么,最差方法是什么? 必要时要给予形式灵活的表扬。

(2) 记住原理是可迁移的,而技能则不能迁移。技能通常与各种具体任务相结合,这并不利于技能的迁移,而各种基本原理则具有良好的迁移性。因此,让学生在理解过程中,通过自动化归纳或推理来形成基本原理,可以说是一种有效的教学手段。

(3) 将正式教学的知识和自发知识联系起来。为了促进保持和迁移,书本知识必须与学生自发获得的知识相结合,在两者不断结合起来的学习过程中,教师应该给予相当的帮助,无论是什么学科,都应当尽力做到这点。

(4) 注重一般过程训练,并将其与具体内容的课程教学相结合。为了促进所学信息的同时性或继时性加工的发展,首先要给学生呈现一批继时性加工任务,然后设计适合一般过程任务的教学。

当然,在教学活动中应该根据具体的实际情况,灵活地运用,不刻板遵循这些原则,这样才有助于实现教学目标,即提高儿童认知功能、重构思维习惯。

3. 斯腾伯格的三元智力理论

学习要求 描述斯腾伯格的三元智力理论
阐述斯腾伯格的三元智力理论的教育含义

美国耶鲁大学的斯腾伯格(R. J. Sternberg)教授通过"成分分析"的方法,力求从类推、系列问题等复杂任务来理解智力,在大量研究的基础上,于1985年提出了"智力的三元理论"。该理论由三个亚理论组成：情境亚理论、经验亚理论和成分亚理论。它们分别针对智力行为发生的外部环境、智力行为的内部与外部的中介和智力行为的内部认知过程等方面。这三个亚理论的结合，描绘出一个较为全面的智力构成图，其关系见图4.7。

情境亚理论

智力的情境亚理论将智力与个体的外部世界相联系，它针对的是这样一些问题：哪些行为对个体而言是智慧的表现，这些行为在何处才显示出智慧？情境亚理论明确了智力行为在其发生的社会文化情境中是如何被定义的，明确了哪些行为体现了智慧特征或构成了智慧行为的内容。斯腾伯格认为，情境智

Sternberg

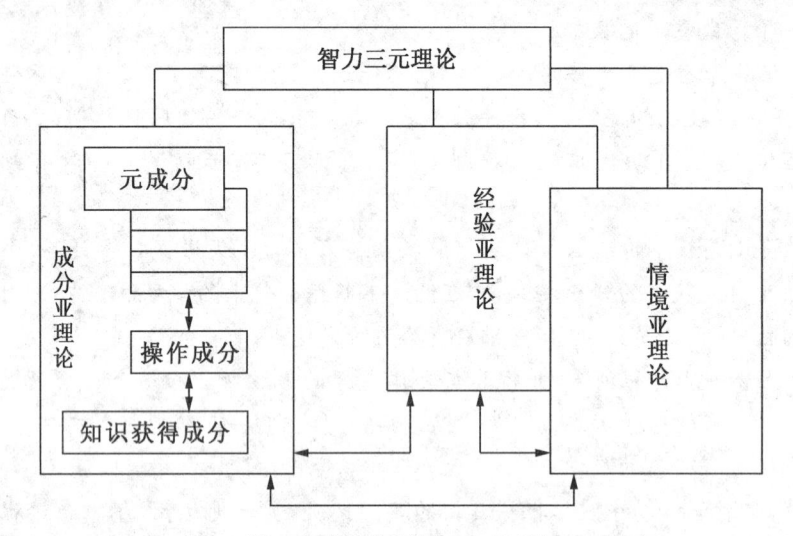

图4.7 斯腾伯格的智力三元理论

力行为包括三个方面：(1)对现实环境的适应；(2)对更优环境的选择；(3)改造现实环境，使之更适合自己的能力、兴趣或价值取向。也就是说，任何社会文化背景下，聪明的个体总是努力去适应、选择和改造有利于自身发展、有利于扬己之长和避己之短的环境。

经验亚理论

经验亚理论将智力与个体内、外部世界均联系起来，它回答了"行为何时才是智慧的"这一问题。该亚理论表明在某项任务或情境中，智力与经验量之间的联系。斯腾伯格认为，当个体面临一个相对(但非完全)新异的任务或情境时，或在特定任务或情境的自动化操作过程中，其智力才能很好地展现出来。所以，不能将一个任务或情境的应对

92 · 教育心理学

简单归类为需要或不需要智力,而应当考虑对该任务或情境需要智力多大程度的参与,这取决于个体具有多少关于该任务或情境的经验。

成分亚理论

成分亚理论将智力与个体的内部世界联系起来,它回答了智力行为是如何产生的问题。这一亚理论明确了构成智力行为的心理机制,而不论及其行为的内容。成分亚理论是智力三元理论的核心,是对构成智力行为的内部(认知)结构和机制的刻画。斯腾伯格指出,成分亚理论中有三种成分:元成分,它控制信息加工过程,并使个体监督和评价这一过程;操作成分,它执行元成分构建的计划;知识获得成分,它进行选择性编码,联结新信息,并选择性地比较新旧信息,以使个体学习新信息。从本质上说,元成分是一种策略构造机制,支配操作成分和知识获得成分,对后两者进行协调,使之指向一定的目标。因此,斯腾伯格认为元成分构成了智力的主要基础,并以"元成分功能落后"来解释个体的智力落后现象。

斯腾伯格的三元智力理论 该智力理论由三个亚理论组成,即情境亚理论、经验亚理论和成分亚理论

情境亚理论 将智力与个体的外部世界相联系,回答"行为在何处才显示出智慧"这一问题的智力亚理论

经验亚理论 将智力与个体内、外部世界均联系起来,回答"行为何时才是智慧的"这一问题的智力亚理论

成分亚理论 将智力与个体的内部世界联系起来,回答"智力行为是如何产生的"这一问题的智力亚理论

教学之窗

基于斯腾伯格三元智力理论的教学及评价方法

基于三元智力理论,斯腾伯格又提出了"成功智力"(successful intelligence)这一概念,认为成功智力是对现实生活产生重要影响的智力,是达成人生主要目标的智力。成功智力包括三个方面:(1)分析性智力,用于解决问题和判定思维成果的质量;(2)创造性智力,帮助个体从一开始就形成好的问题和想法;(3)实践性智力,将思想及其分析结果以一种行之有效的方法加以实施。

在学校教育中,学生通常在成功智力的三方面有所差异:有的人分析能力很强,有的人创造能力很强,有的人实践能力很强。但是,通常教学主要针对那些擅长于通

过记忆来学习的学生,而对那些拥有很强的分析能力、创造能力或者实践能力的学生却不能或没有很好地顾及。因此,教师要以各门学科具体内容为基础,选择一系列活动,分别强调记忆能力、分析能力、创造能力、实践能力,并把它们有机整合,从而构成整个教学活动。下面就是一个体现不同能力培养的教学评价实例。

☞ 记忆活动
→ 勾股定理的内容。
→ 9×6 是多少?
→ 距离、时间和速度的关系是什么?

☞ 分析活动
→ 如果你从付出的 20 元钱里得到 4.52 元的找头,请问你花费了多少?
→ 如果 $3x+9=30$,那么 x 是多少?
→ 用 3 进制如何表示 46?

☞ 创造活动
→ 设计一个测验题目来测量同学对因式分解的理解。
→ 创造一种新的数学运算(除了四种常用的运算加、减、乘、除以外),并说明如何使用。
→ 设计一种操作材料帮助儿童学习数字,并说明如何使用。

☞ 实践活动
→ 如何在桥梁建设中应用三角学?
→ 以第 87 号公路某处为起点向北直走 30 公里就到达第 48 号公路,再沿第 48 号公路向西直走 45 公里到达目的地,如果第 94 号公路直接连接起点和终点,一个人以 60 公里/小时的匀速驾车前进,问走 94 号公路可以节省多少时间?

三、智力测验

学习要求 正确向学生家长解释智力分数的含义

自 19 世纪末到 20 世纪初智力测验诞生以来,各式各样的智力测验不断涌现,到目前为止,世界上的各种智力测验难计其数,其中影响最大、使用最为广泛的是斯坦福—比奈智力测验,韦克斯勒编制的智力测验(WPPSI,WISC-Ⅲ,WAIS-Ⅲ,WAIS 简写版)。以韦克斯勒编制的儿童智力量表(WISC)为例来了解智力测验,它采用离差智商(deviation IQ)来确定被试的智力在同龄人中的相对位置,实际上就是一个人的成绩和同年龄组被试的平均成绩比较而得出来的相对分数。韦氏儿童智力测验分为言语测验与操作测验两部分,其中言语测验包括常识、类同、算术、词汇、理解和背数六个项目,操作测验分为填图、排列、积木、拼图、译码和迷津六个项目。在得到言语智商和操作智商两个分数之后,可以合成一个总智商分数,代表被试的智力发展水平。

智力测验在世界各国中得以广泛应用,是心理学对社会、对人类作出的贡献,但是,滥用测验和夸大测验功能也为社会带来诸多不良后果。比如,20世纪20至30年代期间,我国就曾出现过"测验热",什么都测,似乎什么都能测,结果导致测验的滥用,带来不良的社会影响。自1978年以来,我国心理测验工作又蓬勃开展,并得到了社会的广泛重视。但值得注意的是,目前在某些地方,尤其是在某些学校中,也开始出现"测验过热"的不良势头。应当牢记前车之鉴,纠正这种不良倾向。在学校,只有当一个学生有严重的学科学习问题,或者当学校考虑将一个学生安置到专为天才学生设置的课程中时,才可施行智力测验;作为教师,不应该什么问题都拿学生的智力测验分数来做借口。

教学之窗

对智力测验分数的正确认识

☞ 智力测验只是对一般学习倾向的评定
→ 可对学生之间的微小分数差异忽略不计。
→ 同一学生的不同分数,也会由于各种原因而发生变化,其中包括测量误差因素等。
→ 由于总分代表在几类测题上的平均分,所以在中等或者平均水平以上的分数,既可能意味着这名学生在每类问题上的表现都处于中等或平均水平,也可能说明这名学生在某些领域表现非常好,而在其他领域表现差。

☞ 智力测验分数反映的是一名学生过去的经验与知识
→ 将这些分数视为对学生学业能力的预期,而不是对他们先天智力的测量。
→ 如果一名学生平时成绩不错,不要因为他某项分数偏低就改变对他的看法或者降低对他的期望。
→ 对少数民族学生以及母语不是汉语的学生,在解释智力测验分数时要尤其小心。可能由于社会文化因素,而使这些学生的测验分数较低。

第二节 创造力与教育

"人类文明历史主要就是人类创造力的记录。"关于人类创造现象的研究可谓历史悠久,但是,人们越是深入地研究创造力,就越发现创造力是如此神秘莫测和令人困惑。时至今日,虽经许多研究者艰辛努力,人们对创造力的认识不断深入,但似乎仍然相当模糊。

一、创造力的含义

学习要求 解释创造力

什么是创造力?古希腊哲学家亚里士多德(Aristotle)把"创造"定义为,在精神和物质领域"产生前所未有的事物"。这一界定虽然得到许多研究者的认同,但却因过于简练而难以令人满意。从认知心理学角度,纽厄尔和西蒙等(A. Newell, S. A. Simon & J. C. Shaw,1962)认为,创造性成果对思维者或文化都是新颖而有价值的,这种思维是非传统的,有目的的并持续的,它对一个原先模糊而未经界定的问题进行了明确系统的阐述。值得注意的是,创造力普遍存在于任何个体,并非全或无,而是个体拥有多或少、发挥程度如何的问题。

1. 创造力与思维方式

创造力是一种独特的思维方式。如吉尔福特(1950)在智力结构模型中阐述到,发散性思维与创造力相类似,而思想的流畅性和思想产生的灵活性是发散性思维的重要基础。在某种意义上,创造力与创造性思维是两个等同概念,而后者是发散性思维和聚合性思维相结合的产物。例如,创造个体在明确的目标范围内工作时,在设定自己的议程以及为求新颖性而努力等方面,常常也展示出聚合性、系统性的思维。所以说,创造性思维活动的完整过程,是从发散思维到聚合思维,再从聚合思维到发散思维的多次循环和不断深化。也就是说,只有发散思维与聚合思维有机结合并协调活动,才有可能发现事物之间的新联系,提出假设并解决新问题。

2. 创造力与灵感

创造性活动来自突然出现的灵感或顿悟状态,伟大的创造往往突然产生于伟人的头脑。所谓灵感,就是个体在创造过程中,突然产生某种新颖的形象、概念或思想的心理状态。可以这样说,任何创造性思维或创造性活动都离不开灵感。一些创造个体对自己的创造活动过程的解释与分析也证实了这一点,例如,德国化学家凯库勒(F. A. Kekule)顿悟了苯分子结构模型。至于创造性活动所涉及的灵感是否具有一定意识,这视领域不同而定。有些创造性个体声称他们最具创造性的作品是在意识之外完成的,他们时常是把问题丢在一边,直到他们"发现"一个答案为止。而有些创造性产品(特别是文学作品)往往是经过反复精心修改才最终得以完成。无论是否具有意识,突发的灵感对从事创造性活动的人而言,无疑是真实存在的。

3. 创造的偶然性或巧合性

创造力的偶然性表现在两个方面,有时是两个无关观念碰巧融合在一起,有时是发生了有着特殊重要性的偶发事件。有些创造性发现也证明,意外的好运在一些重要科学发现上起着重大的作用,比如胰腺与糖尿病之间的关系、乙醚的麻醉效应、电和磁之间的关系、X光的发现等,都带有极大的偶然性或巧合性。然而,所有这些发现的关键,在于科学家们具备从"意外事件"中悟出真理的能力。"机遇垂青于有准备的头脑",历史上许多科学家与重大科学发现失之交臂的例子也比比皆是。只有训练有素的头脑,才能找出看似无关事件之间的重要联系,才能认识到意外发现的新奇事件中的重大意义。更为重要的是,仅仅把握机遇还远远不够,在最初的"发现"之后,个体还必须进一步从偶然的观察中,创造出一种有用的解决办法。只有这样,真正有重大意义的创造才得以诞生。

创造力　相对于个体或社会,产生前所未有事物的能力,它存在于任何个体中
灵感　就是个体在创造过程中,突然产生某种新颖的形象、概念或思想的心理状态

二、从不同心理学角度来看创造力

学习要求　比较不同心理学家视角中的创造力

在心理学领域,不同背景的研究者往往对创造力的理解也不同。人格心理学家将创造力视为个体身上的某些特征集合,它们导致了创造性行为;他们通过研究高创造性个体的人格特征来探讨创造力。而认知心理学家们则坚持强调心理过程研究的一贯性,因而也更注重对创造活动所涉及的心理过程的研究,也就是把创造力当作一种认知机能来研究,其中涉及了诸如知识、思维、问题解决等与创造力有关的一些因素。而社会心理学家们坚信,社会和环境因素在创造性生产中起着重要作用,他们将研究重点放在创造动机和环境对创造性工作的制约这一方面。

1. 人格心理学视角

人格心理学家们认为,创造力是一种人格机能。在过去的20多年里,对创造力的

研究主要集中在概括和总结创造性个体的个性品质(人格特征)方面。许多学者都列出了创造性个体的个性品质。如,理智的好奇和理智的诚实,承认过程和结果的联系,客观性、批判性和开放性倾向,确信事物间不寻常的因果关系,安排的有序性、适应性和灵活性、坚持和决断能力等。有研究指出,创造性个体是独立的、直觉的、自信的,并能够容忍那些和自我观念相矛盾的特质(F. Barron & D. M. Harrington, 1981)。吉尔福特(1970)则全面地提供了创造性个体人格特征表:对问题的敏感性;流畅性,其中包括形象流畅性、语词流畅性、思维流畅性、联想流畅性和表达流畅性;灵活性,包括自发灵活性和顺序灵活性;独创性;分析能力;综合能力;发现或改组新定义的能力;思维强度;洞察力;穿透能力等。他还认为上述特征均可通过实验来加以确定和证实。

到目前为止,研究者们大多承认,许多人格特征与创造成果有关,如对困境的忍受力、冒险行为、自觉的坚持力以及高度的自我评价等(B. A. Hennesseg & T. M. Amabile, 1993)。还有研究者(F. Barron & D. M. Harrington, 1981; R. Solomon, 1985)指出,富有创造力的个体都有充沛的精力,对风险的高忍耐力,信任自己控制结果的效力,而且在必要的时候能够承受孤独,尽管他们仍需要得到别人的最终认可。

2. 认知心理学视角

智力

一些研究表明,智能特征和创造才能特征之间显示了一种低水平的相关或完全不相关。也就是说,越聪明(传统 IQ 测验分数越高)的个体就越具有创造力的这种观点是错误的。但是,对于智力和创造力之间的关系,似乎更应该辩证地来看待:一方面,智力与创造成就毫无关系是不对的;另一方面,纯粹的智力也不能用来鉴定创造力或预测成就,一旦离开了其他心理品质,智力并不会有助于创造力。这似乎是一种更可取的观点。

当代认知心理学家,特别是智力理论家,对智力的深入研究似乎为认识创造力开辟了新的前景。加德纳(1993)认为,创造力可以在"多元智力理论"所涉及的各种智力中逐步发展起来,个体也可能在一个领域内具有高的创造力,而在其他领域内不具有创造力。他不相信创造性个体拥有一组可从其行为表现中观察到的与低创造力人不同的人格特征。例如,加德纳(1988)曾对弗洛伊德(S. Freud)进行了分析研究,得到的第一个重要结果就是弗洛伊德是极其聪明的。虽然很多研究表明智力与创造力相关往往不高,但加德纳却坚持弗洛伊德异常高的智力对他的高创造力是最为重要的。在加德纳看来,弗洛伊德是语言智力上的天才,他很容易学会外国语言并用它们广泛地阅读,他还是一个写出不少有深远影响的心理学论文的优秀作家,而且弗洛伊德在科学方面也颇具天赋。

知识

创造力不是空中楼阁,它靠的是坚实的知识基础和精湛的专门技能。个体只有精通于自己所在专门领域的知识,并努力开发创造所必须的技能和洞察力,他才可能表现出不同于一般个体的创造力。事实上,伟大的发明创造都来自于发明者深厚的知识积累,他们在特定领域中拥有丰富的经验、渊博的知识、卓越的专长,因而才能有新颖独到的解决问题的办法,才能产生伟大的创举。

一些心理学研究也表明,创造力与个体知识结构之间存在着十分密切的联系。在对著名音乐家的研究中,海叶斯(J. R. Hayes,1989)发现,在产生有意义的音乐曲谱之前,一个坚实的知识基础是必要的,在该项研究中,仅 3/500 的杰出乐曲是在作曲家职业生涯的前十年中完成的。所以,创造力是一种无需涉及内容领域就可以培养的心理过程,这一观点至少在心理学领域已被认为是错误的。

问题解决能力

现代认知心理学越来越倾向于用问题解决过程来探讨创造过程。实质上,创造发明也就是问题解决过程,只不过它不是一般的问题解决,而是一种具有创新意义、超乎寻常的问题解决过程,是一个发现问题、组织问题和解决问题的过程。那么,从信息加工观点来看,创造力是在产生有价值的新信息过程中,所运用的各种智力品质的总和。关于创造力的问题解决过程的分析,有研究者(俞国良,1996)总结了与之有关的五方面的能力:(1) 发现问题的能力;(2) 明确问题的能力;(3) 阐述问题的能力;(4) 组织问题的能力;(5) 输出问题解决方案的能力。这五方面能力任何一方面存在不足,都足以影响个体的创造过程。

3. 社会心理学视角

动机

动机一般可以划分为内部动机(如兴趣、爱好)和外部动机(追求奖励、逃避惩罚)。虽然内部动机和外部动机都能激发和维持儿童的创造活动,但是,一些心理学研究表明,内部动机更有利于个体的创造活动的产生和创造力的发挥与发展。

另外,成就动机中追求成功和避免失败的需要也对创造活动有着不同的影响。研究发现:在成就动机高的个体内部,力求成功者(追求成功的需要高于避免失败的需要)比避免失败者(追求成功的需要低于避免失败的需要)更适合进行创造活动,有更多的创造机会,能有所创新和创造性地解决问题。所以,在培养儿童创造性方面,培养儿童探索、创新的内在兴趣、爱好和需要,似乎比利用各种外在奖励更为有效;注重培养儿童追求成功的需要也是相当重要的。

教育

良好的教育环境有助于创造力发展。这些教育环境来自三方面：家庭、学校和社会。大量研究表明，家庭因素是影响个体创造力发展的一个重要因素。良好的早期家庭教育、特别的家庭关注与积极期望，以及民主和谐的家庭教育方式等都有助于儿童创造力的开发和发展。温暖、融洽和民主的家庭气氛，对孩子创造力发展十分重要。

而学校教育是一种有目的、有组织、有系统的教育，在个体心理发展中扮演了极其重要的角色。对个体创造力发展也更具重要意义。研究表明，教师对学生自主重要性的认识与儿童创造力发展有关；儿童创造力发展中也存在"皮格马利翁效应"。此外，不同的教学能力和个性类型（强硬专制型、仁慈专制型、放任自流型、民主型），也影响学生创造力的发展。

社会是整个教育系统的一个有机成分，是对学校教育的补充。现代社会教育机构多种多样，如少年宫、青少年之家、少年活动站、图书馆、博物馆、科技馆、业余培训学校等等，丰富了学生的第二课堂，扩大了学生的视野，培养了学生的观察力和科学兴趣，再加之，多样的课外读物和发达的影视文化，所有这些都对个体创造力发展提供了较强的刺激。

三、培养学生的创造力

要培养富有创造力的学生，首先需要创造型教师。有研究者认为，创造型教师就是那些善于吸收最新教育科学成果，将其积极运用于教学中，并且有独特见解，能够发现行之有效的新教学方法的教师。通常，教师倾向于喜欢高智商的学生而不是高创造力的学生，这实际上不利于学生创造力的发展和培养。研究表明，教师创造性高低对培养学生的创造力是至关重要的。

其次，培养学生的创造力，主要通过课堂教学。在学校环境中，可采用"开放课堂"来促进学生的创造力发展。所谓开放课堂，是一种教学模式，包括空间上的灵活性、学生对活动的选择性、学习材料的丰富性、课程内容的综合性、更多的个人或小组教学等等。开放课堂形成了一种气氛，它有助于促进批判性的探究、好奇心、冒险精神和自我指导的学习，而不是分等级的或权威的教学。

此外，培养学生创造力还需要创造合适的家庭教育氛围。有研究者总结了四种促进创造力发展的独特家庭教育方式：（1）对规定和限制作出解释，允许孩子参与；（2）适时地表达对孩子的期望，并恰当地运用奖惩手段；（3）在家庭中提供丰富的玩具、材料；（4）家长与孩子一起从事学业方面的活动。

教学之窗

做一名创造型教师

要做一名创造型教师,一般可以从以下几个方面入手:第一,要转变传统教育观念,树立起创造性教育观念;第二,要具备丰富、合理的知识结构;第三,要培养和塑造自己的创造性个性特征,如自信、热爱学生、好奇、幽默、睿智、兴趣广泛等;第四,提高教学艺术水平,把教学安排得生动活泼、有声有色、趣味横生,不断赋予教材以新意和活力;第五,要有高水平的管理艺术,努力创设并维护一种易于表现创造力的师生关系、同伴关系及班级风尚,使学生的创造力得到最充分的发挥。

具体到创造力培养措施上,教师可以:

(1) 使用所有课程的所有方面来激发学生的创造性思维,如画画、听音乐、编写故事,解决数学和物理等学科的难题;帮助学生不仅仅寻求问题的解答,而且要去发现新的问题。

(2) 将激发学生创造性生产的外部奖励减少到最小程度,鼓励学生发现自己通过努力而获得的内在满足感。

(3) 在可能的时候让学生自己选择。如在编写故事时,给学生以自己选题的机会;在科学项目上,鼓励学生确立他们感兴趣的且能够从事的领域;等等。

(4) 帮助学生体验创造活动带来的积极情绪,发展他们的自信心、自尊心和自我判断能力。

(5) 安排学生自我评价和评价同伴,而非只是教师评价。

(6) 通过"头脑风暴"、类比及其他策略,要求学生围绕问题而思考,给他们产生发散思维或横向思维的时间;让学生明白异常的或新颖的解决办法必须适合当前要解决的问题。

教学之窗

鼓励学生的创造力

☞ 接受并且鼓励发散思维
  → 在课堂讨论时,问学生:"有人对这个问题有不同的解法吗?"
  → 强化学生用不常见的方法来解题,即使最终的结果并不完美。

☞ 接纳不同意见
  → 让学生支持自己与众不同的观点。
  → 确保那些不墨守成规的学生在课堂中享有相同的权利与奖赏。

☞ 鼓励学生相信自己的判断
　→ 当学生提出一些易于解答的问题时,可以改述或者再阐明这些问题,让学生重新对它们进行思考。
　→ 有时要布置一些不评分的任务。
☞ 强调每个学生都具有某种形式的创造力
　→ 在介绍一些伟大艺术家或者发明家的成就时,要避免让学生觉得成果高不可攀。
　→ 善于识别学生的创造表现,对某些任务可以就其创意进行额外评分。
☞ 鼓励创造性的思维
　→ 无论什么时候,只要可能就在课堂上进行头脑风暴活动。
　→ 针对班级所有成员,提出与众不同的解决方案,以示范创造性的问题解决过程。
　→ 鼓励学生直到考虑了所有的可能性后,再判断下一问题的解决方法。

教学经验

学生的智力、创造力与学业成绩之间的关系

☞ 很多顽皮的学生的学业成绩并不好,但是在劳技课上能有很好的创造表现,反映出智力不错。所以,我觉得智力与学业成绩之间并不一定有必然的关系。事实上,很多智力高的学生成绩不高,一方面是因为教材枯燥,他们不能把兴趣放在课堂知识的学习上;另一方面,是因为我们当前的评价标准、评价体系有一些问题。死记硬背的考试对这些学生并不适用,灵活一些的题目他们可能完成得更好。如何更好地发挥这类学生的潜力,是很有意义的研究课题。(马世龙)

☞ 真正影响学习成绩的不单是智力,还包括很多因素,例如很重要的一项就是学生的学习方式。像智力高但学业成绩不高的学生有一些小聪明,在一些较低层次的创造活动中能够表现很好;而好学生的基础知识比较扎实,但在创造性活动上表现不好,很大程度上是因为平时没有时间来观察思考。但经过高中、大学之后,这种情况往往会倒过来,毕竟复杂的、高层次的创造需要很多知识作为基础。所以,培养创造性不能忽视知识的重要作用。(王旭东)

☞ 学生对代数和几何的兴趣有很大的不同,有些学生对几何有非常浓厚的兴趣,这

促使他能够学好几何;但有可能他在代数上的表现并不一定突出。所以,智力与学业成绩并没有那么大的关系,反而学习兴趣对学业成绩的影响较大。(于春雨)
☞ 现在的学生不表现出创造性,并不是说他们没有创造力,其实很多时候是因为学生缺乏思考的时间。一旦学生对某项事物或活动非常感兴趣,就能刻苦钻研,甚至产生创造活动。所以,要培养学生的创造力,培养兴趣非常重要;有了兴趣,才有钻研的精神,才会花很多的时间和精力参与其中。(陈惠莲)

教学反思

学完本章后,你可以思考:
- 本书尽管没有定义,但智力是什么?
- 本书尽管没有定义,但创造力是什么?
- 聪明的学生,学习成绩如何?学习成绩好的学生,其聪明度如何?
- 我以前是如何判断一个人聪明与否的,根据学业、人际交往能力、游戏能力、运动能力,还是其他?
- 一个人成功,与智力的相关如何?
- 创造力高可以等同于思维活跃吗?
- 关于学生,你倾向于创造过程还是创造的结果?
- "只有创造型教师才能培养创造型学生",你怎样看待这一观点?

总　　结

智力理论与教育　关于智力的理论研究有两大模式:心理地图模式和计算模式。心理地图模式将智力视作心理地图,由此得到智力的结构理论。本章首先简要介绍了斯皮尔曼的智力二因素理论、卡特尔的流体智力与晶体智力理论、瑟斯顿的群因素理论、吉尔福特的智力结构模型和阜南的智力层次结构模型等。而计算模式将智力视作具有信息加工功能的计算性装置,以此为基础构建了智力的信息加工理论,本章则主要介绍了加德纳的多元智力理论、戴斯的PASS智力模型和斯腾伯格的三元智力理论。

创造力与教育　关于"创造力",从不同观点出发得出的概念含义必须得到整合。从观念整合角度,创造力存在于任何个体,是个体发散思维与聚合思维有机结合的产物或过程,虽然有时表现为灵感或偶然机遇的把握,但必然以个体具有的知识或技能为基础。就影响创造力的因素而言,个体的人格特征、智力水平、拥有的知识及其组织结构、解决问题的能力、对学习的动机水平和所处的教育环境等,都与创造性成果有一定联系,但这些因素作用的发挥并非各行其是,而是以互动、关联的方式一起影响个体的创造力。

重要概念

g因素   经验亚理论
s因素   晶体智力
成分亚理论   卡特尔的流体智力与晶体智力理论
创造力   灵感
戴斯PASS智力模型   流体智力
阜南的智力层次结构模型   情境亚理论
吉尔福特的智力结构模型   瑟斯顿的基本心理能力理论
加德纳多元智力理论   斯皮尔曼的智力二因素理论
经典智力理论   斯腾伯格的三元智力理论
                               现代智力理论

参考文献

1. 俞国良:《创造力心理学》,浙江人民出版社,1996。
2. J·P·戴斯等著,杨艳云、谭和平译:《认知过程的评估:智力的PASS理论》,华东师范大学出版社,1999。
3. R·J·斯腾伯格著,吴国宏、钱文译,李其维校:《成功智力》,华东师范大学出版社,1999。
4. R·J·斯腾伯格著,俞晓琳、吴国宏译,李其维校:《超越IQ:人类智力的三元理论》,华东师范大学出版社,2000。
5. Gardner, H., *Frames of Mind: The Theory of Multiple Intelligences*, New York: Basic Books, 1983.
6. Sternberg, R. J., Williams, W. M., *Intelligence, Instruction and Assessment: Theory into practice*. Mahwah, NJ: Erlbaum, 1998.

第五章 特殊学生

引言

你教的学生有智力问题吗？你教的学生有情绪和行为障碍吗？学习困难学生有什么特点？有听觉障碍、视觉障碍和躯体障碍的学生，是否能像正常学生一样上学呢？类似这些问题都涉及教育当中的一类有特殊需求的学生。

特殊学生又称有特殊教育需要的学生，一般指身心发展处于正常发展规律范围之外的学生，即在生理或心理上有缺陷的学生，智力超常或低常的学生。特殊学生有广义和狭义之分，广义是指智力发展水平超过或低于正常水平及各种感官、肢体和品德有缺陷的学生；狭义是指生理和心理有缺陷的学生，如盲、聋、哑和智力低常及言语等有缺陷的学生。

特殊学生本属特殊教育的对象，但随着回归主流和随班就读政策的实施，越来越多的特殊学生被纳入普通教育的范畴。鉴于国内传统的教育心理学缺乏这方面的相关内容，普通教师也缺乏相应的培训。本章试图介绍几类可以随班就读的特殊学生的特点，内容主要涉及智力落后、情绪和行为障碍、学习困难以及感觉和躯体障碍等，目的在于为广大普通教育工作者提供相关的特殊教育理论知识，以便使教师能更好地胜任回归主流和随班就读的教学工作。

学完本章后，你应该能够：

⊙ 描述智力落后学生的特征；
⊙ 提出一些促进智力落后学生发展的教学方法；
⊙ 描述情绪和行为障碍学生的特征；
⊙ 提出一些针对有情绪和行为障碍学生的教学措施；
⊙ 描述学习困难学生的特征；
⊙ 提出一些针对学习困难学生的教学措施；
⊙ 提出一些针对感觉障碍和躯体障碍学生的教育方法。

教学设疑

谢老师发现：邻居家有个小孩叫小其，智商低于80，但他父母希望该小孩随班就读；班上有名学生叫小丁，好像有点多动症，从来不认真听讲，一直动个不停；而另一名学生叫小马，智力正常，但学习效果一直不好；还有一名学生叫小巧，听觉有点问题，学习很刻苦，但成绩一直不高。

如果你是谢老师：

- 你对小其的父母有何建议？
- 如何确定小丁是否有多动症？可采用的教学措施有哪些？
- 如何帮助小巧提高学习成绩？
- 如果发现班级里有情绪和行为障碍学生，你将如何处理？
- 针对小马，你将采取哪些教学方法？
- 面对这些特殊学生，你应该注意哪些方面？

第一节 智力落后

一、智力落后的概述

学习要求 阐述智力落后的定义
　　　　　　 阐述智力落后的类型

智力落后又称智力滞后或弱智，"是指人的智力明显低于一般人的水平，并表现出适应性行为的障碍，并且发生在发育时期（18岁以前）"（1986年全国残疾人抽样调查五类《残疾标准》中关于智力落后的定义）。在该定义中，"一般智力水平明显低于平均水平"，是指在标准化智力测验中智商得分低于平均分数（100）两个标准差以上。不同智力量表的标准差不一样。常用的《韦克斯勒学生智力量表》（修订版）的标准差是15，根据定义，智商（IQ）在70分或70分以下者，就是明显低于平均水平。"适应行为方面的障碍"，是指通过标准化的社会适应行为量表，对个体作出评定，以具体的数值表示个体的社会适应能力，如果数值低到一定限度便视为适应性行为障碍。

1992年，美国智力落后协会对"智力落后"概念作了修改，认为智力落后是指"个体现有的功能存在真实的局限，其特点是智力功能明显低于平均水平，同时伴有下列各种社会适应技能中的两种或以上的局限：生活自理、居家生活、社会交往、社区技能运用、自我约束、卫生安全、经常使用的学科技能、休闲生活和工作。而且，这些不正常情况发生在 18 岁以前"。新定义把"适应行为"改为"适应技能"，这一改动说明，IQ 不再是鉴别智力落后的唯一标准，而智力落后的诊断标准，除了考虑智力外，还应考虑个体的年龄和在典型环境中的表现。

当前，对智力落后分类的方法有很多种，使用比较普遍的方法是依照智力水平和可接受教育程度这两种分类系统。

依照智力水平分级

这种分类系统根据智商（IQ）的高低，划分智力落后等级。根据这种方法，智力落后有轻度、中度、重度和极重度四个等级（见表 5.1）。

表 5.1 智力落后的等级与对应的 IQ 分数

智力落后水平	IQ 分数
轻　　度	50—55～70
中　　度	35—40～50—55
重　　度	20—25～35—40
极 重 度	20—25 以下

依照可教育性分类

这一分类系统常常被学校使用。根据智力落后学生的可教育性，可分为三种水平：可教育的、可训练的以及需要监护的（见表 5.2）。

表 5.2 智力落后的等级与 IQ 分数及相应特征

智力落后水平	IQ	特　　征
可教育的	50—55～70—75	对读、写、算等基本学科的学习感到有困难，但如果采取适当的教育措施，就能学会一些基本的学习技能和比较简单的谋生技能。
可训练的	25—30～50—55	学习能力很低，在适当的照料和指导下，能学习简单的生活习惯与技能，从事简单的机械性工作。
需要监护的	25—30 以下	所有能力都极其低下，终生需要他人的照顾。

以上两种分类系统虽然不是完全的一一对应关系，但一般而言，可教育的智力落后学生相当于轻度者，可训练的学生相当于中度者，重度以下者与需要监护的学生较为

相似。

我国参照世界卫生组织和美国智力落后协会的分级标准，制定了相应的分级标准（见表5.3）。

表5.3 我国智力落后分类标准

级 别	分 度	与平均水平差距—SD	IQ	适应能力
一级智力落后	极重度	≥5.01	20 或 25 以下	极重适应缺陷
二级智力落后	重度	4.01—5	20—35 或 25—40	重度适应缺陷
三级智力落后	中度	3.01—4	35—50 或 40—55	中度适应缺陷
四级智力落后	轻度	2.01—3	50—70 或 55—75	轻度适应缺陷

说明：SD是英文标准差（standard deviation）的缩写，—SD即减标准差；IQ分数值左边为韦克斯勒智力量表测得，右边为盖塞尔量表测得。

在人群中究竟有多少智力落后学生？根据智力落后的定义，按智力的常态分布曲线计算，这个比例应该为2.27%。然而，实际的调查由于受到定义、研究方法、社会状况、年龄、性别、地理环境等因素的影响，各个国家和地区得出的数值不尽相同。就中国而言，1987年中国残疾人抽样调查结果表明，中国智力落后人群（包括成人）的比例为0.965%。另外，根据1988年11月公布的中国0岁—14岁学生的智力落后流行病学调查结果，学生智力落后患病率为1.07%，其中城市为0.75%，农村为1.46%；男性学生为1.13%，女性学生为1.01%。

智力落后 人的智力明显低于一般人的水平，并表现出适应性行为的障碍，并且发生在发育时期（18岁以前）

二、智力落后学生的特点

学习要求 分析自己班级学生是否存在智力落后学生
设计一份针对智力落后学生的教学方案

一般来说，智力落后学生的特点主要表现在两方面：认知和个性。

1. 认知方面

注意 研究表明，智力落后学生的学习困难大部分可以归结于注意的缺陷，他们注意范围狭窄,注意持续时间短,而且许多智力落后者的注意分配存在很大困难。

策略和元认知 与智力正常学生相比较,智力落后学生不太容易形成学习策略,或者对已掌握的策略不能灵活地加以应用,也就是说,尽管他们能应用策略,但往往应用的策略与面临的情境不相符合。如果教师教给他们更多的精加工方法,智力落后学生也可以在一定程度上学会较灵活地使用策略。

记忆 智力落后学生在记忆信息方面存在很大困难。对信息进行记忆,往往需要对信息材料进行加工。研究结果表明,在对需要深层次加工的信息材料进行记忆时,智力落后个体与正常个体的差异尤其明显。

加工效能 智力落后学生的工作记忆容量比正常学生的容量要小,造成这种现象的原因可能是前者的神经传递细胞要比后者少,也可能是因为前者没有有效地利用工作记忆容量。尽管智力落后学生能学会很多任务的操作,但在相同的条件下,比起正常学生来,他们的效率仍要低很多。与正常学生相比,智力落后学生不能充分地获取有关任务的信息。此外,智力落后学生所掌握的有关外部世界和学业领域知识也比正常学生要贫乏,这意味着他们在工作记忆里形成较大信息"组块"的能力比正常学生要差。

言语发展 智力落后学生的言语发展明显比正常学生迟滞,如他们在言语活动中往往发音不清晰,表达不清楚。一般来说,智力落后学生的言语发展虽然遵循了与正常学生一样的发展过程,但其言语发展进程要缓慢得多,发展水平也低得多。智力落后学生语言障碍的严重程度,随智力落后程度的加重而越加显著。

2. 个性方面

错误归因 在学业上失败的智力落后学生,比智力正常学生更倾向于谴责自己。失败导致智力落后学生对自己解决问题的能力产生怀疑,并因此愈加希望他人能够帮助自己,提供解决的办法。值得注意的是,这种依赖对智力落后学生却是一个难处理的问题,由于智力落后学生对自己作为学习者和问题解决者的自信心很小,所以这些学生比正常学生更不愿意向他人寻求帮助,这样他们就处于一种矛盾之中。一方面,他们需要帮助,另一方面,因为怕被别人看不起,又不愿意主动寻求帮助。

缺乏主动性 智力落后学生在学习和参加各种活动过程中,主动性较差;他们不善于支配和管理自己的行为,不会主动克服哪怕是最小的困难,常常要在老师和父母的督促、鼓励下才能完成某件事情。另外,他们不会按照比较长远的目标去行动,只有近期目标才能对他们起激励作用。

容易冲动,自我控制能力差 由于智力落后学生自我控制能力比较差,有时对外部环境的某一事件常常以冲动的、瞬时产生的、不假思索的行动作出反应,并不仔细考虑是否应该这样做。这一特点有时表现为在个人欲望的追求方面,常常是不达到目的誓不罢休,表现出极大的冲动性和顽固性。

易受暗示,脾气固执 智力落后学生对周围人带来的影响表现出一种矛盾的状况,他们常常不加思考地接受周围人们的驱使和建议,无理智地、盲目地服从他人意见。他们也经常表现出顽固的特点,毫无理由地与合情合理的意见对抗。这种固执有时还表现为缺乏随机应变的能力,遇事反应刻板,缺乏弹性。

教学之窗

针对智力落后学生的教育

对智力落后学生的教学,或多或少需经历这样的环节:激发学习动机、具体化的教学方法和适当的教学技巧。

☞ **激发学习动机**

教师在对特殊学生实施教学的过程中,学生学习积极性的高低会直接影响学习的成效。在日常生活中,智力落后学生由于遭受的失败经历比较多,而这种挫折加深了他们的自卑感,造成心理上的压抑。因此,特殊学校的教师或普通学校随班就读的教师可以采取这样一系列的办法,来恢复他们的自信心,激发其学习积极性和主动性。

利用明确的奖励机制

这种奖励可以是物质、荣誉或精神奖励。物质奖励是指对表现良好的学生给予各种小物品如书籍、铅笔、玩具或食品等。荣誉奖励则是让学生担任某些带有荣誉性的工作。精神奖励主要是指口头表扬和各种象征性的符号奖励。

提供成功的经验感受

智力落后学生常常自信心不足、畏缩、经不起挫折、对学习不感兴趣,这与他们时常遭受失败的经验有关。既然失败的经验使他们产生一些消极情绪和行为,教师就应该向他们提供更多的成功机会,提高他们的自信心,激发他们产生积极的情绪和行为。

提供成功的经验感受,并不是说要降低对智力落后学生的要求,而是为他们提供合适的教材内容、教学方法和作业等。在课堂提问中,让他们回答比较容易的问题或重复比较困难问题的正确答案,使他们体会成功的喜悦,最终提高学习兴趣。

此外,教师应该给智力落后学生灌输促进认知和使用策略的积极信念,如"如果我制定计划并付出努力,我就能做好这件事",而不是恪守被动的信念,如"我很笨,我为什么要努力?"

激发学习兴趣

教师要把学习环境与智力落后学生感兴趣的知识领域结合起来，努力发现什么才是对学生重要的，然后在教学中尽可能运用那些重要的发现，以激发学生的新奇感和对事物的兴趣，明确学习动机。

☞ **具体化的教学方法**

由于智力落后学生的抽象认知贫乏，思维长期停留在直观形象阶段，以至于他们在学习抽象知识的时候感到特别困难，因此，加强直观教学就显得尤为重要。例如在数学教学中，在教授"4＋3"这样的加法时，可以使用各种具体直观的教学用具进行辅助教学。用具体形象的例子帮助学生把环境与加法过程视觉化，使得答案更直观。使用这种方法可以使抽象水平比较高的学习变得更具体和简单易行。

☞ **适当的教学技巧**

智力落后学生虽然有可能与正常学生在一起学习，但这两类学生的学习特点却有很大差别。教师应该根据智力落后学生的学习特点，使用多种技巧帮助他们学习以提高学习效果。例如，下列技巧可供参考：尽量减少因学习环境引起的注意分散情况；提供更多的复习机会；尽量简化有关的指示、命令等；把学习任务分解成小单元；在练习过程中，采取同伴辅导的辅导方式；尽量使用幻灯片、录像资料等有利于提高教学直观性的教具帮助学生学习；提供有关阅读材料的重点提纲；适当使用色彩符号；在开始新的课文学习任务前介绍新词汇，尤其是那些比较难的词汇；避免判断式的测验类型，因为这种测验要求对语言有很好的理解，而智力落后学生在这方面的能力比较差，有的甚至没有这方面的能力。

此外，与正常学生相比，智力落后学生在自我表达方面存在不少困难。他们学习语言的能力又低于正常水平，这一缺陷在要求用言语表达时最容易表现出来，有些教师因此避免让学生进一步自我表达，这种做法是不可取的，教师应该为智力落后学生创造条件，利用任何可能的机会鼓励学生进行言语表达，提高言语表达水平。

言语功能的发展需要经验的积累，与正常学生相比，智力落后学生需要更多的言语经验来发展言语能力以达到正常水平，特别是对言语能力发展较差的智力落后学生来说，更应该为他们提供机会发展言语能力，当然这种机会应该生动有趣、适合这些学生的发展水平。研究和教学经验表明，这种机会在小学低年级的教学中更为重要。

第二节 情绪和行为障碍

一、情绪和行为障碍的概述

学习要求 阐述情绪和行为障碍的定义
　　　　　　阐述情绪和行为障碍的类型

关于如何判断情绪和行为障碍,国内外的心理学家一般认为,如果学生长时间表现出一种或几种明显而持续的行为特征,并且这些特征影响学生的学习,则认为该学生有情绪和行为障碍,这些特征有:(1)学习困难不能由智力、感知觉和生理健康因素解释;(2)不能与同伴和教师建立和维持良好的人际关系;(3)在正常环境下表现出不适宜的行为和情绪;(4)有一种弥漫性的不愉快或压抑感;(5)容易出现与个人学习困难有关的生理不良症状和恐惧反应。

情绪和行为障碍包括若干子类别,但至今没有统一的分类。《中国精神疾病分类方案与诊断标准》1989年第二版把学生少年期精神障碍分为:学生精神病、学生情绪和行为障碍、多动综合症、品行障碍、特殊功能发育障碍和学生少年期其他行为障碍(如排泄障碍、进食障碍、口吃、抽搐障碍)。而有研究者针对中小学的情况,将性格及行为障碍分为五类:

人际关系问题:无法与同学或教师建立和保持良好的人际关系,经常与同学发生口角、攻击教师、乱发脾气、不与同学来往、任意指责或批评同学等。

行为规范问题:即违规或反社会行为,如无故迟到、缺席、逃学、说谎、偷窃、易怒、破坏行为、考试作弊、不守规则或伤害别人等。

抑郁情绪问题:经常有不快乐或沮丧的情绪,如对活动不感兴趣、自伤、愁眉苦脸、悲观、对自己的事情漠不关心、情绪低落或退缩等。

焦虑情绪问题:因过度焦虑导致明显的身体不适、恐惧反应或强迫行为,如容易紧张、因焦虑引起生理反应(呕吐、头晕等)、坐立不安、影响教室内的活动、不断重复同一动作、情绪激动、动作过度夸张、过度的恐惧反应等。

偏畸习癖:如经常咬、吮吸大拇指、咬指甲,作异性打扮,沉迷于游戏机和色情书刊电影,吸毒成瘾或恋物癖等。

在我国,随着社会环境的复杂化和独生子女、单亲家庭的增多,家庭教育的失败、教养方式的不当、父母角色能力不足,以及应试教育的泛滥,导致了越来越多的情绪和行为障碍学生,而怎样对这些学生进行合理、可行的教育和干预也日益引起教育者和家长们的密切关注。实际上,大部分青少年都会表现出短时期的行为、情绪问题,但不能认为他们都是情绪和行为障碍。在我国,有研究者估计,情绪和行为障碍学生约占学生总数的2%左右。

> ***情绪和行为障碍*** 又称行为障碍,由不明原因所导致的人际关系障碍,或者不适宜的行为和情绪,或者不愉快或压抑感,或者各种生理不良症状和恐惧反应

二、情绪和行为障碍学生的特征

> ***学习要求*** 分析自己班级学生是否存在情绪和行为障碍学生
> 设计一针对情绪和行为障碍学生的教学方案

一般来说,情绪和行为障碍学生的主要特征表现在两方面:认知和社会交往。

1. 认知方面

情绪和行为障碍造成了学生许多认知方面的缺陷,如记忆贫乏、注意广度狭窄、易分心、多动等。虽然情绪和行为障碍学生在智力测验上的分数涵盖了智力分数分布的整个全域,但大部分情绪和行为障碍学生的智力测验分数都低于90(韦克斯勒智力测验分数)。许多情绪和行为障碍严重的学生甚至不具备基本的读、写、算的技能。

大部分情绪和行为障碍学生的学业成就与其在智力测验上的分数不一致,也就是说,智力测验分数比较高的情绪和行为障碍学生,学习成绩不一定好。事实上,当学生的学习成绩与智力水平明显不一致时,教师和父母就应该考虑到造成这种现象的可能原因是情绪和行为障碍。

情绪问题与学习之间存在相关,但两者并不是因果关系,即学习问题不一定由情绪和行为障碍造成。但情绪问题可能导致学习问题,当学生的情绪出现问题时,他们可能变得易分心而不能很好地完成学业。在学校,被认为是情绪和行为障碍的学生,可能更易遭受惩罚(如老师的反感,受到退学、开除处罚等),而这些惩罚反过来又限制了他们的学习。学习困难也可能导致情绪和行为障碍,当学生在学习上表现不好时,他们对自我价值的知觉可能出现问题,他们会变得退缩和具有攻击性。那些在学习上获得较低分数的学生,可能会放弃学习并开始行为出格。当然,其他因素(来自生活的压力,如父

母离异、搬迁、亲人去世等)也可能导致学生出现情绪和行为障碍,从而不能正常完成学业。

2. 社会交往方面

　　情绪和行为障碍的学生要么表现出攻击性行为,如对他人或事物有意侵犯、争夺或破坏,如破坏公物、虐待同学或小动物、争吵、斗殴、抢劫和性攻击等;要么表现出退缩性行为,如好做白日梦、空想、压抑、不善于交友、逃学、离家出走、偷盗和不尊重权威等。常表现出退缩性行为的情绪和行为障碍学生,由于经常保持沉默,不会招惹麻烦,在幼儿园或学校里常被教师忽略。此类学生往往有习得性自弃感,他们表现出无能、无助的样子,缺乏自尊心,甚至表现抑郁症状,常常伴有学业失败的经历,并把失败归因于自己缺乏能力,因此形成强烈的焦虑感,严重时可能导致自伤甚至自杀。所以,严重情绪和行为障碍的学生可能具有某些精神疾病的特征,社会性交际能力下降,少数学生还往往伴有其他障碍。表5.4就列出情绪和行为障碍的一些社会交往方面的特征。

表5.4　情绪和行为障碍的特征

攻击性	不成熟	冲动	令人讨厌	注意不集中	焦虑
嫉妒	逃避	癫狂	强迫	喜做白日梦	粗暴
压抑	被动	犯罪行为	易分心	破坏性	敌意
双重人格	乖僻	紧张	沮丧	短时记忆障碍	易激怒
多动	退缩	非社会化	易受干扰	易受意念缠绕	自伤

教学之窗

对情绪和行为障碍学生进行教育时应注意的几点问题

　　情绪和行为障碍学生是多种多样并各具特征的,但这种障碍不具有仅属于他们的特定特征,即他们具有的特征往往也在其他特殊学生身上体现出来。由于学生的生活、教育史、性格、自我知觉以及期望等方面的千差万别,教育策略必须适应学生的差异;又因为他们表现出的障碍严重程度也不一样,所以教师、家长要处理的是他们表现出的行为而非他们的障碍类型。

　　对情绪和行为障碍学生的教育意义随他们表现出的障碍程度而异。例如,对轻度情绪和行为障碍的学生进行教育的目标是让他们趋于(接近)正常学生,而对于那些障碍严重的学生来说,教师和父母的目的是使学生在日常生活中能自理。

　　教师应着重帮助学生掌握识字技能,发展其阅读和数学技能,指导其交往和社会化,因为这些学生在书面和口头交流活动中需要非常具体的指导。他们在社会化技能方面也同样需要非常具体的指导,社会化技能的训练可以帮助他们学会怎样在社会团体中举止得体、怎样与他人交往,并有利于将来形成良好的工作习惯,如合作、守时和持之以恒。

对具有人格问题的学生进行教育时必须为学生提供支持、安慰、保护,并要避免批评及对抗。许多情绪和行为障碍的学生都会表现出行为异常,教师应该帮助学生消除问题行为,学会合适的行为方式。教师在教学过程中必须形成符合学生期望的自我控制、一致的态度、行为及责任,不过对教师来说,要形成这些技能需要很长的时间。

总之,解决情绪和行为障碍学生的困难的方法还有很多。无论是家长、教师还是心理治疗师,采取什么方法来对情绪问题学生进行干预和教育,应该视学生的具体情况而定。随着教育理论的日益发展和治疗技术的不断进步,以及教育干预者实践经验的积累,必定会出现越来越多、行之有效的干预手段和方法。

第三节 学 习 困 难

一、学习困难的概述

学习要求　阐述学习困难的定义
阐述造成学习困难的原因

在我国,学习困难是指智力正常,但学习效果低下,达不到国家教学大纲要求。该定义有两层涵义:一是学习困难学生的智力是正常的,即使有些学生的智力偏低,但仍在正常范围之内,另外心理发展的进程也是正常的;二是由于种种原因,学习成绩长期达不到教学大纲所要求的水平,而且这种学习困难不容易被克服。

因此,判断一个学生是否学习困难,至少要符合以下三个条件:(1) 个体的智力可能接近正常也可能在正常水平之上,其潜能和成就之间有严重的差距,取得的成就低下;(2) 学习困难不是由智力落后、感官障碍、情绪和行为障碍和缺乏学习动机等因素造成的;(3) 学习困难学生无法在正常的学习条件下从事有效的学习活动,必须接受特殊教育服务,才能取得学习成功。

造成学生学习困难的原因很多,大致可以从生理因素、心理因素、认知因素和环境因素等方面进行分析。

1. 生理因素

有研究表明,生理因素是造成学生有学习困难的原因之一。例如,营养不良和疾病会在很大程度上损害正在生长发育的学生的身体。在早期发展期间,严重的营养不良会影响中枢神经系统的发育,给学生日后的学习造成不好的影响。体质衰弱的学生精神萎靡,甚至无法坚持上课,会逐渐成为学习困难者。有些学生学习负担过重,神经系统或整个机体长期过度疲劳,思维、记忆等能力受到抑制,成绩下降,逐渐对学习产生厌恶感,造成学习困难。

2. 心理因素

心理因素与学习困难的形成有直接关系,诸如注意力缺陷、视知觉分辨力差、言语发展迟缓、思维能力不足、记忆缺陷等都会造成学生的学习困难。此外,学习上的连续失败会导致学生自卑心理,降低学习积极性,妨碍学习能力的发挥。进入青春期的学生,由于生理上的变化必然会引起心理上的变化,如果引导不当,会使学生处于蒙昧、惊恐、不安、紧张、躁动之中,出现青春期心理不平衡,这必然会给他们的学习、生活带来影响,造成暂时性的学习困难。

3. 认知因素

造成学习困难的自身原因主要有适应能力差、缺乏积极的学习动机、不良的认知风格和学习习惯等。例如,有些学生不明白为什么来学校上学,甚至是单纯为了应付老师和家长而学习;有些学生虽然有学习能力,但成天无精打采,懒散消极,随着年级升高,知识欠账日益增加,成绩每况愈下,成为学习差生;有些学生智力正常,但没有正确的学习方法,并形成不良的学习风格,如冲动、死记硬背、爱钻牛角尖、缺乏对知识的迁移,思考问题不够深入,仅仅凭直觉作出判断,为解决某一问题花费很长时间等,不良的学习风格导致了很差的学习效果;还有些学生上课不专心,做功课时马马虎虎、粗心大意,抄袭、拖拉作业时有发生,不懂的问题很少问他人,懒于思考,缺乏课前的预习和课后的复习;等等。

4. 环境因素

造成学习困难的环境因素归纳起来主要有二:家庭和学校。家庭对学生学业的影响主要有家庭经济社会地位、家庭结构、家长对子女的教育方式、家长对子女的态度、家长对子女的期望、家庭文化氛围等等。而学校对学生学业的影响,大致有:教育思想不够端正;学校教师和领导对教学工作抓得不紧、管理不善;教师的教学水平低下,忽视学习阶段之间的衔接;中小学的教育过程互相脱节;不良的师生关系等。此外,除了家庭和学校因素,不良的社会风气和社会文化氛围也对学生的学习有一定的负面影响。

学习困难 在我国,是指智力正常,但学习效果低下,达不到国家教学大纲要求

二、学习困难学生的特征

学习困难学生的智力一般处于平均或高于平均水平,也就是说,学习困难并不是智力缺陷所致。其表现主要在注意、记忆和动机等方面。

首先,学习困难学生很难将注意力保持在同一对象上,容易受干扰而分心,有时候注意缺陷还伴有其他行为症状,如粗心、多动等,这通常称为注意缺失及多动障碍(attention deficit hyperactivity disorder,简称 ADHD)。而对学习困难学生的描述,也包括"不能完成任务"、"不能专心致志"、"容易受干扰"等等一类与注意有关的术语。

其次,学习困难学生往往不能记住老师布置的作业和与别人约定的约会,但学习困难学生在记忆方面最大的障碍主要集中在工作记忆方面,对刚刚看到或听到的信息,他们都不能正确地回忆。研究发现,学习困难学生的记忆障碍主要是因为他们不能像正常学生那样灵活地使用策略。例如,当要求对一组词汇进行记忆时,正常学生一般会运用策略进行复述,并将这些词汇加以分类和组织,以便能更迅速地记住它们,但学习困难学生则不会自发地运用这种策略。学习困难学生贫乏的记忆能力,导致了认知方面的缺陷,如在思维和解决问题时显示出混乱和没有组织等特征,这使得他们在计划和组织学校及家庭生活时有很大的困难。

最后,学习困难学生比起正常学生来更显得被动和缺乏动机。学习困难学生似乎并不愿意尝试去控制和影响生活中某些事件的发生,他们认为生活由外在因素如运气、命运,而非内在因素如决策和能力所控制。持这种观点的学习困难学生,常常表现出习得性自弃的特征,即对任何事情都总是想放弃或作最坏的打算,因为他们认为自己不管怎样努力,最终的结果都是失败。他们常常处于恶性循环之中,在学校里不好的表现和不能顺利完成学业使得他们认为自己的智力有缺陷,这反过来又影响他们的学业表现。因此,与高成就的学生相比,学习困难学生对自己在学校里的表现的预期要低得多。

教学之窗

针对学习困难学生的教育方法

应当注意的是,不能把学习困难学生视为"特殊"学生,这是因为,学习困难学生并没有被筛选出来安置在特殊学校,他们中的大部分人都在普通学校里学习。一旦学生贴上"特殊的"这一标签,就很难去掉。但作为普通学校的教师,首先必须对学习困难学生持有这样观念:既与正常学生加以区分,同时又选择有效的教学方法帮助这些学生进行有效的学习,并提供所需的各种特殊服务。

一般来说,针对学习困难学生的教育方法有:

☞ **集中注意力**

学习困难学生在没有干扰的环境里学习效果最好,如装备有不透明或半透明窗户、隔音设备的教室能为他们创造良好的学习环境。即使在普通的教室里,教师也可以通过一些方法减少视觉和听觉上的干扰,如将学习困难学生安置于小房间或其他三边封闭的区域里学习,这样可以减少来自前面和两边的干扰。

当给学习困难学生分发书面学习材料时,要强调相关的刺激而消除或淡化其他无关的刺激。例如,用大写字母、下划线或不同的颜色突出重要的书写信息;不要用不会对正常学生形成干扰,但却有可能对学习困难学生造成干扰的方式装饰书面材料的页面;要用简明和不混乱的方式设计书面材料。

同样,当面对学习困难学生进行口头教学时,要强调重要的信息而避免不必要的闲扯。在讲到重要的信息之前,应该采取适当的方式提醒学习困难学生,并重复重要的信息,同时不断强调信息的重要性,告诉学生这些信息与他们已经学习的信息和将要学习的信息之间存在重要关系。

☞ **指导式教学**

在以往,研究者主张通过弥补学习困难学生的知觉缺陷来帮助他们学习。例如,以往教育往往要求学习困难学生将点用直线连接起来,意图通过练习来训练学生的手—眼协调能力,并最终改善他们在学业上的表现。但是,许多研究都表明基于知觉缺陷上的训练并不能帮助学习困难学生克服学习上的困难。

相反,使用指导式教学,却能帮助学习困难学生克服特定学业领域内的技能困难。例如,如果学生对书面字词存在着严重的解码困难,可以教授学生如何对书面文字进行解码。指导式教学强调掌握特定领域内学业技能,而非强调改善基本的知觉过程。教师也通常采取循序渐进的方式进行教学,在教学过程中强调重复、学习的参与和教师本人的反馈。

▶ **教授策略**

　　教师经常在各种环境下使用策略训练,对学习困难学生进行教学。有一种学习策略被称为"多次研读"(multipass)方法,可用来改善阅读理解技能。学生阅读书面材料三次,也就是说,他们"研读"书面材料三次,每一次都有不同的目的。

　　纵览(Survey)　学生第一次阅读材料时要求对其有一个整体了解。他们可以只阅读材料的标题、子标题、导言和小结部分,也就是说可以不阅读整篇文章。在纵览过程中,要他们尝试总结整篇文章的中心,组成文章各个部分之间的逻辑联系。

　　品评(Size up)　学生第二次阅读文章时,要求区分重要的观点。学生通过积极地搜寻重要的信息"品评"整篇文章。在这一过程中,学生的活动酷似一位侦探,试图搞清楚文章里所包含的各种重要信息之间的潜在联系。例如,"除了"一词在下面的句子中就包含了重要的信息:"除了沿海的几个村庄,独裁者成功地镇压了一次武装叛乱"。在"品评"过程中,为了对给定的重要信息进行精细思考,学生必须积极搜寻重要信息的背景线索,并对自己提问。在上面的例子中,学生可能会问自己:为什么除了沿海的村庄,独裁者在其他地区的镇压能取得成功呢?是什么因素促使沿海的居民叛乱?为了镇压沿海居民,独裁者进一步会采取什么样的措施?为了寻找答案,学生必须浏览整篇文章,然后用自己的话回答问题。

　　挑选(Sort out)　在最后的挑选阶段,学生尝试回答文章后面或老师提出的问题,当确实不能回答问题时才允许浏览文章以寻找答案。

　　使用"多次研读"的学习策略,是让学生采用多种学习方式来学习同样性质的内容。学生可以从学习书面材料的多种策略中,有效地选择最合适的策略来学习当前的材料。

第四节　感觉和躯体障碍

一、听觉障碍

学习要求　阐述听觉障碍的含义
　　　　　　描述听觉障碍学生的特点
　　　　　　讨论针对听觉障碍学生的教育方法

听觉障碍,是指由各种原因所导致双耳听力丧失或听力障碍,从而听不到或听不清周围环境的声音。听力损失一般通过对音高和响度知觉的测试来确定。不同年龄发生听力损失,与学生语言能力的发展有一定关系。如果听力损失发生在习得语言之前,个体将较难使用语言,但经过训练后也可能使用语言;而如果发生在习得语言之后,个体还可以使用语言,也可能从容应付学业。

从听力损失的程度来讲,听觉障碍包括觉察不到的听力损失到完全听不到声音的听力损失。听觉障碍分为聋和重听;聋,指听力损失至71到91分贝之间;重听,指听力损失至41到70分贝之间。

有听觉障碍的学生,其困难一般表现在语言、认知和个性等三方面。

首先,大部分有听觉障碍的学生,语言的句法有严重的错误。在教学中,所接受的书面语言和口头语言,主要利用主谓宾句型,但实际生活中,并非所有句子都是这样,所以,聋儿就可能发生句法混淆。随年龄增长,有些听觉障碍学生的语言问题如仍得不到解决,他们的文章结构往往杂乱无章,而且缺乏逻辑性。

其次,有听觉障碍的学生正因为语言发展的缺陷,其认知发展明显落后于正常学生。聋儿虽然语言能力较低,但能进行各种思维,只不过其思维能力低于正常学生。有语言局限的耳聋学生,在掌握比较抽象的概念方面比较迟缓。许多教育家和研究人员都认为,有听觉障碍的学生,如果没有接受系统的语言,也能够进行逻辑思维,但掌握语言对他们解决问题或完成学业,有极大帮助。

最后,有听觉障碍的学生由于听不懂正常人的语言,不能理解语言表达的思想和要求,往往对别人形成误解和猜疑;不能用语言表达自己的思想和愿望,容易与周围人产生对立情绪。因为表达上的困难,他们希望被人理解、接受的需要得不到满足,从而诱发一定的情感和行为问题,如自制力差、猜疑、攻击性、自我中心、焦虑、胆怯、退缩、自我封闭等。

听觉障碍 部分或全部丧失听力

教学之窗

听觉障碍学生的随班就读

对听觉障碍学生进行教育的主要目的是,让他们习得一定的交往能力、掌握初步的劳动技能、学习一定的文化知识和相关的生活技能等。

一般来讲,对于有听力障碍的学生,不应该把他们送到特殊学校或特殊班级,而应该让他们继续留在普通班级坚持下去。但必须根据他们的特殊需要提供特殊服务,采取一些特殊措施,以使他们获得最佳的学习效果。

听觉障碍学生随班就读有以下好处:

(1) 能将与正常学生的关系持续下去。这种关系能强化听觉障碍学生觉得与正常学生没有差异的感觉,有正常的归属感。

(2) 能有机会接触不同的言语风格。

(3) 能把自己的语言维持在可以让人理解的水平上。如果把听觉障碍学生安置进特殊班级,他们就不会努力发展和保持高水平的语言。

(4) 能帮助他们形成广泛的交往技能。如果他们说的话难以让别人听懂,还可以改变说话的风格和措辞。

(5) 能在学业上和正常学生竞争。普通班级的学业进度快,能提高听觉障碍学生对学业成功的期望。

(6) 能为将来融入正常社会作准备。因为听觉障碍学生教育的最终目的是使他们在走入社会后能独立生活。

具体来说,在对有听觉障碍的学生进行安置时,必须考虑他们的具体情况而作出合理的安排。对那些听力严重损伤的学生来说,还是应该将他们安置在特殊学校或特殊班级里,因为在普通班级里他们根本无法进行正常的学习,教育效果会适得其反。因此,听觉障碍学生随班就读必须具备一定的条件:

(1) 听力损失在重听范围内,佩戴助听器后能比较正常地使用听觉功能,利用其他感觉渠道能参与一般正常的教学活动。

(2) 有较好的言语理解能力和言语表达能力,以及适当的看话能力(唇读)。

(3) 实际年龄接近班级里的正常学生。

(4) 有较好的意志品质,适应能力较强。

另外,要使听觉障碍学生随班就读获得成功,还要考虑其他一些重要条件,例如,教室里的照明光线要适当,必要时要辅以扩音设备,配备专门的服务人员。教师要引导正常学生理解、接纳听觉障碍学生等。

二、视觉障碍

学习要求 阐述视觉障碍的含义
　　　　　描述有视觉障碍学生的特点
　　　　　讨论针对有视觉障碍学生的教育方法

视觉障碍是指由于各种原因导致双眼视力损伤或视野缩小,并因此难以完成正常人所从事的工作、学习和生活活动等。视觉障碍的程度复杂多样,一般根据患者的残余视力将其分为盲和低视力。盲可分为:一级盲,视力较好眼的最佳视力低于0.02,或视野半径小于5度;二级盲,视力较好眼的最佳视力等于或好于0.02,但低于0.05,或视野半径小于10度。而低视力可分为:一级低视力,视力较好眼的最佳矫正视力等于或好于0.05,而低于0.1;二级低视力,视力较好眼的最佳矫正视力等于或好于0.1,而低于0.3。

有视觉障碍学生的特点一般表现在感知觉、智力、言语和运动技能等方面。

首先,虽然有视觉障碍学生的视力比正常学生要差,但研究表明,有视觉障碍学生的触觉能力、听力和记忆力要比一般学生要好,这符合心理学上的知觉补偿原理。

其次,心理学研究表明,大部分有视觉障碍的学生,其智力都没有缺陷,除非是伴有智力缺陷的多重残疾学生。有视觉障碍的学生能利用其听的能力和与他人口头交往的能力,促使其智力正常发展。

再次,有视觉障碍的学生,其言语发展并不表现出异常。有研究表明,有视觉障碍的学生,可通过听觉途径来学习,其与语言有关的成绩,与正常学生相比没有显著差异;但他们在视知觉、视觉联想和视觉记忆方面,成绩低于正常学生。

最后,有视觉障碍学生的运动技能,存在先天盲和后天盲的明显差异。前者由于生下来就没有机会从事较多运动,其运动能力自然差,而后者因为可能有机会和正常学生一起游戏如爬树、滑冰、摔跤等,因而在运动协调能力方面不会存在严重缺陷。

视觉障碍　双眼视力损伤或视野缩小

教学之窗

针对视觉障碍学生的教育方法

对视力损失不同的学生,教育安置和措施也应该不一样。对全盲或严重视力损失的个体,应该将他们安置于低视力学校接受教育,而对有较好残余视力的学生应该尽量让他们在正常学校随班就读,充分利用他们的残余视力、听觉、触觉、嗅觉甚至味觉。不管怎样,对有视觉障碍的学生进行教育应该做到以下几点:

☞ 教学应该具体化

从信息获取的渠道看,视觉障碍学生主要是从听觉和触觉获得信息。要使他们真正理解周围的世界,必须为他们提供能触摸和操作的物体。如可以让他们观察(通过触摸)实物模型,了解物体的形状、大小、重量等特性以掌握物体的属性和性质。

☞ **提供整体化经验**

视觉经验能将知识从整体上统一起来,由于视觉障碍学生缺乏视力,他们无法把握经验的整体关系。教师必须将整体的概念融入实在而具体的经验之中,并有条理地加以说明,以使视觉障碍学生获得整体的经验。由于视觉障碍学生的生活环境受到限制,所以就必须扩大他们的接触面,发展其想像力,提供丰富多彩的学习、生活环境,通过这样系统的刺激发展他们的经验,使之在刺激丰富的环境中定向。

☞ **让学生在操作中学习**

就视觉障碍学生认识环境而言,激发他们的能动性是必要的。视觉障碍学生不想触摸某个物体,是因为该物体不足以吸引他们。由于视觉障碍个体必须通过触觉、嗅觉、听觉等感知物体的存在,因此,应该为他们提供系统的动机情景,以激发他们去接触物体。

☞ **充分发展视觉障碍学生的听、联想和记忆能力**

视觉障碍学生获得同样知识和完成同样任务所消耗的时间较长,所以必须让他们学会珍惜和有效地利用时间,因而教师必须有效地组织教材,善于利用讲解和声音进行教学。

三、躯体障碍

学习要求　阐述躯体障碍的含义
　　　　　　描述有躯体障碍学生的特点
　　　　　　讨论针对有躯体障碍学生的教育方法

躯体障碍是指由于躯干或四肢等部位不能正常活动(这些不正常可能是由遗传或外部原因如车祸所导致),需要在特殊的服务、训练、设备、材料或设施辅助下才能使个体学习、生活的一种障碍。

一般来说,有躯体障碍的学生除了在身体方面与正常个体存在较大差异外,很多方面与正常个体并没有明显的不同。但由于他们的身体存在缺陷,因而可能造成其个性有一定的缺陷,如比较自卑、畏缩、胆小、内向等。

有躯体障碍的学生表现多种多样,在智力上他们可能正常或低常,也可能超常;他们可能在行动和学习方面存在很大的局限,也可能局限不大。有的躯体障碍学生往往还伴有其他障碍。躯体障碍学生的心理特点也千差万别,有的个体能很好地适应障碍情况，没有情感和行为问题，完全能在普通班级里学习，并能同正常学生建立良好的人际关系；而有的个体则可能在学习和适应能力方面受到障碍情况的严重影响，不能适应正常的学习、生活环境。

躯体障碍 躯干或四肢等部位不能正常活动

教学之窗

针对躯体障碍学生的教育方法

由于有躯体障碍的学生表现出多样性，对他们的教育安置就不能一概而论，不管他们是在普通班级里随班就读，还是在特殊学校里学习，教师都应该周全地考虑问题。具体来讲，教师应该做到以下几点：

在人格上尊重有躯体障碍的学生，让他们感觉到自己与正常学生并没有什么明显的差异，也同样能得到尊重、理解和支持。

必须满足有躯体障碍学生的特殊需要，提供给有躯体障碍学生必须的教学环境，建立必要的特殊设施，为他们提供特殊服务。

对无法到学校学习的有躯体障碍的学生，教师尽可能到学生家里提供家庭教育。制定系统的教学计划，循序渐进地实施教学。

教学经验

对有特殊需要的学生的教育

☞ 对于弱智学生，只要有医院证明，我们学校一般让他们随班就读，平时能学多少就多少；对于残疾学生，只要他们能坚持上学，一般安排2—3个学生组成小组帮助他们。然后，班主任从道德教育的角度，为班级制定一些条规来保护这些学生。这样，基本上就没有学生欺负这类学生。……在学习上，部分学生对学科的兴趣与他们对任课教师的感情和兴趣有关。如果喜欢任课教师，那么这门课就会好好学习；如果对教师有成见，讨厌教师导致讨厌这门课。因此教师和这些学生更要加强感情交流，让学生感受到教师的关心和体贴，用教师的个人魅力去激发学生的学习兴趣。（王旭东）

☞ 对这类学生的歧视有时还是存在，同学虽然不欺负这些特殊学生，但会远离他们。这也与这些学生自身的个性有关。有的学生开朗活泼，同学就愿意和他交往；

而有的学生自我保护意识过强,对同学有敌意,就会产生不合群现象……有些问题学生对班主任的课比较安静,对一般任课教师则"原形毕露"。学生学班主任的课更"卖力",是因为班主任拥有的权力更大,与学生家长联系得多,学生有种畏惧心理。学生中的确存在"对教师感兴趣继而对学科感兴趣"的现象,但教师的时间、精力有限,不可能对所有学生倾注感情。(陈惠莲)

☞ 班主任与一般任课教师相比,与这类学生交流的机会比较多,而且对学生各方面的情况都有所了解,所以这类学生与班主任的感情更好一点,而且对班主任的那门课学得更用功一些。(马世龙)

☞ 如果这类学生不善于用言语表达想法,或对教师有敬畏心理,可以采用周记的形式。通过学生周记能了解学生对教师、各门课、学校及周围同学的看法。一旦发现情况就多与学生接触。这种方法比较适合于刚接手管理一个不熟悉的班级的教师,当熟悉并掌握了具体情况后,可以有针对性地与学生沟通……这类特殊学生,特别是有躯体障碍的学生,虽然不受同学欺负,但反过来他们往往欺负其他正常学生。教师对这种现象也无能为力。(于春雨)

教学反思

学完本章后,你可以思考:
- 任何学生都有问题,都有一定的需求,作为教师的你,应将有特殊需求的学生仅视为普通学生,采取"一视同仁"的态度。你如何看待这一观点?
- 有特殊需求的学生正因为特殊,所以应接受特殊的教学措施。你如何看待这一观点?
- 智力落后与学习成绩相关吗?
- 情绪和行为障碍无法根治吗?
- 有偏科的学生能称为有学习困难的学生吗?
- "身残志不残",多少人的逆境成功之例,这说明了什么?

总　　结

　　智力落后　　智力落后又称智力滞后或弱智,是指人的智力明显低于一般人的水平,并表现出适应性行为的障碍,并且发生在发育时期。当前,对智力落后分类的方法有很多种,使用比较普遍的有依照智力水平和可接受教育程度这两种分类系统。一般来说,智力落后学生的特点主要表现在两方面:认知和个性。

　　情绪和行为障碍　　情绪和行为障碍是由不明原因所导致的人际关系障碍,或者不适宜的行为和情绪，或者不愉快或压抑感，或者各种生理不良症状和恐惧反应。在中小学校中，情绪和行为障碍分为五类：人际关系问题、行为规范问题、抑郁情绪问题、焦虑情绪问题和偏畸习癖。一般来说，情绪和行为障碍学生的主要特征表现在两方面：认知和社会交往。

学习困难　　学习困难是指智力正常，但学习效果低下，达不到国家教学大纲要求。造成学生学习困难的原因很多，大致可以从生理、心理、认知和环境等因素进行分析。一般来说，学习困难学生的智力处于平均或高于平均水平，其表现主要在注意、记忆和动机等方面。

感觉和躯体障碍　　听觉障碍，部分或全部丧失听力，听力损失一般通过对音高和响度知觉的测试来确定。有听觉障碍的学生，其困难一般表现在语言、认知和个性等三方面。

视觉障碍是指由于各种原因导致双眼视力损伤或视野缩小，并因此难以完成正常人所从事的工作、学习和日常活动等。有视觉障碍的学生的特点一般表现在感知觉、智力、言语和运动技能等方面。

躯体障碍是指由于躯干或四肢等部位不能正常活动，需要在特殊的服务、训练、设备、材料或设施辅助下才能使个体学习、生活的一种障碍。躯体障碍学生的表现情况多种多样。

重要概念

情绪和行为障碍	视觉障碍	学习困难
躯体障碍	听觉障碍	智力落后

参考文献

1. 陈安福：《心理教育》，四川教育出版社，1994。
2. 汤盛钦：《特殊教育》，上海教育出版社，1998。
3. 徐云：《弱智学生教育经验精选》，浙江教育出版社，1990。
4. (美)柯克, 加拉赫原著，汤盛钦、银春铭编译：《特殊学生的心理与教育》，天津教育出版社，1990。
5. Bos, C. S, Vaughn, S., *Strategies for Teaching Students with Learning and Behavior Problems*. Boston: Allyn & Bacon, 1994.
6. Hallahan, D. P., Kauffman, J. M., *Exceptional Learners* (7th ed). Boston: Allyn & Bacon, 1997.
7. Olson, J., Platt, J., *Teaching Children and Adolescents with Special Needs*. New York: Merrill/Macmillan, 1992.

第二部分

学习心理

第六章　学习的行为主义观

引言

　　当你去医院看病的时候,会不由自主地感到害怕吗?如果别人对你的新衣服称赞不已,你会经常穿那件衣服吗?如果你讲完一个笑话,却没有人笑,你以后还会讲这个笑话吗?当你看到别人在课堂上看报纸而受到批评的时候,你会在课堂上看报纸吗?本章的学习会帮助你探讨这些问题。

　　在这一章我们将从行为主义观点来探讨学习问题。按照行为主义的观点,学习是由经验引起的可观察行为的相对持久的变化。这个定义强调可观察的行为,体现了行为主义的特点。行为主义向来不考虑学习者内部的结构,只重视考察可观察的外显行为。本章首先将介绍两种行为主义的学习过程:经典条件作用和操作条件作用,重点将放在操作条件作用上;随后将探讨行为主义的学习观在课堂中的应用;最后论述这种学习观在课堂教学中的新近应用——自我管理及自我教学。

　　学完本章后,你应该能够:
- 解释经典条件作用如何影响学生的学习;
- 比较经典条件作用和操作条件作用,并且举例说明;
- 举例说明强化和惩罚的四种不同形式;
- 描述不同强化程序对学生的影响;
- 就某一普遍的学业或行为问题,设计应用性行为分析的教学介入方案;
- 比较自我管理和认知行为矫正。

教学设疑

　　某所学校的学生难于管理,引起众多教师提出辞职。现在,杜老师来接手该学校最差的一个班级,但第一天上课时就遇到了这样的情景:在楼道,听到班级里传来的喊叫声；在上课时，有些同学会随便走动，打扰教学秩序，甚至有同学吃东西；即使是那些听课的同学，也常会问一些与所讲主题毫不相干的问题，此外，仅是点名和介绍课程，就花费杜老师不少时间，最后，杜老师在疲惫和失望中结束了这堂课。

如果你是杜老师：
- 如何看待这类没有建立良好管理制度的班级？
- 将如何着手处理这种情景呢？
- 首先会应对哪种问题行为呢？
- 在这种情景中使用奖励和惩罚有用吗？
- 运用哪些行为方法来矫正学生的问题行为？
- 采取哪些班级管理的方法呢？

第一节　经典条件作用

巴甫洛夫（I. P. Pavlov，1849—1936）是俄国著名的生理学家，他在对狗的消化系统研究中发现，可以通过某种方式来控制狗分泌唾液的反应。最初，狗要见到食物，唾液分泌量才增加；后来则发展到只要见到送食物的实验助手，甚至听到实验助手的脚步声，唾液分泌量便开始增加。对狗的这种提前分泌现象，巴甫洛夫称为"心因性分泌"，并由此开始了其著名的经典条件作用（classical conditioning）的研究。

Pavlov

一、巴甫洛夫的经典实验

学习要求　用巴甫洛夫的经典实验简述经典条件作用的形成过程

在巴甫洛夫的一个经典实验中，研究人员将狗置于严格控制下的隔音实验室内，通过遥控装置将食物送到狗的面前，狗的唾液分泌量则可以通过仪器随时记录下来（如图6.1）。实验开始后，研究人员首先向狗呈现铃声刺激，铃响半分钟后便给予食物，然后观察并记录狗的唾液分泌反应。当铃声与食物如此匹配呈现多次以后，仅呈现铃声而不出现食物时，狗也会作出唾液分泌反应。

在这个实验开始时，只有食物可以诱发狗的唾液分泌反应，这时把食物叫做无条件刺激(unconditioned stimulus,简称UCS),因为食物和唾液之间的自然联结不需要任何条件或先前的训练就能建立起来。由食物诱发的唾液分泌反应被称为无条件反应(unconditioned response,简称UR),因为它是自动发生的,不需要任何条件。而铃声不能诱发狗分泌唾液,所以铃声被称为中性刺激(neutral stimulus,简称NS)。

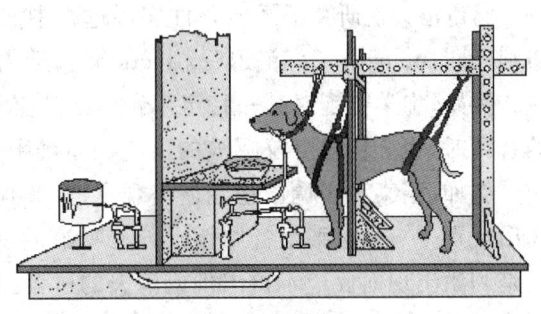

图6.1 巴甫洛夫实验图示

在实验过程中,当铃声与食物多次配对之后,单独呈现铃声而不呈现食物时,狗也会分泌唾液,此时,中性刺激的铃声由于能诱发原来仅受食物制约的唾液分泌反应,因而变成了条件刺激(conditioned stimulus,简称CS),而把单独呈现这一条件刺激便能引起的唾液反应叫做条件反应(conditioned response,简称CR)。以上就是经典条件作用的形成过程。

条件反应　对先前的中性刺激学会作出的反应
经典条件作用　由巴甫洛夫首先研究,它关注无意识情绪或生理反应的学习过程

教学之窗

教学中的接近性

假如有人问:"7乘8等于多少?"你很快会反应出"56"。这种反应就是学习的结果,它是通过接近性,或简单的刺激(S)—反应(R)配对发生的。接近性原理就是如果两种或两种以上感觉经常连续出现,那么它们就会联结在一起。随后当一种感觉(刺激)出现时,另一种感觉也会被记起。刺激可以是视觉的、听觉的、嗅觉的或其他感官从环境中接受的影响,反应则是联结所导致的行为。

结合上述乘法问题,如果经常把"7×8"与"56"相匹配,那么当你看到或听到"7×8"(刺激)时,就会反应出"56"(反应)。当教师将刺激与反应匹配成对,例如使用教学卡片的演练活动,接近性就会发生。在经典条件作用中,接近性起到了主要作用。

二、泛化、辨别和消退

学习要求　解释泛化、辨别和消退的不同含义

巴甫洛夫也研究了经典条件作用过程中的另外三个过程：泛化(generalization)、辨别(discrimination)和消退(extinction)。泛化是对相似的刺激以同样的方式作出反应。例如，狗学会了对某一特定声音作出分泌唾液的反应之后，它们在听到或高或低的音调时，也会作出分泌唾液的反应。而辨别是对相似但不同的刺激作出不同的反应。例如，当某种音调出现之后呈现食物，其他音调出现则不呈现食物，狗开始学会作出辨别——只对某个音调作出分泌唾液的反应，而对其他音调不作出该反应。消退是刺激出现而反应不再出现或消失的过程。例如，在条件作用建立以后，如果条件刺激反复呈现而没有无条件刺激相伴随，则条件反应会变得越来越弱，直至最终消失。但是，这种消退现象只是暂时的，休息一段时间以后，当条件刺激再次单独出现时，条件反应仍会以微弱的形式重新出现。当然，随着进一步消退训练，这种自发恢复了的条件反应又会迅速变弱。然而，要完全消除已经形成的某种条件反应比获得这个反应要难得多。

巴甫洛夫及其他一些研究经典条件作用的学者认为，经典条件作用对教学很有意义。这是因为在经典条件作用中，个体可以获得对各种情境的情绪或态度的反应，也就是说像事实和观念一样，情绪和态度也可以通过学习获得，而情绪的获得反过来又会影响事实和概念的学习。例如，有些学生一想到考试就会生病，或者一参加考试就感到焦虑不安。再如，如果教师不断关心和鼓励学生，学生会逐渐把学习与这些鼓励联结起来，从而在心目中会对学校形成好感。上述这些反应都是通过经典条件作用而形成的。

进一步来说，学生的某些情绪或行为习惯也是由泛化、辨别和消退等方式来形成的。如泛化，有些学生参加代数考试时感到紧张，后来在参加化学考试时也会有这种感觉，这是因为紧张情绪泛化到了其他科目中，而学生一旦把学校与教师的关心联结起来，通过泛化，也会对课堂、学校活动等有相似反应。如辨别，有些学生参加化学考试时感到紧张，但是参加英语和历史考试则没有这种感觉；有些学生平时测验考分很高，但一到大考就发挥失常。如消退，有些学生在课堂上具有强烈的发言愿望，积极举手要求发言，如果教师不满足他们的愿望，则他们发言的愿望就会消退，以后很可能不再举手发言。

泛化 对相似的刺激作出相同的反应
辨别 对相似但不同的刺激，作出不同的反应
消退 学会的反应渐渐消失

> **教学之窗**
>
> **在课堂教学中应用经典条件作用**
>
> ☞ 把学习任务与积极、快乐的事件相联结
> → 与个体竞争相比,要更加重视群体竞争与合作。许多学生对个体竞争有消极的情绪反应,这可能会泛化到其他学习当中;
> → 创造一个舒适的读书角,吸引学生主动地阅读;
> → 提供温暖、舒适的课堂环境,使学生产生温馨的感觉,进而泛化到学习活动中。
>
> ☞ 帮助学生成功地摆脱产生焦虑的情境
> → 给害羞的学生分配更多与其他同学交往的任务,例如分发作业本、试卷,辅导其他同学等;
> → 设计小的步骤,实现大的目标。例如一位同学害怕在全班同学面前讲话,可以先让这位学生在小组同学面前坐着读一个报告,然后站着读,后来让他根据笔记内容做一个报告。最后,让他到讲台前给全班同学做报告;
> → 向不愿意回答问题或成就动机低的学生提问时,可以提这样的征求性问题,"对于这个问题你们注意到什么了?""你会如何比较这两个例子?"教师可以对学生作出的任何提议给予积极的评价,帮助学生建立自信心。
>
> ☞ 帮助学生认识情境间的差异性和相似性,以便适当地辨别和泛化
> → 有些同学参加关键的考试会感到紧张,应该让他们保持与日常小测验一样的心境。

第二节 操作条件作用

从上节看出,巴甫洛夫的经典条件作用主要探讨自主的无意识反应,例如分泌唾液和感到恐惧等。很显然,人类学习并非都是自主的、无意识的或者是被动引发的,大多数行为是有意而为。也就是说,人们往往可以积极地作用环境以产生不同结果,这种涉及主动行为的学习过程就称为操作条件作用(operant conditioning)。

一、桑代克和斯金纳的工作

学习要求 理解桑代克和斯金纳的研究
比较经典条件作用和操作条件作用

桑代克早期以猫的实验来研究动物的联结式学习。研究者把猫放入迷笼,把食物放在笼外猫看得见却够不到的地方,然后详细记录猫在笼中的行为表现。结果发现,把猫放入笼子后,开始时它用爪子直接去取迷笼外的食物,但不获成功,于是表现出极度的不安和逃脱的冲动,竭力想"挤"出迷笼,在迷笼里乱窜,胡乱地咬木栏,乱抓各种东西。在这一系列盲目而紊乱的活动中,它偶然触到了开关,从而打开了笼门,吃到了食物。

第二次再把猫放入迷笼时,它仍表现出与前一次相似的多余动作,但多半是在开门装置的附近活动,且逃出迷笼所用的时间也比前一次更少。这样,经过许多次的重复之后,猫的这种盲目乱冲、乱抓、乱咬的行为逐渐减少,它从笼内逃出所需的时间也越来越短,最后把猫一放入迷笼,它很快就打开开关,逃出迷笼,这表明猫学会了作出正确的反应(如图6.2)。

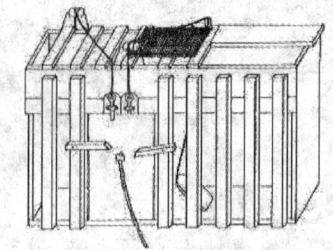

图6.2 桑代克的迷笼

在猫的迷笼学习实验基础上,桑代克又用狗、小鸡、猴子等做了实验。结果发现,所有这些动物的行为表现都很相似。以这些实验为基础,桑代克提出了一条重要的学习定律——效果律(law of effect)。所谓效果律是指在学习过程中,保持其他条件相同的情况下,若学习者对某一刺激情境作出特定的反应之后能获得满意的结果,那么反应与这一特定刺激之间的联结便会增强;若得到烦恼的结果时,这种联结便会削弱。也就是说,满意的结果会促使个体趋向和维持某一行为,而烦恼的结果则会使个体逃避和放弃某一行为。猫碰到了开关,随之产生满意的结果,即吃到了食物,所以当猫再次处于迷笼中,就能重复碰触开关的行为。

桑代克奠定了操作条件作用的基础,但对操作条件作用进行系统且深入研究的却是斯金纳(B. F. Skinner, 1904—1990)。斯金纳认为,经典条件作用仅能解释一小部分的人类学习行为,大多数人类行为是操作条件作用的结果。经典条件作用只能描述现存的行为如何与新的刺激匹配,但它不能解释新的操作行为是如何获得的。从发生过程来看,行为受两类环境的影响:在行为之前的环境,即前因;在行为之后的环境,即后果。这种关系可简单地表示为"前因—行为—后果"。随着行为的发生,前一轮的后果就是下一轮"前因—行为—后果"过程的前因。

斯金纳及其同事的早期工作集中于后果的研究,通常使用白鼠或鸽子作为被试。斯金纳在桑代克的迷笼的基础上创设了斯金纳箱(如图6.3)。箱内有一伸出的杠杆,下面有一个食物盘,只要箱内的动物揿压杠杆,就有一粒食丸会滚入食物盘内,动物即可得到食物。斯金纳将饥饿的白鼠关在箱内,白鼠便在箱内不安地跑动,活动中偶然揿压了杠杆,便得到一粒食丸。以后白鼠再次揿压杠杆,又可得到食物。由于食物强化了白鼠揿压杠杆的行为,因此白鼠后来揿压杠杆的频率迅速上升。由此斯金纳发现,反应之后出现的结果对有机体作出的反应起着控制作用,它能影响以后反应发生的概率。

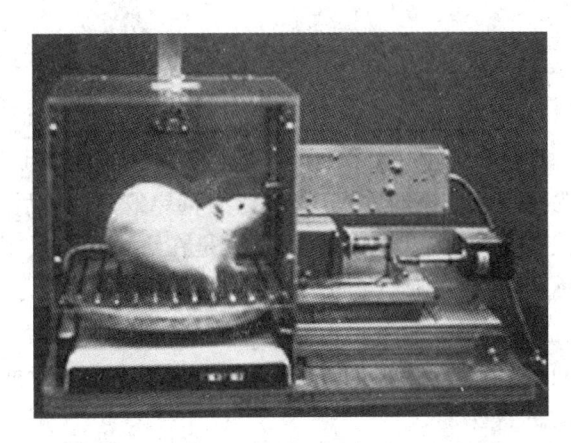

图 6.3 斯金纳箱

从桑代克和斯金纳的工作可以看出,操作条件作用与经典条件作用存在较大区别,具体见表 6.1。

表 6.1 经典条件作用和操作条件作用的比较

比较范畴	经典条件作用	操作条件作用
主要代表人物	巴甫洛夫	桑代克、斯金纳
行　　为	无意的(人不能控制行为) 情绪的 生理的	有意的(人能控制行为)
顺　　序	行为发生在刺激之后	行为发生在刺激(后果)之前
学习的发生	中性刺激与无条件刺激的匹配	行为后果影响随后的行为
例　　子	学生将课堂(开始是中性的)与教师的热情联结在一起,于是课堂能引发出积极的情绪	学生回答问题后,受到表扬,于是回答问题的次数增加

操作条件作用 通过后果和前因来加强或减弱有意行为的学习

效果律 一条学习的规律,即获得满意结果会增强联结,得到烦恼结果就会削弱联结

第六章　学习的行为主义观

二、操作条件作用的理论

1. 前因

学习要求　阐述前因或线索对行为的影响

在操作条件作用中,前因(antecedents)是发生在行为之前的事件,它能提供一些信息——表明哪种行为将导致积极的后果,哪种行为将导致消极的后果。斯金纳的鸽子学会了在灯亮的时候去啄圆盘,以此获得食物,但是在灯灭的时候不会作出如此反应,因为在灯灭的时候啄,圆盘内没有食物出现。换句话说,鸽子学会了使用前因(灯光)作为线索,去辨别啄圆盘的结果。那么鸽子啄圆盘是由灯光刺激所控制,这与经典条件作用的辨别有什么不同呢?主要区别在于这里所说的啄圆盘是有意的行为,不是像分泌唾液那样的条件反射。

在日常生活中,每个人都学会了辨别不同的情境,比如什么时候借别人的自行车,是在你们刚有分歧之后,还是在你们快乐地参加过聚会之后呢?答案显而易见,但是,个体有时并没有意识到前因线索可能影响行为的后果。而给予线索(cueing),就是发生在特定行为之前,提供前因性刺激的行为,它可以引导个体有阶段地进行反应。

前因　发生在行为之前的事件

教学之窗

课堂教学中的线索和提示

在课堂中,教师应该有意地使用一些线索。例如,经常会有这样的情况发生,教师提出问题,要求学生回答,正确回答之后教师予以强化,但是,学生常回答不出来,或者回答不正确,这种情况时常发生在成就动机低的学生身上,那么教师怎样解决这个问题呢?教师可以用提示来促使学生给出令人满意的答案。下面是一堂关于副词的语法课。

教师在黑板上写了一句话:"当小明听到了他的名字时,就迅速地站了起来。"于是,教师问小云:"这句话中哪个是副词?""……""看这句话,小明做了什么?""他站了起来。""怎么站起来的?""嗯……迅速地。""哪个是副词呀!""……迅速地。""对,很好,小云。"这位教师提示了学生,引出了教师可强化的满意行为。

帮助学生以适当的方式对某一线索作出反应,其目的在于使线索成为可辨别的刺激,这种提供额外线索的方法叫做提示,它发生在线索之后。在使用线索和提示来教学时,有两个基本原则:第一,确保作为线索的环境刺激之后,紧随着所使用的提示,以便学生能对线索作出反应,而不是对提示作出反应;第二,尽可能地淡化提示,避免学生依赖于提示。

2. 行为后果

学习要求　对行为后果进行分类
　　　　　　辨别强化和惩罚

在某种程度上后果(consequences)能决定人们是否会重复某一特定的行为,而后果的类型及对出现时间的选择能加强或减弱该行为。按照所发生行为的增减,人们把后果分为两类:强化(reinforcement)与惩罚(punishment)。两类行为后果的不同形式和区别见表6.2:

表 6.2　强化和惩罚的形式

	鼓励行为(强化)	抑制行为(惩罚)
呈现刺激	正强化(在某一行为后通过呈现满意的刺激来加强行为) 如给学生打高分以鼓励学习行为	呈现性惩罚(在行为之后出现的刺激会抑制或减少该行为的发生) 如罚做额外的作业以减少上课开小差
移去刺激	负强化(在某一行为后通过移去令人厌恶的刺激来加强行为) 如努力学习以避免责骂	移去性惩罚(移除某一刺激,以减少不当行为) 如不准看电视以减少贪玩行为

强化

"强化物"(reinforcer)并非仅仅指奖励,它在心理学中有特殊的含义。从理论上讲,强化过程可以用下图6.4表示:

　　　　　　　后果　　　　　效果
行为　→　强化物　→　被加强或重复的行为

图6.4　强化模式图

从该图可以看出,强化物就是后果,可以加强随后的行为。也就是说,只要被强化

第六章　学习的行为主义观·137

的行为在频率或持续性上增加了,行为的结果就是强化物。例如,食物能增强饥饿动物的进食行为,因而在这一场合下食物是最好的强化物。但是,强化物(行为后果)能否强化行为,这有赖于个体对事件意义的理解。例如,学生甲和学生乙上课时随便讲话,引起同学们哄堂大笑,但学生甲把这一后果(哄堂大笑)当作强化物,则可能继续随便讲话的行为;而学生乙认为这不是他所期望的后果,因而会收敛随便讲话的行为。

一般来说,有两种形式的强化:正强化(positive reinforcement)和负强化(negative reinforcement)。正强化就是在某一行为后通过呈现令人满意的刺激来加强行为的过程。例如,鸽子啄红色键得到食物,儿童穿一套新衣服得到更多的称赞。而在某一行为后通过移去令人厌恶的刺激来加强行为的过程称为负强化。例如,犯人通过积极改造以争取减刑,儿童努力学习以避免父母的责骂。值得注意的是,在正强化和负强化中,"正"是指满意刺激的出现,"负"是指厌恶刺激的消失,"强化"则指引起行为增加的过程。

惩罚

负强化经常与惩罚相混淆。首先应当区分,无论是正强化还是负强化,都是加强行为的过程,而惩罚则相反,是减少或抑制行为的过程,也就是说,被惩罚行为在以后相似的情境中很少得到重复。惩罚过程可以用图6.5表示:

$$\text{行为} \xrightarrow{\text{后果}} \text{惩罚物} \xrightarrow{\text{效果}} \text{被减弱或减少的行为}$$

图6.5 惩罚模式图

惩罚也有两种形式:呈现性惩罚(presentation punishment)和移去性惩罚(removal punishment)。呈现性惩罚,是指在行为之后出现的刺激会抑制或减少该行为的发生,也就是通常意义上所说的惩罚。例如,对小偷小摸行为加以斥责。而移去性惩罚,实际上并非是将惩罚移走,而是移去某一刺激,以减少不当行为。例如有些儿童爱打架,家长就不让他们看电视,以此减少这种攻击性行为。可见,两种形式的惩罚,其结果都是导致受惩的行为减少。

消退

此外,当行为发生之后,若不给予任何强化,则此行为可能消退。在经典条件作用建立起来后,如果条件刺激再次出现,无条件刺激没有紧随其后,那么久而久之条件作用就会消失。在操作条件作用中,如果撤去强化,人或动物将不会持久表现某一特定的行为,最终这个行为将会消失。例如,推销员挨家挨户地推销一种机器,但是如果几周都没有卖出一台,他很可能会放弃推销。可见没有强化发生,将会导致行为消退。

后果 发生在某一行为后的事件
强化 行为得以加强的过程
强化物 跟随行为之后使行为再次发生的概率得以增加的事件
正强化 在某一行为后通过呈现令人满意的刺激来加强行为的过程
负强化 在某一行为后通过移去令人厌恶的刺激来加强行为的过程
惩罚 减少或抑制行为的过程
呈现性惩罚 是指在某一行为后出现的刺激会抑制或减少该行为的发生
移去性惩罚 移除某一刺激,以减少不当行为的发生

教学之窗

学校情景中的强化和惩罚

☞ **正强化**

→ 学生的某些积极行为,如准时交作业,教师加以表扬,这就是正强化过程;

→ 学生的某些消极行为,如从椅子上滑落,可能引起同学大笑,教师如处理不当,这类行为也可能得到正强化,进而使学生不断出现问题行为。

☞ **负强化**

→ 学生的某些积极行为,如上课积极发言,会使教师说他(她)不专心学习的可能性降低,这就是负强化过程;

→ 学生的某些消极行为,如总是在考试前生病,这样可以使他们逃避所厌恶的情景——考试,于是生病这一行为得到负强化,以后凡是有考试学生常找这样的借口。

☞ **呈现性惩罚**

→ 教师批评学生的错误行为,留大量的惩罚性作业,罚学生跑圈等等,这些都是呈现性惩罚。

☞ **移去性惩罚**

→ 教师和父母经常会因为孩子行为不当而收回他们的一些特权,这就是在使用移去性惩罚。

值得注意,同样一个行为后果,不同的人对"强化"与"惩罚"的理解不同。如同样对放学后被留校谈话,有些学生认为是一种惩罚,而有些学生却根本不在乎这件事。所以,教师在课堂教学中运用"强化"与"惩罚"时,要注意学生对同一刺激的不同理解。同时,有的学生喜欢受人关注,经常扰乱课堂纪律,教师如果想通过消退方式来

第六章 学习的行为主义观 · 139

消除该生这一行为,那么就在他捣乱时忽视他,但这个过程需要很长的时间。往往情况是,教师最终放弃忽视,重新开始关注他。如果这样,"重新"的强化开始发生,继续鼓励了学生的捣乱行为。

3. 强化程序

> **学习要求** 学会应用强化程序安排各种形式的强化

所谓强化程序(reinforcement schedules),是根据个体的学习特征,合理地安排各种形式的强化。例如在学习新行为时,每一个正确反应都要得到强化,就要采用连续强化;而在新行为掌握后,为了更好地保持这种新行为,则需要间断强化而不是连续强化。一般来讲,存在两种基本的间断强化类型,第一种叫时间程序——以强化物之间所经历的时间量为基础,另一种叫做比率程序——以强化物之间学习者须作出的反应数为基础。时间和比率程序既可以是固定不变的(可预测的),也可以是变化的(不可预测的)。表6.3则总结了5种可能的强化程序(1种连续程序和4种间断程序)。

表6.3 强化程序表

程序	定义	例子	反应建立的方式	强化终止后的反应
连续强化	在每个反应后都给予强化	一打开电视机便见图像	迅速地学会反应	反应几乎没有持续性,并迅速地消失
定时强化	在一固定的时段后给予强化	周测验	随强化时间的临近,反应数量迅速增加,强化后反应数量迅速降低	反应具有很短的持续性;当强化时间过去且不再有强化物出现时,反应速度会迅速降低
不定时强化	在不定的时段后给予强化	随时测验	反应建立缓慢、稳定,强化后反应不会暂停	反应具有更长的持续性;反应降低的速度缓慢
定比强化	在固定反应数后给予强化	计件工作	反应建立迅速,强化后反应会暂停	反应具有很短的持续性;当达到预期的反应数或不再有强化物出现时,反应速度迅速降低
不定比强化	在不定反应数后给予强化	赌博机	反应建立的速度很快,强化后几乎不会暂停	反应具有最长的持续性,且保持在很高的水平上,难以消失

可以看出，习得行为的持续性有赖于强化的可预测性，连续强化、定比与定时强化是完全可预测的。个体预期在某一时刻或任务上发生强化，但强化并没有出现，就会很快地放弃这一行为。为了鼓励行为的持续性，不定的强化程序最适合，这是由于出现的强化并不固定，所以个体必须始终保持反应状态。事实上，如果强化程序渐渐改变，直至强化仅在做出许多反应或有一较长时间后才会出现，那么个体就能持续表现某一行为，这与赌徒玩赌博机的道理是一样的。

强化程序 根据个体的学习特征，适时合理地安排各种形式的强化

教学之窗

在课堂中应用操作条件作用

☞ 使用行为方法时，要尽可能地使用强化，而不使用惩罚；必须使用惩罚时，要使用移去性惩罚，而不使用呈现性惩罚。例如，在每周开始时，教师可以给学生一定的"操行分数"，如果学生违规，扣掉一分，一周后所剩的分数可换取自由活动的时间

☞ 选择有效的强化物。例如，教师可以采用问卷，调查学生最喜欢得到什么奖励

☞ 鼓励学生比较不同的例子和信息，促进泛化和辨别。例如，小学三年级的学生自己注意到了青蛙和蟾蜍的区别，教师应该予以表扬

☞ 适当使用强化程序。例如，为了避免在固定间隔强化后学习效果迅速降低，代数教师可以使用一些随时测验

☞ 对学生提供明确反馈。例如，语文教师要对每位学生的作文予以评分，并详细解释他为什么得这个分数，而且要认真地批改学生的每句话和每个字

☞ 塑造所期望的行为。例如，当学生小有进步时教师应立即予以表扬，这种表扬会使学生的行为逐步指向他所期望的方向

第三节 学习的行为主义观在课堂中的应用

应用性行为分析(applied behavior analysis)就是应用行为主义的学习原理来改变学生的行为，这种方法也被称为行为矫正。从理论上讲，应用性行为分析需要清晰地描述所要改变的行为，细致地测量行为，分析不当行为的前因和后果，然后按照行为矫正的原理进行干预，以期改变行为，最后细致地测量行为的变化。因而，本节将主要介绍

应用性行为分析在课堂中的应用:课堂管理和课堂教学。

一、课堂管理

1. 运用强化来促进行为

> ***学习要求*** 　了解普雷马克原理的基本内容
> 　　　　　　应用适时表扬促进学生的行为
> 　　　　　　了解任务分析的基本步骤,学会使用行为塑造

以应用性行为分析塑造新的行为或促进良好的行为,需要考虑这样一些问题:选择何种有效的强化物?如何运用强化手段?怎样形成复杂的行为?如何使行为得到巩固?等等。下面内容将简要地回答这四个问题。

普雷马克原理

虽然课堂中有许多可利用的强化物,如教师的注意,与其他同学聊天的机会,玩游戏的机会等等,但如果教师任意地提供这些强化物,则可能丧失其强化作用,而普雷马克原理(Premack principle)就是用来帮助教师选择最有效的强化物的一种方法,它是指用高频行为(喜欢的行为)作为低频行为(不喜欢的行为)的有效强化物。但要注意,对一个学生有效的强化物可能对另一个学生没有效果;此外,如果过度使用强化物,强化物可能会丧失原有效力。教师可采用调查表,如表6.4,来了解学生在课堂上最喜欢的事情或事物。

表6.4　了解学生对不同强化物的看法的调查表

你喜欢什么?

姓名　　　　　　　　　年级　　　　　　　　　日期

请你尽可能地完成所有问题的回答:
1. 我最喜欢的学校科目是:
2. 在学校我最喜欢做的三件事是:
3. 假如在学校每天我都有30分钟的自由时间,我喜欢做:
4. 我喜欢吃的两种点心是:
5. 在课间休息时我最喜欢去(3件事):
6. 如果我有1元钱要花掉,我将买:
7. 在课堂上我喜欢的三件工作:
8. 在学校我最喜欢与之一起学习的两个人是:
9. 在家我真正喜欢(3件事):
……

适时表扬

教师忽视违规的学生，表扬（praise）守规矩的学生，这可以改进学生的行为。虽然表扬和忽视很有效，但并不能解决课堂管理中所有的问题。有研究表明，当教师使用正强化（多数为表扬）作为课堂管理的唯一策略时，违反课堂纪律的行为仍然存在。为进一步发挥其作用，教师的表扬必须令人信服，并且在时间上接近要强化的行为，教师要明确地说明所强化的行为，这样才会产生积极的效果。换句话说，表扬应该是对明确而良好行为的真诚认同，这样学生才能够认识到，为获得这种认同该做些什么。

行为塑造

对复杂行为，教师一般采用塑造方法。塑造（shaping）也称为连续接近法，是通过强化每一个小的进步来达到预期行为目标的有效方法。在行为塑造过程中，教师可以采用任务分析技术，就是把期望学生掌握的复杂任务，分解为一系列小步骤，并按等级把任务分解为基本技能和子技能的系统。教师要描述各个小步骤的逻辑顺序，并在进行每一步骤之前，要明确学生是否已掌握了必要的前提技能，还需要了解导致学习困难的原因。在任务分析的基础上，教师可以从三方面进行行为塑造：（1）强化每一子技能；（2）提高强化的准确性；（3）强化行为的持续时间。应当注意，塑造需要较长时间，并且适用于在持续性、准确性与速度上需大量练习才能获得的技能。

正面练习

正面练习（positive practice）是帮助学生用一种行为替换另一种行为的策略。这种方法尤其适用于学生的学业错误。学生犯了错误，教师必须尽可能纠正，让学生执行正确的行为。学生违反课堂纪律时，教师也可以使用同样的方法。但要注意，学生需要的是改正行为，而不是受到惩罚。

普雷马克原理　一种用来帮助教师选择有效强化物的方法，即喜欢的行为可能是不喜欢的行为的有效强化物

教学之窗

运用强化来促进行为的方法

☞ 通过学生认可的方式来认同积极的行为

→ 提出课堂纪律，遵守纪律就有积极的结果，违反纪律就会产生消极的后果；

→ 以提供第二次机会的方式,对承认错误的行为进行认同。"由于你承认了抄别人的文章,我将再给你一次机会重新写一篇文章";

→ 对学习努力的学生,给予令人满意的回报,比如额外的休息时间、免除作业或测验、额外加分等。

☞ 当学生面对新的学习材料、尝试使用新技能时,教师应给予大量的积极强化

→ 在学生首次尝试的事中,找到正确行为并加以评述;

→ 对学生间的相互促进予以强化。"初次学习英语发音会感觉比较难,而且很绕口,当有同学勇敢地尝试读新单词时,大家不应当嘲笑他,应该互相帮助。"

☞ 在新行为确立之后,可通过使用不可预测的强化程序,来促进行为的持续性

→ 对课堂上表现好的学生给予意外的奖励;

→ 可以在上课前提出一个简短的问题,学生可以不回答,但如果回答得好,就额外加分;

→ 确保学习出色的学生可以不时地得到称赞,但不要认为得到称赞是理所当然的。

☞ 使用线索帮助学生形成新的行为

→ 在课堂上给出幽默的暗示,以提醒学生遵守纪律;

→ 学年开始时,以清单的方式提醒学生上课需带的材料。

☞ 确保所有学生——包括经常惹祸的学生——的良好行为,能够得到表扬、特权或其他奖励

→ 不时地翻看点名册,确保所有学生都能得到强化;

→ 为强化设立标准,目的在于使所有学生都有机会得到奖励。

☞ 建立种类繁多的强化物

→ 让学生自己提出强化物或从众多强化物中选择;

→ 与父母或其他教师讨论孩子的强化物。

☞ 使用普雷马克原理,确定有效的强化物

→ 观察学生在自由时间做些什么;

→ 注意学生喜欢和谁一起学习,这是因为和朋友一起学习是一个好的强化物。

2. 运用惩罚来消除行为

学习要求 学会正确地应用餍足、斥责等方法来消除学生的不良行为

以应用性行为分析来改变学生的不良行为,要考虑到该创设何种使学生感到不愉快的情境,以减少不良行为,增强学生良好的行为。下面提供了对这一问题的不同处理方法。

餍足

所谓餍足(satiation),就是坚持让学生持续某一行为,直到他们厌倦为止。使用此法应十分慎重,因为迫使学生持续某些行为,可能会给学生身体和情绪造成伤害,甚至会产生意想不到的危险。教师在使用餍足策略时,应当注意:(1)学生未完成规定行为之前,不要放弃和降低标准;(2)所餍足的行为应是将要消除的不良行为。

斥责

一般来说,在不同场合教师采取同样的斥责(reprimands)方式可能会起到不同效果。例如,在公开场合大声斥责学生可能制止某些行为,但有时私下里温和地斥责学生将会产生更好的效果。教师认为在课堂上大声斥责犯错误的学生,并且使全班同学都能听到,这样会起到"杀鸡儆猴"的效果;但有时学生正希望借助这种斥责来引起他人的注意,这样能体现出自己有"胆量",于是会表现出更多的不良行为。所以,教师是否使用斥责,以及如何使用斥责,应根据不同场合而定。

代价

代价(response cost)就是个体由于违犯某一规则,将失去一些强化物(金钱、时间、权利、快乐)。例如,随地吐痰后被罚款。而在课堂上,教师应该明确地表明学生不良行为的可能代价。例如,首次违反课堂纪律,教师给出警告;第二次违反课堂纪律,教师在点名册上做一标记,这一标记意味着失去2分钟的课间休息时间;最后,当违纪的标记达到一定数目,可能意味着该学生失去与同学郊游的机会。

孤立

孤立(social isolation)就是将课堂上爱捣乱的学生从班级中隔离出来。例如,把他独自关在一间空房里,毫无乐趣可言,或者要他到校长办公室,或者限制他坐在教室的某个角落里,等等。一般来说,孤立惩罚的持续时间不宜过长,否则将导致学生的极端行为。

教学之窗

课堂教学中的餍足

下面是一个恰当使用餍足的教学案例:

在一堂初中代数课上,教师突然注意到有4个学生总是做各种奇怪的动作。于是教师就追问他们,这些学生终于承认他们正在扔魔球,教师假装以极大的热情询问并接受这种活动,同时建议全班同学都来一起玩。起初,学生一边笑、一边扔魔球,过了一分钟,笑声停止了,有一名学生甚至停下来不扔了。尽管如此,教师仍坚持让所有的学生继续扔。5分钟后,多数人疲惫地叹息着,这时教师让学生停了下来,那堂课上再没有人玩魔球了。

如果学生的行为不打扰班级的其他同学,教师可以不理睬这些学生,让他们继续这一行为,直到他们自己停下来。当然,教师也可以忽视这些不良行为,但忽视本身很可能强化了此种不良行为,因为教师没有提供让学生感到不愉快的情景。

教学之窗

运用惩罚来消除行为的方法

☞ 努力构建使用负强化的情景,而不是使用惩罚
　→ 当学生达到一定能力水平,允许他们逃脱不愉快的情景(做额外的作业、进行周测验等);
　→ 坚持行动、不要许诺,不要让学生说服你改变原有协议的条件。

☞ 在惩罚的使用上要保持一致
　→ 避免不经意地强化要惩罚的行为,私下批评学生的目的在于避免学生成为在公众面前反抗老师的英雄;
　→ 为年纪小的学生张贴主要的课堂纪律,使学生提前知道违纪的后果;
　→ 惩罚前先告诉学生只给他们一次警告的机会,以平静的方式警告学生,然后按原计划进行到底。

☞ 惩罚学生的行为,而不要指责学生个人的品质
　→ 以平静的方式斥责,但语气坚决;
　→ 避免使用讽刺或报复的语言和语气;
　→ 强调要结束的问题行为,但不能表现出你不喜欢这个学生的意思。

☞ 对学生违规适当地使用惩罚
　→ 忽视没有扰乱课堂的小错误;
　→ 不要使用家庭作业作为错误行为(上课说话之类的行为)的惩罚;
　→ 当学生的错误行为获得同伴认可时,把学生从朋友群体中隔离出来可能会有效地阻止该行为,因为这事实上把学生从强化情景中隔离出来了;
　→ 如果问题行为仍然继续,则要分析这个情景并试用一种新的方法。可能你的惩罚恰好不是惩罚,或者你可能不经意地强化了这种行为。

二、课堂教学

1. 掌握学习

学习要求　了解掌握学习的基本原理

掌握学习(mastery learning)的基本假设是,给予学生充分的时间和适当的教学,大多数学生能够掌握任何学习目标。教师在运用掌握学习时,要将课程分解为小的学习单元,每个单元包括需要掌握的具体学习目标。所谓"掌握",意味着在一项测验中获得80%—90%的分数,或者满足其他的测评标准。因此,教师应告知学生将要达到的目标和标准。而学生只有达到最低掌握水平后,才可以学习下一单元内容,并依次进行。

根据前面内容的掌握程度,决定是否继续以后的学习内容,这符合维果斯基"最近发展区"的思想。例如,在数学教学中,一些学生没有真正地理解分数加法,如果再往下进行更高层次主题的学习,这些学生将会越落越远,到他们学习分数除法时则可能根本学不会。而如何帮助学生掌握各种知识,扎实地推动学习进程,其关键就在于课堂中是否会有其他人提供一定的帮助。

应当注意,在掌握学习中,教师必须拥有丰富的材料供学生循环使用,以此达到没有完成的目标。一般来说,只是重复相同的材料不会对学生有多大帮助。此外,每一单元都应该有几种不同的测评方案。从实践上来看,掌握学习不能消除学生间的成绩差异,除非教师减慢学习快的学生的速度,让学习慢的学生赶上来,但这没有实践意义。掌握学习是把更多的学习空间留给学生:一些学生会学习得更多,理解得更好;一些学生会利用这样的学习机会努力地学习;而另一些学生却由于不断重新学习而受到挫折,最终失去了学习兴趣。

掌握学习　一种教学方法——在学习下一个单元前学生必须通过前一单元的一定水平的考试

2. 程序化教学

学习要求　了解程序化教学的基本原理,分析使用程序化教学的利弊程序化教学直接体现了学习的行为主义思想。它与塑造过程紧密相关,开始让学生用已习得的反应来回答问题,然后以非常小的步骤引入新的信息,并随即提出一些新的问题,而学生也不大可能答错这些问题。程序可能是线性的,也可能是多分支的。在线性的程序中,所有的学生将按着固定顺序的教学目标进行学习。在多分支的程序中,学生要参加小测验,以确定他们是继续学习同样的学习目标,还是进行下一个学习目标。

程序化教学是建立在这样一种假设之上的:通过正确地回答问题,人们可以得到积极的强化,因此更可能重复学习到的行为。逐渐增加新的学习材料,并随即提出学生能正确回答的问题,通过这种方法学生能够渐渐地学到大量的新材料。程序化教学材料通常是以练习册、软件程序和录像带等形式出现。假如教师能够细致地建构学习材料,精确地控制材料的呈现顺序,那么学生就不需要教师,而能独立地进行学习。从控制学生学习的角度来看,程序化教学在很大程度上是自我教学方法的一种。

程序化教学尤其有助于学生学习有一定困难的科目。比如统计学,一般在开始时给学生提一些问题,要求学生以简单的数学运算进行回答,像加法和减法,随后渐渐引入统计学上的概念。数学尤其适合于程序化教学,因为它可以相对容易地建立起学习顺序,在这个顺序中学生可以学到各种各样的行为。在大多数情况下,数学是线性的,新知识的学习很大程度上需要旧知识的积累。尽管如此,程序化教学也可以应用到其他学科领域,如像"心理学导论"这样的科目。

值得注意,在教学效果上,有研究表明,程序化教学并不比或者稍稍比传统教学强。在一般情况下,程序化教学在学校并不受欢迎,学生通常对程序化教学反应冷淡,这可能因为该教学情景下的学习步子小,学习速度慢,学生还未取得大的进步前,就已经失去了学习兴趣,感到厌烦了。

程序化教学　　与塑造过程紧密相关,开始让学生用已习得的反应来回答问题,然后以非常小的步骤引入新的信息,并随即提出一些学生能正确回答的问题

3. 计算机辅助教学

学习要求　　了解计算机辅助的基本原理

许多教学软件程序遵循着程序化教学设计的原则,学生接受一些教学材料,随后呈现小的测验。如果学生回答正确,他们就会继续进行下一课的学习;如果回答错误,就

会重复这一课的学习或者进行涉及同样材料的不同课的学习。这种方法就称为计算机辅助教学(CAI)。

计算机辅助教学与程序化教学遭遇了一些同样的问题。例如它把学习任务分散到各个单元,有时单元间的联系并不明确。相对于建立概念和促进理解而言,计算机辅助教学更适用于技能和实践的学习。研究表明计算机辅助教学除用于正规课堂以外,它还能够改善学生的学习态度、学习动机和学业成绩(诸如计算机辅助教学等一类借助技术手段的教学方法可参见本教材第十三章第三节的内容)。

计算机辅助教学 学生接受一些教学材料,随后呈现小的测验,如果学生回答正确,就会进行下一课的学习;如果回答错误,就会重复该课的学习

第四节 学习的行为主义观在课堂中的新近应用

以应用性行为分析来解决课堂中管理和教学的问题,除了上述用强化来增强行为、用惩罚来减少或消除行为、掌握学习、程序化教学、计算机辅助教学等应用之外,还可以用来培养学生自己调节或监控学习行为的能力,即自我管理和自我教学。

一、自我管理

学习要求 教会学生使用自我管理策略来安排学习生活

自我管理(self-management)是行为主义学习观的新近应用,是指学生首先要设置和明确目标,确立各种小的步骤;然后,学生观察自己的表现,记录自己的行为并评价自己的成绩;最后,学生自行选择和执行强化。

1. 设置目标

设置具体目标并将其公之于众,是自我管理方案的关键环节。有研究表明,对某些有严重学习问题的学生,先教他们设置具体目标的方法,然后采取不同处理:要求一部分学生将自己设置的目标告知实验者;而要求另一部分学生设置目标,但不告诉他人。通过对学习材料的测验结果发现,前一部分学生的成绩要优于后一部分学生。

同时,在设置具体目标上采用高标准,将会产生更好的学习成绩,但学生设置的目标,其标准往往会越来越低。因此,教师有必要通过监督目标设置和强化高标准,促使

学生维持高标准的目标。在一项研究中,小学一年级学生每天都为自己设置要计算的数学题目数,如果题数增加了10%,教师就给予表扬;通过帮助学生提高数学题目的设置数量,学生可以保持新的更高的学习标准,甚至在某学科上的目标提高会泛化到其他学科上。

2. 记录和评价行为

这一环节是指学生参与自我行为的记录和评价。有些行为适合自我记录,比如完成任务的数目、实践一项技能所花的时间、阅读书籍的数目、未经允许离开座位的次数等。而另一些行为可使用自我监控的手段,如对家庭作业和自学的自我安排。完成这些任务,并不需要教师的监督,学生可以自己画表格、写日记或列清单,记录行为的频率或持续时间等。

自我评价往往是对自我表现的评估。它与评价者的年龄有关,如与低年级学生相比,高年级学生更容易学会准确的自我评价。但是,与简单的自我记录相比,自我评价难于操作,这是因为它涉及到对自己学业的评判。虽然学生对自己行为能够做出一定评价,但其精确性往往存在问题,因此很难做到客观评价自己的任务表现。所以,学生自我评价的关键是教师要定期检查学生的自我评价,并且对较为准确的评价给予强化。而当教师和学生的评价相一致时,应给予学生分数上的奖励。

3. 自我强化

自我管理的最后一步就是自我强化(self-reinforcement)。有些学生在自我管理中无需自我强化,这是因为他们在设置目标和记录进步的过程中,就已经体验到对自己学习行为的控制感;而有些学生则需要自我强化,这是因为在设置目标和记录进步之后,如果对自己较好的学习表现进行自我奖励,将会产生更强的学习动机,达到更高的学业水平。尤其是在任务太难或者目标要求太高时,学生分阶段进行自我强化,将维持在该任务上的努力,促使自己向目标不断迈进。

总之,自我管理将有助于学生学会控制自己的行为,同时也有助于教师有更多时间来观察、分析和评价不同学生的表现,有时还会起到某些意想不到的效果。例如,某一竞技游泳队的教练要求队员保持较大的训练强度,但结果不理想。于是教练画了4张表格,分别列出每个队员要遵循的训练计划,并在游泳池附近张贴;而队员的任务就是记录每天完成的训练量和游泳里程。由于记录是公开的,可以看到自己和其他人的训练情况和进步,这激发了队员之间的竞争意识和互相监督意识,所以他们会准确记录所完成的训练情况。通过使用这种方法,该教练发现训练效果提高了27%。队员们的训练也开始自觉。

自我管理 是指学生学会为自己设置目标、评价进步和自我强化等

教学之窗

配合父母来促进学生自我管理

☞ 向父母引介自我管理计划
　→ 要求父母参与学生自我管理；
　→ 描述如何使用自我管理计划。
☞ 帮助父母和学生建立可实现的目标
　→ 向学生提供可行的自我管理目标，比如晚上早点开始做作业，记录阅读过的书籍；
　→ 向父母展示如何设立目标和如何记录取得的进步，鼓励父母帮助子女设立目标。
☞ 向父母提供记录和评价他们子女进步的方法
　→ 将工作划分成易于测量的多个步骤；
　→ 在做出评价比较困难时，如评价有创意的作文，应提供优秀文章的样例；
　→ 向父母提供记录表或清单用于记录进步。
☞ 要求父母时常检查学生记录是否准确，并帮助他们的子女建立自我强化表
　→ 当学生刚开始学习时要多作检查，以后检查的次数可越来越少；
　→ 让兄弟姐妹或小伙伴间互相检查对方的记录；
　→ 在适当场合，检验学生在家中习得的技能，而当测验成绩与学生的自我评价相符时给予奖励；
　→ 学生与其他家庭成员进行头脑风暴、交流思想，以此作为自我奖励。

二、自我教学

学习要求 帮助学生运用自我教学

前面提到的自我管理侧重学生参与自我行为矫正过程的各个环节；但在课堂中，教师还需考虑学生是如何思考的，这也就是认知行为矫正（cognitive behavior modification），它重视学生的思维和自我谈话。正是由于这个原因，许多心理学家认

为,认知行为矫正是更倾向于认知的而不只是行为的方法。

从本书第二章"认知发展"可知,认知发展有这样一个阶段,儿童似乎是用自我言语引导自己完成任务。他们和自己交谈,通常是重复父母或教师说过的话。而在认知行为矫正中,教师可以直接教会学生如何使用自我教学(self-instruction),这种教学可以归纳成如下步骤:(1)一个成人榜样一边大声地自言自语,一边执行任务(认知榜样);(2)儿童在榜样的指点下执行同一任务(显性的、外部的指导);(3)儿童一边大声自我教学,一边执行任务(显性的、自我指导);(4)儿童在执行任务时,小声进行自我教学(淡化显性自我指导);(5)儿童一边用自我言语指导自己的行为,一边执行任务(隐性自我教学)。

一般来讲,学生在自我学习时主要涉及四种技能:倾听、计划、工作和检查。而自我教学如何帮助学生发展这些技能呢?其中一种方法是使用个人手册或班级海报,提示学生对这些技能进行"自我谈话"。例如,可以设计一套提示海报,并把这些提示张贴到班级各处,以促进学生自我教学(见表6.5)。这一过程的目的就是使学生参与思考,并创建他们自己的指导方法和提示,而进行讨论和公开想法会使学生更了解并能更好地控制自己的学习。

表6.5 提醒学生进行"自我谈话"的海报

下面是4幅小学五年级学生设计的海报,用于提醒他们使用自我教学,其中一些提示语反映了这些学生的特殊内心世界。

海报1 倾听时	海报2 计划时
1. 这有道理吗?	1. 材料都齐了吗?
2. 我明白了吗?	2. 下一步该做什么?
3. 在我忘记前,我现在需要提个问题。	3. 让我先组织一下。
4. 注意!	4. 我要按照什么次序做?
5. 我能做他在说的事吗?	5. 我知道这个东西。

海报3 工作时	海报4 检查时
1. 我做得足够快吗?	1. 我都做完了吗?
2. 不要看我的同桌,继续工作。	2. 我还需要再检查什么?
3. 还剩下多少时间?	3. 我对这项工作感到骄傲吗?
4. 我需要停下来从头开始吗?	4. 我把所有的词都写上了吗?数一下。
5. 这对我而言很难,但我能做好。	5. 我想我做完了。

实际上，实施认知行为矫正不只是教会学生使用自我教学，还包括教会学生如何建立师生间的对话和互动、如何树立榜样、如何引导发现、如何使用动机策略、反馈、如何将学生发展水平与任务细致匹配，学生甚至可以参与制订计划。如果学生能够学会使用所有上述这些技能，就可以将其泛化到新的学习情境中，促进自我学习能力的发展。

认知行为矫正 以行为和认知学习原理为基础，通过自我谈话和自我教学来改变自己行为的程序

自我教学 通过一系列的任务步骤来自我谈话

教学经验

在课堂中应用奖励和惩罚

☞ 对于低年级的学生，小奖品（如五角星、糖果、贴纸等）的激励作用往往胜过言语，因为儿童喜欢拿这些小物品向同学和家长炫耀。而对于高年级的学生，小奖品没什么吸引力，他们更需要言语上的肯定和表扬。因此要根据不同年龄段学生的特点，合理运用物质和精神奖励。（姜海伟）

☞ 我在课堂中的奖励方法主要是在语言上：当提出一个较难问题时，班级中很安静，这时一位同学站了起来，他分析的方法与思路并不完全正确，我并未直接指出他的错误，而是对全班同学肯定了他的勇气，并夸奖他回答问题时声音洪亮且很清晰地表述了自己的观点；对回答正确的学生，我会说："非常正确，很好！"，并点头微笑示意他坐下，或向其他同学说："他向我们展示了他的智慧和风采，很棒"；当一个经常上课跑神的同学很完整地认真地上完一节课后，我会拍拍他的肩膀说："你今天的表现非常好，希望你以后都能像今天上课一样"；当有学生提出比我所教授的方法还简便的方法时，我会说："谢谢你，你让老师和同学们又多了一种很好的解决问题的方法。"（施绍梅）

☞ 我在课堂中运用"奖励"，主要针对课堂表现出色的学生，其中包括学习态度认真专注、较好地解答难题、提出较有质量的问题、提出很有创意的见解等的学生，其方式是语言及眼神的交流，以表示肯定与赞许。……对于高中学生，"奖励"主要是精神上的认可和激励，但不宜滥用，例如，我曾以"分数"来调动学生的学习积极性，可是这样容易导致学生为"分数"而学习，因而也就不再运用；此外，对学生运用"奖励"，也要视年龄特点而定，高中学生正值青春期，更看重别人或老

师对其智慧、见识的认可,因而,我往往以"很好!""真不错!""不容易!""很棒!"来表达对学生的肯定。(施晓莺)

☞ 设置"课堂纪录",激发学生突破、创新的欲求。这种"课堂纪录"可以记在一本专门的本子上,也可以在教室里张贴公示栏,内容是我自己教的两个班在课堂里创下的一些"纪录"。有些是量化的数字,比如阅读的速度、比赛名次、一堂课的发言次数等,更多的是一些非量化的东西,如学生在课堂上说过的一些特别精彩的语句,对一个问题的有特点的观点,对人物、语段、结构等独到的见解等。这本"课堂纪录"或许水平不高,但能够"破"一"破""纪录",上一上"文献",也可算是使学生们得到最早的"有所建树"的体验,激起他们的竞争意识、成功欲望,培养他们的创新能力。(唐秋明)

☞ 如果学生回答问题比较出色,我会告诉他,"你回答得很好,老师在做学生的时候,回答得不如你,你比老师强";或者给予较高的评价和今后发展的希望:"你在这方面很有天赋,如果一直坚持下去,将来很可能成为一名某某方面的有成就的学者,我现在和我们未来的学者握握手",于是我向前和该同学握手。(付洪全)

☞ 在布置作业前,如果教师特别强调做得不好就要重做,那么这次的作业质量肯定会优于平时的作业。我给学生的作业打了不太好的等级后,课下找学生谈话,并表示希望他下次能做得更好些,通常作业能有比较大的改善。……软硬兼施吧!(蔡朱萍)

☞ 我有时也采取这样的方法,如果学生在练习中得到全对,那么就可以不做家庭作业,学生完成练习的质量总是优于平时。我还碰到过这样一个特殊的学生,平时成绩很好,但有一段时间计算经常出错,因此我多次找他谈话希望他改正,但毫无起色,可能我对他的关注促使他下次继续犯同样的错误以引起注意,之后我就采取"冷却"的方法,他再次犯错时我不加以指正,表面上听之任之,但学生的作业情况逐渐有了改善。(姜建锋)

☞ 我通常采用的"惩罚"手法是:对上课交头接耳的学生,轻者对其"凝视",若不奏效,可"不点名提醒",若仍然不起作用,可采取"孤立法",即让全班同学听其讲话,这样违规者怕引起同学们的反感,自然会感到没趣而停止;对课上萎靡不振者,采取"突然提问",他(她)肯定回答不对,或答非所问,这时指出他(她)的错误,令其尴尬,自然他(她)就会振作起来,其他同学也会更加振作。(刘炳香)

☞ 我认为应该提倡一些类似罚抄、罚站、罚做值日等严厉手法,但我不敢用。如今的教育体制似乎进入一种怪圈,所有的惩罚都似乎违反了青少年保护法,学生的

自觉性和责任感只是停留在理论上的说教。惩罚不是目的,而是以此来促使学生领悟到责任感和义务。(李苏敏)

☞ 一切还是以教育为主。惩罚是下策,一般情况下不采用,但不得以时采用这样的方法:起立抢答法,对于那些屡教不改上课睡觉、思想不集中者,可以让他们站起来上课,抢答我的课堂提问,谁先答好了谁先坐下去,或者能发现并纠正我的一些口误也可以坐下;陪同受罚法,对于那些我忍无可忍,要罚抄作业的,罚他抄几遍,我也将当天的教案抄几遍,送给他留作"纪念",这种类似"良心的惩罚"屡试不爽。(唐秋明)

☞ 对未完成作业的学生,往往是要求补完作业,尽快在课余做好,最迟第二天补交;对上课打瞌睡的学生,可"让他站一会儿",自己觉得清醒了,即可坐下;对上课走神的学生,有针对性地向他提问,以引起他的注意,无论回答正确与否,都适时提醒他认真听讲。(施晓莺)

教学反思

学完本章后,你可以思考:
- 在你的课堂中如何应用经典条件作用的基本原理?
- 经典条件作用与操作条件作用有何区别?
- 如何区分负强化和惩罚?
- 为什么尽量使用强化,而不使用惩罚来改善学生的行为?
- 举例说明你是如何采用应用性行为分析的?
- 能否说明掌握学习、程序化教学和计算机辅助教学的优缺点?
- 在你的课堂中怎样尝试使用自我管理和自我教学?

总　　结

经典条件作用　巴甫洛夫是俄国著名的生理学家,他开创了经典条件作用的研究,在经典条件作用中研究了无条件刺激、无条件反应、条件刺激、条件反应,并阐述了经典条件反射的形成过程,另外,巴甫洛夫也提出了三个过程:泛化、辨别和消退。泛化就是以同样的方式对相似的刺激作出反应。辨别就是对相似的刺激作出不同的反应。消退就是一个学会的反应渐渐消失的过程。

操作条件作用　巴甫洛夫的经典条件作用主要探讨自动化的无意识反应,而人类学习大部分都是有意而为之的,于是桑代克引出了操作条件作用。桑代克用猫做实验来研究动物的联结式学习,得出了效果律。后来斯金纳为操作条件作用的发展作出了巨大贡献。操作条件作用的理论认为前因和后果影响着行为。前因发生在行为之前,给后果提供一些信息。后果是发生在行为后的事件,后果分为强化与惩罚,教师可以利用强化和惩罚来控制学生的行为,也可以利用强化程序,适时合理地安排各种形式的强化。

学习的行为主义观在课堂中的应用 教师可以在课堂管理和教学两方面应用行为主义的基本原理。在课堂管理中可以运用强化和惩罚。促进学生行为可以采用普雷马克原理、适时表扬、行为塑造、正面练习等方法,消除学生不良行为可以采用餍足、斥责、代价、孤立等方法。一般情况教师应尽量使用强化,而不使用惩罚。掌握学习、程序化教学和计算机辅助教学可以应用在课堂教学中,但应用时要全面考虑它们的优缺点。

学习的行为主义观在课堂中的新近应用 自我管理和认知行为矫正是行为主义观点的新近应用。自我管理是指学生首先要设置和明确目标,确立各种小步骤;然后,学生观察自己的工作、记录自己的行为和评价自己的成绩;最后,能够选择和执行强化。而认知行为矫正则重视学生的思维和自我谈话,它是以行为和认知学习原理为基础,通过自我谈话和自我教学来改变自己行为的程序。因此认知行为矫正更倾向于认知。自我教学属于认知行为矫正,它通过一系列的任务步骤来实现自我谈话。

重要概念

辨别	给予线索	强化程序	掌握学习
操作条件作用	后果	强化物	正强化
呈现性惩罚	计算机辅助教学	认知行为矫正	自我管理
惩罚	经典条件作用	条件反应	自我教学
程序化教学	普雷马克原理	消退	
泛化	前因	效果律	
负强化	强化	移去性惩罚	

参考文献

1. 冯忠良、伍新春、姚梅林、王健敏:《教育心理学》,人民教育出版社,2000。
2. 邵瑞珍:《教育心理学》,上海教育出版社,1998。
3. 施良方:《学习论》,人民教育出版社,1994。
4. 叶浩生:《西方心理学的历史与体系》,人民教育出版社,1998。

5. Manning, B. H., Payne, B. D., *Self-Talk for Teachers and Students: Metacognitive strategies for personal and classroom use*, Boston: Allyn & Bacon, 1996.

6. Zimmerman, B. J., Self-regulated learning and academic achievement: An overview. *Educational Psychologist*, 1990, 21: 3—18.

第七章 学习的认知观

引言

怎样才能使一堂课的内容易学易记呢？两三天前所学的知识,到下星期甚至到明年你还能记得住吗？要掌握的知识之间有些什么不同呢？你是用哪些方式来学习的？所有这些问题,都涉及如何来促进学习这一主题。

本章我们将从学习的行为主义观转向学习的认知观。学习的行为主义观强调"学生要对环境中刺激做出反应",而学习的认知观则认为"学习者在学习过程中要有计划、集中注意力、设置目标、理解知识、记住知识、维持学习动机、抓住重点以及构建知识的意义"。本章将先阐述学习的认知观兴起的历史背景,接着用学习和记忆的信息加工模型来分析学习、记忆的一般认知方式,这主要涉及信息贮存、认知过程和元认知等。

学完本章后,你应该能够：
⊙ 了解学习过程中知识的作用；
⊙ 描述学习和记忆的信息加工模型；
⊙ 解释什么是陈述性知识、程序性知识；
⊙ 解释图式如何影响学习和记忆；
⊙ 举例说明知觉和注意在学习中的作用；
⊙ 阐述有意义编码的不同方式；
⊙ 解释元认知在学习和记忆过程中的作用。

教学设疑

教历史课的张老师常发现,学生把理解等同于记忆。他们对教材中每个单元的知识点,都力求记住以应付考试,即使班级中最好的学生也都这么做。如果让他们在课堂上阅读一些原始材料,对有关主题进行讨论,以激发他们对有关历史问题的思考,或者让他们考察一下某一时期的音乐和美术发展情况,他们就会提出抗议,"这些讨论的内容会不会考试?""为什么要让我们找这些画,我们有必要知道是谁画的,什么时候画的吗?""这样上历史课能学到什么呢?"等等,即使那些参与讨论的学生,也只是机械地引用教材中提到的术语,而事实上他们对这些术语并没有真正地理解。

假如你是张老师:

- 这些学生"知道"的历史知识是什么?他们在历史课上的学习信念是什么?这些信念又如何影响他们的学习?
- 什么原因导致他们一直用机械记忆的方法来学历史?
- 学历史应该达到怎样的学习目标?
- 用什么方法来引导你的学生正确学习历史?
- 如果采用新方法,那你认为它会不会影响到学生的学习成绩呢?

第一节 学习的认知观概述

"认知"(cognition)一词来源于拉丁语"cognoscere",意为"对……的认识"。与持行为主义观的学者不同,认知心理学家更重视研究学习者处理外部环境刺激的内部过程与机制,而非外显的刺激与反应。他们一般强调,学习是认知结构形成、重组和使用的过程。

一、历史背景

学习要求 阐述学习的认知观兴起的历史背景

在心理学领域,从冯特开始,研究者就对个体的内部认知活动感兴趣,并作了大量有实质意义的工作;但由于行为主义观在20世纪初的兴起和广泛影响,这一研究传统才被渐次冲断;至20世纪50年代,心理学又开始继续半个世纪之前的研究传统,对人类内部认知活动重新加以关注。认知观的再次兴起,是由诸如社会、哲学、科学技术、心理学自身等各个领域的共同发展所致。

1. 社会背景

二次世界大战期间,美国军队急需大量具有熟练操纵复杂技能的人才,如驾驶技能高超的飞行员以及熟练的雷达技术人员,在当时,由于飞行员操纵不当使飞机坠毁,以及由于没有及时辨认出雷达荧光屏上的信号,而导致敌机的入侵等事故频频发生;为解决这些问题,政府征召了一批心理学家入伍,要求他们研究人类的操作行为,提出对各种复杂技能的有效训练方法。这些研究项目使人类的决策及认知过程首次得到了科学的研究,同时也使得心理学家开始思考人在学习复杂技能中的心理结构与过程,认知学习理论的研究由此开始升温。第二次世界大战以后,西方开始进入"信息爆炸"时代,知识和智力日益在国际竞争中显示出重要性,时代迫切要求研究人的认知、智力,掌握人对信息选择、接受、编码、贮存、提取和使用的规律,这是现代认知心理学得以产生的最基本的社会原因。

2. **哲学背景**

在哲学史上,经验主义与理性主义这两个传统既相互对立,又彼此补充,可谓源远流长,绵延不绝。在古希腊时代,亚里士多德用感觉论取代其师柏拉图的先天论,认为人的知识源于对事物的感觉,并重视思维过程的组织及联想在认识中的作用,这是认知问题研究的哲学渊源。到了近代,英国哲学家洛克继承了经验主义传统,认为感觉经验是知识唯一可靠的来源,人的心灵最初只是一块白板,它从外部世界接受感觉映象,通过积极的心理加工形成观念。法国哲学家笛卡儿则是理性主义传统的继承者,他认为关于真理的认识是人生而有之的,获得这种认识的唯一正确途径是理性直观和演绎推理。到18世纪后半期,德国哲学家康德试图调和历史上这两种传统。他明确地区分了知识的内容和形式,并指出知识的内容来自经验,而形式是先天具有的。皮亚杰继承了康德这一传统,关注儿童的认知成长特征,形成了发生认识论的思想。

3. **科学技术背景**

控制论和信息论的影响

控制论由美国数学家维纳所创。控制论认为,机器系统和生命系统从物质构成上虽各不相同,但在结构和功能上却有相同的基本要素和类似的调节机制,这种人—机类比的理念为现代认知心理学提供了一种重要的理论观点和科学研究方法。信息论由美国数学家申农所创。信息论强调研究信息的传输过程,力图从数学上对信息作定量的描述,这启发心理学家把人视为能够接受信息并加工信息的信息传输装置。控制论和信息论的思想共同构成了认知心理学的基本理念,开启了多学科研究认知问题的先河。

计算机科学的影响

计算机科学是产生认知心理学(信息加工观点)最为重要的外部条件。电脑是物理符号系统,能操作符号;人脑也是物理符号系统,同样也可以把大脑内部的信息加工过程看成是对符号的操作。这样就可以把原来认为是抽象的、不可捉摸的脑内心理事件置于与物理事件同样的理论体系中加以探讨。可以说,人脑和电脑的类比,是认知心理学(信息加工观点)研究人的认知过程的重要开端。

语言学的影响

乔姆斯基(1959)认为,人类具有掌握语言的天赋能力,人的头脑中有一套"言语获得装置",随着儿童脑的成熟,在一定的条件下,这种内在机制被激活,就能自然而然地获得语言。乔姆斯基的语言学理论对认知心理学的产生具有积极的意义:第一,它使人们进一步认识到行为主义环境决定论、操作性强化作用的缺陷,从而促使人们转向对人内部心理过程的研究。第二,它表明了应研究人的认知过程,而不应只专门研究动物的行为,以此来推论人的行为规律。第三,它支持了理性主义的先天论传统,现代认知心理学也认为,人类具有一定的先天能力,可以运用这种能力来加工、贮存和提取环境事件。第四,它提出语言具有新颖性和生成性的观点,也具体支持了现代认知心理学关于人的认知活动具有新颖性和生成性的观点。

4. 心理学的背景

行为主义的危机

20世纪50年代左右,行为主义所坚持的极端环境决定论与生物学化的观点,遭到越来越多人的反对。连行为主义内部,托尔曼也强调中介变量(主要是认知)的作用,要求恢复对认知的客观研究。可以说,当前认知心理学的前辈原来是新行为主义心理学家,以至于有人把托尔曼称之为认知心理学的开山祖。这样,美国许多心理学家开始放弃行为主义的立场,转而研究人的内部心理过程。

完形心理学派的影响

完形心理学强调人的意识的整体性,对知觉和高级认知活动(思维和问题解决)进行了专门的实验研究,认为思维是"情境的改组"或整个问题情境的"顿悟",这些观点对认知心理学有重大的影响。

知觉研究新方向的影响

第二次世界大战后,知觉的研究改变了过去偏重于影响知觉的客观变量的状况,开始重视需要、动机、情感和价值取向等对知觉的影响。布鲁纳指出,对硬币大小的知觉,受一个人的家庭经济状况的影响,例如,穷人家的小孩比富人家的小孩把硬币看得更大些。吉布森夫妇认为,过去经验对知觉过程的影响表现在能够使知觉以较少的信息识别事物。由布鲁纳等人掀起的知觉研究的新取向,对现代认知心理学的产生也有重要的影响。

二、与行为主义观的比较

学习要求　比较学习的认知观和行为主义观

正是由于上述各种因素的共同影响,心理学又重新研究个体的内部心理过程。这一研究途径的转变,在教育心理学中则主要体现在学习观方面发生的一些变化。与行为主义观点相比,认知观强调,学习是一个积极主动的心理过程,而非对环境刺激的应答或反应;而对学习的研究,应重视观念理解、推理、思维、解决问题等较高级的认知能力,而非关注简单低级的刺激—反应。具体来说,学习的行为主义观和认知观的主要分歧有以下三点。

首先,对"学生学到什么"的看法不同。认知观认为,学生学到的是知识,学生头脑中知识的变化导致其行为的变化。而行为主义观认为,学生学到的是行为习惯,是刺激—反应之间的联结以及多个刺激—反应之间的连接。应当注意,行为主义观和认知观都非常重视学习中强化的重要性,但两者对强化做出了截然不同的解释。传统的行为主义者坚持强化能增加反应发生的频率,而认知心理学家则把强化视为对信息的反馈。

其次,对学习者的看法不同。认知观把人看作是主动的学习者,个体带着原有的经验,主动地寻找信息以解决问题,如有必要,可对原有的知识进行重组以便获得理解或顿悟。因此,学习是对所学知识进行有效理解,而不是被动接受黑板或教材上的知识。个体也决不是被动地受环境事件的影响,而是积极主动地做出选择、不断练习、集中注意力、忽视某些线索、监控自己的行为,以及做出许多决定等;所有这些认知活动都是为了达到某个既定的目标。

再次,对研究方式的认识不同。行为主义的学习原理大部分来自实验室里对动物的研究,并把对动物研究所获得的结论进一步推广到人类身上,认为人类的学习也符合这些学习原则。而认知观的研究则重视现实课堂教学情景下的学习活动,从这一视角出发提出一些对学生行之有效的学习方法或策略。此外,认知心理学也比较重视个体的认知差异,逐渐放弃寻找学习的一般规律的意图,转而设计一些针对某一学生或学科内容的特殊教学模式。

三、学习的信息加工模型

学习要求　描述学习的信息加工模型

认知心理学有广义和狭义之分,狭义的认知心理学仅指信息加工心理学,而广义的认知心理学还包括了皮亚杰、布鲁纳、乔姆斯基等人的观点。本章将主要介绍狭义的认知心理学,运用信息加工的观点来阐述知识的获得过程。

信息加工心理学是20世纪最有影响的认知理论,而且已经在学习与教学中产生了广泛的影响。在信息加工心理学中,研究者提出一类专门用来解释信息处理、学习与记忆的模型;该模型建立在人与计算机类比的基础之上,把人从功能上看成是与计算机一样的符号操作系统,用计算机的工作原理和术语来描述人的学习和记忆的过程。这种模型主要包括以下三个主要部分:(1)信息的存贮;(2)认知过程;(3)元认知。具体见图7.1。

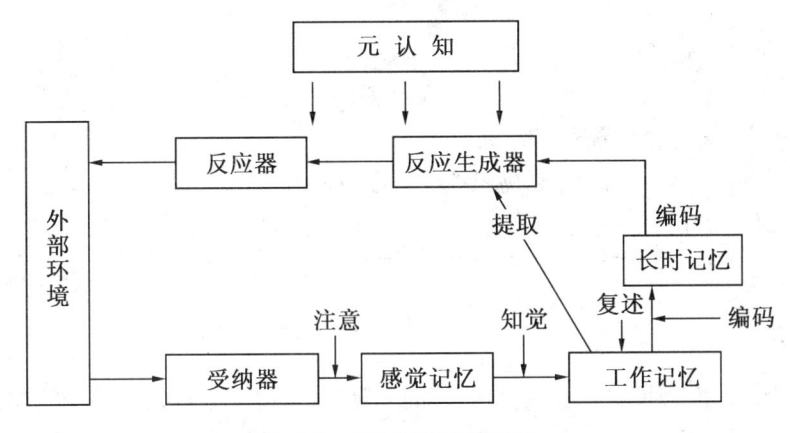

图 7.1 学习的信息加工模型

模型的第一部分是信息的存贮。它的含义正如其名,用来贮存信息。它们可以与计算机中的文件、文件夹相类比。信息加工模型中的信息存贮根据时间的长短和功能的不同可以分为感觉记忆、短时记忆(也叫工作记忆)和长时记忆。模型的第二部分是认知过程。它主要的职责是转换信息,使信息从前一个阶段进入下一个阶段。这个过程主要包括:注意、知觉、复述、编码和提取。认知过程可以与计算机中程序的指令和转换信息相类比。模型的第三部分是元认知。它的作用是监控认知过程的每一个环节。元认知实际上是一种自我监控的形式,它监控并指挥着信息从记忆的前一环节向后一环节转移。

学习的信息加工模型 建立在人对计算机类比基础上的,把人和计算机都看作是一套符号操作系统,并用计算机的工作原理和术语来描述人的学习和记忆的过程

第二节 信息贮存

本节将介绍学习的信息加工模型中的第一部分：信息贮存。一般来讲，个体将正在处理或已加工的信息贮存在大脑的记忆结构之中；记忆结构有三种：感觉记忆、工作记忆（或短时记忆）和长时记忆。信息最终在长时记忆中贮存的形式，即知识在大脑中表征的方式，主要有两种：陈述性知识（declarative knowledge）和程序性知识（procedural knowledge）；不同知识的表征特点，将影响个体对某一学科内容的学习，也是教师采用何种有效教学方法的主要依据之一。

一、记忆系统

学习要求　简述感觉记忆的特征
　　　　　　阐述工作记忆的"瓶颈"对学习的影响
　　　　　　简述长时记忆的特征

1. 感觉记忆

感觉记忆仅仅对环境中刺激进行直接的知觉复制，而不进行任何形式的加工。它具有以下基本特点：第一，进入感觉记忆中的信息完全依据它所具有的物理特征编码，并以感知的顺序被登记，具有鲜明的形象性；第二，进入感觉记忆的信息保持时间很短暂。图像记忆约1秒，声像记忆1—4秒，虽然信息在感觉记忆阶段停留时间短暂，但足以使人的认知系统对其进行操作和加工；第三，感觉记忆的容量几乎无限，但只有被登记了的信息受到特别的注意，才能转入工作记忆，否则就会很快衰退而消失。感觉记忆这个环节对刺激的进一步加工很关键。例如，在阅读时，如果没看清某个句子末尾部分的内容，而前面读过的内容已经忘记，那就不可能理解这个句子的意思，口头语言也是如此。因此，感觉记忆的作用就是把信息保持一段时间，使信息经过转换后进入工作记忆中得到处理。

2. 工作记忆

工作记忆就是"把信息保持住，使人能够运用信息有意识地工作"。它是个体进行复杂思维的工作场所，可以形象地称之为记忆的"工作台"。在面对大量刺激时，工作记忆会对这些刺激进行筛选，其方法无外乎三种：(1) 忽视某些信息（从记忆中清除）；

(2)通过一遍又一遍的复述把信息保留在工作记忆之中;(3)通过复述或者通过与长时记忆中的信息相联系,使工作记忆中的信息进入到长时记忆。

为什么要对刺激进行筛选,其原因可能受制于工作记忆较短的持续时间和有限容量。一般来说,工作记忆中的信息只能保持 10—20 秒,其容量大约 7 ± 2 个组块(组块是信息贮存的基本单元)。那么,如何来突破这个信息加工的"瓶颈"呢?这可部分通过"组块化"和"自动化"办法来解决。组块化就是把各个小的项目组织成较大的、有意义的单位。比如,在 5 秒钟内看下面一行数字:"19191921194919661992",你可以把这些数字做如下排列:"1919 1921 1949 1966 1992",并赋予历史事件的含义;经这样处理后,原先 20 个数字就转化为 5 个信息单位,因而容易记住。而自动化就是将需要意识的心理操作,转换为无需意识或需较少意识的操作。如算术中一些基本技能(简单的加法和乘法),达到自动化程度后,就可以使工作记忆专门用来解决问题,用于诸如表征问题、选择策略、计算答案及评价答案等复杂操作。

3. 长时记忆

长时记忆是指信息在人脑中长久保持的记忆。长时记忆的信息主要来自于对工作记忆信息的复述,也有一些是感知中印象深刻的内容一次性直接进入长时记忆系统而被贮存起来的。长时记忆把现在的信息保持下来以备将来使用,或把过去已贮存的信息提取出来用于现在。这样,人的活动就在长时记忆的参与下把过去、现在和将来有机地联系起来了。

从某种意义上说,长时记忆类似于"图书馆",但它是一个有上百万个"入口"的庞大网络,允许我们提取信息来回答问题或解决问题。一般来说,长时记忆具有如下特点:第一,容量无限,是个庞大的信息库,大约为 5 万到 10 万个组块;第二,长时记忆中的信息持续时间可以很长,甚至是终身的;第三,双重编码,具体有语义编码和表象编码两种形式,但以语义编码为主;第四,分类贮存,长时记忆中贮存着大量不同类型的知识,主要有陈述性知识和程序性知识(具体见本节第二点)。总之,一个人在社会环境中生活、工作和学习活动的开展和维持,主要是利用长时记忆中随时可以检索和提取的经验与知识。

感觉记忆 对来自环境的刺激保持一个极短时间,直到它们受到关注和进一步加工为止

工作记忆 把信息保持住,使人能够运用信息有意识地工作

长时记忆 信息在人脑中长久保持的记忆

组块 信息贮存的基本单元

> **教学之窗**
>
> **在课堂教学中注意工作记忆的特点**
>
> ☞ 引导学生进行短时间的复述，防止他们工作记忆超载，利用提问，使学生的信息从工作记忆转入到长时记忆
>
> → 一位老师在上木工课时说："同一种树的木头的硬度和密度有所不同，这取决于树木获得的雨水量"。他等了一会，拿出两片木块，说："看这两片木块，你们从年轮上能看到什么？"
>
> ☞ 为了达到自动化的程度，教师要经常组织学生练习和复习基本技能
>
> → 一位一年级的老师每天早上在上语文课前，都要让每个学生写一两个句子，描述一下前一天晚上发生的事情，然后挑选比较好的句子进行讲评。
>
> ☞ 教学中要突出知识的关键点，把它们写在黑板上或投影出来，并且鼓励学生运用组织化策略对知识进行组织
>
> → 一位历史教师通过投影向学生呈现促使革命战争爆发的要点，他并且鼓励学生使用这些要点来组织整堂课所学的知识。

二、知识表征

1. 陈述性知识

> **学习要求** 解释命题、命题网络、表象、线性排序、图式等表征形式的含义
> 比较陈述性知识的几种表征形式

美国心理学家安德森（J. R. Anderson）对知识在人的头脑中的表征性质作了两种最基本的划分：陈述性知识（知道某事是什么）和程序性知识（知道如何做事）。陈述性知识是有关事实、定义、程序以及规则是什么的知识，其表征形式主要有四种：命题、表象、线形序列和图式。前三种形式是陈述性知识表征的基本单元，而第四种形式，即图式是陈述性知识的高级表征形式，是综合前三种形式而形成的。

命题

意义在人的记忆中如何得以表征？这主要以命题的形式。

Anderson

166 · 教育心理学

一个命题大致对应于一个观念,它由两部分组成:关系和主题。如在"小明买书"这个句子中,包含一个命题,其主题是"小明"和"书",关系是"买",如图7.2所示。

应当注意,命题的形式与句子相似,但不能将它与句子等同起来。一个命题可能是一个完整的句子,但也可能不是。如"蔚蓝的天空"是一个命题,但它却不是一个句子,仅仅是一个短语。同样,句子可以是一个命题,也可以包含多个命题。如"他正津津有味地看电视",这个句子就包含两个命题,即命题"他正看电视"与命题"津津有味地看"。而多个命题则借助共同成分,即共同主题来形成命题网络。如命题"那个瘦男孩正在看报纸",用命题表示为"瘦男孩"与"男孩正在看报纸"。由于这个命题共享"男孩"这个概念,因而用命题网络表示则为图7.3

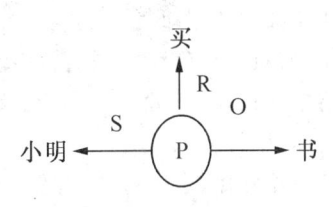

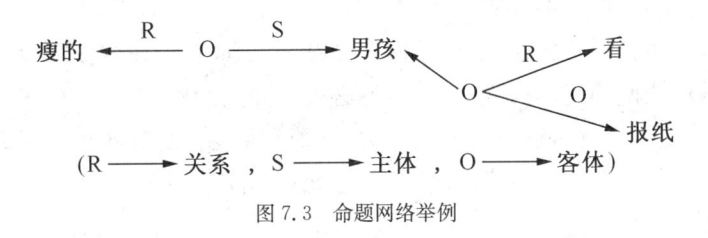

(图中S代表主体,O代表客体,它们都是主题;R表示关系)

图7.2 命题举例

图7.3 命题网络举例

表象

虽然个体常以命题的形式来处理或保存自己所知道的知识;但在另一些情况下,也经常会采用表象这种非言语的形式来处理或保存知识。命题建立在事物抽象意义的基础上,不必保留对象的知觉信息,而表象建立在对事物知觉的基础上,保留了事物的知觉特征。从适应角度,当需要对陈述性知识所描述的物体的连续性加以表征时,"表象"显得比命题更为经济有效。图7.4比较了这两种表征形式。

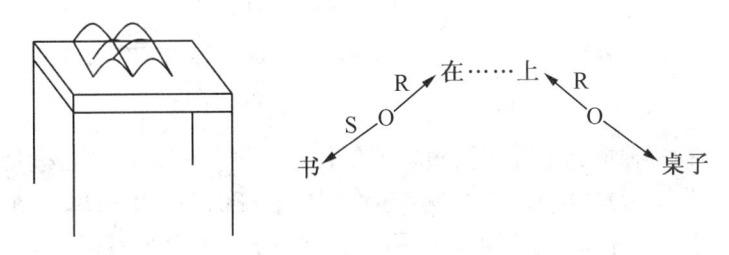

图7.4 命题与表象的这两种表征形式的比较

显然,它们都表达了"书在桌子上"这一意思。但在表象中,它还直观地表明书在桌

第七章 学习的认知观 · 167

子上的位置,以及书和桌子的形状等。因此,表象比命题传递了更多的信息。表象具有如下特征:第一,表象能够表征不断变化的信息,能够更现实地表征客观对象的三维空间特征及各个维度上连续的细节特征;第二,表象能够承受各种施加于它们的心理运作,如对表象作旋转、扫视或有层次的组织与分解;第三,尽管表象能够表征不断变化的信息,但与实际的知觉相比,这种表征形式可能会比较模糊与概括,或者说更欠完整、欠精确。

线性排序

线性排序是不同于命题与表象的又一种陈述性知识的表征形式。这种表征结构是对一些元素所作的线性次序的编码。例如在第27届悉尼奥运会上,金牌总数第一的国家是美国,第二名是俄罗斯,第三名是中国。如果别人问你,在悉尼奥运会上,俄罗斯与中国哪个国家获得金牌总数更多?你会很快回答出"俄罗斯"。这是因为你在头脑中已对它们作了线性排序,在需要时很快提取出来。这种情形就是所谓对一组元素按某一特征所作的先后次序上的编码。

与前面两种表征形式相比,线性排序与命题的区别在于,命题仅保留了命题中所提及的元素(主题)之间的基本语义关系,但不必排定元素的次序;线性排序与表象的区别在于,表象仅保留了知觉特征之间的间隔关系(即各个特征之间的相对距离),线性排序则排定一组元素从头至尾的顺序,并不涉及各元素之间的间隔大小。

图式

前述的命题、表象、线性排序仅是陈述性知识表征的基本单元,它们各自在陈述性知识表征中扮演不同角色。但是,陈述性知识在表征时往往不是单独以某一种形式出现,更多是三种表征形式兼而有之。例如,如果要对上课的经验进行表征的话,头脑中出现的上课的一般情景,除了命题外,还有表象、线性排序,如图7.5。

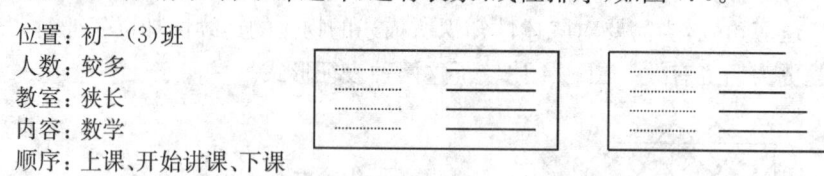

位置:初一(3)班
人数:较多
教室:狭长
内容:数学
顺序:上课、开始讲课、下课

图7.5 头脑中各种知识的表征

可以推论,在这种情况下,命题、表象或线性排序显然不足以独自表征这一情景。于是,研究者提出了图式概念。图式是陈述性知识表征的一个整合单位,它包括命题、表象和线性排序这三种基本表征形式。图式具有如下一些基本特征:第一,图式中含有变量。如上例,人数、内容都是该图式的变量。上课的人数可能不一样,上课的内容也会发生一些变化。第一次上课或许有60人,第二次则可能只有57人。但这些变化不会影响图式的形式。第二,图式可按层次组织起来,并可嵌入其他图式当中。例如,上课的图式可被嵌入整个教学图式中。第三,图式有助于推理。例如,如果我们对"鸟"这一图式有较深刻的理解,我们便能很快推论出"麻雀也属于鸟类"。

与教学情景的相关图式,可以分为三种类型:自然范畴图式、事件图式和文本图式。自然范畴图式是指一些客观存在的实体范畴图式。这既包括自然界本身就具有的,如动物、植物等范畴;也包括社会文化所造成的人为范畴,如汽车、飞机等。事件图式是指对多次与我们发生联系的典型活动及其顺序的表征。如对三角形全等的一般证法,通常是先找出要求哪两个三角形全等,然后再看要证全等尚缺哪些条件,接着是找出这些条件,最后得出证明。文本图式是指对各种文本的一般规律的表征,如要表征一则新闻,需要注意的是"时间"、"地点"、"人物"、"经过"等。

陈述性知识 是有关事实、定义、程序以及规则是什么的知识
命题 大致相当于一个观念,它有两部分组成:关系和主题
命题网络 有着共同主题的多个命题所形成的网络结构
表象 对事物知觉特性进行保存的一种表征形式
线性排序 对一些元素的顺序所做的编码
图式 陈述性知识表征的一个整合单位,包括命题、表象和线性排序这三种基本表征形式

教学之窗

如何促进学生获得新图式

当原有图式与新图式发生冲突时,学生可能采取三种行动:忽视、容忍或解决。为了帮助学生重建图式,有研究者提出促进新图式学习的八步教程,以作为对图式再建的一种指导:

第一步,对现有图式进行诊断。如问一些问题来探查学生原有的概念知识。例如,"桥是什么?"

第二步,让学生正视原有图式。给学生提供一些他不能解释的现象,以挑战他原有的观念。如,立交桥并不是建造在水上,但它却依然被称为"桥"。

第三步,让学生探查一些现象。给学生提供探查的机会,给他们呈现一些可用来得出新解释的数据材料。如有关桥的来源、建造目的之类的材料。

第四步,学生产生自己的观点。让学生概括并口头表达他们自己的一些假设,对

结果进行推测。如学生在了解有关材料之后,让他们自己表达桥的样式。

第五步,组织系统询问。这种指导允许学生独立地考察,而又避免了走进死胡同或简单地得出结论。它鼓励学生要更加具有系统性。如全面询问学生对桥的理解情况,可以了解他们图式的形成状况。

第六步,要求学生简要汇报他们的解释和概念,这将鼓励学生反映他们的经验,并尝试着把新经验与他们以前的知识联结起来。

第七步,简要描绘认知过程。要求学生考察他们所参与的过程,并口头表达出来。如对"桥"的理解,最初是怎样的,后来又怎样发展的。

第八步,拓展学生原有图式。把这些新理解与他们的概念联结起来,从而拓展了学生原有图式,形成一个新图式。如把对桥的新认识与桥的概念相连,从而丰富对桥的理解。

新图式的形成,除了需要一定的方法和技巧外,它还与原有图式在头脑中的表征有关。表征越深,他的知识联结也越丰富,因而难度也越大。所以,对于新图式的形成,有时不是一蹴而就的事情,而是需要较长时间的训练。

2. 程序性知识

> **学习要求**　针对某一程序性知识,绘出产生式或产生式系统
> 　　　　　　能对给定的程序性知识进行分类

程序性知识的结构特征

程序性知识是知道如何行动的知识,其在头脑中的表征是通过产生式来完成。一个产生式就是一个"如果—那么"规则。当"如果"得到满足,"那么"就得以执行。如下表:

表7.1　产生式举例

如果	目标是要整顿课堂纪律 有学生在课堂上捣乱
那么	就批评他

一个完整的产生式必须具备如下三点特征:第一,它的结构特征是"如果—那么"形式。第二,条件与行为的内外表达。这就是说,它们可以不以外部动作表现出来,而

是在头脑中进行操作。明白产生式不一定以外部形式表现出来,就可以更好地理解它在人脑认知过程中的作用。第三,目的性。任何一个产生式的执行都必须有一定目标,否则就可能成为无头苍蝇,难以系统完成所需解决的任务。

由于一个产生式只能表征一小块知识,当需要执行一个大的程序时,它就需要许许多多相关的产生式,在目标等级的控制下,构成一个产生式系统。例如:

表 7.2 产生式系统举例

P_1	如果	目标是要证明 $\triangle ABC \cong \triangle A_1B_1C_1$
		但不知道哪些对应边与对应角相等
	那么	建立子目标以寻找哪些对应边与对应角相等
P_2	如果	目标是要寻找相等对应边与对应角
		已知 $AB = A_1B_1$ $AC = A_1C_1$
		不知道 $\angle BAC$ 与 $\angle B_1A_1C_1$ 是否相等
		不知道边 BC 是否等于 B_1C_1
	那么	建立子目标寻找 $\angle BAC$ 是否等于 $\angle B_1A_1C_1$ 或边 BC 是否等于 B_1C_1
P_3	如果	目标是要寻找 $\angle BAC$ 是否等于 $\angle B_1A_1C_1$ 或边 BC 是否等于 B_1C_1
		已知 $\angle BAC$ 与 $\angle B_1A_1C_1$ 是对顶角
	那么	得出 $\angle BAC = \angle B_1A_1C_1$
P_4	如果	目标是要证明 $\triangle ABC \cong \triangle A_1B_1C_1$
		已知 $AB = A_1B_1$ $AC = A_1C_1$
		$\angle BAC = \angle B_1A_1C_1$
	那么	得出 $\triangle ABC \cong \triangle A_1B_1C_1$

产生式 P_1、P_2、P_3 和 P_4 构成了一个产生式系统。从该产生式系统中,我们可以清楚地看到:产生式系统通过许多子目标,控制产生式的流向。尤其应当注意的是,产生式系统的这种监控式表明,它并不需要一个外在的监督系统,它的监控蕴藏于运行之中。

程序性知识的类型

程序性知识的划分可以依据两个维度。第一个维度是按照知识与领域相关程度来划分,分为特殊领域的程序性知识与一般领域的程序性知识:前者仅适用于特殊领域之内,如某一几何题的解答,小白鼠的解剖等;而后者则广泛适用于各个领域,但它在真正执行时困难不小,多数情况下只能起一种指导作用。第二个维度是根据程序性知识执行的自动化程度来划分,分为自动化程序性知识和有意识的程序性知识。例如,专家在阅读他所研究领域的文章时,对一些较简单的单词或词汇无须刻意去探讨它的意思,往往是一看便知,而对一些较难的语句,则需要通过查字典或联系上下文才得知。值得注意的是,这两种维度的划分是相对的,而不是绝对的。例如,特殊领域的程序性知识

可以是自动化的,也可以是有意识控制的。图7.6更能体现这种关系:

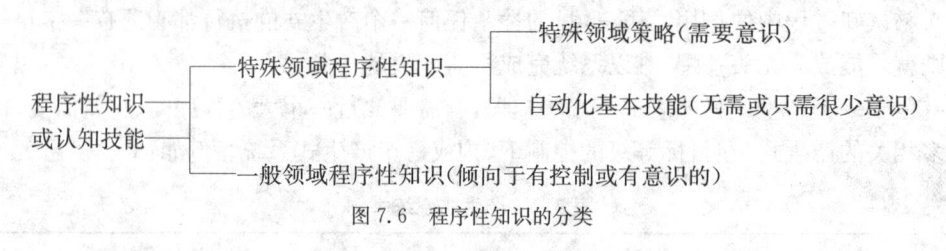

```
                          ┌─ 特殊领域程序性知识 ─┬─ 特殊领域策略(需要意识)
程序性知识 ─┤                                    └─ 自动化基本技能(无需或只需很少意识)
或认知技能 │
                          └─ 一般领域程序性知识(倾向于有控制或有意识的)
```

图7.6　程序性知识的分类

程序性知识　知道如何行动的知识
产生式　程序性知识的表征形式,以"如果—那么"的形式表征
产生式系统　表征大的程序性知识的一系列产生式

教学之窗

促进自动化基本技能获得的教学措施

☞ 掌握子技能或前提技能

从需要传授的技能中分解出子技能,从这些子技能中又再次分解出子技能。例如,可以将代数看作微积分的子技能,而算术又是代数的子技能,基本的计算技能又是算术的子技能。而成功的教学设计,关键在于确定这类子技能的层级,教学的宗旨就是分别传授这些层次中的各种子技能。这样做的目的在于,让每个学生学会必要的前提知识,并为掌握新的复杂技能提供所需的子技能。

☞ 促进组合

给学生提供机会,让他们将一些小程序合成为大程序。在实现技能程序化的联系阶段中,为形成大的产生式,促进组合的产生,教师必须使两个小的产生式能够在工作记忆中同时或连续地处于激活状态。在帮助学生合成基本技能时,要根据学生的需求来提供适时的反馈。利用计算机来提供反馈,将有助于学生及时纠正错误,避免使错误成为业已编辑好的基本技能中一个自动化的成分。

☞ 促进程序化

为促进学生实现整个技能的自动化,教师应该引导学生练习整个程序中所含的一系列产生式步骤,而不是单独练习部分产生式。随着一次次成功地执行这种动作序列,整个程序中各个步骤的联系也会更多地依靠前后步骤的匹配,而非有意识的思考或搜索。不过,技能越是趋于程序化,学生对下一步骤的执行就越是充满自信,用语言来清楚表达自己知道该做什么的能力也越会减弱。

3. 两类知识的比较

> **学习要求** 阐述陈述性知识与程序性知识的联系与不同点

从表征形式来讲,虽然两类知识在长时记忆中表征的特征完全不同,但都对贮存的知识和经验作了经济的表征。陈述性知识保留客观世界中的意义、空间关系、时间次序以及其中协调一致的变化,而程序性知识则保留了控制人行为的一些法则。不同表征反映了不同功能,陈述性知识主要通过网络化和结构性来表征观念间的联系,为人考虑或反思事物间的联系提供了方便;程序性知识主要通过目的流将一系列条件—行动组装起来,体现了人会在何种条件下采取何种行动来达到一系列中间的子目标,又如何通过实现相关的子目标来达到最终的总目标。

由于所服务的功能不同,这两类知识还有静态与动态之别;陈述性知识仅反映事物的状况及其联系,而程序性知识则要对信息进行某种运作从而使之发生转变。如"加减法运算"和"处理不专心儿童"这两个问题,最初接受的信息与最终输出的信息是完全不一样的。

正是因为表征和功能上的差异,两类知识在获得速度方面各不相同。对陈述性知识,个体只需一次接触或体验,或者经历一定的时间,便可在长时记忆中加以编码或贮存。而程序性知识的获得速度则比较慢。如多位数加、减、乘、除之类的算法,不可能只尝试解决了一两个问题便学到手。掌握这类算法需要经历一段时间,接触不同复杂性的问题,如此方能逐步达到熟练水平。至于某些复杂技能(如开车)要达到自动化水平,则可能需要付出上万次的努力和练习。

不同的获得速度,导致对两类知识做出改变的难易程度上也有所差别。对于简单的陈述性知识而言,如历史地理事实,学习所付出的代价相对较低,可以比较快地获得,因而对之加以修正也相对容易。但对复杂的陈述性知识而言,如某些根深蒂固的观念,更改起来则较为困难。而对程序性知识,特别是已达自动化水平的技能,要对它们作出改变就相当困难,这是因为当人的加工系统对获得的程序放弃了监控后,人在执行这一程序时就不会再去考虑其中哪一步是否正确或哪一步是否会产生预期的行为。

上述两类知识不同,并不意味着两类知识之间缺乏内在的联系与互动。对某些学科中的某些知识,我们最终只需要学生能够回忆出来,能够陈述;但对绝大多数学科领域来说,教育工作者自然不希望学生仅停留在说说而已的水平,而更希望知识被转化为指导学生行动的有效指南。从认知心理学的观点来看,从会说到会做要经历一个过程,如果对知识还说不清道不明,那么要实现向会做的转变是不可能的,因此陈述性知识是程序性知识的基础或起步阶段。掌握了会做的知识，又有助于我们去获得会说的知识。例如，掌握了阅读、理解和检索文献的技能，可以帮助我们获得更多的信息。

第三节 认知过程

本节将介绍学习的信息加工模型中的第二部分，即认知过程。个体注意某些刺激，就预示着信息加工过程的开始；而发现或理解刺激的意义，就是知觉活动；为了保存信息，个体需要不断地复述，但更为重要的是，要将新信息与长时记忆中已有的知识建立起联系，即进行有意义编码；而一旦能从头脑中有效提取出新知识，或将之运用于某些活动中，则表明他已经获得了这一知识。

一、注意、知觉与复述

学习要求 阐述吸引注意的一些教学策略
　　　　　阐述知识在知觉中的意义
　　　　　讨论复述对学习的影响

1. 注意

注意是心理活动对一定对象的指向和集中。在信息加工模型中，受纳器标志着信息加工的开始。从教学角度，吸引和维持学生的注意是教学的第一步。教师应该仔细地安排课堂教学，以便使学生把注意力集中到他们所教的内容上，而忽视教室外面的声音或与学习无关的声音。例如，教师上一堂有关甲壳类动物的课，上课一开始，如果教师手里拿着一只活蹦乱跳的、水淋淋的螃蟹进入教室，即使是最没有兴趣的学生这时可能也会集中注意力。引起学生注意的方法多种多样，如实验演示，用幻灯片、图画、地图、图表来呈现知识，提出能引发思考的问题，教师在教室里来回走动，上课时声调抑扬顿挫，运用体态语言和其他活动的方式来引起学生的注意等等。

2. 知觉

知觉是个体获得刺激意义的过程。在对感觉记忆中某个特定的刺激物进行注意以后，便进入了知觉的认知过程。知觉之所以重要，是因为它会影响哪些信息进入到工作记忆。应当注意，工作记忆中的信息是以"知觉到的现实"而非"真实的现实"的形式出现。在课堂教学中，如果学生曲解或看错了教师的例子，那么进入到工作记忆中的信息将是无效的,因而转换到长时记忆中的信息同样也是无效的。

在影响知觉的诸多因素中,知识背景是最为重要的。例如,在一堂化学课上,一位老师在黑板上写下了一个化学方程式:$CaCO_3 + CO_2 + H_2O \longrightarrow Ca(HCO_3)_2$。要掌握这个化学方程式,学生必须要正确地知觉这个方程式的许多方面:(1) 化合物某一元素下方没有标明数字的,表明它只有一个原子;(2) 有一些成分的表达式中有两种元素,有的却只有一种;(3) 元素的下标表明该元素的原子数目。对这些特征的准确知觉,不取决于一个人视力的好坏,而完全取决于学生掌握有关化学方程式的知识状况。

3. 复述

在注意与知觉之后,信息处于工作记忆之中,但只能在此保存较短一段时间,那么该如何使信息进入到长时记忆呢?复述可以说是一种最常用策略,其含义是指在学习者的有意控制下,主动地以语言的方式,出声或不出声地重复先前学过的材料,以帮助记忆。例如让小学生记住九九乘法表或者古诗时,就经常使用这种策略。但需要注意的是,这里的复述与阅读教学中的学生用自己的话复述课文故事大意的教学方法不同。前者是原封不动地保持原材料,而后者只要求学生回忆大致内容,旨在促进学生对课文的理解。

复述有助于学生的记忆已经被不少实验所证实。有研究者发现,当呈现给儿童一定的学习材料并让他们在一定时间内记住时,采用复述策略的儿童成绩明显高于没有策略的儿童。另有研究发现,年幼儿童一般不会使用复述策略,只有 10 岁以上儿童能够使用复述策略。

注意 心理活动对一定对象的指向和集中
知觉 个体获得刺激意义的过程
复述 在学习者的有意控制下,主动地以语言的方式,出声或不出声地重复先前学过的材料,以帮助记忆

教学之窗

在课堂中吸引学生的注意力

☞ 预先告知目标

在呈现教材之前提出学习目标,或者提出急需解决的问题,告诉学习者:"在……中寻找答案",这能使学生明确任务要求,同时也确定了他们要记住或掌握什么。

☞ 合理安排刺激

　　将内容直接置于个体关注最多的是左上角,而关注最少的是右下方,可通过一定的提示手段(如箭头、着色等)把学习者的注意引向重要内容处。

☞ 运用新异刺激

　　该做法的目的,是将注意引向要学习的信息,而不是引向新异刺激本身,同时要不断借助适当的变化来保持学习者的注意。

☞ 适度设疑

　　对太费解的材料,应在分析学习者和分析教材内容的基础上,适当简化材料,安排适度的不确定性,以引起学习者的询问。

☞ 简洁明了的显示

　　由于概念既有本质特征,又有非本质特征,因而要突出与主题最有关的本质特征,排除无关干扰,避免杂乱繁多的信息分散学习者的注意力。

教学之窗

在课堂中促进知觉

☞ 调动各种感官共同参与

　　调动多种感官同时参与某一知识的学习可在大脑的不同部位留下痕迹,如有关阅读教学的书本材料,同时可以利用视觉的、听觉的形态来呈现。但在多种感觉通道呈现的信息完全无关且信息量很大时,则会使学习者难于接纳而降低教学效果,如学生还在读板书的内容时,教师却滔滔不绝地往下讲了,这样教学效果就不会好。

☞ 突出知觉对象

　　加大对象与背景的差别,使主要内容占据显著位置。如:使重要部分的字体变化、颜色鲜明、圈、划等;关键部分使用活动模型;用语言提示帮助学习者区分对象;运用色彩对比;还可以运用设疑、反诘等手段加强对知识的理解。

☞ 强化信息整体

　　从整体角度,减少学习者错误组织材料的可能性,例如可运用比较、归类、抽象概括,重视教材之间的内在联系,按逻辑关系有次序地组织和呈示信息,帮助学习者正确理解。

☞ 利用冗余度

　　适当地增加所涉及信息的冗余度,增多对照可能特征的次数,并尽可能排除各方面的干扰。

二、有意义地编码

1. 编码的作用

学习要求 简述编码在学习中的重要意义

在信息加工模型中,编码往往发生在个体对复杂信息进行心理表征,并将之贮存到长时记忆的时候。一般来说,有意义的编码主要涉及新知识和原有知识的联系及其间的组织。例如,小李形成了有关太阳系的心理表征,其他的行星都围绕着太阳在转,这个心理表征贮存在长时记忆之中。他也对冥王星的信息进行了编码,他的编码中包括了冥王星运行的轨道是平面的,这和其他行星的运行轨道有所不同,因而冥王星和其他行星相比,起源是不一样的,在小李的头脑里面,所有的这些知识都有机地联系在一起。

可以看出,新旧知识建立联系是学习过程中的关键环节,也就是说,"旧"知识越多,新知识能够建立联系的"抛锚点"就越多,就越可能导致有意义的编码。因此,在教学中,教师可以:(1) 通过教学组织,使学生在新旧知识之间建立联系,从而增加知识的有意义性;(2) 通过精致化技术,即把复杂的新知识和原有的图式联系起来,这样也能增加知识的有意义性;(3) 重视学生学习的主动性,这是因为积极加工将有利于建构意义。图7.7列出了上述三条有意义编码的方法。

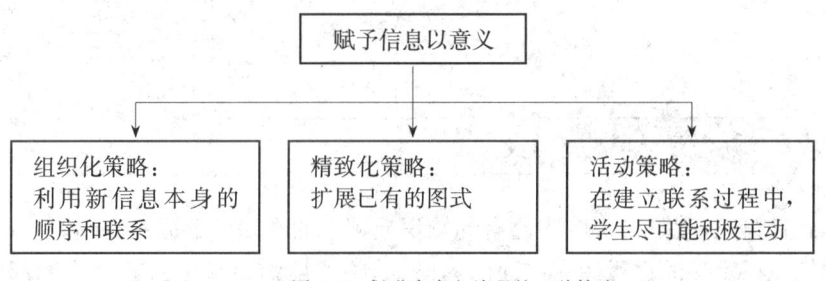

```
                    赋予信息以意义
         ┌─────────────┼─────────────┐
    组织化策略:      精致化策略:      活动策略:
    利用新信息本身   扩展已有的图式   在建立联系过程中,
    的顺序和联系                     学生尽可能积极主动
```

图7.7 促进有意义编码的三种策略

编码 个体对复杂信息进行心理表征,并将之贮存到长时记忆之中

2. 组织化策略

学习要求 阐述组织化策略的含义

第七章 学习的认知观 · 177

所谓组织化策略,是指按照信息之间的层次关系或其他关系对学习材料进行一定归类、组合,以便于学习、理解的一种基本学习策略。它可以帮助学生有效地记忆学习材料。组织策略的实质是发现要记忆的项目的共同特征或特质,而达到减轻记忆负担的目的。例如,在教低年级学生识字时,可以按照字音归类识字,或者按照偏旁结构归类识字。又如在地理教学中让学生背诵全国24个省份的名称,可以按照序列逐个背诵,但这样做费时费力。于是可以按照一定形式将要背诵的信息组织归类,可以按地理区域加以组织——东北、西北、西南、中南、东南、华东、华北。这些方法便是组织策略的运用。

有研究者(Moely, Olson, Halwes 和 Flawell, 1969)曾对5至11岁儿童的组织策略发展进行了研究。研究结果表明,对于组织策略的自发性使用,5岁—7岁组比率很低,8岁—9岁组开始显现,10岁—11岁组比例最高。显然,这就提醒教师,儿童组织策略的训练从10岁左右开始为宜。而有研究者也曾对初一、初三、高二年级学习优、差生的组织策略进行研究,结果显示:在无提示的条件下(即组织策略的自发性地运用),各年级优差生组均无显著性差异;在提示条件下,各年级优、差生均有显著差异,这就意味着用组织策略训练优生比训练差生更有效。

组织化策略 是指按照信息之间的层次关系或其他关系对学习材料进行一定归类、组合,以便于学习、理解的一种基本学习策略

3. 精致化策略

学习要求 阐述精致化策略的含义

所谓精致化策略,就是对头脑中已有的知识或刚学的新知识形成额外的联系,从而赋予复杂的知识以意义的过程。从前面内容已知,陈述性知识是以命题网络的形式在头脑中表征的,而人在学习新的命题时,可能会对原有的命题有所扩展,甚至作出某种推论,这种过程即被认知心理学家称为精致。而学习者附加在要学习的材料上的信息可能是一个例子,一个相关命题,一个表象或者任何能帮助信息联结的东西。例如,上海地区的学生在记化学元素溴的元素符号 Br 时,就可以把它记做"修皮鞋"(上海方言),对应着"溴 Br"。又比如,学生在理解"维生素 C 能够抵御感冒"这个命题时,可能会设想其原因,他们会结合以前的知识,想起维生素 C 能增加人体内的白细胞,而白细胞能杀死病毒,而病毒可以引起感冒等等相关的命题。由此,学生在头脑中将这样的命

题加以精致,作出扩展,形成更大、更细致的网络了。

可见,精致化策略之所以对记忆产生影响,一方面是给回忆提供了更多的提取途径,另一方面在于帮助个体推论出自己实际上已经不记得的信息。而一个好的精致化策略应该是:(1)富有意义,并且与学习者已有的知识相匹配,如要记一配对词组"电话——茶杯",可以用"电话洗茶杯"或者"电话砸茶杯"的联系来记忆,但前者联系语义不通,而后者有着正常的语义,记忆的效果会更好;(2)把有待联系的信息整合起来,如前例中,形成三种精致化策略"电话是程控式的,茶杯是不锈钢的"、"电话在茶杯的旁边"和"电话砸碎了茶杯",可以看出只有后一精致形式可构成一有深层次含义的联系;(3)为整个语境充实逻辑联系,如要记忆这样句子"口渴的小孩爬上山坡",可做两种精致"口渴的小孩爬上山坡观赏风景"、"口渴的小孩爬上山坡眺望村庄",显然,由于"村庄"可能意味着有水喝,后一精致句子则比前者更合乎逻辑。

精致化策略　对头脑中已有的知识或刚学的新知识形成额外的联系,从而赋予复杂的知识以意义的过程

4. 活动策略

学习要求　讨论"活动"与"思维"的关系

在信息加工模型中,学习被看作是积极主动加工的过程,而主动学习能够促进有意义的编码。对"活动"这个词,不能仅从表面去理解,例如,在理科教学中,"动手做"往往被教师所提倡,而学生在对学习材料(磁铁或其他物体)进行操作时,教师则通常认为学生在主动学习,但实际情况可能是,如果学生不清楚学习目标,或者没被要求说出自己的想法,以及陈述新旧知识之间的联系,则这样的学习仍然是无意义的,因此,"动手做"并不必然意味着学生"用脑做"。

所以,教学活动应要求学生进行积极主动的认知,强调活动必须具有目的性,新旧知识间要建立联系并进行深加工。从理论角度讲,不同加工水平(level of processing)制约个体的学习活动,个体越是进行深加工,所学的知识就越有意义。例如,仅仅要求学生把第四颗行星从太阳系中区分出来,这是一种浅层的加工;但如果请学生从图表中归纳出一般模式,或请他们解释,为什么水星的温度与其他行星相比差别那么大,这属于深层加工。

为了归纳出模式,学生必须鉴别各种信息之间的关系,比如与其他的外部行星相

比,把内部的四颗行星看成是较小的、离太阳比较近的行星,外部的行星体积较大、距离较远(除冥王星外)。解释水星和其他行星的温度差别为什么会这么大,它也要求进行深层加工,即必须找出导致这种现象发生的原因。学生必须要了解水星的旋转区域、它的重力和大气层等知识,才能做出恰当的解释。在教学中,教师要不断地寻找各种方法,鼓励学生学习时尽可能进行深层次的信息加工。

活动策略 促进积极主动加工,有助于有意义编码的一种学习策略

教学之窗

促进有意义编码的教学方法

☞ 组织化策略

→ 图表和模型图,即将大量信息组织成有意义的模型,如教师讲授有关太阳系的知识时,可以把太阳系的模型图挂在黑板上给学生讲解,这可以帮助学生把有关太阳系各行星的知识组织起来;

→ 层级结构,用来表示新信息内部,或新信息与原有知识之间的上下位关系,如月亮与地球的关系,地球与太阳的关系,太阳与银河系的关系,银河系与宇宙的关系,等等;

→ 实物模型,用来展示不能直接观察事物之间的关系,如上面提到的太阳系,教师还可以把太阳系的实物模型带入教室,让学生观察,这可以帮助学生学习;

→ 概要,即对有关知识做一概述。比如,某些书章节开始前都有一个概要。

☞ 精致化策略

→ 帮助学生对新信息进行自我推论,以一种或两种方式增强信息的意义;

→ 提示学生回忆先前上课的内容;

→ 针对新信息,向学生进一步提问;提供或帮助学生自己形成类比,即比较不同观念的相同(相似)和不同;

→ 运用记忆术,对没有逻辑联系的知识可以人为地赋予意义。

☞ 活动策略

→ 以问题解决的形式来掌握知识,而不是仅仅去记忆这些知识;

→ 教师提出的问题应该是要求学生去分析,而不是去回忆有关信息;

→ 要求学生对得出的结论提供有力的证据,而不仅仅得出结论;

→ 学习概念要结合例子并注重应用,而不仅仅下个定义;

→ 考试要强调知识的应用,而不是考学生的机械记忆。

三、提取

学习要求 简述引起遗忘的原因

在信息加工模型中,信息会以不同的方式从各记忆系统中丢失:感觉记忆中的信息如不被注意,就会丢失,再不能提取;工作记忆中的信息如不经过复述,只能保留较短一段时间,然后会从工作记忆中清除,再也不能恢复;而长时记忆中的信息,虽然经过充分的复述或以某种方式进行编码,但由于各种原因,学生还是不能有效地提取这些信息。对此心理学家做了种种解释,其中一种理论是干扰说。

主张干扰说的学者认为,信息丢失是由于在学习过程中受到了其他信息干扰的缘故。例如,在实际生活中,已经学会某种知识并自认为掌握较好,但如果随后学习非常相似的知识,其结果可能是新知识没有完全掌握,而原来知识也受到负面影响。在学校情景中,学生在英语课上学习名词的所有格时,先知道"单数名词的所有格表达形式是在该名词后加's'"和"大部分复数名词的表达式是在其单数的形式后加's'"这两个规则,如"student's"和"students'",但有些名词的复数形式不是这样,如"women"、"children",这些复数名词所有格表达式和单数名词的表达式是一样的,如"women's"。

信息受到干扰而不被提取,其深层次原因在于没有进行有效编码。例如,将材料放进文件夹,随着材料越来越多,如果没有进行有效的"编目",则很可能从文件夹中取出材料时,一时无法找到材料在哪里。所以,个体在试图提取信息时,往往会意识到自己的长时记忆中贮存着某些信息,但就是无法提取,这一现象被称为"舌尖现象"。

为解决干扰导致遗忘这一问题,可采用的方法有复习和比较。在教授某一新知识时,教师可把它和已学过的相似知识进行比较,经过这样对原有知识结构精致化后,干扰就会大大减少。另一种解决的方法是,把各种极易混淆的知识放在一起来教。例如,英语中的形容词短语和副词短语、地理学科中经度和纬度、数学中相同分母和不同分母的分数加法和减法等,但教师在教这些相似知识时,一定要区分出它们之间的相同点和不同点,尤其是要突出它们之间的差异,努力澄清容易引起混淆的地方。

第四节 元 认 知

本节将介绍学习的信息加工模型中的第三部分,即元认知(metacognition)。元认知不仅仅作用于信息加工的某个环节,而是对信息加工中的信息贮存、认知过程中的所有活动进行调节或调控,同时也涉及对自身认知特点、所加工信息的特性以及将采用的加工方式或策略的认识。20世纪70年代,弗拉维尔(Flavell,1979)等人对儿童记忆、理解和交流方面的认知发展研究,使元认知研究受到广泛关注。而且,由于元认知对人的记忆、注意、问题解决和智力等都起着核心作用,所以至今仍是一大热门研究主题。

一、元认知的含义

学习要求 简述元认知的含义
　　　　　　阐述元认知的成分

"元认知"是教育心理学中一个比较模糊的概念。什么是元认知?研究者对此众说纷纭。弗拉维尔认为,元认知就是对认知的认知,具体地说,是关于个人认知过程的知识和调节这些过程的能力,也就是对思维和学习活动的知识和控制(Flavell,1976)。布朗(Brown,1987)也给元认知下了个定义:元认知泛指个体对其认知系统的了解和控制。元认知的定义虽然很多,但一般认为,元认知的定义应包括两方面:对自己的知识、加工以及认知和情感状态的认识;有意识、有目的地监测和调节自己的知识、加工以及认知和情感状态。

弗拉维尔(1979,1987)认为,元认知由元认知知识(metacognitive knowledge)和元认知体验(metacognitive experience)或元认知调节(metacognitive regulation)组成。元认知知识是关于什么因素和变量以什么方式影响认知行为的过程和结果的知识或信念。这些因素或变量主要包括人、任务和策略。关于人的元认知知识,就是个体对自己或他人作为认知主体的特征的认识。关于任务的元认知知识,是指对个体在认知过程中能够达到的目标的认识。关于策略的元认知知识,是大量可以习得的、有关哪种策略对达到什么目标以及在哪种认知任务中有效的知识。也就是说,元认知知识是个体关于自己的认知能力(如我的记性很差)、任务(对项目进行分类比回忆容易)和认知策略(如要记住电话号码就要复述)的知识。关于人、任务和策略的知识是相互作用的,例如,一个人在阅读自己缺乏领域知识的材料时,会不时地停下来作小结或复述要点以帮助理解,但在阅读自己专业领域的材料时,则不需要这样做。布朗指出,关于认知的知识指的是个体对自己认知过程的知识,这种知识是稳定的、通常是可陈述的但易出错的。可陈述的是指个体可以知道并与他人探讨自己的认知过程,而易出错的是指个体比较容易了解自己对于认知的错误认识。

元认知调节包括各种执行功能,如计划、资源分配、监测、检查、错误检测和纠正等(Brown, et al., 1983)。有研究者(Nelson & Narens, 1990)根据信息是流向"元水平"还是从"元水平"流出,把元认知调节划分为监测过程和控制过程:在监测过程(如阅读时追踪自己对材料的理解),"元水平"接受来自"目标水平"的信息;而在控制过程(如对重要的学习材料分配更多的注意和努力),"元水平"对认知进行修正。元认知调节和元认知知识的关系是紧密结合、相互依赖的,例如,知道任务很难(元认知知识)能使个体仔细监控认知过程(元认知调节),反过来,成功的认知监控能使个体知道哪些任务难、哪些任务容易。

此外,与元认知调节有关的是元认知体验。按照布朗(Brown,1987)的说法,元认知体验涉及元认知策略或元认知调节的运用。事实上,元认知体验是在元认知调节过程中产生的有意识的体验,是个体意识到的一种认知和情感状态,它与元认知调节密不可分。人有时会产生知道某一事物但就是回忆不出的体验,这就是一种元认知体验。人的调控过程有时是在没有外显意识时进行的,但调控通常产生并受有意识的元认知体验的影响。因此,不宜把元认知体验和元认知调节分开来谈。

元认知 对认知的认知

元认知知识 关于什么因素和变量以什么方式影响认知行为的过程和结果的知识或信念,这些因素或变量主要包括人、任务和策略

元认知调节 包括各种执行功能,如计划、资源分配、监测、检查、错误检测和纠正等,分为监测过程和控制过程

元认知体验 在元认知调节过程中产生的有意识的体验,是个体意识到的一种认知和情感状态

二、关于元认知的研究

学习要求 简述关于元认知研究的一些结论

大多数早期的元认知研究是描述性的,主要描述儿童对自己记忆过程尤其是有意识地贮存和提取信息过程的认识。然而,随着研究从描述性转向实证性,研究方法的增多,元认知研究主要分为以下三类:元认知知识、元认知调节、元认知在教育中的应用。

元认知知识

有研究者调查了学生监测自己贮存的知识的准确性(Hart,1965),采用方法是"回忆—判断—再认"范式,这是测查"感觉知道"(feeling of knowing,简称FOK)判断的最常用方法。研究发现,大学生的"感觉知道"判断可以相对准确地指示是否在记忆中贮

存了知识。然而,以年幼儿童为被试的研究却发现,"感觉知道"判断远非如此准确(如Wellman,1977)。因此,随着年龄的增长,人对自己记忆中知识存储与否越来越清楚。

有研究者则采用系列回忆法,给年幼儿童(即学前儿童到四年级学生)短暂地呈现一列熟悉物体的图片,让儿童预测自己能否按正确顺序回忆出图片,在比较预测的回忆与实际回忆之后发现,年幼儿童倾向于高估自己的回忆能力,而年长儿童不仅能记住更多图片,而且预测回忆更加准确(Flavell, Freidrichs & Hoyt, 1970)。同样,有研究者也发现,虽然都能监测自己记忆的知识和过程,但监测能力随年龄增长而提高;而且,年长儿童比年幼儿童更善于利用记忆监测信息,给那些他们监测为不正确的项目分配更多的努力(Bisanz, Vesonder, Voss, 1978)。

所以,这类研究表明,幼儿虽然能监测自己的知识,但随着年龄的增长,他们逐渐知道自己监测的准确性。在判断记忆监测能力方面,不应仅仅考虑年龄因素,还必须考虑思维过程或监测的知识本身,如果记忆监测任务比较简单,没有超过工作记忆的负荷(如简单的回忆或再认任务),那么年长儿童和年幼儿童没有区别;但随着任务的复杂程度提高,例如要利用各种策略来分配更多时间到更难的项目,两类人就会有所区别。

元认知调节

此类研究早期关注的是智力迟滞和教育不良儿童,然而,近来研究者用各种能力的儿童做被试。有研究考察了教会学生监测策略的一般原则能否影响学生对随后任务中运用策略的调节(Lodico, et al., 1983)。结果表明,经训练的学生:(1) 承认自己的良好表现应归功于更有效的策略;(2) 如果可以选择,他们会选择更有效的策略;(3) 解释自己的选择是由于相信该策略能够改进自己的成绩。相反,大多数没有接受训练的儿童要么不能解释自己为什么选择某一策略,要么解释与表现无关。这些研究表明,可以训练年幼儿童,提高他们调节策略的技能,而且,如果在教策略的同时,教他们有关策略的效用和功能的元认知意识,能使他们更多地把策略用到新的情境中去。

在元认知调节的研究中,有一类是让被试在思维过程中监测可利用的信息,并利用这些信息调节随后的记忆过程,这又称为自我管理研究,即元认知协调问题解决的各个方面,包括学习者在处理任务之前的计划、之中的调整、之后的回顾(Kluwe, 1982; Schneider, 1985; Schoenfeld, 1987; Paris & Winograd, 1990)。这类研究大多采用"分类—回忆"范式,让被试尽可能多地回忆提供的单词或图片,并要求他们:(1) 监测自己对单词或图片序列的加工;(2) 理解回忆有助于根据意义对单词或图片作策略性分类;(3) 利用分类促进记忆从而调控回忆。其结果大多表明:6至8岁的儿童能够监测完成回忆任务所需的输入信息,并能理解回忆有利于把信息分成有意义的类别;然而,年幼儿童难以自发地调控回忆,要么是由于缺乏合适的分类策略的知识,要么是不知道何时运用这些策略;年幼儿童常常借助熟悉但不大有效的复述策略,即使告诉他们更有效的策略也是如此;但儿童到10岁左右就开始自发地采用分类策略来帮助回忆,尽管这个年龄的儿童用分类策略的能力受儿童是否有充分的与回忆项目相关的知识左右(Schneider,1985)。

还有一类研究是考察人们如何利用监测策略的信息来调节策略的选择,一般假设人们在运用各种策略时也在监测和调节,然后从中选择最有效的一种。有研究探讨了学生对不同策略(如句子精致策略和重复策略)的选择与偏好(Pressley,Levin,Ghatala,1984)。结果表明,没有练习时,学生更有可能选择实验者推荐过的策略,而练习并测试后,学生会选择更有效的策略,不管推荐与否,都是选择精致策略。因此,学生通过监测两种策略的练习与测试,了解了两种策略的有效性,并通过选择更有效的策略来调节随后的策略运用,即使在实验者推荐另一种策略时也如此。

元认知在教育中的应用

许多研究者确信元认知理论与教育关系密切,认为元认知正从理论走向实践,从实验室走向课堂。有研究者指出,元认知理论对于教师建设灵活的、创造性的策略性学习环境大有裨益(Borkowski & Muthukrishna, 1992)。还有研究者指出,学生在阅读、写作和解决问题时了解自己的思维,有助于促进学习(Paris & Winograd, 1990)。因此,研究者均认为,要使学习达到最佳状态,学习者必须了解自己作为能够有意识地达到特定目标的自我调控的认知主体的特征。而如何把元认知理论用于教育,这种应用已出现在许多领域,如一般问题解决、自然科学、数学、写作、阅读、双语教育等。

教学之窗

通过自我提问来训练元认知

自我提问法就是通过一系列问题,供学生自我观察、自我监控、自我评价,不断促进学生自我反省,进而提高学生问题解决的能力。例如,美国数学家波利亚(Poliya)就解决数学问题的四个阶段,提出了以下一系列供学生自我提问的问题:

☞ 理解问题阶段:未知条件是什么?已知条件是什么?已知条件足以确定未知量吗?多余还是不足?

☞ 拟定计划阶段:过去见过这类题吗?若见过,它是否以稍微不同的方式出现?我能用未知条件相同或相似的熟悉问题的答案来解决这道题吗?如果不能解这道题,应再问:我能从已知条件中产生出什么有用的东西?我用上所有的条件和数据了吗?

- 执行计划阶段：能清楚地认定每一步都是对的吗？能证明它是对的吗？
- 回顾步骤：我能检验结果的正确性吗？我能检验推理过程吗？我能在其他问题上运用这个结果或方法吗？

有人(Kurzeje, 1986)采用上述波利亚的提问模式，在52名三年级学生中进行训练，发现参加这种训练的儿童比没有参与元认知教学的儿童更能成功地解决有难度的问题，并且更能说出解决问题的各个步骤。

教学经验

吸引学生注意力与促进记忆

- 在物理教学中，我常把相类似的问题放在一起。教师只示范解其中的一个问题，这分为两个过程：(1) 思考过程，如何从已知条件出发往后推，得到一些推论，并区分这些推论在解题中的有用性；(2) 具体的解题过程。其他同类问题教师只需做点拨，让学生自己解决，这能够引发学生的注意力，而且事实也证明这是一种比较好的学习方法。靠学科内容而不是凭"噱头"来吸引学生注意力，将有助于学生形成知识结构，掌握解题策略。（王旭东）

- 要让学生在一堂45分钟课中有35分钟在听讲，我认为开始上课的10分钟非常重要，我总是想方设法吸引学生的注意力，如从小故事导入，安排一定的学习任务，这样可以激发学生的兴趣，促使学生带着一定的问题和任务去阅读课文。如果前面10分钟没有吸引学生的注意力，那么整堂课的基调就很难改变，导致教学效果差。……对于有些内容，我让学生寻找共同点并加以记忆。但我感觉，语文中可以取巧的记忆方法很少，很多内容仍需要死记硬背。现在的学生对背课文有畏惧心理，如果课文太长，学生就觉得自己背不出而不愿去背。通常，我会把文章分为几个部分，分几天让学生逐个背诵。（赵辛钰）

- 对于初中生来说，一堂课45分钟时间太长，学生集中注意力的时间最多只有30分钟，顽皮的学生能集中注意的时间更短……在这样短的时间内来促使学生有效学习，确实需要一些技巧。例如，物理有很多公式需要学生记忆，我常常采用比较和类比法来帮助他们记忆，从而达到"举一反三"；进一步说，力学中的平衡力和反作用力，经过对比可以使学生形成结构化的知识，可以将比较的结果概括成简单的文字，当然也要给学生练习应用的机会；此外，有时可以采用图表，而学生容易理解并掌握这种更为形象的呈现方式。（马世龙）

☞ 我认为,还是理解记忆的效果比较好。比如我班上有个学生很怕英语,我作为班主任就陪他背英语课文,学生一听非常高兴,觉得我与他的心理距离更近一层;然后,我先让他了解文章的内容及前后的关系,再逐个背段落,最后背全文。这种方法一方面拉近了老师与学生之间的距离,但更重要的是,这种基于理解的背诵方式效果比较好。(陈惠莲)

☞ 如果学生连单词都不会读,就只好死记硬背或逐字拼写,但背诵的内容隔天就忘记。英语单词最好按音节来记拼写。……而背句子时要先理解句子的各个组成成分。……如果是背诵整篇课文,我一般在课文上完后,让学生按图说话或复述课文,然后再让他们背课文,这样学生背课文的速度就会有所提高。(朱红琴)

教学反思

学完本章后,你可以思考:
⊙ 学习的认知观比行为主义观更好吗?
⊙ 信息加工模型在解释学习上具有何种优势?
⊙ 如何提高工作记忆的加工效率?
⊙ 复述就是死记硬背吗?
⊙ 如何通过有意义编码,使学习内容较快地贮存入长时记忆?
⊙ 为避免学习内容的遗忘,可采用哪些教学措施?
⊙ 元认知、信息贮存、认知过程三者的关系怎样?
⊙ 训练学生的元认知,是否应与具体内容相结合?

总　　结

学习的认知观概述　学习的认知观建立在对学习的行为主义观的批判与反思的基础之上,这一理论认为:学习是一个积极主动的心理过程,而非对环境刺激的应答或反应;对学习的研究,应重视观念理解、推理、思维、解决问题等较高级的认知能力,而非关注简单低级的刺激—反应及其联系。而学习的信息加工模型建立在人对计算机类比基础上,把人和计算机都看作是一套符号操作系统,并用计算机的工作原理和术语来描述人的学习和记忆的过程。

信息贮存　感觉记忆,就是对来自环境的刺激保持一个极短时间,直到它们受到关注和进一步加工为止。而工作记忆就是把信息保持住,使人能够运用信息有意识地工作,由于其持续时间较短且容量只有7±2个组块,从而成为信息加工过程的"瓶颈",但这可部分通过"组块化"和"自动化"办法来解决。而长时记忆可将信息在人脑中长久保持。在长时记忆中,存在两种知识表征:陈述性知识和程序性知识。前者是有关事实、定义、程序以及规则是什么的知识,其表征形式主要有命题、表象、线性序列和图式;后者是知道如何行动的知识,其在头脑中的表征是通过产生式来完成的。两类知识之间存在内在的联系与互动。

认知过程 在信息加工模型中,在"感觉记忆"之后信息如被注意,便开始了获得刺激意义的知觉过程,在其中,知识背景起相当重要的作用。信息经复述后,进入到长时记忆中,与原有知识发生各种联系,也即编码的过程。一般来说,促进有意义编码的方法主要有:组织化策略、精致化策略和活动策略。最后,当要运用某些知识时,信息就被提取,期间会受到各种因素的干扰,因而产生遗忘。

元认知 元认知是对认知的认知,可区分出两种成分,即元认知知识和元认知体验或元认知调节。元认知知识主要涉及人、任务和策略这三者;而元认知调节主要包括监测过程和控制过程;元认知体验是在元认知调节过程中产生的有意识的体验,是个体意识到的一种认知和情感状态,它与元认知调节密不可分。关于元认知的研究也揭示出一些规律,如随着年龄的增长,个体越来越能对自己的知识状况,记忆能力进行准确地"感知",同时也能自发地使用各种有效策略。

重要概念

编码	复述	命题网络	元认知知识
表象	感觉记忆	图式	知觉
长时记忆	工作记忆	线性排序	逐字逐句的复述
陈述性知识	活动策略	学习的信息加工模型	注意
程序性知识	精致化策略	元认知	组块
产生式	精致化复述	元认知调节	组织化策略
产生式系统	命题	元认知体验	

参考文献

1. 吴庆麟等:《认知教学心理学》,上海科学技术出版社,2000。
2. 李维:《认知心理学研究》,浙江人民出版社,1998。
3. 刘电芝:《学习策略研究》,人民教育出版社,1999。
4. 吴增强:《学习心理辅导》,上海教育出版社出版,2000。

5. Anderson, J. R., *Cognitive psychology and its implication* (4th ed), New York Freeman, 1995.

6. Flavell, J. H., Metacognition and cognitive monitoring: A new area of cognitivedevelopmental inquiry. *American Psychologist*, 1979, 34: 906—911.

7. Pressly, M., Harris, K. R., Guthrie, J. T., *Promoting academic competence and theracy in school*. San Diego: Academic Press, 1992.

第八章 学习的社会认知观和建构主义观

引言

在课堂教学中,学生最易模仿哪些行为?在小组活动中,为什么有的学生较为活跃,有的学生不爱表现?如何才能促使学生相互之间有更多的合作?研究性学习对学生的学习究竟起何作用?为使学生能将学校习得的知识或技能自如运用于实践活动,教师应该怎样教?在与学生对话时,教师该将自己置于何种"位置"?等等。这些问题都涉及如何为学生创设一个有利的学习情境。

第六章和第七章分别从行为主义和信息加工的观点出发,介绍了各自范型下的学习内容及方式。从行为的外显变化到个体"头脑"中的内部活动,研究者对学习这一现象的本质逐渐有所认识。近年来,研究者逐渐关注影响学习的另两个重要条件——社会因素和文化因素,特别是关注个体如何通过与他人的互动来学习,也关注观察、示范、对话和文化等因素对学习与教学的影响。所以,本章将阐述这种研究倾向下的两大理论框架:社会认知观和建构主义理论,以及它们对教学的影响。

学完本章后,你应该能够:

- 总结社会认知理论的要点;
- 阐述观察学习的过程及其结果;
- 介绍建构主义的不同观点;
- 阐述不同建构主义观点之间的共识;
- 在自己的教学中综合使用研究性学习、基于问题的学习和合作学习等建构主义观下的教学方式;
- 设计包含教学对话和师徒法的课程。

教学设疑

陈老师刚进一所初中工作,任教课外阅读和写作课。整个暑假她都在为课程做准备,列出自己在初中阶段读过的好书,并且留意搜集近期有关电影和电视的评论。第一天上课,她就发现一些学生在阅读方面还欠熟练,于是记下这些情况,以便今后为他们合理安排阅读材料和阅读量。同时,为了了解全班同学的兴趣所在,她让每个学生写一份评论,回顾最近看过的一本书;虽然有极个别的学生在低声埋怨,但大家都完成了作业。

晚上回家后,她开始翻阅学生写的评论,结果发现:有些学生写了"最近没看什么书",有些学生提到了在别的课上学的文章,但只是一两句话"没意思"、"空洞"、"一般",还有些学生虽然写了几段话,但感觉拼拼凑凑没有主题。尽管如此,陈老师还是发现有三个学生的作业特别出众,不仅行文流畅,而且对文学作品有较为深入的理解。

如果你是陈老师:
- 如何修改你的教学计划以适应这些学生?
- 明天上课你将采取哪些行动?
- 你将采用哪些教学方法?
- 对三个水平较高的学生,你将怎样教?
- 如何考虑在教学过程中社会和文化因素对学生学习的影响?

第一节 班杜拉的社会认知理论

班杜拉(A. Bandura,1925—),美国心理学家,现代社会学习理论和社会认知理论的奠基人。他认为,个体的行为是在观察他人的行为及其后果的基础上获得的。在他看来,学习是一种既符合信息加工理论,也符合强化理论的过程。班杜拉的观点在行为主义与认知理论之间架起一座桥梁,为当前的学习理论作出了巨大贡献。

一、社会认知理论概述

学习要求 阐述班杜拉的交互决定论
简述班杜拉的社会认知理论

班杜拉早期研究学习时,也采用行为主义的强化和惩罚的一般原理,但他认为,传统的行为主义学习观有一定的合理性但不完整,因为它仅仅对学习做了片面的解释,而忽视了一些重要方面,尤其是社会因素对学习的影响。由于班杜拉关注社会行为,所以他早期的理论被称为社会学习理论。后来,班杜拉开始关注一些认知因素,如信念、自我知觉和期望等,因此目前他的理论又被称为社会认知理论(social cognitive theory)。

在社会认知理论中,班杜拉总结出影响学习的三类因素,即环境(资源、行动结果、他人和物理条件)、个体(信念、期望、态度和知识)和行为(个体行动、选择和言语表述)。他认为这三类因素互为因果,每两者之间都具有双向的互动和决定关系,因此他把这一理论称为交互决定论(reciprocal determinism),其关系见图8.1。

下面以学生的学习行为、自我效能感(self-efficacy)以及环境(教师)间的相互作用来说明这一理论。自我效能感是个体对能够有效处理特定任务的主观评估,它与学习行为之间存在相互作用:自我效能感的高低直接影响个人的努力程度,从而导致成绩的好坏;而学习成绩的好坏又会影响个人的自我效能感。同样,环境与自我效能感也存在相互作用:教师的鼓励能提高学生的自信心;学生所表现的自信与积极的学习态度又会促进教师积极的教学行为。再如,学生的行为与环境也存在这种关系:如果学生学习认真勤奋,教师会对这样的学生更加青睐并投入更多精力去教学;同时教师的言行又会影响学生的学习行为。

图8.1 环境、个体和行为三者的关系图

社会认知理论还区分了两类学习:角色扮演学习(enactive learning)和替代性学习(vicarious learning)。所谓角色扮演学习,就是在动手做和体验行动结果的过程中学习。这类学习是通过直接经验而获得行为反应模式,即通常所说的直接经验的学习。例如,桑代克的尝试错误学习、巴甫洛夫的条件反射式学习和传统行为主义的刺激与反应的联结式学习均属于这一类。

所谓替代性学习,就是通过观察他人而学习。具体来说,学习者可以通过观察他人的行为来学习,即看其结果是受到奖励还是惩罚,不必自己直接做出反应并亲自体验结果。在班杜拉看来,建立在替代基础上的学习模式,是人类学习的一种重要形式,因为个体不可能通过亲手做并体验行动结果来学会各项复杂技能。例如,我们不可能通过试误学习来掌握开车、动手术之类的技能。至于学生的许多社会行为,如利他主义或从

192 · 教育心理学

众等,也都能通过观察而习得。

> **交互决定论** 对行为的一种解释,强调行为、个体和环境的相互作用
> **社会认知理论** 强调信念、自我知觉和期望等认知因素的社会学习理论
> **自我效能感** 个体对"能够有效处理特定任务"的主观评价
> **角色扮演学习** 在动手做和体验行动结果的过程中学习
> **替代性学习** 通过观察他人而学习

二、观察学习

> **学习要求** 阐述观察学习的四个要素
> 　　　　　　阐述观察学习引发的各种结果
> 　　　　　　阐述影响观察学习的几类因素
> 　　　　　　解释促进观察学习的强化模式

　　班杜拉的社会认知理论非常强调观察在学习中的作用。个体通过观察,不仅学会了某一行为,而且知道这一行为在特定情境下带来的后果。例如,正是由于观察,儿童在身体机能协调发展的前提下,第一次拿着梳子就会用它梳头,第一次接触乒乓球拍就能挥动。那么,观察学习是怎样产生的呢?

　　就过程而言,观察学习有四个要素:注意、保持信息或印象、产生行为及愿意重复行为。也就是说,一个完整的观察学习过程包括以下四部分:首先,观察者集中注意力观察被示范的行为或活动;其次,观察者以表象或言语等符号表征形式贮存所观察到的行为;然后,观察者模仿所观察的行为,将符号表征转化成外显活动;最后,观察者因模仿而受到强化,从而影响后继行为产生的动机。

　　就结果而言,观察学习可能产生以下五种后果:引导注意力、调整已有行为、改变抑制、获得新行为和新态度、引发情绪。具体来说,通过观察学习,个体可以:第一,注意到活动中出现过的物体,如看到其他小朋友在玩一个玩具小狗后,儿童也想得到同样的玩具狗;第二,了解行为应用的时机或场合,如该用哪把叉子吃色拉,什么时候离开朋友家,应该说什么话等等;第三,在观察到他人尤其是受欢迎或地位较高的人违反纪律却没有受到任何惩罚时,将认为违纪不一定招致惩罚,如在课堂教学中,教师对违反规则的学生尤其是班干部不加以处罚时,其他学生看到后将会做出同样的违纪行为;第四,习得一些思维技能和创新的思考方式,如学生通过观察教师的言谈举止,可以习得相似

的思考方法;第五,对一些从未经历过的情境产生情绪反应,如看到小伙伴从秋千上摔下来,儿童从此可能对秋千产生恐惧。

而影响观察学习的因素主要涉及观察者本人、被观察者(示范者)、被观察行为的后果、观察者预期的行为后果、预定目标、自我效能感等。具体来说,第一,随着年龄增长,个体能更长时间地集中注意力,能运用一些记忆策略保持信息,并能通过自我强化进行练习。第二,有权威的人或技能熟练的人更有可能成为被模仿的对象。第三,如果被观察行为的后果是观察者期望得到的,则更具激励作用。第四,观察者会模仿那些他们认为是合适的且会带来奖赏的行为。第五,如果示范行为能够帮助观察者达到他们的目标,就更会受到关注。第六,当观察者相信自己能成功执行一个符合特定要求或结果的行为,即具有较强的自我效能感时,他们会更多地关注并模仿示范者的行为。

班杜拉提出了三种促进观察学习的强化模式。第一种为直接强化,当观察者正确重复了行为就直接给予强化。如体操运动员在成功完成动作后,教练称赞"好极了"。第二种为间接强化,如果个体看到他人因某一行为得到奖赏,也会受到鼓励而模仿。如教师当众表扬一些学生的学习方法,其他学生也会跟着尝试这种方法。第三种为自我强化,指因个人行为表现符合或超出自我标准而带来的强化。这类强化对学生和教师都很重要。具体来说,学生的学习不应仅出于外部奖赏的原因,更应该受内部的价值观和兴趣的驱动;自我强化也促使教师们保持教学热情,坚持辛苦耕耘。

观察学习　通过观察和模仿而学习
直接强化　当观察者正确重复了行为就直接给予强化
间接强化　观察者因看到他人的行为得到强化,而受到鼓励并模仿其行为
自我强化　由于重复行为而使观察者自我价值观和兴趣得到提升

教学之窗

在教学中如何应用观察学习

☞ 示范将要学习的行为和态度

→ 对所教课程表现出很高热情;

→ 乐于向学生演示如何完成脑力或体力任务。如有一位幼儿教师亲自坐在沙箱里,让4岁的学生看他示范"玩沙子"和"乱扔沙子",以示两种行为的区别;

→ 当读文章给学生听时,借机示范某些阅读技能,如时不时地停下来说,"现在让我们看看是否记住了刚才发生的事情","噢,这是个很难的句子,我再读一遍。"

→ 示范好的解题方法——在解决难题时采用"出声思维"的方法。

- ☞ 让同伴尤其是班干部做示范
  - → 在小组合作中,把有学习困难的学生和好生分在一组;
  - → 让学生表演"小声交谈"与"安静—不说话"的区别。
- ☞ 让学生看到良好行为带来的奖赏
  - → 在故事中指出良好行为与积极的结果之间的联系;
  - → 坚持奖赏的公平性,对差生和好生遵循相同的奖励原则。
- ☞ 发挥班干部的带头作用
  - → 要求受欢迎的学生友善地对待胆怯、不合群的学生;
  - → 在合作活动中或当学生们起初不愿尝试时,让班干部带头。如在外语课上让他们示范对话,或在生物课上让他们首先尝试解剖。

第二节 当代建构主义的理论

哲学家、心理学家、教育学家和课程设计者等经常使用"建构主义"(constructivism)这一术语,用它来强调个体或学生在学习中的重要作用。建构主义的观点可以追溯到杜威、皮亚杰、维果斯基等的思想和研究。作为建构主义的代表人物之一,冯·格拉泽费尔德(Ernst von Glasersfeld)曾指出,"建构主义是当代心理学、认识论和教育学中一个广阔但不清晰的领域"。

von Glasersfeld

一、当代建构主义理论的兴起

学习要求 阐述皮亚杰关于建构的学习观点
阐述维果斯基关于建构的学习观点

什么是建构?"建构"本来用于建筑或木器加工中,指为了某种目的而把已有的零件、材料制成某种结构。在教育心理学中,建构是指学习者通过新、旧知识经验之间的反复、双向的相互作用,形成和调整自己的经验结构。在建构过程中,学习者对当前信息的理解是以原有的知识经验为基础,但又不是简单地提取和套用原有知识经验,而是要依据新经验对原有经验本身作出某种调整和改造。

在心理学领域,皮亚杰和维果斯基等人的思想促成了建构主义理论观点的兴起。

皮亚杰学派的建构主义观点属于心理的/个体的，较少关注"正确"的表征，而对个体建构起来的意义更感兴趣。皮亚杰认为，知识既不是客观的也不是主观的，不能直接从环境中习得，它们来自个体反思和协调自己的认知。也就是说，认识并非大脑对于客观事物或现象的简单、被动的反映，学习也不是个体获得越来越多外部信息的过程，而是一种主体主动的建构活动，从中学习者学到越来越多的有关自己认识事物的程序，即建构了新的认知图式。皮亚杰感兴趣于一般知识的建构，如守恒和可逆性等，同时，他也认为社会环境是发展的一个重要因素，但不认同社会互动是思维发展的主要机制这一思想。

维果斯基虽然与皮亚杰一样，将知识和学习视为外部环境与主体相互作用的结果，但他更重视社会互动和文化情境在学习中的作用。也就是说，个体在社会文化背景下，主动建构自己的认识与知识。所以，学习从本质上是社会的，与特定的文化情境不可分割。维果斯基非常强调，社会互动、文化和活动等塑造了个体的发展和学习。"最近发展区"这一概念指出了文化和认知相互创造的关系：(1) 文化造就了认知，如成人使用文化中的工具和实践（语言、地图、计算机、音乐等）来指导儿童的学习（阅读、写作、唱歌、跳舞等）；(2) 认知创造了文化，如成人和儿童共同尝试新的实践活动，用新的方法解决问题。

正是由于这些先驱的思想及其传播，建构主义的理论和方法被广泛地用于教育学、心理学、人类学、计算机化教育等活动中，但目前并没有形成统一整合的建构主义的理论，也就是说，具有不同研究背景的学者虽然都使用"建构主义"这一术语，但赋予它的意义存在一些差异。本章将介绍几种有代表性的当代建构主义的理论观点。

建构主义 强调学习者积极主动地构建知识并理解信息意义的观点

二、当代建构主义的不同观点

学习要求 简要介绍当前建构主义的不同观点

当代建构主义的观点主要可细分为六种：激进建构主义（radical constructivism）、社会建构主义（social constructivism）、社会文化认知观（social-cultural cognition）、信息加工建构主义（information-processing constructivism）、社会建构论（social constructionism）和控制论系统观（cybernetic system）。

1. 激进建构主义

激进建构主义主要源于皮亚杰的思想,它有两条基本原则:(1) 知识不是个体通过感觉或交流而被动接受,而是通过新旧经验的相互作用而主动建构;(2) 认识的机能是适应自己的经验世界,帮助组织自己的经验世界,而不是去发现本体论意义上的现实。在此基础上,激进建构主义认为,世界的本来面目无法知道,人们所知道的只是自己的经验;而知识的作用在于帮助个体解决具体问题,或者提供关于经验世界的一致性解释,而知识主要在个体与经验世界的对话中得以建构。与其他形式的建构主义相比,激进建构主义重视个体与其物理环境的相互作用,而较少关注学习的社会性。

2. 社会建构主义

社会建构主义以维果斯基的理论为基础。它比激进建构主义更为温和地质疑了知识的确定性和客观性,强调知识不仅通过个体与物理环境的相互作用,而且通过社会性的相互作用来建构。社会建构主义将知识分为两类:"自下而上的知识"和"自上而下的知识"。"自下而上的知识"就是学习者在自己的日常生活、交往和游戏等活动中形成的大量个体经验,经由具体水平向高级水平的发展,走向以语言实现的概括。而"自上而下的知识"是在人类的社会实践活动中形成的公共文化知识,以语言符号的形式在个体学习活动中出现,由概括向具体经验领域发展。社会建构主义认为,儿童知识经验发展的基本途径就是,在与成人或比他稍成熟的社会成员的交往活动(特别是教学活动)中,依靠他们的帮助,解决自己还不能独立解决的问题,理解体现在成人身上的"自上而下的知识",并以自己已有的知识为基础获得新知识的意义,从而把"最近发展区"变成现实的发展。

3. 社会文化认知观

与社会建构主义相似,社会文化认知观也受到维果斯基理论的影响,将学习视为一种建构过程,关注学习的社会性,但它更为注重知识(或学习)与文化、历史、风俗习惯背景的密切联系,强调知识的主要来源是不同的社会实践活动。也就是说,在一定的社会交往、社会规范、社会文化产品等的背景下,个体以自己原有的知识经验为基础,通过一系列的活动,解决出现的各种问题,最终达到活动的目标。社会文化认知观特别指出,学习应该像实际活动一样展开,在为达到某种目标而进行的实际活动中,解决遇到的实际问题,从而学习某种知识。学生在问题的提出及解决中都处于主动地位,而且在此过程中可以获得一定的外部支持。

4. 信息加工建构主义

信息加工建构主义建立在信息加工的认知观点基础之上,虽然仍坚持信息加工的基本范型,但倾向将知识视为学习者建构的结果,而非事先以某种先验形式存在。此外,信息加工建构主义不仅强调原有知识经验在新信息的编码表征中的作用,而且重视新经验对原有知识经验的影响。信息加工建构主义是一种"轻微的"建构主义,如认知灵活性理论(cognitive-flexibility theory),它取了一条中间路线,强调知识的双向建构,反对传统教学机械地对知识做预先限定,让学生被动接受;但它同时反对某些极端建构主义只强调学习中非结构的方面,忽视概念的重要性。因此,信息加工建构主义主张,一方面要提供建构理解所需的基础,另一方面要留给学生广阔的建构空间,让他们针对具体情境采用适当的策略。

5. 社会建构论

与社会建构主义和社会文化认知观相似,社会建构论也建立在维果斯基的理论基础之上,但它更强调社会对个体发展的影响,比前两者走得更远。该理论将社会置于个体之上,在大社会层面而不是在心理水平上,研究社会交往对个体学习的影响。社会建构论认为,知识根本不存在于个体内部,它属于社会,并以文本的形式存在,而所有的人都以自己的方式解释文本的意义。社会建构论关注人际之间语言的交流,将谈话视为人们形成新意义、发现已有意义符号的心理工具,并且正是这些谈话方式组成了人类的经验。

6. 控制论系统观

控制论系统观以循环控制的思想为基础,它不仅关注人与外界的相互作用与反馈,而且强调自我反省。在控制论系统观中,学习者被视为一个积极主动的观察者与反省型的参与者,而非站在世界之外的静止旁观者;同时,学习者处于一定的社会之中,他们之间存在复杂的相互作用,并以提问、看与听等方式来循环认识某些现象。

激进建构主义　强调知识的主观建构,注重个体与其物理环境的相互作用的一种建构主义观

社会建构主义　强调知识是个体通过社会性相互作用来获得的一种建构主义观

社会文化认知观　强调知识(或学习)与文化、历史和风俗习惯背景之间存在密切联系的一种建构主义观

信息加工建构主义 在信息加工的范型下,强调知识双向建构的一种建构主义观

社会建构论 从社会层面而非心理水平上来研究社会交往对个体学习影响的一种建构主义观

控制论系统观 关注人与外界的相互作用与反馈,而且强调自我反省的一种建构主义观

三、不同建构主义观点的共识

学习要求 阐述不同建构主义观点的共识

上述六种不同倾向的建构主义观点虽然在研究视角、使用术语等方面有所不同,但在某些主题上却存在一些共识,即知识与课程、学习、学生与教师、教学这四方面。

1. 关于知识与课程

大多数建构主义观点对知识的客观性和确定性提出了质疑,也就是说,知识并不是对现实的准确表征,它只是一种解释或假设,会随着人类的进步而不断变化,继而出现新的假设;而且,知识并不能对关于世界的法则进行精确的概括,而是需要针对具体情境进行再创造。此外,建构主义认为,虽然能用语言符号的形式来表述知识,但知识仍不可能以实体的形式存在于具体个体之外,这意味着不同学习者对同一知识形式有不同理解;所以,对知识的理解只能由个体学习者在自己的经验背景的基础上建构起来,这取决于特定情境下的学习历程。

建构主义的这种知识观反映在课程上,则提供了这样一个视角:课本知识只是一种关于各种现象的较为可靠的假设,而不是解释现实的"模板",虽然有些科学知识包含真理,但并非绝对正确,只是对现实的一种较为正确的解释而已。因此,在对课程知识的教学上,建构主义认为,习得的知识:(1)并非预先确定的,更非绝对正确;(2)只能以自己的经验、信念为背景;(3)需要在具体情境的复杂变化中不断深化。

2. 关于学习

关于学习,不同倾向的建构主义的关注点有所不同,或关心个体与其物理环境的交互作用,或关心个体与社会环境的相互作用,但它们都把学习看成是建构过程,都以新旧知识经验的相互作用来解释知识建构的机制。因此,大多数建构主义认为,学习是学

生建构自己知识的过程。这一观点表明,学习过程并不是简单的信息输入、存贮和提取,而是新旧知识或经验之间的相互作用过程,这主要涉及同化和顺应。

也就是说,在建构新知识的过程中,学生不仅需要从头脑中提取与新知识一致的知识经验,作为同化新知识的固定点,而且要关注到已有的、与当前知识不一致的经验,看到新旧知识之间的冲突,并通过调整来解决这些冲突,有时甚至需要转变原有的错误观念。因此,一方面,学习不仅是理解和记忆新知识,而且要分析其合理性、有效性,从而形成自己对事物的观点,形成自己的思想;另一方面,学习不仅是新的知识经验的获得,同时还意味着对既有知识经验的改造。

3. 关于学生与教师

大多数建构主义者强调,学生并不是空着脑袋走进教室的,他们有在日常生活或先前学习中获得的丰富经验与知识,即使出现一些从未接触过的问题,他们也会从自己的经验背景出发来提出合乎逻辑的假设。同时,由于经验背景的差异,学生对问题的理解常常各不相同,然而在一个学习群体中,这种差异本身便构成了一种宝贵的学习资源。

因此,建构主义的观点大多认为,教师不仅仅是知识的呈现者,更应重视学生自己对各种现象的理解,倾听他们现在的想法,洞察他们这些想法的由来,以此为根据,引导学生丰富或调整自己的理解。有时,教师需要与学生共同针对某些问题进行探索,并在此过程中相互交流和质疑,了解彼此的想法,彼此都作出某些调整。值得注意的是,建构主义虽然侧重个体的自我发展这一特性,但并不忽视外部引导(如教师或同伴)对学生学习的影响,有时甚至会突出后一方面的作用,如本章后面介绍的认知师徒法和合作学习等。

4. 关于教学

持建构主义观点的研究者大多提倡转变传统教学的重心,把学生自身的努力放在教育的中心地位;学校教育的目的除了使学生掌握各类知识或能力外,还应培养学生进行社会协商或合作建构意义的能力,并促使他们意识到自身在知识建构中的作用。

具体到教学方法与措施上,建构主义者认为,教师应提供富有挑战性的学习环境和真实任务,让学生面对复杂的学习环境,解决一些真实的、不明确的问题;这是因为真实世界中的问题通常比较复杂,而且有多种解决途径,每一步行动又会带来一系列新的问题。同时,学校教育应该让每个学生都有机会尝试解决复杂的问题,教师可以从旁协助,如提供资源、记录学生的进展情况、指导学生细化分解问题。

建构主义者还认为,如果学生在学习复杂内容时,仅仅学会了从一个角度理解内容,用一种方法解决问题,就会导致在以后的应用中过分简化问题。例如,在教育心理学课上,教师在介绍"负强化"时举了一个例子,后来在期末考试中要求学生解释"负强化"并举例说明,结果可能发现很多学生举的例子和课上讲的十分相似,并包含了一些错误的概念。因此,课堂教学应该通过多种途径来表征复杂的学习内容,如运用类比、例证和比喻等。此外,重新组织情境,设定不同的学习目标,从不同的角度、以不同的形式来回顾学习内容,将有助于学生从深层次上理解所学内容和知识的应用。

第三节　当代建构主义理论的课堂应用

当前建构主义的学习与教学理论在实际课堂教学中已得到广泛应用,形成了多种可促进学生思维发展的具体教学方法,这其中主要包括:研究性学习和基于问题的学习、合作学习、教学对话、认知师徒法和互惠教学等。

一、研究性学习与基于问题的学习

学习要求　解释研究性学习与基于问题的学习的含义
　　　　　　　讨论研究性学习在课堂教学中的应用

一般来说,研究性学习(inquiry learning)的过程包括以下四个成分:(1) 形成假设以解释事件或解决问题;(2) 搜集数据来验证假设;(3) 得出结论;(4) 对问题和解决问题的思维过程进行反思。例如,教师在确定了一个学习主题——大气压的作用后,其具体教学步骤为:

(1) 教师提供一个新异的现象(在澄清基本原则之后)。教师向一张纸的上面轻轻吹气,于是纸向上飘起来;然后,教师要求学生找出纸飞起来的原因。

(2) 学生通过提问搜集更多的信息,找出相互影响的变量,并验证因果关系。学生问"温度重要吗"(否),"这是一张特殊的纸吗"(否),"大气压与纸的上升有关系吗"(是),"是不是空气导致纸飘起来"(是),"是不是纸上面的空气快速运动导致了气压减小"(是)。……然后学生用别的物体(如薄塑料)验证假设。

(3) 学生得出一个一般原理:"如果物体上面的空气比下面的运动得快,将造成上面的气压减小,从而物体上升。"接下来的课程就是通过进一步的实验来验证或扩充学生对物理原理的理解。

(4) 教师引导学生讨论他们的思维过程,提问"哪些变量是重要的?""怎么把原因和结果联系起来的?"

值得注意的是,在研究性学习中,学生学会的不仅是知识,更重要的是探究过程本身,如学会如何解决问题、如何评价问题解决的途径以及如何批判性地思考等。当然,教师必须做好准备、组织和监控工作,以保证每个学生真正参与其中。

与研究性学习相比,基于问题的学习(problem-based learning)也侧重培养学生解决问题的能力,但更注重提供真实的问题,并且要求学生以合作探究的方式共同解决。一般而言,基于问题的学习的教学步骤是:(1) 引导学生了解问题;(2) 组织学生学习;(3) 协助学生的独立调查和小组调查;(4) 形成假设并相互交流;(5) 分析和评估解决问题的过程。表 8.1 总结了教师在基于问题的学习中应该承担的责任。

表 8.1　教师在基于问题的学习中的作用

阶　段	教　师　的　行　为
第一阶段 引导学生了解问题	说明学习目标,提供必要资源,鼓励学生自己选择解决问题的方法
第二阶段 组织学生学习	指导学生确定与问题相关的学习任务
第三阶段 协助学生的独立调查和小组调查	鼓励学生搜集恰当的信息,开展实验研究,寻找解释和解决问题的途径
第四阶段 形成假设并相互交流	协助学生准备总结报告、录像素材或模型等,鼓励他们相互交流
第五阶段 分析和评估解决问题的过程	引导学生反思调查和解决问题的过程

研究性学习　教师提供问题情境,学生通过搜集资料、验证假设来解决问题

基于问题的学习　为学生提供没有唯一"正确"答案的真实问题,要求学生以合作探究的方式共同解决

教学之窗

研究性学习课题:动物的交流沟通

首先,教师确定课程领域、总问题及学习难点。例如,小学教师把交流沟通作为研究性学习的内容,并提出一个大问题:"人类和动物是如何沟通的?为什么要进行沟通?"接着对问题做了细化,如"鲸是如何沟通的?大猩猩是怎样沟通的?"这些细化问题必须经过精心挑选,其目的是引导学生正确地理解"沟通"。在本课题的学习中,理解动物沟通的一个关键点,在于生理构造、生存需要及生活环境三者的关系。具体

来说,每种动物都有特定的生理构造,如耳朵大有助于寻找食物、吸引配偶和察觉捕食者等;这些结构和功能又与动物的生活环境有关联。因此,教师提出的细化问题,最好能涉及生活在不同环境中、具有不同生理结构和生存策略的动物,并选择一种符合这些要求的典型动物作为探究的对象。

下一个阶段就是让学生参与研究或探讨。学生开展多个轮回的假设、调查、确定沟通模式、报告结果等活动。具体来说,首先,教师可以让学生模仿动物的声音,猜测动物的沟通方式,并让学生交流自己的猜测。接着,调查可分为一手或二手:一手调查是指直接的经历和实验,例如测量蝙蝠耳朵和眼睛的大小,并与蝙蝠的身体大小作比较(使用图片或录像,而不是真的蝙蝠);二手调查是指学生从图书馆或因特网上查找资料,或请教专业人士。然后,学生开始确定动物沟通模式。最后,学生完成并提交研究结果报告。

教学之窗

教师在基于问题的学习中的作用

在本课题中,教师要求学生分析某一时政问题,以培养学生资料收集的能力。例如,X国的一艘油船在本国海岸附近沉没,导致大量石油泄漏。教师要求学生分析这一事件的各种可能后果,具体步骤为:

(1) 事件发生后,教师搜集了相关的追踪报导并把它们装订成册。为了使学生理解这些新闻报导,教师先做了些铺垫工作,如拿来世界地图、杂志和大百科全书,便于学生查找相关内容;

(2) 教师模拟了石油泄漏的过程,激发学生阅读这些报导的兴趣;

(3) 在学生读完这些文章后,教师让学生思考这一事件的可能后果及补救措施;

(4) 学生根据教师提供的资料,进行讨论,并进一步收集、阅读其他相关资料或报导;

(5) 学生开始采取实际行动,如设计海报、准备演讲、组织全校的募捐活动等。

二、合作学习

1. 合作的实质

学习要求 解释合作的互动实质

在教学过程中,某些活动可以放在小组中进行,以激发大多数学生的学习兴趣。例如,让学生一起调查民众对新建一个购物大厦(方便购物但造成交通拥挤)的支持程度,或一起调查社区妇女对家庭生活的满意度等。与小组学习类似,合作学习(cooperative learning)也是把学生分成一个个小组,但它还涉及如何互动这一问题。在实际教学情境中,小组学习大多只是几个学生围在一起学习——他们之间可能有合作也可能没有。因此从本质上说,合作学习有别于小组学习。

学习的建构主义观强调真实的学习环境和社会互动这两个因素,二者都支持合作学习。但不同建构主义理论的出发点有所不同,信息加工建构主义者指出了小组讨论在帮助学生复述、精致和扩展知识中所起的作用,同时也强调小组成员在提问和解释的过程中必须组织知识,形成联结,并回顾所有支持信息加工和记忆的过程;而基于皮亚杰思想的建构主义者则认为,小组互动可能会造成认知冲突和不平衡,从而使个体质疑自己的理解,并寻求新的解释,最终导致新的认知平衡;而支持维果斯基理论的学者则强调社会互动在学习中的重要作用,他们认为,推理、理解、批判性思维等高级心理机能均起源于社会互动,然后被个体内化,所以儿童最初需要社会支持才能完成思维任务,多次反复后便能独立完成。

可以看出,基于不同理念的合作学习适用于不同的学习目的;它们具有不同的结构,都存在一些问题,也提出了各自相应的解决途径。表8.2总结了不同建构主义观点下合作学习的特征。

表 8.2 不同形式的合作学习

	信息加工建构主义	基于皮亚杰思想的建构主义	基于维果斯基思想的建构主义
小组规模	小(2—4人)	小	两人一组
小组构成	异质或同质	异质	异质
任务	复述/整合	探究	技能
教师作用	协助者	协助者	示范/指导
潜在问题	不当的帮助 不平等的参与	不主动 没有认知冲突	不当的帮助 提供充足的时间/对话
解决途径	直接说明帮助的方式 示范正确的帮助 记录互动过程	构建冲突	直接说明帮助的方式 示范正确的帮助

合作学习　由几个能力不同的学生组成小组共同学习,并强调学生之间的互动

教学之窗

在合作学习过程中可能出现的偏差

要发挥合作学习的优势,就必须保证每个成员都参与其中并相互合作。应当注意的是,即使把学生分组,也不一定产生合作行为。如果对合作学习理解不当,将会导致一些错误的教学措施。教师如果没有精心地计划和监控,小组互动甚至会阻碍学习,影响同学间的关系。例如,小组中地位较低的学生提出的观点可能被忽视甚至遭到嘲笑,而地位高的学生的观点则被采纳。小组中可能出现遵从现象或个别学生主导整个小组的现象,这些都可能导致小组采纳错误的或不完整的观点,并形成肤浅的认识。

总的来说,运用合作学习不当时,可能产生如下问题:

→ 一两个学生包办了整个小组的任务;
→ 学生更喜欢合作的过程,而不是学习知识;
→ 学生对错误的概念不提出质疑并加以修正;
→ 学生的社会互动和人际交往偏离了学习的主题;
→ 学生仅仅把依赖的对象从教师转为小组中的"专家";
→ 进一步增大了学生间地位的差异。

---

2. 创设合作学习小组

学习要求　讨论如何创设合作学习小组

为了使合作学习小组真正发挥作用,教师必须注重:(1) 面对面的互动,学生围坐在一起,进行面对面的沟通交流;(2) 良性的内部依赖,让学生体验到自己需要同伴的支持、解释和指导;(3) 各成员的职责,一开始小组成员共同合作、相互帮助,但最终必须能够独立学习,个人都要承担学习的职责;(4) 合作技能,如提出建设性的反馈意见、达成共识、发动所有成员参与等技能;(5) 成员监控,小组成员要监控活动和人际关系,以保证小组富有成效地工作。

一般来说,合作性小组的规模取决于学习的目标。如果目标是让成员练习或复习所学内容,则4—6名学生一组为宜。但如果目标是让每个学生参与讨论、解决问题或

计算机操作,则2—4人一组为宜。在实践中,合作学习的效果依赖于成员以及他们的活动。如果学生提出疑问、得到解答并尝试解释,那么在此过程中他们可能就学会新内容;如果学生有问题不提,或提了问题没人回答,或不参与小组讨论,那么他们可能根本没有学会新内容。事实上,有研究发现,学生越能清晰深入地向组内成员解释学习内容,学习效果越好。在学习中,做出解释的重要性远远超过了接受解释,因为学生必须很好地组织信息、思考例证、说明信息、用自己的话表达这些信息,而且要回答各种相关问题。

为了鼓励学生合作并真正参与,教师可根据小组的学习目标和成员年龄,合理分配角色以促进合作和学习。在分配角色过程中,教师要教学生如何有效地扮演这些角色,并让他们轮流扮演不同的角色,从而使学生了解合作学习的各个方面。表8.3介绍了合作学习中常见的一些角色。

表8.3 合作学习中的成员角色

角 色	任 务
鼓励员	鼓励害羞或不情愿的学生参与活动
表扬员	赞赏他人的贡献、肯定取得的成果
看门员	平衡参与,保证没有个别学生支配整个小组
教练	解释说明相关的学习内容和概念
问题控制员	保证所有学生都提出问题并得到解答
审查员	检查小组成员的理解情况
任务控制员	使小组的活动围绕任务展开
记录员	记录角色、观点和解决方案
反思员	使小组意识到自己的进展情况
纪律员	控制小组讨论的声音
材料管理员	领取和归还材料

教师在实践中无论运用哪些角色,必须保证它们对当前的学习起促进作用。当小组的任务是练习、复习或掌握基本技能时,成员的职责在于持之以恒、相互鼓励和积极参与。当小组的任务是解决问题或复杂学习时,成员应该鼓励深入的讨论、探究和创新,同时分享各自的理解。因此,教师在分配角色时,要向学生说明小组的任务不仅仅在于扮演这些角色,还在于通过角色扮演来促进学习。

3. 合作学习的三种方式

学习要求 *了解三种合作学习方式的内涵与特征*
谈论如何根据不同学习的内容来选择合作学习的形式

拼图式教学

拼图式教学(jigsaw)是合作学习的一种早期形式,重视小组内部的相互依赖。将小组的学习任务分配给每一名成员,成员在学习后成了各自那一部分的"专家",然后让学生在小组内相互教学。这样每个学生对小组的贡献都是显著的。近来,在原有基础上发展了第二代拼图式教学(jigsawⅡ),它增加了"专家小组",分别由各小组中学习相同材料的学生组成,具体实施步骤为:专家小组成员一起讨论材料的意义并计划教学的过程;接下来学生回到各自的学习小组,向组内成员讲解;最后,教师编制一个覆盖所有学习内容的测验以评估学生的学习效果,并把成员的得分作为小组的成绩。

例如,教师要学生使用图书馆资源。首先,教师为学生设定了学习目标,即每个小组向班级其他学生介绍一个国家;然后,小组成员必须准备材料(图书馆中的世界地理杂志、世界博览、大百科全书等),并要思考如何呈现才能激起同学的兴趣;最后,小组成员向组内其他成员提供材料并作出解释。通过这一动手和相互学习的过程,学生就同一主题,直接或间接地搜集到各种图表、数据库、访谈记录、地图或论文等,学会如何整合不同来源的信息,在亲身实践中学会了如何使用图书馆的资源。

相互提问

相互提问(reciprocal questioning)也是一种合作学习的方式,是指学生两人或三人一组相互提问教师讲授的内容或自学的内容。为促进学生提问,教师在学生学完材料或上完课后,可提供一类"提示卡片",以便相互提问并交流答案(见图8.2)。这类卡片

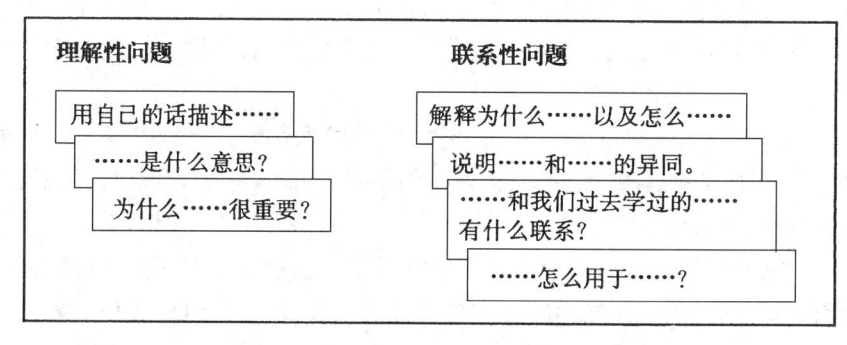

理解性问题	联系性问题
用自己的话描述……	解释为什么……以及怎么……
……是什么意思?	说明……和……的异同。
为什么……很重要?	……和我们过去学过的……有什么联系?
	……怎么用于……?

图8.2 相互提问的提示卡片

的作用在于提供一个提问框架,帮助学生把课堂内容与原有的知识、经验联系起来。与传统的小组讨论相比,给予提示卡片这一方法能促使学生深入地思考学习内容,并学会如何来提问题。

脚本化合作

脚本化合作(scripted cooperation)是一种成对学习的方法。几乎所有的学习任务都可以采用这种学习方式,如阅读课文、解数学题目或修改作文草稿。例如两个学生阅读同一段文字后,一个学生进行口头总结,另一个学生对此做出评论,指出疏漏和错误的地方;然后,两个人一起精致这段文字,如建立表象,联系原有的研究、例证、类比等,寻找合适的记忆方法;接下来,继续学习另外一段材料时,两人交换角色。

拼图式教学　小组中的每个成员负责一部分学习材料,然后向其他成员讲解
相互提问　两人或三人一组就学习内容相互提问并回答
脚本化合作　两个学生轮流承担总结学习内容和评论总结的任务

三、教学对话

学习要求　解释教学对话的含义
　　　　　　讨论如何在教学对话情境中发挥教师的作用

所谓教学对话(instructional discourse),就是学生通过与教师和其他学生的交流来学习的一种教学方法。教学对话的理论基础是维果斯基的理论。维果斯基认为,学习与理解需要互动和对话。具体来说,学生在各自的最近发展区中尝试解决问题时,需要通过与教师或其他学生的互动来获取帮助,而教学对话为这种互动提供了机会。这是因为,教学对话首先属于教学范畴,其目的在于促进学习;其次,教学对话有别于传统的授课或讨论形式,在该教学形式中,教师仅起到引导作用,帮助学生通过对话来建构自己的理解。

一般来说,有效的教学对话包括"教学"和"对话"两部分。"教学"这一部分的步骤包括:(1)确定对话主题,教师选择一个讨论的主题,并制定一个开展讨论的总体计划,涉及如何组织材料来促进学生更好地探索;(2)激活和使用背景知识,教师为学生理解文本提供必要的背景知识,在讨论的过程中穿插讲解必要的信息;(3)直接教学,在必要的时候教师可以采用直接教学的方式传授技能或概念;(4)运用各种启发技巧引导学生更深入地表达自己的观点,如提问、重复学生的话、停顿等;(5)鼓励学生寻找论

据,引导他们使用课文、图片或推理来支持自己的观点,教师可以这样问"你为什么这样认为?"或"文中哪里这样写了,读出来给大家听听"。

而在"对话"这一部分,教师应注意:(1)少提"有固定答案"的问题;讨论围绕的主题应该有多个正确答案;(2)肯定学生的贡献,教师制定初步计划并监控讨论过程使之紧扣主题,同时对学生的观点做出应答;(3)承前启后的对话,讨论应具有形式多样、互动且前后承接等特点;后继讨论是对先前讨论的发展和深化;(4)创设富有挑战性的氛围,同时注意掌握和控制挑战的程度,以保证学生产生积极的情感体验;教师的身份应该是合作者而不是评价者,激励学生合作讨论并建构意义;(5)鼓励全体参与,教师不必决定由哪个学生发言,而应更多地鼓励他们自告奋勇发言或自行安排发言顺序。

教学对话 学生通过与教师和其他学生的互动而学习

教学之窗

教学对话中教师的引导

下面是3年级双语教学班上的一个对话片段。这个片断说明了参与者如何通过对话来相互调控学习。

教师:你们觉得这个故事怎么样?

圆圆:我觉得他们非常关心他。

教师:什么意思?你是说他的父母吗?

圆圆:是的。

教师:你从故事的哪些地方看出来的?

圆圆:因为他们确实很为他担心。

教师:谁还想来谈谈自己的看法?我希望听到每个人的观点,然后再决定我们接下来讲什么。林林?

林林:我认为作者很小的时候就有这种想法了,或者是他的一个朋友失踪了。

教师:"他有这种想法"是什么意思?

林林:作者让故事里的父母认为孩子失踪了。

教师:你的意思是作者或作者认识的人曾经失踪过?

林林:是的。

教师:哦,很多时候作者的灵感来自真实生活。方方,你是怎么看的?

方方:这像是一个道德故事,说明一个人不能太贪心,期望得到所有的东西。但在故事中当他恐慌的时候似乎一切都发生了。
教师:你从哪里看出他很恐慌?
方方:他看到狮子的时候,变得惊慌失措。
敏敏:是的,他把自己变成了一块石头。
方方:对,他说"我希望变成一块石头!"
教师:结果真的变成石头了,是吗?
敏敏:他真的很愚蠢。
教师:可能他没有想得很远。如果是你,你想许什么愿望?
……

对话仍然继续着,学生们提出了各种解释。教师在总结中指出,"圆圆讲到了故事中的人物和他们的感受;林林从作者的角度出发谈了自己的看法;方方认为这是某一类故事。"可见,在教学对话中,教师的职责是促使每个学生参与讨论。上面那段对话中,教师时时都在引导着对话;当学生熟悉了这种学习方法后,就可以让他们更多地相互交谈。

四、认知师徒法与互惠教学

学习要求 解释认知师徒法与互惠教学的含义
讨论互惠教学的课堂运用

学校中学到的知识和技能往往与它们在真实世界中的应用脱节,但一些行业或职业的人才培养事例却证明,师父带徒弟是一种有效的教学方式。因此,有些教育者提倡,在学校学习中也可采用师徒法。具体来说,师父予以示范、演示、矫正并维系一种具有激励作用的人际关系;而徒弟在与师父或其他师兄弟一起工作时,可以学习技术、手艺或如何做生意。随着徒弟的技能逐步提高,其练习也日趋复杂,同时师父从旁边鼓励徒弟在不同的情境中应用所学的内容。

传统的师徒法所传授的内容局限于雕塑、舞蹈或木工活等,而学校中的认知师徒法(cognitive apprentice)主要围绕认知技能而展开,如阅读理解、写作或数学问题的解决。认知师徒法有多种模式,但一般都具有以下特点:(1)学生观察专家(通常是教师)示范行为;(2)学生获得外部支持(包括暗示、反馈、示范和提醒等);(3)学生接受概念性的支撑,随着学生胜任能力加强,逐渐减少这类支撑;(4)学生学会表达他们的知识——用语言表述他们对所学内容和程序的理解;(5)学生反思自己的进步,比较当前表现、专家表现和原有表现之间的差异;(6)学生尝试以新的方式(不是师父教的方式)应用所学的内容。

在教学中应该如何运用认知师徒法呢?互惠教学(reciprocal teaching)是认知师徒法的一个成功的例子。以阅读理解为例,教学目标之一就是帮助学生深入地思考和理解阅读的内容。要达成这一目标,阅读小组中的学生必须学会四种策略:总结段落的内容、对中心思想提问、解释材料的难点和预测后面的内容。一般来说,熟练的阅读者能自动地使用这些策略,而阅读技能较差的学生很少运用或不知如何运用。要使学生有效地使用这些策略,教师可以进行直接的指导和示范,并让他们在真实的阅读场景中练习。具体来说,教师首先讲解、示范这四种策略并鼓励学生反复练习;接着,教师和学生一起默读一个段落,再次示范总结、提问、解释和预测这四种策略;然后,教师让学生阅读另外一个段落并尝试使用这些策略,有些学生最初可能会犹豫、出错,教师应该及时给予提示、指导、鼓励和支持;最后,每个学生都能独立运用这些策略来理解文章的意思。

现有的互惠教学研究大多针对那些能够正确地朗读,但阅读理解能力低于平均水平的学生。研究表明,使用这种方法训练一段时间后,处于班级最低水平的学生在阅读理解测试中达到了中等或中等偏上水平。有研究总结出互惠教学的三条指导原则:(1)逐渐转变,从教师控制到学生承担责任的转变应逐步进行;(2)教学要与学生能力匹配,任务的难度与学生的职责应该与各学生的能力相匹配;(3)评估学生的思维,教师应该仔细观察每个学生的"学习",从而了解学生如何思维及他们需要何种教学指导。

认知师徒法　新手在专家的指导下获得知识和技能
互惠教学　在示范的基础上,传授阅读理解策略的一种方法

教学之窗

互惠教学的实例

在互惠教学开展不久,教师引导小组中一名学生对段落的中心思想进行提问。所学课文内容是:"这只雌蜘蛛的配偶比它小多了,身体是暗棕色的,大部分时间就坐在蜘蛛网的一边。"

小林：(没有问题)
教师：这个段落讲了什么？
小林：雌蜘蛛的配偶。它在……
教师：很好，继续说。
小林：雌蜘蛛的配偶比较小，它在……我该怎么说呢？
教师：别急，慢慢说。你对雌蜘蛛的配偶和它做了什么有些疑问。
小林：它们大部分时间坐在那里做什么？
教师：问题应该这样来提：雌蜘蛛的配偶大部分时间在做什么？现在，你再来复述一下这个问题。
小林：雌蜘蛛的配偶大部分时间在做什么？

随后学生逐渐开始承担教学的责任。下面这个例子就是12节课后，另一学生小敏在课上的表现。课文内容："另一种最古老的食盐生产方法是开采。早期的开采方式非常危险、困难，而现在有了专门的机器，开采工作变得更为容易和安全。"

小敏：用两个词语来形容早期的食盐开采。
小亮：危险和困难。
小敏：对了。这个段落是对过去的和现在的食盐开采进行了比较。
教师：好极了。
小敏：我有一个猜测。
教师：你说。
小敏：我想文章可能讲到了食盐是什么时候被发现的……嗯，还有它是由什么东西以及怎么做成的。
教师：好的。还有哪个同学愿意来做小老师吗？

教学经验

创设有利于互动的教学情境

我们在实际教学中也常让学生进行小组学习、合作学习，或进行一些说话活动。说话活动通常是营造一个开放性的课堂环境，学生自由寻找好朋友说话。通过这样的教学活动来达到互动。……按座位分组不利于互动，因为安排座位时教师一般将好生和差生搭配，平均地分配到各组。好生和差生程度相差太大不利于相互交流、讨论。好生不屑与差生一起讨论或听取他们的观点；而差生内心存

☞ 在劣等感也不愿与好生分在一组讨论。(蔡朱萍)
☞ 互动教学在实施中还是存在一些问题,有些内容适合互动,而一些内容并不适合。我在实际教学中发现学生与观点相同的同学一起讨论时收获较大,而且学生也喜欢与观点相同的朋友一起讨论。(金雯)
☞ 在分组时,教师不必拘泥于教室的座位布局,也不要自行为学生分组,给学生自由组合的机会。最初可能会造成课堂教学的混乱,但几次以后学生能够很快且有条不紊地进行小组讨论。(姜建锋)
☞ 将好生、差生分在一组,有利于锻炼好生的领导能力,差生也能从中获益。如果好生、差生相互分开,无形中就形成了学生间的等级差异,不利于学生心理的健康发展。教师在实际教学中可以根据教学目标,尝试多种分组方法,并灵活结合使用。(朱晓珍)
☞ 每个人对事情的看法和想法都具有独特性。在想像、说话等教学活动中,只要学生言之有理,我都会给予他们鼓励。现在的学生想像力很丰富,学生的一些话语常给我带来惊喜和灵感。但有些教学内容必须要求学生通过观察学习,"依葫芦画瓢",如写字练习。(金雯)
☞ 儿童看待事物有自己独特的眼光,带着一种童真。有时教师并不能完全理解儿童话语的意思,甚至产生误解,因此教师应多一点耐心。(蔡朱萍)
☞ 教师不应该框住学生想像的翅膀。在促进学生观察学习的教学中,教师应该扮演引导者的角色,适当给予一些指引,留出空间让学生自由探索。我们要培养创造型的儿童,而不是模仿型的儿童。(朱晓珍)

教学反思

学完本章后,你可以思考:

⊙ 突出社会或情境对学习的影响,你认为这一思考角度对解释学习的本质有何作用?
⊙ 举一例说明交互决定论中个体、行为、社会这三者因素对学习的影响。
⊙ 关于知识、学习和教学,建构主义观与行为主义、认知心理学在出发点、侧重点、术语表达等方面有何不同?
⊙ 研究性学习的目的是什么?
⊙ 为什么说合作学习与小组学习有本质不同?
⊙ 创设教学对话情境,其目的在于什么?
⊙ 认知师徒法或互惠教学法是不是主要突出了教师的作用?

总　　结

班杜拉的社会认知理论　环境、个体和行为这三类因素的相互作用就称为交互决定论。在该理论中,班杜拉强调观察在学习中的作用。通过观察学习,个体不仅学会了某种行为,也知道特定情境下这种行为将带来的结果。在观察学习中有四个要素:注意、保持信息或印象、产生行为及愿意重复行为(即动机)。而鼓励学生观察学习,则可能会产生五种学习结果:引导注意力、调整已有行为、改变抑制、获得新行为和新态度、引发情绪。

当代建构主义的理论　当代建构主义主要以皮亚杰和维果斯基的理论为基础,主要有这样六种倾向:激进建构主义、社会建构主义、社会文化认知观、信息加工建构主义、社会建构论、系统论控制观。这六种观点的研究视角各有不同。但是,大多数建构主义都认为,知识并不是对现实的准确表征,而是个体对客观世界的当前解释;学习是个体建构自己知识的过程;学习者是主动积极的,而教师的作用在于提供各类资料或方法来促进其知识建构;学校教育应采用以学生为中心的教学方式,除了使学生掌握各类知识或能力外,还应培养学生进行社会协商或合作建构意义的能力,以及促使他们意识到自身在知识建构中的作用。

当代建构主义理论的课堂应用　基于建构主义的学习与教学形式有不同侧重点:研究性学习不仅要掌握知识,而且要学会某种思维方式;合作学习重视社会互动这个因素;教学对话突出教师的引导作用,帮助学生通过对话来建构自己的理解;认知师徒法强调真实的学习环境。所以,应有区别地对待这几种新型课堂教学方式。

重要概念

观察学习	建构主义	认知师徒法	系统论控制观
合作学习	交互决定论	社会建构论	相互提问
互惠教学	角色扮演学习	社会建构主义	信息加工建构主义
基于问题的学习	脚本化合作	社会认知理论	研究性学习
激进建构主义	教学对话	社会文化认知观	直接强化
间接强化	拼图式教学	替代性学习	自我强化
			自我效能感

参考文献

1. 高申春:《人性辉煌之路:班杜拉的社会学习理论》,湖北教育出版社,2000。
2. (美)莱斯利·P·斯特弗:《教育中的建构主义》,华东师范大学出版社,2002。
3. 陈琦、张建伟:建构主义学习观要义评析,《华东师范大学学报》(教育科学版),1998,1。
4. 陈玉琨、程振响:《研究性学习概论》,上海少儿出版社,2002。
5. 王坦:论合作学习的基本理念,《教育研究》,2002,2。
6. Marshall, H. H., *Redefining Student Learning: Roots of educational change*, Norwood, NJ: Ablex, 1992.
7. Philips, D. C., *Constructivism In Education: Opinions and second opinions on controversial issues*, Chicago, IL: University of Chicago Press, 2000.
8. Slaven, R. R., Synthesis of research on cooperative learning, *Educational Leadership*, 1991, 48(5): 71—82.
9. King. A., Enhancing peer interaction and learning in the classroom through reciprocal questioning, *American Educational Research Journal*, 1990, 27: 664—667.
10. Rosenshine, B., Meister, C., Reciprocal teaching: A review of the research, *Review of Educational Research*, 1994, 64: 479—530.

第九章　复杂的认知过程(上)

引言

对学科内容中的概念,应掌握到何种水平?对于学生具有的错误概念,如何帮助他们纠正?又可以用什么方法来促使他们形成科学概念?怎样获得不同概念间的关系?学生解决问题时一般采用何种策略?专家比新手善于解题,其优势表现是什么?专家优势的实质又是什么?如何才能培养学生成为有效问题解决者?等等。这些问题都涉及学生学习过程中的复杂认知过程。

随着学生接受的信息越来越多,学生必须超越文本提供的观点,合理地吸收各类知识;进一步来说,学生还要学会将这些信息(或知识)运用于具体的问题解决;同时,学生还要学会有效地运用各种学习策略、监控自己的学习过程,以及将习得的知识或能力迁移至不同的情境,等等。因此,教师除了要了解学习过程中涉及的感知、注意和记忆等活动的认知特征外,更要了解一些复杂认知过程的心理规律,如概念学习、问题解决、认知策略和迁移等主题。本章探讨概念学习和问题解决,下一章则探讨认知策略与迁移。

学完本章后,你应该能够:
- 在自己的专业领域,设计一节课,教授某一重要概念;
- 采取有效的教学处置纠正学生的错误概念;
- 描述解决复杂问题的步骤,并解释问题表征的作用;
- 举例说明如何运用算法及启发式来解决问题;
- 阐述专家解决问题的优势表现及其实质;
- 阐述培养有效问题解决者的一些方法。

教学设疑

李老师担任初二的数学教学工作,他发现学生在学习数学时有这样的问题:学生具有的某些错误观念,虽经纠正后仍然难以达到科学理解的程度;尽管学生学了某种类型的解题规则,但他们仍然不会解答同种类型的题目;面对巨大的升学压力,教师运用直接教授和大强度练习的方式迫使学生学习,有些学生的学习成绩反而未能提高;为了增强学生的数学思维能力,学校决定开设一些思维训练的课程,但学生常常在这类课上无所事事;同样是数学内容,有些学生几何成绩较好,代数成绩较差,而有些学生则相反。

如果你是李老师:
- 在纠正学生错误概念时,可以采用什么方法?
- 帮助学生解决数学问题,关键之处在哪里?
- 好生与差生解数学题的差异在哪里?原因又是什么?
- 学生是否能从"题海"式学习中获取更多的知识并提高解题能力?为什么?
- 应如何开展思维训练课?提出你的建议。
- 不同类型的题目对学生的能力和知识有何要求?请分析原因。

第一节 概念学习

概念作为人类认知活动的基本对象之一,一直处于认知心理学家关注的视野之中。何为概念?有哪些教学处置能促进概念的学习?如何纠正错误概念?概念是如何得以扩展和联结的?这些是本节要探讨的主要内容。

一、概念的含义

学习要求 简述概念的基本含义以及影响概念学习难度的因素

人们对于世界的认识必然涉及到概念以及概念之间的联系,但概念到底是什么?大多数研究者认可下述观点:概念是用以会聚相似事件、观念、客体或人的某一类别。例如,当提及"学生"这一概念时,事实上是指一类"相似"的人群——他们学习某一学科,不管年老或年轻、在校学习或在其他环境中学习、学习篮球或学习数学,都可被归类为学生。值得注意的是,概念是抽象的,它并不存在于现实世界当中,在现实世界中存在的仅仅是概念的一些具体样例。概念的作用在于,它能将大量的信息组织为某一易处理的集合。例如,客观世界存在大约 750 万种不同的颜色,通过将这些颜色归类为不同的色带或色群(红色、黄色、绿色等),可以容易地应对颜色的多样性。

不同概念的"特征"数量不一,它们是对概念的界定,是构成概念定义的成分,为概念的所有样例所具有。例如,"鸟"这一概念具有如下三种关键的特征:卵生、有翅膀、有羽毛,这些特征界定了"鸟"之所以是"鸟"而不是"哺乳动物";属于"鸟"这一概念下的所有样例,不管是麻雀还是鸵鸟都具有上述特征。心理学家认为,个体是通过观察概念的关键特征来识别概念的。例如"周长"这一概念,其关键特征是"围绕一封闭平面图形的长度";而其他一些特征,如图形的形状、大小、颜色等,都是该概念的非关键特征。

不同概念的学习,其难度有所不同,这与概念具有的特征数以及这些特征是否具体明确等直接有关。如果概念的特征数目较少而且相当具体,那么这一概念的学习将相对简单,例如"三角形"这一概念,以及"形容词"、"纬度"、"哺乳动物"等概念。有些概念的学习则相对困难,例如,大多数人都不能精确描述"民主"这一概念,其原因在于"民主"概念的特征是抽象的、不能精确定义的,或者说"民主"概念具有"模糊边缘"。对于类似"民主"这样的概念,心理学家认为可通过"原型"(prototype)来学习。所谓原型,就是指某一概念的最典型的样例代表。

概念 用以会聚相似事件、观念、客体或人的某一类别
原型 某一概念类别的最典型的样例代表

二、教授概念

学习要求 举例说明促进概念学习的两种教学方式

概念是学生在学校学习中获得的一项重要学习结果,是进行其他认知活动的基础"材料",所以,概念教学在学校教育中处于重要地位。下面内容将介绍两种教授概念的常见方法:通过发现来教授概念和通过解释来教授概念。

1. 通过发现来教授概念

通过发现来教授概念(teaching concepts through discovery)为美国教育心理学家布鲁纳(J. S. Bruner)所倡导。布鲁纳的早期研究工作关注思维,由此引发了他对促进概念学习和思维发展的教学方式的兴趣。布鲁纳的研究工作强调理解客体结构的重要

性、积极学习的必要性以及学习中归纳推理的价值。

布鲁纳认为,客体的结构指该客体范畴内的基本观念、联系或者模式,即该客体的核心信息。因为结构并不包括客体详细的事实或细节,所以某一客体的结构可以简单地用图表、一系列规则或公式来表示。在布鲁纳看来,如果学生关注于理解客体的结构,则他们的学习将更有意义、更具效用并更能为学生所记住。如果已经学习了"图形"、"平面"、"封闭"、"四边形"、"二等边"以及"不等边"等概念,则将逐渐接近理解"几何"这一概念;而如果能将这些概念构建成如图9.1所示的编码系统(coding system),则会对"几何"这一概念有更好的理解。所谓编码系统,是指相关概念的层级结构;在编码系统的顶端是最一般的概念,如"平面、密闭图形",较具体的概念处于一般概念之下。

Bruner

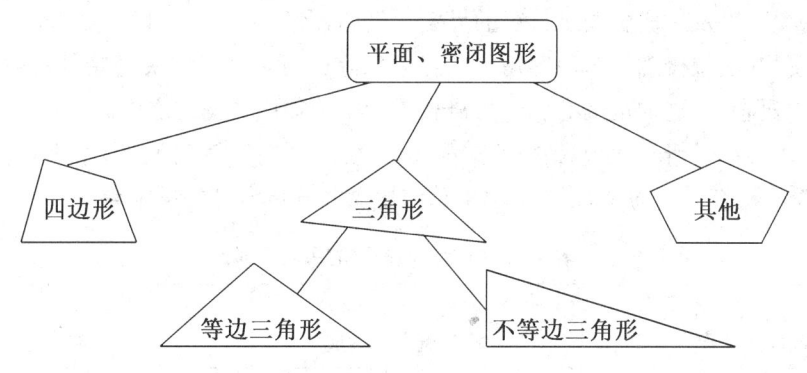

图 9.1 三角形的编码系统

布鲁纳认为,为了全面掌握信息的结构,学生必须积极主动地学习。也就是说,他们必须自己确认关键信息而不能简单地接受教师的解释,这一过程被称为发现学习。在发现学习过程中,教师呈现样例,学生对这些样例进行分析直到发现样例的内部关系,即客体的结构。布鲁纳进一步认为,应当通过归纳推理(inductive reasoning)来进行发现学习,也就是说,通过特殊的样例推论出一般的规则。例如,给学生呈现足够多的三角形与非三角形的样例,学生最终能够发现任何三角形所必须具备的特征。以此方式激发学生的归纳推理,有时又称为样例—规则法(eg-rule method)。下面,我们介绍一种运用发现来教授概念的教学方法,即概念达成课(concept-attainment lesson)。

概念达成课旨在帮助学生建构对某一具体概念的理解,并试图培养假设检验这类思维技能(Joyce & Weil, 1996; Klausmeier, 1992)。一般来讲,概念达成课包括四种重要的成分：正例与反例、相关特征与无关特征、概念的名称以及概念的定义。

样例在概念达成课程中非常重要。在教授复杂的概念时，以及向年龄较小或低能的儿童教授概念时，要利用更多的样例。不论是正例还是反例，对于清楚界定概念类的外延都是必要的，例如，讨论蝙蝠（反例）不是鸟，将有利于学生界定"鸟"这一概念的外延。

确定相关特征与无关特征也是教授概念的另一重要方面。例如，"会飞"并不是"鸟"这一概念的相关特征，事实上许多鸟不会飞（如鸵鸟、企鹅），而另一些非鸟的动物却会飞（如蝙蝠、鼯鼠）。对"鸟"这一概念的讨论必须包括对"会飞"这一特征的讨论，学生应当理解某一动物具有"会飞"这一特征并不必然说明它就是鸟。

概念的名称对于人与人之间的相互交流相当重要，但需明确，概念的名称仅仅是一个符号或标签，简单掌握该符号并不意味着对概念的理解。例如，许多学生已经能够运用"水果"这一名称，但他们却不理解西红柿也是水果。

定义能够使概念的本质明晰化。完整的定义应当包括两个要素：对概念所属的上位概念的说明以及对概念关键特征的界定。例如，水果是一种在其可食部分有籽（关键特征）的食物（上位概念）；等边三角形是三边相等、三顶角相等（关键特征）的平面密闭图形（上位概念）。这种定义有利于将概念置于相关知识的图式之中。

表9.1总结了概念达成课的三步骤：(1) 教师呈现正例与反例，学生初步确定概念；(2) 教师检查学生的理解；(3) 学生总结概念并分析自己的思维策略。

表9.1 概念达成课程的实施步骤

步骤一： 呈现样例及确定概念	步骤二： 检验概念的达成	步骤三： 思维策略的分析
教师呈现标明的样例（标明该样例是正例还是反例）； 学生比较正例和反例的特征； 学生概括和检验假设； 学生依据关键特征陈述定义。	学生对其他未标明的样例进行判断，回答"是"或"不是"； 教师对学生的假设作出反馈，对概念命名、陈述定义。	学生描述思维过程； 学生讨论特征和假设的作用； 学生讨论假设的种类和数目。

编码系统 相关概念的层级结构，在编码系统的顶端为最一般的概念，较具体的概念则处于一般概念的下端

发现学习 布鲁纳倡导的一种学习形式，指通过学生自行发现某基本原理来进行学习

归纳推理 依据样例和细节方面的信息阐述一般规则

样例—规则法 从特殊样例到一般原理的学习或教学

教学之窗

通过发现来教授概念

☞ 呈现某一概念的正例和反例

其做法可以是：在教授哺乳动物时，将人、鲸、猫、猩猩、骆驼作为正例，将鸡、鱼、青蛙、企鹅作为反例，然后让学生列举更多的正例和反例。

☞ 帮助学生发现概念和样例间的联系

具体做法可以是询问一些问题。比如：苹果还可以被称作什么？（水果）；水果可以用来做什么？（吃）；吃的东西我们可以称作什么？（食物）

☞ 呈现问题并促使学生努力发现答案

例如，可以问学生：人类的手是如何进化的？

☞ 鼓励学生作出直觉的猜测

例如，可以这样说："看到这个字的时候大家猜猜它是什么意思？"值得注意的是，在鼓励学生进行猜测时，不要过早进行评价，在学生提出一些观念之后再提供反馈。同时，要恰当利用引导性问题，以控制学生猜测的范围。

教学之窗

概念达成课的教学实例

为更好地说明概念达成课的执行步骤，可以看下面一个教学实例：

一位小学3年级的教师希望通过一节课使她的学生学习"水果"这一概念，并试图培养学生的思维技能。首先，她向学生介绍说她头脑中有一个观念，希望同学们"指出它是什么"。然后，她在黑板上写下"正例"与"反例"，她将一个苹果放在"正例"这边，将一块石头放在"反例"一边，她问道："我头脑中的观念是什么呢？"第一个学生回答："是我们吃的东西。"教师在黑板上写下"假设"这个词，在和学生简单探讨了"假设"的含义之后，教师在黑板上部写下"我们吃的东西"。随后，她提出另外两个假设——"活着的东西"和"长在植物上的东西"，在和学生对这两个概念进行简短讨论后，她将一个西红柿放在"正例"一边，将一个胡萝卜放在"反例"一边。学生们开始进行活泼生动的假设，甚至有学生将"红色"也作为假设提了出来。在进行更多的正例（如桃子、梨子、橘子）以及反例（如白菜、土豆、莴笋）的讨论之后，学生们将他们的假设缩小至"在其可食部分含籽（核）的食物"。这样学生便建构起水果的概念，并锻炼了思维技能。

概念达成课之所以成为一种有效教授概念的方式,是因为这种教学方式对正例与反例的比较非常有效。在上述教学实例中可以看到,教师从典型的水果样例(苹果)开始,逐步呈现不太典型的水果(西红柿),这些样例显示了"水果"这一类所包含的广泛范围以及无关特征的可变性。这种呈现样例的方式使学生避免将注意力集中在无关特征上(比如颜色、味道、果皮等),防止出现将一些本为水果的食物从"水果"这一类中排除出去的现象,即"欠概括化"(undergeneralization)现象。另外,适时地呈现反例同样重要。反例同概念的正例很相似,仅仅缺少某一个或几个关键特征。例如,甜土豆和洋葱不是水果,即使甜土豆是甜的、洋葱经常用来做馅饼。呈现反例的作用在于避免将某些非水果的东西归类为水果,即避免"过度概括化"(overgeneralization)的现象。

2. 通过解释来教授概念

通过解释来教授概念(teaching concepts through exposition)是基于奥苏伯尔(D. P. Ausubel)的学习理论。与布鲁纳的概念学习理论相反,奥苏伯尔认为,人们获得知识主要以接受而非以发现为途径。所呈现的概念、原理及观念,是被理解而非被发现的。奥苏伯尔赞同布鲁纳关于人类将所学信息组成层级或编码系统的说法,但奥苏伯尔将处于层级顶部的一般概念称为"包容者"(subsumer),因其他概念都可被一般概念包容。奥苏伯尔认为,人类学习以演绎推理的方式而非归纳推理的方式进行,或者说学习是从原理到样例而不是从样例到原理,在这一点上,他和布鲁纳的观点截然相反。心理学家将这种使用演绎推理的方法称为规则—样例法(rule-eg method)。

奥苏伯尔强调有意义言语学习的重要性,即强调言语信息、观念以及观念间的联系应当联结在一起。在他看来,机械记忆不是有意义的学习,通过死记硬背获得的信息并不能与已有信息相联结。在此理论基础上,奥苏伯尔提出解释性教学(expository teaching)模型以促进有意义学习,避免机械接受学习。这种教学方式要求教师提供精心组织的材料,以便使学生以最有效的方式获得最有用的信息。

使用解释法进行概念教学主要有三个步骤(如图 9.2 所示):步骤一,呈现先行组织者,所谓先行组织者是对关系或上位概念所做的介绍性的描述,这种描述通常较为宽泛,包括了即将学到的所有信息;步骤二,依据新旧信息的相似和差异之处以样例方式呈现内容,在学习任何材料之前,不仅应当向学生呈现新信息与已知信息的相似之处,也要呈现两者的差异之处,这样,新旧材料的干扰就可以避免;步骤三,将内容和先行组织者联系起来。

```
呈现先行组织者 → 依据新旧信息相似和差异之处以样例方式呈现内容 → 将内容和先行组织者联系起来
```

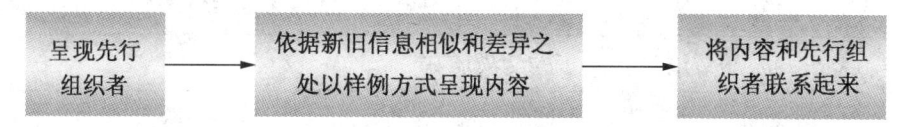

图 9.2　解释性教学的步骤

在解释性教学中,让学生自己提出一些新旧信息相似及差异之处是相当有益的。例如,在语法课上教师可以问:"逗号和分号在用法上有什么不同?"在比较的同时,也要向学生提供必要的样例。由于呈现样例是凸现新旧信息相似与差异之处的最有效的方式,所以教师应当呈现一些含有逗号及分号的样句。当所有的材料都呈现之后,教师应当激励学生讨论这些样例如何扩展了已有的先行组织者。

演绎推理　通过运用规则或原理得出结论;从某一一般规则或原理到具体的解决方式

规则—样例法　从一般原理到具体样例的学习或教学

先行组织者　对上位概念或背景材料的陈述,有助于介绍或总结随后的信息

教学之窗

通过解释来教授概念

☞ 使用先行组织者

不同学科使用先行组织者的实例:

英国文学课:向学生介绍莎士比亚,将他所处时代的社会理念(比如将国家视为人类机体)作为其戏剧的框架,以此作为学习莎士比亚文学的先行组织者。

社会课:地理位置在一定程度上决定发展中国家或地区的经济,这一理念可作为先行组织者。

历史课:探讨文艺复兴历史时期利用的先行组织者,可以是向学生介绍文艺复兴时期的重要理念:对称、对古典社会的赞美和以人为中心。

☞ 使用大量的样例

数学课:让学生指出他们能在教室里发现的所有的角。

☞ 关注相似及差异之处

历史课:让学生列举美国内战前南北方的相似和差异之处。

生物课:询问学生为何将蜜蜂归类为昆虫,而将蜥蜴归类为爬虫。

第九章　复杂的认知过程(上)・223

三、纠正错误概念

学习要求 简述错误概念纠正的四项前提

学生入学前已获得许多日常概念,但大多是不精确甚至是错误的,即使入学后在课堂教学中所获得的概念,也可能因误解而形成错误概念。例如,在物理学领域,多数中学生根据日常生活经验认为,只有光"照亮"了某一物体,才能看见该物体,但实际上,看见物体是因为光被物体"反射"到眼睛中。而"反射"这一概念并不符合将灯打开然后"照亮"黑暗屋子的现实经验。有研究发现,即使学了有关光的反射及视觉的材料后,大多数5年级的学生(约78%)仍然坚持他们的直觉观念,直接设计的学习材料与他们的错误观念冲突时,仍有大约20%的学生不能理解。因此,对自然科学学科的教师来说,理解学生对基本概念的直觉观念似乎是非常重要的。表9.2列出了一些关于人类血液循环最常见的一些错误观念。

表9.2 关于人类血液循环最常见的一些错误观念

- → 所有的有机体都有血。
- → 血仅仅由红细胞组成。
- → 在显微镜下,血看起来是由一簇红细胞聚集在一起形成的。
- → 心脏可以净化、过滤、制造和贮藏血液。
- → 从心脏到肺有中空管连接。
- → 血液流经躯体,并不传送营养。
- → 心脏是一个泵,将血液输向身体的各个部位。
- → 心脏仅仅传送有氧血液。

如果学生的直觉观念中含有错误的信息,他们极有可能对问题作出错误的或不完全的表征,这将阻碍问题的解决。为了学习新信息及解决问题,学生必须时常"重新学习"一些常识性观念(Joshua & Dupin, 1987)。当然,改变错误观念也需要学生动机的参与(这一点将在第十二章中详述)。此外,有研究者提出,改变错误概念需具备的四项前提条件:(1)学生必须对当前概念感到"不满意",也就是说,现存概念必须被看作是不正确、不完整或没用的;(2)学生必须理解新概念;(3)新概念必须能整合到学生已有知识体系内;(4)新概念必须是多产的,即它必须有助于解决问题或回答问题(Pintrich, Marx & Boyle, 1993)。

四、概念的扩展和联结

学习要求　建构某一范畴的概念图

学生在真正掌握某一概念之后,便能将这一概念用于做练习题、解决问题、写作、阅读以及其他活动之中,通过这些实际运用,学生将把这一概念融入已有的知识体系中,并将它同其他概念联结起来,概念也由此得以扩展。

按照认知心理学的观点,概念和概念联结形成了概念图(concept map)。在概念图中,不同的概念按照内在关系组成层级结构,每个概念都处于相应的位置。有研究者认为,这种层级组织模式有利于概念的激活和提取,有利于将新概念纳入已有概念体系当中。图 9.3 显示了某学生理解"分子"这一概念的概念图(请注意:该学生具有一错误概念,他认为固体的分子间没有间隙)。

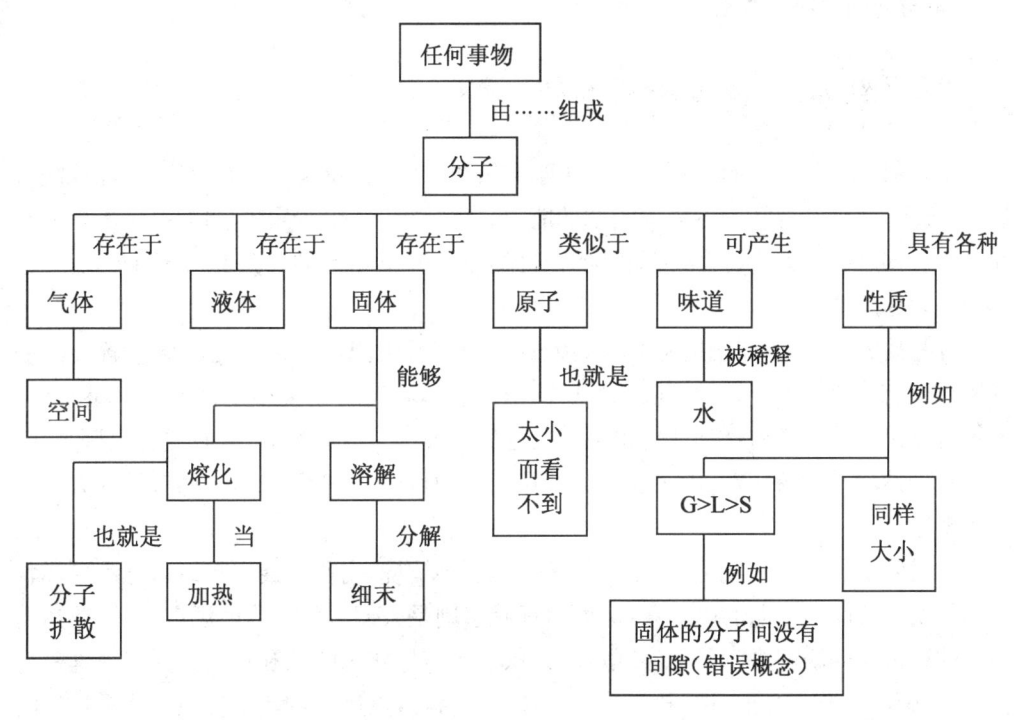

图 9.3　某学生理解"分子"这一概念的概念图

注:图中 G、L、S 分别指气体、液体、固体中分子的间隙

概念图 概念在头脑中的层级组织。不同的概念按照内在关系组成层级结构,每个概念都处于其相应的位置

第二节 问题解决

本节将介绍问题与问题解决的界定、问题解决的一般过程及一般方法,然后着重阐述个体在某特定领域中的解题表现及实质原因,最后对如何培养学生的问题解决能力给出一些教学建议。

一、问题解决的概述

1. 问题与问题解决的性质

学习要求 简述问题与问题解决的基本含义

教育的一个重要目的是要培养学生学会解决各种问题的能力,其中包括解决数学、物理、健康、社会及经济等领域的问题的能力。但何谓问题?何谓问题解决?不少人对此存在着误解。例如,人们常把简单的记忆提取(如"三角形的内角和等于180度")也视为是问题解决。

有些研究者认为,所谓问题必须是人首次遇到且无现成可回忆的经验来解决的一种情境。有些研究者则认为,问题是这样一种情境,在这种情境中个体想做某事,但还不知道该采取什么样的行动才能得到他或她所需要的。与此类似,有研究者也认为,问题是一种情境,在这种情境中个体尽力去达到某种目标,但必须找出一种有效的方式才能实现这一点。

从对问题的不同陈述可以看出,问题常指一种情境,它通常拥有起始状态和目标状态。起始状态就是当前的已知条件,而目标状态则是人们希望的或已规定好的、要达到的一种结果。问题解决就是要实现从初始状态到目标状态的顺利过渡。为实现这一目标,问题解决者通常会把目标状态分解成许多子目标,然后通过逐个实现这些子目标的方式最终达到目的。

概括地说,问题解决具有如下三个基本特征:第一,目标指向性。也就是说,当人们考虑或者着手做某事的时候,他们的目的是什么?例如,解决一道复杂的算术题并得出

最后的答案，这就是目的。第二，将总目标分解成许多子目标。人们不能一步到位地实现总目标，往往要将它分解成许多子目标才可能有效地实现总目标。例如，如果要全面地评价一个人，就不得不从性格、兴趣和情感等方面进行考虑。第三，算子（operator）的选择。问题解决者要实现从初始状态到目标状态的一步步过渡，必须选择算子，以便从一种状态顺利地过渡到另一种状态。在这里，算子实质上也是一种方法，即问题解决者实现各种状态之间转换的方法。例如，如何评价一个人的性格、兴趣，其中就包含着许许多多的算子。

问题　首次遇到且无现成可回忆的经验来解决的一种情境
问题解决　实现从初始状态到目标状态的顺利过渡
算子　实现问题解决各种状态间转换的方法

2. 解决问题的一般过程

学习要求　结合实例阐述解决问题的一般过程

解决问题的过程一般分为五步：明确问题（Identify the problem）、定义和表征问题（Define and represent the problem）、探索可行的策略（Explore possible strategies）、按照策略行事（Act on the stratigies）、复查和评价活动效果（Look back and evaluate the effects of your activities），简称为 IDEAL 过程（IDEAL 是各步骤的首字母组合）（Bransford & Stein,1984）。

首先，明确问题就是理解当前存在的问题，它是问题解决的起点。例如，对问题进行定性，将问题归类等。这一步骤决定了随后整个问题解决的方向。

其次，将问题的任务要求转换为内部的心理结构。对问题的精确表征包括了对问题目标进行客观界定，以及对相关的已知条件进行精确评估。多数解题失败的原因就在于没有进行有效的问题表征。

再次，如果问题表征中预示出可能的解题策略或方法，个体就直接提取该策略来解题，如果没有出现预示正确答案的方法，个体将不得不进行策略的搜索。

然后，在表征完问题和选择了方法之后，紧接着就是执行这一计划。如果该计划本身就包含了算法的运用，那么要注意计划中可能会存在一些由错误算法引起的系统性错误。例如，儿童在减法运算中，常常用大数减小数，如计算"30－19"时用"9"减"0"，而没有考虑两数间的被减数与减数关系。因此，在按策略行动的时候，要注意策略运用的正确性,防止犯一些系统性错误。

最后,在选择并运用一种解题策略之后,个体应对这种策略运用的结果进行评估。这一过程就包含了检查与解答相一致或相矛盾的地方。例如,在解下面的方程组:"$9x+4y=27$"和"$5x-2y=6$"中,有学生很快得出"$x=3,y=0$",将结果代入原方程组就可以发现第一个方程成立,而第二个不成立。

问题表征 将问题的任务要求转换为内部的心理结构

教学之窗
问题表征的重要性

定义和表征问题的关键是:找出相关信息,忽略无关细节。例如下面这个问题:

假如你的抽屉里有黑、白两种袜子,它们相互混合在一起,它们的个数比率是4比5。请问:你要取出多少袜子才能确保其中有两只是同颜色的?

在上述问题中,其中哪些信息是与解决问题有关的呢?你是否意识到"黑袜子与白袜子的个数比率是4比5"这一信息与解决问题是无关的呢?实际上,只要抽屉中有两种颜色的袜子,那么你只要取出三只袜子,就可确保其中有两只是同颜色的了,而无须考虑黑袜子与白袜子的个数比率。

在表征问题时,个体不但要理解问题中的每一个句子,而且要将每个句子所表达的意思综合起来,以达成对整个问题的准确理解。当然在具体表征的时候,可以采取多种形式。比如图形表征。让我们来看看下面这个事例:

有一和尚要到山顶的一座庙里烧香。他日出时步行上山,日落时才到达山顶。烧完香后他在山顶住了一宿。第二天,他日出下山,中午就到了山脚。请问:该和尚在上山下山时是否会在某一特定时刻同时经过某一地方?

这个问题看起来很难,但如果用图形来表征的话就比较简单。可以设想有两个和尚,他们在同一天的同一时刻,一个从山脚往山顶走,一个从山顶往山脚走。请问:他们能相遇吗?我们只要用图示标示一下就可以得到正确答案(能)了。

可见,对问题进行充分而有效的表征是顺利实现问题解决的一个重要步骤。而精确表征问题的最好办法就是:把问题的有关信息写下来,包括问题解决的目标、问题的已知条件以及两者之间的关系。如果可能的话,可以用图表的形式将问题解决的目标和问题的已知条件之间的关系罗列出来,释放学生的工作记忆空间,使学生能有更多的精力探索可行的解决办法,而不必不断地去记住问题的已知条件和目标。

3. 解决问题的一般方法

学习要求　简述算法的特点
　　　　　　简述启发式法的特点及不同方式

在问题解决的一般过程中,探索可行的问题解决策略是一个重要的步骤。一般来讲,策略可分为:通用于各领域的解题策略和专用于某领域的解题策略。前一类策略在问题解决领域中被称为一般的问题解决策略,之所以称为"一般",是因为它们适用于各类问题,大多是根据问题结构而提出的一般性的指导方法,是"弱方法";而后一类策略涉及特殊领域的知识,是"强方法"。在本小节,我们仅介绍一般的问题解决策略。

在解决问题中所采用的一般方法,有两种常用的程序——算法和启发式法。所谓算法,是一种逐步达到目标的方法,它通常与特殊领域的知识相关联。在解决问题时,如果人们能够选择正确的算法并恰当地运用它,那么肯定可以得出正确的答案。例如在数学课中,只要人们算法得当,类似"$17 \times [43 \times (90 + 15/78)] - 5/9 \times (12\,356/2) = ?$"这么复杂的问题也可以得出正确的解答。但是,许多学生随意运用算法,他们通常试试这个、试试那个,即使碰巧得出了正确答案,他们也并不真正明白正确答案是怎么来的。

而当某些问题显得比较模糊,并且没有明显的算法时,发展有效的启发式法是很重要的。在启发式法中,常用的有手段—目的分析法、后推法、简化法和类比法等。

运用手段—目的分析策略,首先得明确问题解决中的各种困难与障碍所在,然后再设立各种子目标去克服这些困难与障碍。假设派一组学生去完成某期板报的设计,参加学校的评比,那么你可以帮助他们分析阻碍完成这一任务的困难所在。那些可能困难是:该采用哪些素材作为板报的内容,怎样设计才能使板报看起来美观大方,以及怎样在学生之间完成各自任务的分配等。明确这些困难之后,小组就可以制定一些恰当的子目标(去寻找哪些素材,怎样进行板报设计,哪些学生去完成哪些任务),然后考虑可行的解决办法。这样,要圆满解决板报设计问题,就变得相对容易了。

后推法通常事先对问题解决的目标进行界定,然后以此目标为起点逐步向后推,得出要达到该目标需要什么条件,最后把达到目标所需的条件与问题提供的已知条件进行对比。如果相吻合,则问题解决成功。如果不吻合,则要寻找在推理过程中出现了什么差错,或者是否推理的方向错了。这种策略在学生的几何证明中常常会用到。一些问题解决的新手为了避免解题时的盲目性,并充分利用已知的相关信息,也常常会用这种方法。但对专家而言,运用后推法是他们问题解决时的最后选择。专家在进行问题解决时能够清楚地意识到他们正进行到了问题解决的什么阶段。正因为在专家的头脑中对问题解决有一个清晰观念,因而他们可以尽量避免问题解决中走弯路的尴尬局面。

当人们试图解决一些复杂的问题时,往往会被问题的繁琐陈述及一些不十分明了的问题要求所迷惑,以至于弄不清问题中已知什么、需要求什么。这时候,如果人们学会运用简化法的话,可能会有助于他们提高问题解决的效率。简化法要求问题解决者着重关注问题中的重要信息而忽略其他一些次要信息,提取问题的主干成分之后再对重点信息进行分析,最终实现问题解决的目的。当然,这种方法是有冒险性的。因为有些被认为不重要的信息可能是很重要的。例如美国国内革命战争爆发的原因,既有政治因素,也有经济因素和社会因素。如果人们仅仅把政治因素作为重点,而忽略了经济、社会因素的话,那么对该问题的解决至少是不完全的。所以运用简化法时要小心谨慎。我们在享受简化法带来的便利时,也不要忘记其中可能存在的不足之处。

人们在问题解决过程中陷入困惑时,需将当前的问题同一些与之结构相似、内容不同的问题进行类比,或者在两者之间进行某种形式的比喻,揭示这两种问题的相通之处,这样做可能有助于得出问题的答案。例如,要制订学习计划,学生可以将学习计划的制定过程与班级计划的制定过程相类比。在制定计划的过程中必须注意什么?怎样使计划既能激发自我的学习动机又具有操作性?这种类比实质上给学生提供了一个可供模拟的类似问题解决的样例,它往往能够促进或诱发学生产生更好的问题解决方法。

算法　一种逐步达到目标的方法,它通常与特殊领域的知识相关联

启发式法　指当问题比较模糊并且没有明显的算法,只能借助经验时的一种解题方法

手段—目的分析　首先明确问题解决中的各种困难与障碍所在,然后再设立各种子目标去克服这些困难与障碍

后推法　先对问题解决的目标进行界定,然后以此目标为起点逐步向后推,求出要达到该目标需要什么条件,最后把达到目标所需的条件与问题提供的已知条件进行对比

简化法　要求问题解决者着重关注问题中的重要信息而忽略其他一些次要信息

类比法　将当前的问题同一些与之结构相似、内容不同的问题进行类比,或者在两者之间进行某种形式的比喻,揭示这两种问题的相通之处

二、特殊领域的问题解决

要解决特殊领域的问题,仅依赖一般性的问题解决策略是不够的。运用一般的问题解决策略根据的是问题结构,而非问题内容。况且,问题解决能力的增强远远不是仅接受一般的问题解决策略的训练就能达到的。美国教育心理学家梅耶(R. E. Mayer, 1987)等人指出,不同领域的问题解决专家往往既具有良好的问题解决策略,又具有大量该领域的知识。那么,特殊领域的专家与新手在问题解决上有怎样的差异?其差异的实质是什么呢?如何尽快促进新手向专家角色的转变?

1. 专家—新手的解题差异

> ***学习要求*** *简述专家—新手比较研究的一般方法*
> *简述专家的优势*

专家—新手研究通常以某一特定领域内的相对专家以及相对新手为研究对象,是一种相对意义上的纵向研究,它为我们明确专长的发展提供了有用的参考指标。专家—新手研究通常要求被试进行口头报告或事后回忆,并以此作为分析专家与新手问题解决差异的重要依据。专家—新手研究范型一般可分三步进行:(1)筛选出某一领域的专家与新手;(2)给这些专家与新手提出一系列的任务;(3)比较专家与新手是如何完成这些任务的。

有研究者根据上述研究范型,详细总结了专家与新手问题解决的差异所在(Glaser & Chi,1988)。他们指出,相对于新手而言,特殊领域的专家:(1)能够感知大量的有意义模式,即知晓领域内一些文字或图形的意义;(2)拥有高超的短时记忆和长时记忆,即能在较短时间内记忆领域内信息,并能把它们保持较长一段时间;(3)技能执行的速度更快,即能熟练操作本领域的任务或活动,并且很少出错;(4)表征问题的相对时间比较长,即能花相对长的时间来思考并计划问题的解答;(5)问题表征的层次更深,即能理解问题的深层次含义以及所蕴涵的原理;(6)有较强的自我监控技能,即能灵活处理领域内的任务,能有效调节自己的行为或思维活动;等等。

> ***专家—新手研究范型*** 筛选出某一领域的专家与新手,提出一系列的任务,比较专家与新手是如何完成这些任务的

2. 专家—新手差异的实质

> **学习要求** 举例说明知识结构在问题解决中的作用
> 举例说明技能的自动化过程
> 举例说明不同领域的策略特点

在教育心理学中,理解专家优势表现仅仅是第一步,还要进一步揭示专家行为的实质。从知识角度讲,专家的优势体现在两方面:陈述性知识和程序性知识,而在特殊领域中程序性知识又涉及基本技能和策略两类。

陈述性知识:知识结构

在陈述性知识方面,专家具有与该领域特征相适应的知识结构。有研究者在物理学领域的专家—新手比较研究中发现:新手是按照问题图形的相似性进行分类,而专家根据问题涉及的基本原理来分类(Chi et al., 1981)。例如,对于"斜面"这一术语,新手(刚读完大学物理学一年级课程的学生)和专家(已取得博士学位的专家)具有不同的记忆结构:新手记忆结构中的结点要么是描述性的,如"静止摩擦系数"、"夹角"等,要么是跟具体对象有关的,如与木块有关的"质量"、"高度"等,虽然有结点涉及"能量守恒"这一高级原理,但仅从属于某些表面性结点(如图9.4);而在专家,其结点大多涉及一些基本物理原理,如"能量守恒"、"牛顿定律"等,且这些结点不从属于其他表面性结点(如图9.5)。

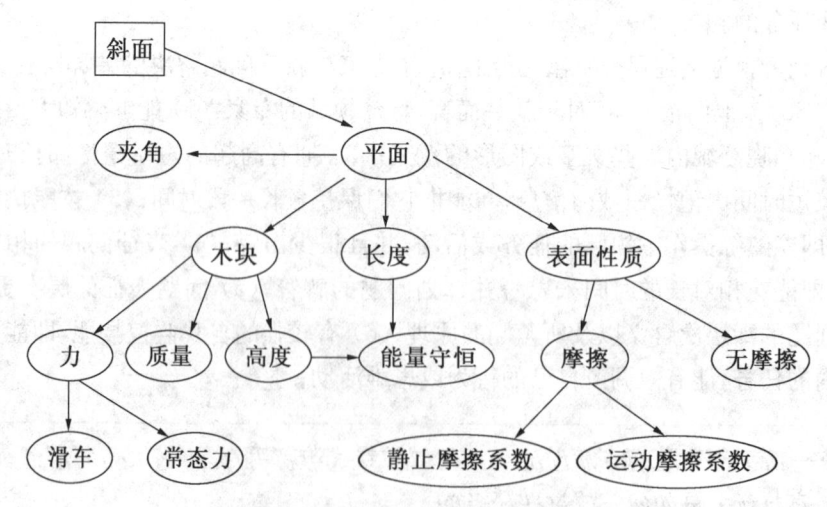

图9.4 新手关于"斜面"的记忆结构

232 · 教育心理学

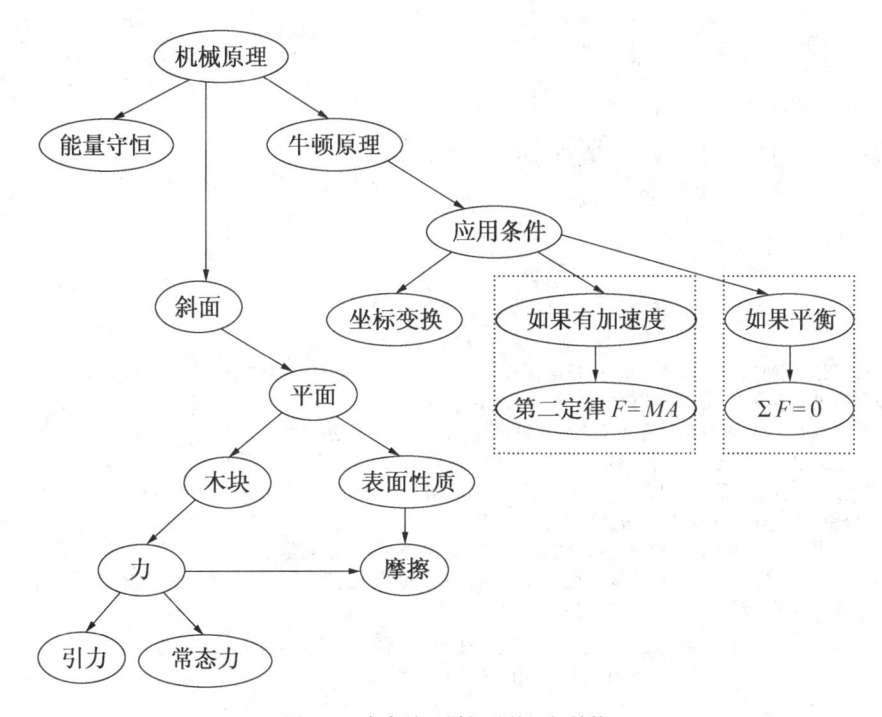

图 9.5 专家关于"斜面"的记忆结构

在其他领域的专长研究中,也揭示出专家的知识结构及其特征。例如,在棋牌类活动中,如国际象棋、围棋、五子棋、桥牌等,专家的丰富知识中蕴涵了大量知觉模式;而在一些记忆类活动中,如对建筑蓝图、文本段落、电路图、计算机程序代码和篮球事件等内容的记忆,专家的知识具有等级性结构,且在该结构中还存在某些特殊的组织原则。

程序性知识:特殊领域的基本技能

在特殊领域的基本技能方面,专家更趋于自动化。有研究者曾以自己对几何学专长发展的研究为例阐明了这一观点(J. R. Anderson,1982)。通过采用出声思维的技术,研究者记录了学生在学习两条证明三角形全等的定理(边—边—边定理和边—角—边定理)初期和后期的不同原始言语报告(如图 9.6,图 9.7)。通过比较发现,第二则原始记录比第一则原始记录更短,这表明学生使用原理的速度明显加快,而进一步分析则得出:学生在学习早期还需有意识地思考该定理,要对原理中每一个成分分别加以确认,一步一步地使用所学原理;而在学习后期则无须对原理作言语复述,不再需要在工作记忆中回忆起原理的陈述性表征,原理似乎只需一步就能与当前问题对上号。可见,经过相应练习,学生已将原理的陈述性表征转变为体现产生式规则的程序性知识(如图 9.8)。

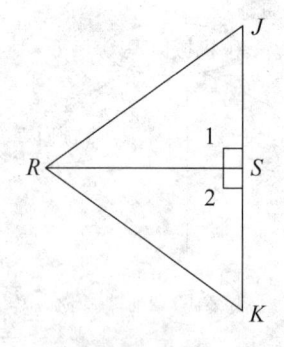

已知：∠1 和 ∠2 是直角，JS = KS
求证：△RSJ ≅ △RSK

"假定我使用边—角—边定理(长停顿)，对，RK 和 RJ 好像是(长停顿)缺的(长停顿)，缺少一条边。我再想想，边—角—边定理在这里是不是用得上(长停顿)。让我看看这条定理是怎么说的，'两条边及它们的夹角'。我必须有两条边，JS 和 KS 是其中一条边，然后我再求助于 RS＝RS，这样就可以用上边—角—边定理了(长停顿)。不过这里的∠1 和 ∠2 都是直角，该是什么意思(长停顿)？等等，我再想想，它们能不能派上用场(长停顿)。JS 和 KS 相等(长停顿)，∠1 和 ∠2 都是直角，这里好像有问题(长停顿)。好了，原来的定理是怎么说的？再检查一下：'如果一个三角形的两条边与另一个三角形的对应边相等'。对，我已经找到了两条边和它们的夹角了，夹角就是∠1 和∠2。我想(长停顿)它们都是直角，这意思是说，它们应该是互等的，我的第一条边是 JS 对 KS，另一条边就是 RS 对 RS，这样就有两条边了。对，我想这里可以用上边—角—边定理。"

图 9.6 在学习边—边—边定理和边—角—边定理后，学生遇到的
第一个几何证明问题及其原始记录

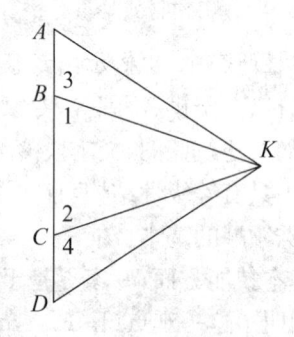

已知：∠1 = ∠2
　　　AB = DC
　　　BK = KC
求证：△ABK ≅ △DCK

"我一下子就能猜到，这里的条件支持△ABK 全等于△DCK，因为这里只有边—角—边这条定理可以用。"

图 9.7 在学习边—边—边定理和边—角—边定理后，学生遇到的
第六个几何证明问题及其原始记录

如果　目的是求证三角形 1 与三角形 2 全等
　　　且三角形 1 的两边一夹角同三角形 2 的两边一夹角似乎相等
那么　制定的子目标是证明对应边相等与对应角相等
　　　且启用边-角-边定理来证明三角形 1 与三角形 2 全等

图 9.8 经过相应练习后，学生在头脑中形成的产生式

与前述研究类似,有研究者在研究运动力学领域的问题解决专长时也发现:被试最初要把有关速度(v)、时间(t)与加速度(a)的公式写下来(如 $v=at$),以便提醒自己找到题中的相应变量;经过一定的练习后,被试会根据问题中的常量直接写出($v=2\times10=20$),也就是说,这一公式已直接体现在解决问题的行为之中,无须再逐字逐句地回忆(Sweller, Mawer & Word, 1983)。

程序性知识:特殊领域的策略

在特殊领域的策略方面,专家具有自己领域的特殊解题策略。有研究者曾对相对新手与相对专家在解决物理学问题上作了比较(J. H. Larkin, 1981)。该研究发现,相对新手的解题决策典型地属于逆推法,如解决一斜面类问题(如图 9.9),新手直接从所要求的未知量 v 入手,先找到一个含有并可求 v 的公式,但使用该公式求 v,必须先求出 a,于是再找到一个含有 a 的方程,依次类推,新手在找到足以求出问题解的一系列方程前,须连续地后退(如表 9.3)。而相对专家虽然使用了与新手相似的方程,但使用的顺序完全相反,他们从可以直接算出的重力开始,然后直接计算有待求出的速度(如表9.4)。

问题:一木块沿一斜面下滑,斜面长度为 l,斜面与水平面的夹角为 θ,摩擦系数为 μ,求木块抵达斜面底部时的速度。

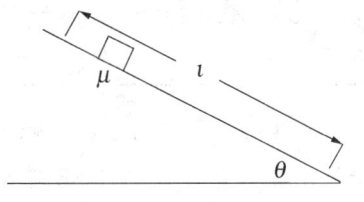

图 9.9 一个物理问题样例

表 9.3 新手解决物理题的典型思路

为求预期的末速度 v,需找到一含有速度的原理,如

$$v=v_0+at$$

但这里的 a 和 t 均属未知,似不能用上,再使用

$$v^2-v_0^2=2al$$

在这一方程中 $v_0=0$,l 亦可知,但仍须求出 a,因此再试用

$$F=ma$$

在这一方程中,m 为可知,仅 F 为未知,因此可用

$$F=\Sigma fs$$

在现在的情况下意味着

$$F=F_g^n-f$$

这里的 F_g^n 及 f 可根据下列方程算出

$$F_g^n = mg\sin\theta$$
$$f = \mu N$$
$$N = mg\cos\theta$$

经代入上式,求速度的正确表达式为

$$v = 2(g\sin\theta - \mu g\cos\theta)l$$

表 9.4 专家解决物理题的典型思路

木块的运动可用受到的重力来说明

$$F_g^n = mg\sin\theta$$

此力为沿木块向下的力,而摩擦力则为

$$f = \mu mg\cos\theta$$

此力为沿木块向上的力,因此木块的加速度与这些力的合力有关,即

$$F = ma \text{ 或 } mg\sin\theta - \mu mg\cos\theta = ma$$

知道了加速度 a 后,便可根据以下这些关系求出木块的末速度 v

$$l = 1/2at^2 \text{ 及 } v = at$$

需注意的是,专家所采取的特殊策略是依据各领域特点而发生变化的。例如,在计算机编程领域,有研究者发现,无论是新手还是专家,都以自上而下的方式(top-down manner)来编制程序,即总是从某一问题的提出深入到所涉及的子问题,然后再从子问题中分解出需进一步解决的若干子问题(Anderson,1984)。也就是说,在编程领域的新手向专家转变的过程中,这种逆推的思路不会发生改变。但是,有研究者(Anderson,1983;Jeffries,Turner,Polson & Atwood,1981)在编程领域却发现另外一种策略差异,即:专家解决问题常采用广度优先(breadth-first)策略,而新手则采用深度优先(depth-first)策略。总之,即使各领域专家采取的特殊策略各不相同,但有一点共同之处,即专家常常采用与该领域最相适宜的策略。

三、培养学生问题解决的能力

学习要求 结合实例来简述形成有组织知识结构的具体步骤
结合实例来简述促进技能自动化的方法
结合实例来阐述培养策略性学习者的方法

如何将学生培养成有效的问题解决者？从专长角度，培养有效问题解决者，就是使学生从不会解题到会解题。从前述内容已知，专家与新手在问题解决差异上的根源在于他们的知识结构、自动化技能和学习策略，知道这一点，有助于我们从问题解决能力的实质角度来培养学生，有针对性地对其进行训练，以提高学生的问题解决能力。

1. 形成有组织的知识结构

形成有组织的知识结构，首先要丰富学生的观念性知识，这是因为这类知识可以影响问题解决者对问题的表征以及搜索解决方案的过程。但相对于某一层次的学生而言，他们应该掌握该学科哪些具体的观念性知识呢？教师可以以有关部门制定的文件（如教学大纲）为参照，对有关章节的基本概念、基本事实进行归纳整理。例如，在历史学科中可以归纳出一些重要的年代、事件以及举措；在数学学科中，可以归纳出一些基本概念、定理和公理。如有可能，可将这些基本概念与基本事实以网络的形式串联起来，必要时还可配以图片说明。需特别指出的是，概念的阐述一定要清晰明了。许多实验表明，新手问题表征的肤浅和出错根源在于他们缺乏对概念的真正了解。有经验的教师在传授知识时，总是对该章(节)的基本知识点及基本事实性知识了如指掌，而且会花费相当多的时间来澄清概念。教师还会要求学生自己着手整理有关的观念性知识，以加强他们对这些知识的理解。

其次，可以采用一些学习方法。例如，运用"出声思维法"来帮助学生理解问题。当问题比较抽象时，让学生报告出正在思考的东西，或将问题以自己所理解的方式叙述出来。这一过程有助于学生理解问题。再如，教师可以向学生示范如何解决那些含有无关信息的问题，这能让学生认识到关注相关信息的必要性和有效性。另外，教师还可以让小组学生一起从事问题解决，学生可以从小组的其他成员那里了解一些有关问题解决的事宜，这种小组合作可以使问题解决变得更加有趣，有利于激发学生的动机。

2. 促使技能达到自动化水平

学生要想快捷地解答学科问题，就必须对一些基本技能的操作得心应手。这样才可能腾出更多的精力去解答更难的问题。对于解答一道应用题而言，简单的加减乘除运算就属于基本技能的范畴。对于写作一篇优秀文章而言，能写出正确的、无语法错误的句子是基本技能。在某一特定的时刻，人们的精力是有限的，他们很难同时去做几件比较生疏而又困难的工作。有研究表明，初学阅读者往往把时间和精力花费在字词的编码及其意义的提取上，因此他们对段落大意或整篇文章的理解感到很吃力，严重时还会导致错误的理解。从这一点来说，教师不可忽视本专业内的一些基本技能的训练。

在具体加强学生基本技能训练方面,教师可从两方面着手:一方面,确定哪些技能是解决该领域的一般问题所必需掌握的基本技能。这可通过查看教学大纲以及与专家教师进行访谈而得知。另一方面,促进这些基本技能的自动化,可以按如下步骤展开:首先,将较复杂的技能分解成许多子技能或前提技能,并分别掌握它们;其次,促进各子技能或前提技能之间的组合。在这一过程中,练习和反馈是两个非常重要的因素;最后,多次综合训练,使其达到自动化水平。

3. 教授学生运用策略

一般来说,课堂教学目标不仅要求学生获得知识和形成技能,还要求教师能教会学生如何运用一些学习策略。而在学习过程中,学生也必须学会对自己的学习内容和过程进行管理。学习策略,不仅包括影响知识和技能的已有观念、情绪和行为,还涉及对知识的重新组织。在课堂教学中,教师教授学生一些学习策略,其目标是为了使学生成为策略性学习者,也就是培养愿学、想学、知道如何学的学生。

在具体学科中,要培养学生灵活运用不同策略的能力,通常的做法是:对该领域中经常碰到的情况及一些常用的问题解决策略进行归纳总结,找出不同策略各自适应的一般性情境。这样,当碰到类似问题时,学生就可做到心中有数了。

当然,学生有时难以对这些情境与策略进行有效地分析与匹配,或者说,他们对有关策略的总结不能做到面面俱到。这时,运用元认知法能有效地提高学生灵活运用不同策略的能力。元认知法要求学生对实际生活中所碰到的各种问题不断进行总结,并探讨可行的解决办法。学生可以自己提出问题,然后思索,寻求问题解决的方法,并以日记或笔记的形式记录下来。学生还可以通过观摩其他有经验教师的授课,结合自己对问题的思考,形成对某些问题解决的独特看法。在这种元认知中,由于学生要对自己和他人运用不同策略解决不同问题的成败经验进行反省总结,因而可以有效地提高学生的问题解决能力。

教学之窗

运用头脑风暴法来培养解题能力

头脑风暴法是培养解题能力的一种方法,该方法的核心在于:产生尽可能多的方法,然后从中挑选出最恰当的一种。该方法实施的一般步骤是:

第一步,对问题进行界定。

第二步,产生尽可能多的问题解决方法,但不要对这些方法的使用情况进行评估,哪怕其中有些看起来是很离奇的。

第三步,制订挑选问题解决策略的标准。

第四步,根据这些标准,从已产生的问题解决办法中选出最为有用的策略或方法。

当前,头脑风暴法已被成功地运用于各领域,从设计一项科学方案到理解难以领会的文本。例如,有研究者曾利用头脑风暴法,来激励学生运用当前的知识理解新概念,要求学生:(1)对出现在文本中的比较重要的概念进行充分随意的联想;(2)确定学生是怎样形成这些自由联想的;(3)讨论这些已形成的新的观念,作为这次活动的结果(Beck,1989)。

在头脑风暴法中,要鼓励学生围绕问题进行思考,并尽可能得出富有想像力和不平常的观念。从某种程度上说,学生思维面广,思维方式不受常规的限制,正是头脑风暴法所必需的。教师应鼓励学生发展创造性思维。在没有得出最后结论时,教师不应对学生所提出的任何一种问题解决方法进行评价。否则,它会使得学生产生焦虑感,从而妨碍他们创造性思维的发展。

教学经验

关于知识的发现

☞ 陈述性知识以定论的形式展示给学生,条件、问题及推论过程已经叙述得很清楚,不需要学生去独立发现,学生只要能主动地从自己原有的认知结构中检索适当的知识与其相关联,进行加工,从而扩大或改组、重建知识结构。(王丽)

☞ 我认为陈述性知识可采取以接受为主的学习方式,当然是指有意义的接受性学习;也就是,这种学习方式必须建立在学生的主观愿望和知识经验的基础上,它是学生原有知识结构的发展。有效的学习活动,不能单纯的依赖模仿和记忆,记忆策略是最低级的学习策略,要思考学生原有的经验基础,要强调一种过程,在过程中辨析、比较和感悟。(杨惠玲)

☞ 过去我们把接受性学习仅仅定位在教师的"包办代替",把发现概念规则等过程全部由教师去展示,把学生会错的地方、不易理解的地方一一点到、分析清楚。现代教育理念下有意义的接受性学习是指教师为学生提供适当的问题情境、学习的条件和机会,使学习过程成为学生提取信息、整理、内化的过程,促使学生亲自去体验有关概念和规则中蕴涵的知识,建立新旧知识之间的联系,建构自己的知识结构,使学生成为学习的主人。(谈莉莉)

☞ 应把程序性知识的学习看成是一种对学生智慧开发的学习,是对外部信息深层次的认识和内化,体现在一个过程上。从理念上我们要改变以教师为中心的观念,要改变让学生钻"圈套"的做法。要寻找教学内容的知识结构和学生的认知结构的结合点,进行教材和知识点的重组。学习是学习者自己的事情,谁也不能包办代替,尤其是程序性知识的学习。(陈连兴)

☞ 小学生学习数学知识,不仅需要知识的积累,更重要的是将知识结构转换为学生的数学认知结构,而后再形成思维结构的转换。实现这两个转换正是探究性学习的宗旨,在教学过程中,只要引导学生自始至终地参与到知识的发生、发展过程中,把前人发现的知识在学生头脑中再现其形成的过程,进而内化、构建,让学生在动手、动口、动脑、观察、分析、思考、操作、讲述的全过程中获得诸多发展的机会。(陈丽琴)

☞ 经过一个阶段的实践,我们看到,运用发现探究知识的方法,不仅使学生掌握知识的体系,而且有利于培养学生主动建构的态度和方法,主动进取、积极探究、勇于创新的精神等。这样的获得,远远超出学知识的一般意义,使学生在获取知识的同时对自己发现、自己归纳的自觉性逐步增强,学生的潜力得到充分的发挥,学生的自信心得到不断的提升,学生的个性得到自由和谐的发展。(唐巨英)

教学反思

学完本章后,你可以思考:

⊙ 在你的班级里,成绩优秀学生是知识丰富,还是知识组织良好?
⊙ 对具体的学科问题,如物理学中的力学、语文课中的写作等,成绩优秀学生与成绩欠好学生的问题表征有何差异?
⊙ 在解题方法或策略上,成绩优秀学生的方法就一定多吗?
⊙ 教授问题解决的方法,是从特殊领域的知识着手呢,还是就方法本身来传授?
⊙ 能灵活使用策略或方法的学生,学习成绩就好吗?
⊙ 练习对解题能力的培养有何作用?

总　　结

概念学习　概念具有数量不一的特征,其所有样例都具有这些特征,对概念的识别依赖于对特征的识别,其获得难易与特征的数量和抽象性有关。可以采用多种方式教授概念,如发现与解释,每种方式都适用于不同的人群及教授不同的概念,但在各种教学方式中,样例的适时呈现都是非常重要的。有时,教师应对学生具有的某些错误概念予以纠正,以形成科学概念。概念与其他概念联系起来,形成概念图。

问题解决 问题通常拥有起始状态和目标状态,而问题解决就是要实现从初始状态到目标状态的顺利过渡。问题解决的一般过程是:明确问题、定义和表征问题、探索可行的策略、按照策略行事、复查和评价活动效果等。问题解决的一般方法,有两种常用的程序——算法和启发式法,而后者又可细分为手段—目的分析法、后推法、简化法和类比法等。

通过专家—新手的对比研究,人们发现了专家和新手在表现上的差异,包括专家具有的各种优势,如拥有高超的记忆,能更深层地表征问题,有自我监控技能等。归根结底,这些差异体现了专家与新手在知识结构、自动化基本技能和学习策略方面的差异。培养有效问题解决者,可以从形成有组织知识结构、促使技能达到自动化水平、教授学生运用策略这三方面着手进行。

重要概念

编码系统	后推法	算法	先行组织者
发现学习	简化法	算子	演绎推理
概念	类比法	问题	样例—规则法
概念图	启发式法	问题表征	原型
归纳推理	手段—目的分析	问题解决	专家—新手研究范型
规则—样例法			

参考文献

1. 吴庆麟等:《认知教学心理学》,上海科学技术出版社,2000。
2. Newell, A., Simon, H. A., *Human Problem Solving*, Prentice-Hall, 1972.
3. Anderson, J. R., *Cognitive Psychology and Its Implication*, Freeman, 1990.
4. Gick, M. L., Holyoak, K. J., Analogical problem solving, *Cognitive Psychology*, 1980.
5. Chi, M. T. H., Feltovich, P. J., Glaser, R., Categorization and representation of physics problems by experts and novices, *Cognitive Science*, 1981, 5:121—152.
6. Anderson, L. W., *International Encyclopedia of Teaching and Teacher Education*, Cambridge: Cambridge University Press (2nd), 1995:464.
7. Joyce, B. R., Weil, M., *Models of Teaching*, (5th ed.), Boston: Allyn & Bacon, 1996.

8. Anderson, J. R., Acquisition of cognitive skill. *Psychological Review*, 1982, 89: 381—382.
9. Larkin, J. H., McDermott, J., Simon, D. P., Simon, H. A., Models of competence in solving physics problem, *Cognitive Science*, 1980, 4: 317—345.

第十章 复杂的认知过程(下)

引言

在解决学科问题时,学生经常采用什么样的策略或方法?学习成绩好的学生在学习方法或策略上,就一定比学习成绩差的学生要好吗?为什么学生总是不会将新习得的知识运用于不同的场合,无法做到"举一反三"?是不是可以专门教授学生一些解题技巧?通常你如何来教这些策略?等等。这些问题都涉及策略和迁移这类复杂的认知过程。

在信息爆炸的现代社会,学校教育不可能将所有知识和技能都传授给学生,但必须使学生具备一定的迁移能力,能灵活使用所学知识来处理不同情境中的问题,或在新情境中快速地学习。所以,学校教育是"授人渔"而非"授人鱼"。因此本章将继续探讨人类复杂认知过程中的认知策略与迁移两主题,具体剖析认知策略与概念及问题解决间的关系,借以明晰认知策略的界定、分析有效使用策略者的特征,为培养策略性学习者提供理论基础,同时也为阐述学习策略及思维技能方面的教学举措做铺垫;随后,将对迁移的定义、分类以及机制进行深入探讨,使教师最终做到为促进学生的正迁移而教学。

学完本章后,你应该能够:
- 明确认知策略的含义并列举若干自己常用的策略;
- 将学习策略运用于自己的学习或教学实践当中;
- 详细阐述各种迁移分类理论;
- 举例说明三类知识的迁移机制;
- 在自己的教学中采用有效的教学方式促进学生的正迁移。

教学设疑

郝老师是小学低年级数学教师,在教一位数与两位数的乘法时,他发现小刚总是不能理解。开始郝老师认为小刚没有记住乘法口诀,但在对小刚进行乘法口诀强化训练后,这一问题依然存在,这使郝老师非常困惑。后来他发现,小刚在多位数加法上也存在困难,而小刚的同桌小红加法和乘法学得都很好。郝老师还发现,学生在掌握乘法规则时普遍感到困难,有时讲了很多遍还是有小朋友不能掌握;在解运用一位数与两位数乘法的应用题时,有些小朋友表现很灵活,而有些小朋友只会做某类题目,一遇到现实问题或者题目稍稍改变就又不会了……

如果你是郝老师:
- 什么原因导致小刚的困难?为什么?
- 应当采取什么样的教学措施帮助小刚克服困难?
- 如何教授解题规则?
- 是否有必要教授学生一些解题策略?
- 如何促使学生将习得的解题规则运用于新的问题情境?

第一节 认知策略

"认知策略"这一术语,最早出现于1956年布鲁纳等人有关人工概念的研究中。加涅认为,认知策略是"对内组织的技能,它们的功能是调节和监控概念与规则的使用"。第九章的"问题解决"一节已经明确指出,掌握认知策略是提高问题解决能力的重要途径。而本节将进一步探讨认知策略,尤其是学习策略与思维技能,在学校教学中为培养专家型学生提供理论指导,使学生更善于学习与解决问题,成为策略性学习者。

一、认知策略的概述

1. 对认知策略的界定

> **学习要求** 阐述认知策略、概念学习及问题解决间的差异和联系

不同的研究者依据不同的标准,对认知策略进行了分类。加涅曾将认知策略按其应用的认知活动不同,分为注意中的认知策略、编码中的认知策略、提取策略、解决问题

中的策略以及元认知策略等;安德森则按其应用的范围,将认知策略分为一般领域的认知策略(弱方法)和特殊领域的认知策略(强方法);还有一些研究者将认知策略主要区分为学习策略和思维技能。尽管对认知策略分类不尽相同,但研究者们都普遍认同,认知策略是对内组织的技能。

认知策略与概念之间关系密切,从加涅对认知策略的界定可以看出,概念是认知策略操作的成分或对象之一(其他的对象还有原理、规则等)。与概念相比,认知策略是一类程序性知识,通常作为达到某一教学目标的手段或方法。具体来说,概念大多为陈述性知识并且多局限于某一特殊领域。例如,三角形、四边形通常局限于数学领域,更具体地说,局限于几何学领域。相反,策略则是一种程序性知识,通常运用于不同的情境当中。例如,一旦学生学会监控自己的理解过程,他们便会将这种策略运用于历史、生物、哲学等各门学科中。事实上,正是由于策略能够运用于不同情境,它才成为学校学习最有力的手段之一。

此外,概念本身就是学习的目标,而策略是工具,是达成目标的手段。例如,当学生学习去"总结"时,其目标是获得一些有用的信息,而"总结"这一策略仅仅是用以达成这一目标的工具。当然,有些研究者持不同观点,他们认为认知策略应当成为课堂教学中的重要组成部分,其本身也应成为学习的目标。故而,策略是目标还是手段并不能一概而论。

同样,认知策略与问题解决也有关联。认知策略在问题解决过程中起重要作用,这一点在前一章阐述特殊领域的问题解决时已有所述及。从一般领域到特殊领域的转变过程中,研究者逐渐意识到:早期对问题解决的信息加工研究,由于接受了先前实验心理学的研究传统,主要集中于解决那些无需大量知识的任务上,虽然揭示出各种一般的认知策略,如手段—目的分析、提出假设与检验假设以及子目标的分解,但这类实验并未揭示在需要大量特殊领域的知识或技能时,个体的思维或决策将受何种因素的影响。当心理学家将注意力转向知识丰富领域的问题解决后,他们发现,这些特殊领域中的特定的决策行为,与该领域中有组织的知识与特殊的认知策略有关。

认知策略 是对内组织的技能

2. 有效使用策略者

学习要求 阐述有效使用策略者的三项主要特征

在课堂中,某些学生总是比另外一些学生更善于运用策略,因而能有效地解决问题。而将学生培养成这种有效使用策略者,无疑是学校教育及大多数教师的愿望。一项对高水平阅读者和低水平阅读者的对比研究结果表明,同低水平的阅读者相比,阅读高手具有相关领域丰富的背景知识,拥有更多的策略且能自然而然地使用这些策略,能将策略与任务相匹配并始终评价策略是否发挥着效用(Pressley et al.,1989;Wade,Trathen & Schraw,1990)。而其他一些研究也有类似结果。综合起来,有效使用策略者具有如下三方面特征:广阔的背景知识、大量的认知策略以及高度发展的元认知能力。

广阔的知识背景

要使用认知策略,知识背景相当重要。在没有丰富的知识背景作为基石的情况下编码和表征信息,将使策略的使用变得相当困难(Pressley,Borkowski & Schneider,1987)。有研究者以接受教学的方式教授自然科学,他们发现,在没有知识背景的情况下,学生只能利用认知策略"预言琐事、总结细节以及阐述大的词组"(Anderson & Roth,1989)。而另外一些对自然科学的研究则揭示,那些能够利用深度加工策略来概括问题、形成表征以及运用类比推理的学生,都具有广泛的背景知识(Chinn,1997)。将认知策略运用于不同课程,同样需要学生具有足够的背景知识,以及用以激活这些知识的教学支架。

大量的认知策略

有效使用策略者具有大量可选用的认知策略。例如,他们会做笔记、浏览、使用提纲、利用黑体字和斜体字等,他们能够利用启发式法,如利用手段—目的分析将问题分解为多个有意义的子成分。研究者认为,不具备大量的认知策略,学习者便缺乏将策略与不同情境及目标匹配的前提。而这种策略与情境及目标的有效匹配,则涉及下面的元认知能力。

高度发展的元认知能力

有效使用策略者拥有条件性知识,即知道何时、何处运用何种策略(Anderson,1990;Pressley,et al.,1987)。例如,如果目标是获得某一段落大意,有效阅读者首先会略读文本,然后寻找主题句并搜索主要观点,即他们将策略(略读)与目标(获得文本大意)匹配起来;如果目标是获得对文本的深度理解,有效阅读者便会选择不同的策略,比如总结、做笔记或自我提问,他们认识到目标和条件的改变要求自己相应地改变所使用的策略,这种条件性知识也就是第七章介绍的元认知知识。

有效使用策略者 具有广阔的背景知识、大量的认知策略以及高度发展的元认知能力的策略使用者

条件性知识 关于何时、何处运用何种策略的知识

二、促进理解材料的学习策略

学习要求 将多种学习策略运用于自己的学习与教学实践中

学生往往会采用各种学习策略,以促进对学习材料的理解,这主要涉及两类策略:基本学习技能和理解监控的策略。

1. 基本学习技能

基本学习技能简单常用,比如画线和做笔记。画线是一种常用的策略,用以决定哪些是重要内容,并需要被画线以作特别强调。使用画线策略的最大困难,在于决定哪些内容是重要的。有时,学生为避免做这样的决定,会随意画下一整段文本,但这样做毫无意义;还有些学生会关注段落的第一句、黑体字及斜体字部分,或者那些看起来令人感兴趣的部分,但这样做通常也会忽略文本中的重要观点。

与画线策略一样,确定哪些内容较重要对有效做笔记同样重要。但现实中,有些学生只是尽可能多地记下教师呈现的信息,而未对这些信息进行分析,并决定应当专门记录哪些内容。研究证实,有效做笔记能够促进课堂学习,并且这种技能本身可以传授和训练(Kiewra,1989)。在课堂中,为帮助学生发展这种技能,教师可以给学生提供一个框架(矩阵或图),让学生填入相应信息,或者将确定重要内容的加工过程形成模式,直接教授给学生。图10.1是一个指导学生做笔记的框架图,适用于学生在学习两种不同观念、概念、实验、理论等时进行比较。

根据学习材料所涉及的知识类型不同,学生可以采用不同的基本学习技能:对于陈述性学习材料,主要有集中注意力、构建图式、观念精致等;对于程序性学习材料,主要有模式学习、自我教学、练习等。而每一种学习技能都有其适用的场合。表10.1列出了各种针对不同性质材料的基本学习技能。

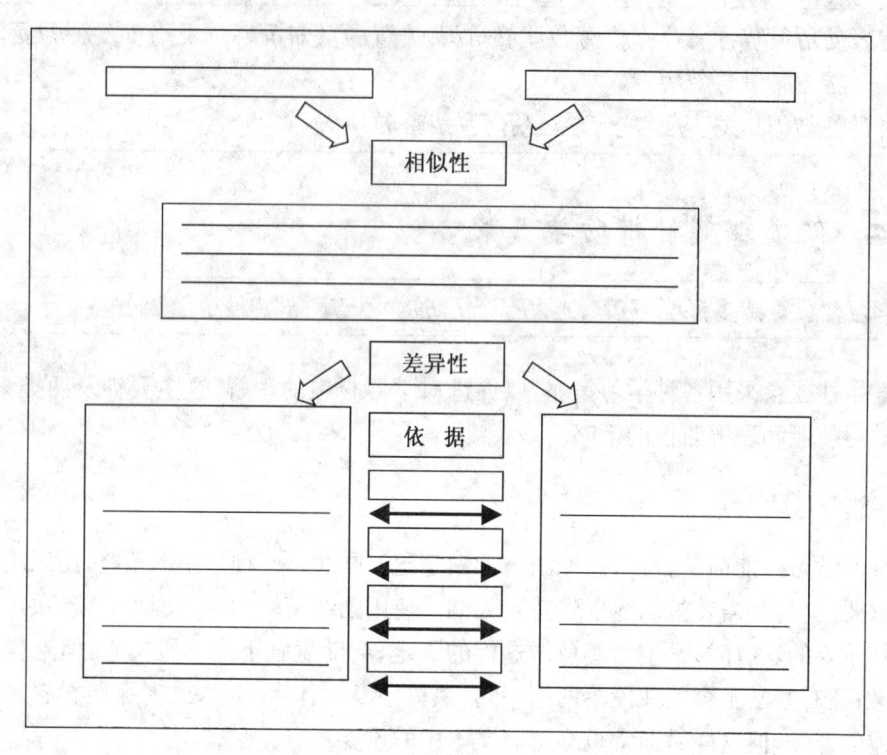

图 10.1 指导学生做笔记的框架图

表 10.1 依据材料性质所采用的基本学习技能

	技 能 样 例	运用的情境
学习陈述性信息的策略	1. 集中注意力 ● 列文本大纲 ● 搜索主题句或标题 2. 建构图式 ● 文本图式 ● 理论图式 ● 建构信息网络和概念地图 3. 观念精致 ● 可视化	阅读较困难的材料 阅读结构不良的文本 理解和记住具体的观念
学习程序性信息的策略	1. 模式学习 ● 假设	学习概念的特征

续 表

技 能 样 例	运 用 的 情 境
● 确定行动的原因	将程序与情境匹配
2. 自我教学	
● 将自己的行为同专家比较	修正及改进技能
3. 练习	
● 部分练习	保持并改进技能
● 整体练习	

2. 理解监控的策略

理解监控是一个循环检测过程,以确保能理解正在阅读的材料(Palincsar & Brown,1984),它是一种高级的学习策略,要求个体具有高度发展的元认知能力。有研究证实,低成就者和一些缺乏自我监控的个体很少进行自我检测,且常常在他们尚不理解问题的时候采取行动(Baker & Brown, 1984)。下面将讨论两种重要的理解监控策略——总结(summarizing)和自我提问(self-questioning)。

总结是指对口头或书面信息的中心思想作简明扼要的阐述。它是一项非常有效的理解监控策略,但学会它必须经过专门训练且耗费大量时间。有研究证实,初中高年级以上的学生经过训练后,逐渐变得善于总结(Pressley et al., 1989);在训练学生总结时,教师要同学生一起分析文本并帮助他们:(1)确定并剔除不重要的信息;(2)建构对内容结构的一般描述;(3)建构每一段的主题句。尽管这类训练要耗费大量时间,但结果表明确实可以促进学生理解文本(Anderson & Armbruster, 1984;Brown & Palincsar, 1987)。

自我提问是另一种自我监控的方式。如在阅读中,学生有规律地停顿下来,询问自己一些有关阅读材料的问题。精致性提问(elaborative questioning)是一种比较有效的自我提问方式,它是一种获得推论、明确关系、引用样例或确定所学材料隐意的加工过程。下面便是一些有效精致性提问的例子:(1)这一观点的其他例子还有哪些?(2)这一主题同前一节的主题有何相似与不同?(3)当前材料是什么主题的一部分?通过精致性自我提问,新信息能和长时记忆中已有信息建立联系,从而促进理解与学习。

总结　对某一段口头或书面信息的中心思想作简单明了的阐述

精致性提问　一种获得推论、明确关系、引用样例或确定所学材料隐意的加工过程

教学之窗

在课堂中利用模仿以及出声思维来教授策略

为帮助学生成为有效使用策略者,有些研究者明确倡导利用模仿以及出声思维来教授策略(Rosenshine,1997)。在学生最初进行练习时,教师提供教学支架,随着学生能力的提高,教师应逐步减少对学生的帮助。下面是运用该方法的一个教学实例。

郝老师是一位中学地理教师。在一堂课开始时,他说:"今天我们将学习高纬度地区、中纬度地区、低纬度地区的气候这一章。在上课之前,我们先讨论一下如何才能记住并理解所读的材料。"……"要成为阅读高手,有一种做法就是总结信息,就是将我们所学的材料作简短的陈述,这是一种非常有用的技能。首先,可以使我们很容易地记住所学信息,其次,可以使我们将某一气候带与其他气候带进行比较。当然,我们也可以在学习其他主题的时候运用这种技能,比如文化、经济等,甚至也可以运用到其他课程当中,比如学习生物课中不同的物种等。"……"现在,阅读本课材料,看看你能否发现是什么造成了低纬度地区的气候。"

在学生阅读材料几分钟后,郝老师说:"我在读这篇材料的时候,一直问自己这样一个问题:'是什么造成了低纬度地区的气候?'开始,我认为低纬度气候是炎热潮湿的,但后来我看到有些低纬度地区却是炎热干燥的,看起来低纬度地区有两种气候:干燥的和潮湿的。接近赤道的地方,是潮湿热带气候——整年炎热潮湿;离赤道远些的地方是干燥热带气候,夏季潮湿冬季干燥,在干燥热带气候中,高气压带导致沙漠的产生,如撒哈拉沙漠。"……"现在,来试试用我刚才的方法阅读中纬度地区的气候这一部分,看看你能否像我刚才那样做一些总结。"

所有学生开始阅读,当学生读完之后,郝老师说:"好,现在我找一些同学说出他的总结,哦,王蕾同学,你来回答。"……王蕾同学给出了她的总结,郝老师和其他同学对王蕾的总结进行评价并添加了一些信息。然后,学生继续以这种方式阅读高纬度地区气候这一部分。

在该教学案例中,郝老师展现出有效策略教学的四个特点:(1)他明确地教授了

技能,解释了该技能如何操作及为何重要;(2)他明确了技能发挥作用的领域,比如强调不只在地理学科,在其他学科也同样适用,这种做法提高了学生对该技能的元认知意识;(3)示范了技能操作步骤;(4)让学生练习技能,并给予适时的反馈。

应当注意,郝老师不仅强调了总结策略,也提到了自我提问策略。他说:"我在读这篇材料的时候,一直问自己这样一个问题:'是什么造成了低纬度地区的气候?'"因此,不同策略的讲授往往结合在一起,这样能使策略教学更为有效。

教学之窗

课堂中教授学习策略

☞ 不同课程中教授学习策略
  → 首先介绍"做笔记"这种听课技能,然后利用简要大纲组织所讲材料,要求学生对材料做笔记,以使学生练习这种技能。
  → 开学之初向学生介绍"概述"这种策略。学期末,收集学生对其讲义的"概述笔记",并对学生"概述"的质量给予反馈。

☞ 教会学生分析学习策略并将策略与学习任务相匹配
  → 给学生进行单元测试前的复习,如概括本单元的重要概念,讲述测验中的题型(单项及多项选择等),然后让学生交流各自发现的有效学习方式。

三、促进认知加工的思维技能

学习要求　区别思维技能与学习技能
　　　　　　阐述在一般课程情境中训练思维技能的方法

除了对学习材料可以采用一些学习策略外,学生还可以对自己的思维过程或认知加工活动加以调节与控制,这就是思维技能(thinking skill)。思维技能一般被认为与问题解决有关,而依据安德森的知识分类系统,思维技能可被认为是一般领域的认知策略(弱方法)。尽管思维技能与学习技能有相似之处,但二者在应用范围上存在差异:学习技能应用于从教师呈现的材料或书面材料中进行学习;而思维技能的应用更宽泛,它们被用来进行一般意义上的信息加工(Jones,1995)。例如,在阅读某份杂志时,你为了读懂文章意义,可能会提出一些问题并做总结,这便是学习技能;而当你超越文本,尝试去探讨作者的观点是否合理时,你使用到思维技能。

思维技能研究领域一直存在这样的争论:应当在一般课程教学情境中进行思维技能训练,还是应当设置专门的课程来进行?近几十年来,研究者开发出许多思维训练程序,试图在传统课程情境之外教授思维技能的不同方面,但这些训练程序的效果并不明显,所训练的思维技能很难迁移到一般课程领域中(deBono,1976;Hernstein,Nickerson,Sanchez,& Oscanyan,1980;Bransford et al.,1991)。

20世纪80年代开始,研究者逐渐将思维技能的教学置于一般课程情境当中,在日常课程中进行思维训练,而不再专门设置思维训练课程,这种做法延续至今。当前在一般课程情境中训练思维技能的方法,通常围绕以下四项内容进行,如图10.2所示:

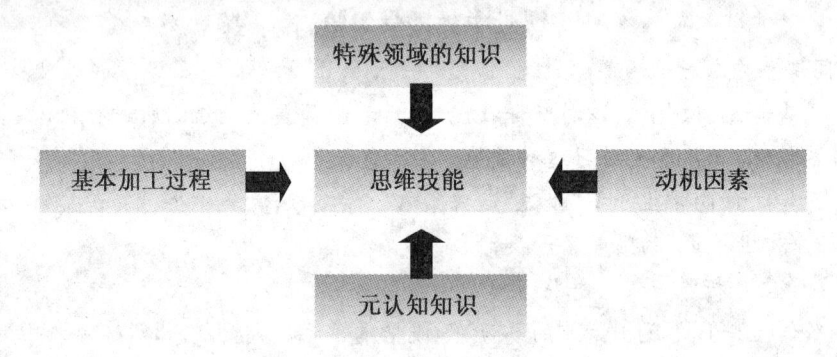

图10.2 当前思维技能训练的四项内容

1. 基本加工过程

基本加工过程是思维技能的基础成分。尽管存在个体差异(Beyer,1988;Kneedler,1985;Presseisen,1986),但大多数思维能力较强的人具有共同的基本加工过程,如表10.2。

表10.2 思维中的基本加工过程

加工过程	子过程
观察	回忆和再认
发现模式及概括	比较及对比,归类,确定相关及无关信息
基于模式形成结论	推论,解释,假设,应用
基于观察评价结论	检查一致性,确定存在的偏见、迂腐的观念等,确定未陈述的信息,识别过于概括化或欠概括化的现象,依据事实证实结论

这些过程可被视为建设思维这座"大厦"的"砖头",之所以关注这些加工过程和子过程,目的在于将复杂的思维现象分解为可教、可学的细小部分。对于思维技能教学的研究支持训练基本加工过程这一观念,因此在学校一般课程中训练思维技能,教师应当以一种更深入、更有意义的方式促进学生基本加工过程的发展。

2. 特殊领域的知识

特殊领域的知识对于教授思维技能非常重要。个体思维的时候,必定"思维"着某样事情或事物,特殊领域的知识正是个体运用思维技能的那个领域的"内容",也可以这样说,特殊领域的知识是思维技能的内容。"特殊领域知识的重要性毋庸置疑,为了在某一领域有效思维,个体必须知道有关这一领域的一些知识,一般来讲,知道得越多越好"(Nickerson,1988,p.13)。

3. 元认知知识

在思维技能的范畴内,元认知意味着学习者明了何时使用不同的基本加工过程、知道这些加工过程如何同特殊领域的知识联系起来,以及它们为何被运用。例如,高效的思维者不仅能够在信息的基础上发现模式并形成结论,而且也能深刻地意识到他们正在做什么。对课堂教学中出现的思维过程进行探讨,是发展学生元认知知识的有效途径(Adams,1989)。有研究者认为,直接对元认知技能进行探讨,不仅有利于阅读理解,也有利于数学问题的解决(Mayer & Wittrock,1996)。

4. 动机因素

研究者正逐渐认识到动机在思维中的重要性(Pintrich & Schunk,1996;Resnick,1987)。动机决定了学生在学习过程中的态度,而态度是思维的一个重要成分,决定着何时及如何运用思维策略。例如,在做决定时选择证据的倾向、尊重与自己不同的观念、好奇心、探究心理,以及三思而后行的心态,都对思维技能的运用产生影响。与认知领域的知识和技能不同,态度与动机不能被直接"传授",但可以通过观察和模仿来习得。在课堂教学中,教师应当注意培养学生正确的学习态度,以提高其思维水平。

思维技能 有效收集、解释及评价信息的能力

> **教学之窗**
> **在课堂中教授思维技能**
> ☞ 合理安排教学活动以促进思维
> → 在生物课上,让学生列出他们实地考察时所看到的每一项事物,然后全班学生一起对这些事物进行归类并命名。
> → 将所教单元的知识内容用图表来表示,让学生首先自学这些图表,而后做笔记,接着在比较的基础上进行推论,最后教师总结并分析学生的结论。
> ☞ 利用提问促进思维
> → 在语文课上,帮助学生分析文学作品时,可以询问学生:"为什么你这样说?""文章中哪些内容支持了你的说法?"等问题。

第二节 迁 移

学习是一个连续的过程,新概念的学习总是建立在原有概念学习的基础之上,新问题的解决总是受到先前问题解决的影响,新策略的获得总是原有策略应用于新情境的结果。因此新学习总是受先前学习的影响,这就是本节将要介绍的迁移。

一、迁移的概述

> *学习要求* 结合自己的学习实践列举三项迁移现象
> 　　　　　　列举迁移的不同类型并举实例说明

1. 迁移的定义

有研究者认为,迁移是"先前学习对后续学习的影响,或先前的问题解决对后续问题解决的影响"(Mayer & Wittrock),但这一定义并不能概括所有的迁移现象,这是因为后续学习对先前学习也可能产生影响。因此,有研究者将迁移定义为"在一种情境中获得的技能、知识或形成的态度,对另一种情境中技能、知识获得或态度形成的影响"(M. S. James)。这一概念将后学对先学的影响也包含入迁移之中,但仍不够完整,因为运用所学知识技能去解决问题同样是一种迁移。所以,从迁移发生的种种情况出发,可以将迁移简单定义为:一种学习对另一种学习的影响。这一定义似乎较少引起争议。

2. 迁移的分类

迁移现象纷繁复杂,依据不同的标准可以对迁移进行不同分类,这体现了研究者对迁移现象的理解深度和研究视角的不同。随着对迁移的研究不断深入,必然会出现一些新的迁移分类观点。

顺向迁移和逆向迁移

依据迁移发生的方向,可以将迁移分为顺向迁移和逆向迁移。前者指先前学习对后续学习的影响,后者指后续学习对先前学习的影响。当学生面临一个新的问题情境,能利用原先所学的知识和技能来解决问题时,这种迁移是顺向迁移,如数学课上学习乘法口诀,有助于学习多位数乘法。反之,如果原有的知识技能不够稳固或存在缺陷,不足以解决问题,学生通过对原有知识进行改组或修正,从而解决了问题,并巩固、加强了原有知识,这种迁移便是逆向迁移。

正迁移和负迁移

依据迁移的效果,可以将迁移分为正迁移和负迁移。正迁移是一种学习对另一种学习产生积极影响,如产生良好的心理准备状态,所需时间或练习次数减少,能更有效地解决问题等等。例如,解决数学中的某一难题,能使学生对学习后续问题充满信心。负迁移是一种学习对另一种学习产生消极影响,如导致消极的心理状态,学习效率或准确性不高,所需时间或练习次数增加,不能有效解决问题等等。例如,体育课上对某动作要领始终不能掌握,会使学生不愿再参加类似的体育活动。

不同领域的迁移

依据迁移发生的领域,可以将迁移分为认知领域的迁移、运动技能领域的迁移和情感态度领域的迁移。例如,学习一种外语有助于学习同一语系的另一种外语,学习有效的阅读策略有助于理解和记忆文章的内容等等,这些属于认知领域的迁移;学习骑自行车有助于学习驾驶助动车,学习舞蹈有助于学习花样滑冰,则属于运动技能的迁移;在画画时养成爱整洁的习惯,有助于在完成其他作业时形成爱整洁的习惯,对某学科任课教师的积极情感会促进对该学科的积极态度,这些属于情感和态度的迁移。

横向迁移和纵向迁移

依据迁移发生的水平,可以将迁移分为横向迁移和纵向迁移。前者指知识或技能在相同水平上的迁移,如学习三角形面积公式后,运用该公式来计算某给定三角形的面积;后者指低水平技能向高水平技能的迁移,如运用三角形面积公式来推导梯形的面积公式。与此类似,也有人提出近迁移和远迁移的划分,前者指已习得的知识或技能运用于与原学习情境相似的情境,后者指已习得的知识或技能运用于新的不相似的情境。

知识的迁移和问题解决的迁移

依据迁移的内容,可以将迁移分为知识的迁移和问题解决的迁移。前者指先前学习(任务 A)对新学习(任务 B)的影响,例如学过一位数加法的儿童与未学过的儿童相比,在学习两位数加法上所花的时间要少;问题解决的迁移是指先前的解题经验(问题 A)对解决新问题(问题 B)的影响,即问题解决者利用先前解决某问题的经验来解决一个不同类型的问题,例如会解两步应用题的学生在解三步应用题时,成绩优于没有经过先前训练的学生。

低路迁移和高路迁移

依据迁移发生的自动化程度,可以将迁移分为低路迁移(low-road transfer)和高路迁移(high-road transfer)。低路迁移是指反复练习的技能在几乎不需要意识的参与之下便能自然而然地迁移。例如,反复练习修理各种设备可以使技能自动地迁移到其他设备的修理工作中。高路迁移是有意识地将在某一情境下习得的抽象知识运用于不同的情境之中。如将人体解剖学的知识运用于即将学习的人体素描课程中,这需要个体主动搜索人体肌肉的特点、骨骼的构成等知识。

对迁移进行分类,深化了人们对迁移的认识。但需要指出,迁移分类理论只是迁移研究的组成部分之一,仅仅描述了迁移现象的外在形式,刻画了迁移现象的存在,并未涉及对迁移的内在效果(即哪些内容迁移到新的学习情境中)、获得迁移的途径(即迁移是通过有意义学习还是通过机械训练获得的)、迁移发生的领域(即迁移仅仅发生在特殊范围还是可以跨越不同的任务和学习领域)等问题的探讨。事实上,上述问题在迁移研究中一直具有重要意义,成为迁移理论争论的焦点。而学习认知理论中对知识的分类观点,以及研究人类胜任力(competence)的专长研究,将为我们进一步探讨迁移的内在机制和规律提供理论基础。

迁移　　一种学习对另一种学习的影响
顺向迁移　　先前学习对后续学习的影响
逆向迁移　　后续学习对先前学习的影响
正迁移　　一种学习对另一种学习产生积极影响
负迁移　　一种学习对另一种学习产生消极影响
横向迁移　　知识或技能在相同水平上的迁移
纵向迁移　　低水平的技能向高水平技能的迁移
低路迁移　　高度练习的技能的自动迁移,无需意识的参与
高路迁移　　抽象知识有意识地运用到新的情境

二、迁移的内在机制

学习要求 *说明知识在迁移中的重要性*
简述三类知识的迁移并举实例说明

1. 知识在迁移中的重要性

探讨迁移的内在机制,就要了解何种成分迁移到了新的学习情境,换句话说,必须分析个体在先前学习中获得了何种能力,才对另一学习产生影响。例如,在学习加法中获得了何种能力,才有助于学习乘法;在解两步应用题时获得哪些能力,才会促进三步应用题的解决。因此,对迁移成分的探讨,将有助于了解迁移的内在机制。

在认知心理学兴起前,一些早期有关迁移的研究试图在运动技能及简单联想学习研究的基础上,寻找人类学习迁移的一般规律,但因缺乏科学的知识分类观,缺乏对知识表征的研究,结果造成迁移研究结果的不一致性,以及迁移理论在教学应用上的局限性。例如,桑代克基于学习的"S—R连结"理念,提出迁移相同元素说,曾一度被认为可运用于所有的学习领域,但随后的研究却发现事实并非如此;而格式塔心理学家强调理解而非共同要素在迁移中起作用,这一观点也被证实不适用于所有学习领域。

随着认知心理学的兴起,一些研究专长的研究者逐渐意识到,人类胜任力(competence)不仅是获得大量知识和以模式为本的提取机制的结果,而且是领域知识与一般能力的交互作用的结果。在他们看来,在某一学习中获得的能力可以迁移到另一学习,是由于知识使然。同时,随着对知识本质的认识逐步深化,研究者逐渐揭示出不同类型知识的迁移具有不同的内在机制与规律。

迁移研究的这一发展趋势,成功融合了早期迁移研究的成果,并成为当今迁移理论研究的主旋律。而在学校教育中,尽管迁移也发生在态度、情感等领域,但主要涉及认知领域,即集中在陈述性知识的迁移、自动化基本技能的迁移以及认知策略的迁移三方面,而促进这三方面知识的迁移也正是当前学校教育的重要目标。

2. 从知识角度来分析迁移机制

在认知心理学中,知识主要分为陈述性知识和程序性知识(自动化基本技能和认知策略)两类。就不同知识内部以及相互之间作用的方式,可以将迁移分为如表10.3所列出的九种类型。

表 10.3 不同类型知识的迁移

后一学习＼前一学习	陈述性知识	程序性知识	
		自动化基本技能	认知策略
陈述性知识	例:近代历史知识的学习,对古代历史知识学习的影响。	例:英文打字技能的熟练,影响对五笔输入法规则的学习。	例:学会总结文章段落大意,对理解学科内原理或观点的影响。
程序性知识 — 自动化基本技能	例:语法知识的学习,对语言表达能力的影响。	例:学会仰泳对学习蝶泳的影响。	例:学会制订计划,将有助于修理电视机。
程序性知识 — 认知策略	例:理解乒乓球大小对球速的影响,将有助于采用何种发球方法。	例:开车技能的自动化,有助于预测各种驾驶情景。	例:编写程序的方法(如流程图),将有助于安排学习活动。

可以看出,不同类型的知识之间存在各种形式的相互作用,即不同的迁移现象。下面仅就陈述性知识之间的迁移、自动化基本技能之间的迁移、认知策略的迁移(主要包括对自动化基本技能和陈述性知识的迁移),详述它们的特点与规律。

陈述性知识之间的迁移

陈述性知识之间的迁移,可以用认知结构迁移理论来解释,它主要依据奥苏伯尔的有意义言语学习理论。认知结构是学生头脑中的知识结构,是学生头脑中全部观念的内容和组织。认知结构变量(也称认知结构特征)是当学生学习新知识时,其原有认知结构中有关的观念在内容和组织方面的特征,主要包括可利用性、可辨别性和稳固性;而原有认知结构可通过这三个变量或特征来影响新知识的学习。

可利用性涉及原有知识的实质性内容,是指面对新任务时,学习者原有认知结构中是否具有用来同化新知识的适当观念。奥苏伯尔认为,新知识与同化它的旧知识之间有不同的关系,即上位关系(如水果与香蕉)、下位关系(如三角形与平面图形)和并列结合关系(如汽车与桌子)。一般而言,原有知识的概括水平越高、包容范围越广,就越可被利用来同化新知识,即有助于迁移。

可辨别性涉及原有知识的组织,是指面对新任务时,学习者能否清晰分辨新旧知识间的异同。如果原有知识是按一定层级结构严密组织起来的,那么学习者在遇到新知识时,不仅能迅速找到同化点,而且容易分辨新旧知识间的异同,从而能更好地掌握并长久保持新知识;如果原有知识没有按一定组织来排列,则新知识很难在原有认知结构中找到同化点,因而很难习得新知识。

稳固性涉及对原有知识的掌握程度,是指在面对新任务时,用来同化新知识的原有知识是否已被牢固掌握。原有认知结构越牢固,越有助于促进新的学习;若原有知识本身没有被牢固掌握,则不但不会促进迁移,反而会起到干扰作用。

自动化基本技能之间的迁移

自动化基本技能之间的迁移,可以用产生式迁移理论来解释,它是安德森思维适应性控制理论(adaptive control of thought theory,简称 ACT)的发展。自动化基本技能是程序性知识的一种,它以产生式为表征形式。安德森认为,前后两项自动化基本技能学习间发生迁移的原因,在于这两项技能的产生式系统存在重叠;前后学习的两项技能的产生式重叠越多,迁移越容易发生,迁移的量也越大。

有研究者曾研究了使用三种不同文本编辑程序的技能之间的迁移现象(Singley & Anderson,1989)。他们认为,尽管三种文本编辑程序在操作上不尽相同(计算机程序本身设计不同),但使用者在操作时却要遵循相同的目标结构(如图 10.3 所示)。他们给予被试的任务为编辑一部手稿,手稿上有标记,注释着如何修改(所有被试都是有经验的秘书,他们对编辑标记非常熟悉并且打字也相当快)。依据上述的目标结构,编辑手稿的步骤应当为:查看手稿找出哪些地方需要修改,然后执行编辑。执行编辑过程又具体包括在电脑文件中找到修改点,然后依据要求输入相应文字。

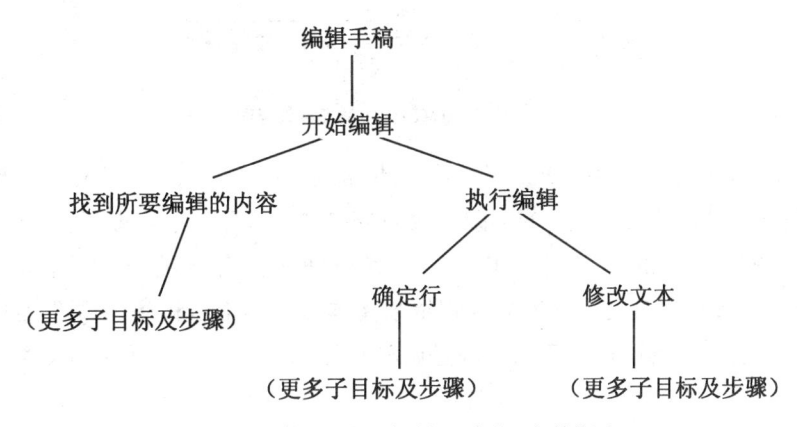

图 10.3 使用三类文本编辑程序的目标结构图

因为使用三种编辑程序的目标结构是一样的,研究者预期学会使用某种编辑程序将会对学习使用另外一种编辑程序产生稳固的正迁移,也就是说,他们预期那些学习过文本编辑程序 A 的被试在学习程序 B 时比那些没有学习过程序 A 的被试快。下面介绍他们其中一个实验。为检验他们的假设,研究者让一些被试连续六天学习程序 A;让另一些被试前四天学习程序 B,后两天开始学习程序 A;其他的被试在学习程序 A 之前连续四天练习输入做过标记的手稿。因为练习输入作标记的手稿并不体现图 10.3 所示的目标结构,研究者预期这部分被试在学习程序 A 时会比那些学过程序 B 的被试困难。

由于被试都是有经验的秘书,其击键准确率较高,故击键次数的增加预示着被试犯错越多,不得不重新输入某些内容,故可以用击键次数来反映被试对文本编辑程序的掌握程度,即击键次数越少说明编辑程序的错误少,先前学习对当前学习的迁移效果较好。实验结果如图10.4所示。

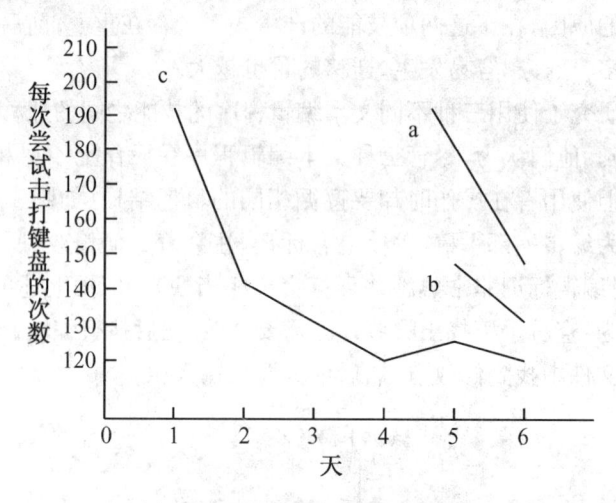

图10.4 不同练习内容的迁移效果图

在上图中,曲线 a 显示前四天仅练习文本输入对第五、六天学习文本编辑程序 A 所发生迁移的程度;曲线 b 显示前四天学习文本编辑程序 B 对第五、六天学习程序 A 所发生迁移的程度;曲线 c 为学习程序 A 的练习曲线。从图中可以看到,学习程序 B 然后学习 A 所发生的迁移量显然要比仅练习文本输入再学习程序 A 所发生的迁移量大。研究者认为,造成这种现象的原因是两种技能的相似性——即使用文本编辑程序 A 和程序 B 具有许多共同的产生式(目标结构一致),而输入文本的技能与使用程序 A 没有共同的产生式。这一实验结果有力地证明了自动化基本技能之间的迁移有赖于共同的产生式。

以产生式迁移理论解释自动化基本技能间的迁移,实际是桑代克相同元素说的现代翻版,但两者具有显著差异。在桑代克的时代,关于迁移的心理学研究仅限于动物学习和人类联想学习,对人类的高级认知技能缺乏正确的认识和有效的研究手段,因此错误地用外部刺激和反应来表征人的技能,不能反映人类技能学习和迁移的本质。认知心理学用产生式和产生式系统来表征人的技能,更准确地抓住了技能迁移的心理实质,其主要观点也得到大量实验研究的证实。

认知策略的迁移

认知策略也是一类程序性知识,在其产生式表征中,其条件中包含多种可变的情境,要求人们依据不同的条件,对采取何种基本技能作出相应的决策。那么,是什么因素决定个体能够调节和控制自己的认知策略,将其运用于不同的问题领域呢?有研究者(E. D. Gagnè)认为,影响认知策略的迁移的因素主要有五种:自我评价、元认知知识、归因、控制感及领域知识。

第一,对策略的自我评价将影响认知策略的迁移。有研究者(Brown, Campione & Barclay, 1979)曾向两组学生教授有效复述策略,然后训练其中一组学生进行自我检测,以判断自己是否已准备好接受复述测验,另一组学生不接受该训练。他们发现,前者即使在一年以后也会将所学的复述策略运用于新的记忆问题中,而后者却做不到。还有研究者(Ghatala, Levin, Pressley & Ledico, 1985)证实,在策略训练中,让受训者学习评价所用策略的有效性,确实促进了策略的迁移。他们认为,这种处置将帮助受训者在相当长的一段时期内,提取一些有关策略有效性的信息并将其运用于类似的问题情境中。因此,对某一策略有效性进行自我评价,有助于该策略的迁移。

第二,元认知知识将影响策略的迁移。通常,在训练学生使用某种策略时,教师会先教学生第一步如何做、第二步如何做,学生按部就班,之后教师给予反馈。从策略的产生式表征形式来讲,这种教学模式似乎仅关注产生式的"行动"部分,而忽略了同样重要的"条件"部分。而个体不能迁移某种策略的重要原因之一,恰恰在于他们不知道何时使用该策略。除了没有教授学生何时使用策略之外,许多策略训练模式较少向学生告知,策略发挥作用的原因是什么,有效使用该策略应注意哪些事项。有研究者将这种有关策略的细节信息称为"特殊策略性知识"(specific strategy knowledge)(Pressley, Borkowski & Schneider, 1987)。这种知识在促进策略迁移上显出了重要的影响。

第三,不同归因方式将影响策略的迁移。有研究发现,在迁移情境中,学生遇到一些没有现成解决方案的新任务时,假如学生认为成功的原因是运气,他们就不可能花费时间对新任务进行思考,比如分析新任务和其他任务相同或差异之处,搜索解决这一任务的策略等;但如果学生认为成功是通过个人努力和恰当使用策略达成的,他们就可能持续尝试不同的策略,以观其效。因此,坚信努力导致成功的学生,更可能将策略迁移至新的问题情境。

第四,对任务的控制感将影响策略的迁移。例如,面对同一项新任务时,有的学生对自己缺乏相关知识感到不安,从而影响了在该任务上的表现;而有的学生集中注意力来分析如何完成,意识到可以用原有类似的知识来解决该任务。有研究者称这种排除干扰观念,并采取积极心理行动的能力为行为控制(action control)(Kuhl, 1985)。而研究也表明,具有高行为控制能力的学生,在完成学习任务时更具策略性,更容易获得成功。

第五,领域内的知识也是影响策略发生迁移的重要因素之一,这是因为许多策略在执行时需要陈述性知识的参与。如在阅读理解中,激活已有的与当前阅读材料有关的知识,可以使学生形成精致化的记忆结构,以理解正被阅读的新信息,从而促进当前的学习。再如,一些技校学生在修理简单电器时会采用"分半"策略(split-half)(即将电路分为两半,并用设备检测哪段有问题),但不能将该策略迁移到复杂电器,这是因为对复杂电器,他们不知道"分半"点在哪里,对复杂电器的电路缺乏功能性理解(Means & Roth, 1988)。因此,缺乏一些必备的陈述性知识,直接限制了个体在该领域是否能采用有效策略。

认知结构 学生头脑中的陈述性知识结构,是学生头脑中全部观念的内容和组织

认知结构变量 当学生学习新知识时,其原有认知结构中的有关观念在内容和组织方面的特征,主要包括可利用性、可辨别性和稳固性

行为控制 排除干扰观念并采取积极心理行动的能力

三、为促进正迁移而教学

学习要求 结合自己的教学实践谈谈如何促进学生的正迁移

在大多数情况下,正迁移的发生有一定困难。有研究表明,人们解决他们日常生活中的数学问题,并不总是运用在学校里学习的数学程序(Lave, 1988; Lave & Wenger, 1991)。造成这种现象的原因,主要在于学习是在特定情境中发生的;而获得对某一问题的解答,并不对任何问题都适用,这是因为知识是作为解决某一具体问题的工具而被学习的;当遇到那些表面看来不同的问题时,通常做法是在典型情境中运用特定知识来解题,因而可能意识不到问题所涉及的知识其实是相同的(Driscoll, 1994; Singley & Anderson, 1989)。

那么,教师应如何促进学生在不同情境中运用所学的知识呢?通过前述对迁移内在心理机制的探讨,我们可以从陈述性知识、自动化基本技能和认知策略这三个角度来提出相应教学举措。

1. 促进陈述性知识之间的迁移

促进陈述性知识迁移的实质就是塑造学生良好的认知结构。这可以从教学技术,

教材内容与教材呈现这两方面来进行。首先,设计先行组织者,改进学生的认知结构。根据新旧知识的不同关系,设计不同的组织者:如认知结构中缺乏可用来同化新知识的适当上位观念时,可设计一个解释性组织者,充当新知识的同化点;如对新旧知识分辨不清,或对原有知识掌握得不够巩固时,可设计一个比较性组织者,清晰地指出新旧知识的异同,巩固原有知识。

其次,改革教材内容,改进教材呈现方式。任一学科的知识都会在头脑中形成一个有层次的结构,最具包容性的观念处于这个层级结构的顶点,其下面是包容范围较小的越来越分化的命题、概念和原理。所以教材中应有概括性、包容性和解释性较高的基本概念和原理,对它们的领会有助于学生掌握具体的知识。而领会基本的原理和观念,是通向技能迁移的"大道"。与此类似,根据人们认识新事物的自然规律及认知结构的组织特点,教材的呈现在纵向上应遵循由整体到细节、由一般到具体、不断分化的原则,横向上则应遵循融会贯通的原则,加强概念、原理及章节间的联系。

2. 促进自动化基本技能之间的迁移

自动化基本技能迁移的产生式理论,在实际教学中的含义十分明显。例如,既然两项任务所共有的产生式的数量决定迁移水平,所以在选编教材时,应遵循循序渐进的原则,将所要训练的自动化基本技能分解为若干单元,让前后两个单元有适当重叠,使先前学习成为后续学习的准备;在教学方法上,应重视自动化基本技能的子技能或前提技能的训练,以便随后与所要学习的目标技能相整合;此外,为了便于迁移,必须对先前学习的基本技能进行充分练习,因为许多基本技能只有经过充分练习,才会达到自动化而无需有意识的监控,这样才可能有力地促进新任务的学习。

3. 促进认知策略的迁移

首先,在教授认知策略之后,教师应给予学生在实践中练习该策略的机会,可设计不同的问题情境,鼓励学生运用所学策略解决新问题,同时要求学生对策略使用的成败进行自我评价,以充分认识该认知策略在解决某类问题上的有效性。教师应培养学生这种反思的习惯。

其次,教师要正确教授认知策略,并加以示范,不仅使学生正确掌握该认知策略的操作步骤,更要使学生掌握该策略的使用条件。教师可以设计大量不同问题情境的练习,使学生体会策略使用的条件与时机,也可引导学生对策略使用的条件和时机进行总结,形成书面报告,并让学生讨论他们的结论。

第三,教师要培养学生正确的归因倾向,注重学生的点滴进步,善用表扬,肯定学生为学习付出的努力,使学生意识到获得成功是自身努力的结果,从而克服侥幸或碰运气的心理。

第四,教师应当改善学生的学习习惯,培养学生排除干扰观念的能力;要注重陈述性知识的教学以及自动化基本技能的训练,因为它们是认知策略所要利用的材料和操作的对象;教师还应当善于总结,使学生获得有关问题的图式性知识以及相关问题解决的经验,从而促进认知策略的迁移。

最后,教师要注重提高学生的元认知能力。元认知能力虽然发展缓慢,但并不完全是自然成熟的结果。布朗等人(Brown & Palincsar, 1982)在实验中运用矫正性反馈训练法,向学生传授元认知策略,以便提高阅读理解水平。结果发现,学生不仅对阅读理解问题的回答正确率明显提高,而且把这种技能迁移到了其他常规的课堂学习中。该研究表明,个人的经验和清晰的教学对元认知能力的发展起着重要作用。教师在实际教学中有意识地向学生传授一些元认知策略,将有助于学生学会如何学习,从而促进知识的迁移。

事实上,促进认知策略迁移的教学举措远非上述这些,教师应当依据认知策略迁移的机制,主动探索更多有效的教学举措。

教学之窗

与家长配合促进学生积极的迁移

☞ 告知家长学生要学习的课程,要求他们配合学校教学
　　→ 在开始每一单元或某一重要主题之前,给家长写一封信,告诉家长本单元或主题的主要目标、一些主要的安排以及学生可能遇到的问题。
　　→ 就如何将孩子的兴趣与当前单元或主题联系起来,让家长提出建议。
　　→ 邀请家长到学校来一起参加某些活动,让学生将已学会的技能传授给他们的家长。

☞ 告知家长一些激励孩子练习、扩展及运用在学校中所学内容的做法
　　→ 为了练习写作技能,可以让家长鼓励孩子给爷爷奶奶或其他亲戚写一封信。
　　→ 鼓励家长使孩子参与到家庭事务中来,比如计算电费、水费等。
　　→ 可以让孩子和爷爷奶奶一起编写家庭回忆录,将历史课与写作课结合起来。

☞ 将校内学习与校外生活联系起来
　　→ 让家长示范如何将在学校中学习的技能运用于自己的工作或娱乐活动中。
　　→ 邀请家长到课堂中,要求他们示范如何在工作中运用阅读、写作及其他技能。

☞ 要求家长充当学习伙伴
　→ 让家长提醒孩子在做家庭作业时该运用哪种学习技能或方法。
　→ 让家长和孩子一起练习某一技能。

教学经验

教授学习策略，发展解题能力

☞ 以学生们熟悉的现实问题作为出发点，为学生创设问题情境，以激发学生的求知欲和思维的积极性。常用方法有：设置悬念，构建迫切学习的活动情境；设计实验操作，构建手脑并用的活动情境；实例引发，构建学和用结合的活动情境；采用电教手段，构建多媒体催化思维的情境。（张冰）

☞ 首先，由于学生往往忽略对定义、概念的理解，一味追求解题技巧，故在分析概念时要讲透，并要在例题中突出其重要地位，例如圆锥曲线中的圆、椭圆等定义往往是解题的关键，(学生)不把定义掌握，有些题会无法下手……其次，由于题目中一些小小变化会导致方法、结论的变化，而读题不清是导致学生解题失败的主要原因之一，所以，可以运用一题多变的形式讲课，让学生比较中间的相同和相异之处，意识到仔细读题的重要性。……然后，通过例题的讲解，然后让学生做类似的一些问题以加强模仿，或者教会学生运用"类似"的思想以达到触类旁通。……最后，及时在课堂上和作业中发现问题，并加以纠正，分析错误原因，杜绝下次再犯类似的错误，提高准确性。（杨晓素）

☞ 通过一些形象生动的生活事例，寓含一些解题策略，让学生能深入浅出地接受，例如，已知函数 $f(x)=x+\dfrac{10}{x}$，$x \in [2,7]$，且恒有 $f(x) \leqslant a$，求 a 的取值范围。

老师可以提出这样一个具体例子：我要证明我的年龄比你们在座的学生年龄都大，可怎样去证明？这样的问题贴近学生，也较易在讨论中解决，其解决问题的精髓是解决这一数学问题的关键。（邵林）

☞ 有人用"死去活来"来概括语文解题的方法。具体而言，语文的答案有些是记忆性的，没有他法，只有想办法先培养学生的兴趣，最终目的还是要背出来；有些是分析性的，如划分层次、概括主旨、列举写作方法等，但这些题越来越活，答案也越来越开放，衡量的标准已不再是"对"与"不对"，而是"好"与"不好"。课堂中我主要调动学生"说"的积极性，或独说，或合说，或讨论，对于某个问题发表自己的

见解。先做到既要能说,又不胡说;既能说出自己的,又能说到对方的。用说来培养学生"活读书"的能力。(唐秋明)

☞ 对学习能力较强的学生,在解题时,先让他们把自己的思路讲出来(因为这样的学生一般都有自己的想法,只是某个环节出现问题,导致难以得出正确结论),根据他们所给出的信息,给予他们一定的提示,或者就他们的方法提出质疑,充分发挥他们的主观能动性,使他们对此类问题认识更深刻、更全面。……对一般的学生,题目给出后,先让他们自行思考并给予他们一些提示及可能会涉及到的一些相关知识点的内容,根据提示,他们一般都能找到解题的突破口,在关键点给予解题方法上的指导,或让他们就多种解法进行交流讨论,然后选择一种自己认为最简便且最擅长使用的方法进行记录并消化吸收。……对学习有困难的学生,先给出题目,让其有充分的时间思考,然后将解题的思路讲述一遍,让他们按照我的思路写出解题过程,如题目仍不能解决,则由我边讲述边写出解题过程,让他们看明白,再找出几个相类似的题目让他们自己解,举一反三,巩固他们对相同类型题目的解决方法。(施绍梅)

☞ 培养学生认真审题习惯,提高审题能力。在解题教学中,紧扣数学的基本概念、基本运算、基本方法和基本联系。在研究某问题发生困难时,可以化生为熟,转化到一个熟悉的等价问题或某一种模式上。在掌握以上"四基"的基础上,更重要的是把数学思想方法训练贯穿于教学之中,这样才能更有效地培养与提高学生解题能力。(邵林)

☞ 创设一个有利学生活动的环境,通过多层次、多方位的动态活动方式,努力揭示知识发生的过程和学生思维展开的层次,极大限度地调动学生的主动性和参与意识,激发学生的学习热情。但在活动中,教师要注意的是问题难度的适度性,因此,可采用分步设置障碍等方法,让学生面对适度的困难,使其得到一定的锻炼,可以提高学生思索的兴趣,然后利用旁敲侧击,步步引导,或是引导学生进行讨论,通过讨论求得解决问题的方法,并恰当地运用鼓励、表扬、激励等手段,引导学生追求克服困难的愉悦心理,体会并享受解决问题的满足感。(张冰)

☞ 我在物理课的教学中,往往从如下几方面来培养学生的解题能力:对应用题,尤其是"情景"题,"逐字逐句分析它的含意","挖掘隐含条件","使物理过程明朗化",然后就可以采取适当的方法去解题;就解题技巧或方法而言,可采用"集思广益"的方法,选择合适的例题,让学生充分发表意见,用什么方法最好,这样"集中大家的智慧"能收到良好的效果,可以充分调动所有同学的积极性和参与精神。(刘炳香)

教学反思

学完本章后,你可以思考:
- 在你的班级里,成绩优秀学生的认知策略有何特点?
- 在英语阅读中,高水平的学生是如何使用阅读策略的?
- 如何在课堂中培养学生成为有效使用策略者?
- 为何在一般课程情境之外专门教授思维技能通常都不成功?
- 数学课中,为什么有些学生善于"举一反三"?
- "题海战术"对策略的迁移有什么作用?为什么?

总　　结

认知策略　认知策略是对内组织的技能,它们的功能在于调节和监控概念与规则的使用。认知策略与概念及问题解决的关系密切,概念是认知策略操作的对象,而问题解决过程中要利用到大量认知策略。有效使用策略者具有三种特征:广阔的背景知识、大量的认知策略以及高度发展的元认知能力。教师要采取各种手段帮助学生成为有效使用策略者。促进对学习材料的理解的方法,一般又称为学习策略,主要涉及基本学习技能和理解监控的策略。而促进认知加工的策略称为思维技能,当前训练思维技能,一般是在日常课程中进行,而不再专门设置思维训练课程,通常涉及以下四项内容:基本加工过程、特殊领域的知识、元认知知识以及动机因素。

迁移　迁移指一种学习对另一种学习的影响。迁移是学校教学的重要目标,学生获得的概念、认知策略以及解决问题的技能都需要迁移到其他情境才有价值,不然就是死的知识或技能。依据不同的标准可以对迁移进行不同的分类,这些分类没有好坏优劣之分,只是体现了研究者对迁移认识的不同深度与角度。学校教育中迁移主要发生在认知领域,涉及陈述性知识之间的迁移、自动化基本技能之间的迁移以及认知策略的迁移,这三类迁移的机制及其影响因素各不相同,教师应当依据这些影响因素主动探索促进学生积极迁移的教学方式。

重要概念

低路迁移	逆向迁移	顺向迁移	有效使用策略者
负迁移	迁移	思维技能	正迁移
高路迁移	认知策略	条件性知识	总结

| 横向迁移 | 认知结构 | 行为控制 | 纵向迁移 |
| 精致性提问 | 认知结构变量 | | |

参考文献

1. 邵瑞珍:《教育心理学》(修订本),上海教育出版社,1997。
2. 吴庆麟:《教育心理学》,人民教育出版社,1999。
3. 冯忠良等:《教育心理学》,人民教育出版社,2000。
4. Chi, M. H. T, Glaser, R., Farr, M. J., *The Nature of Expertise* [M]. Hillsdale, NJ: Erlbaum, 1988.
5. Gagnè, E. D., Yekovich, C. W., Yekovich, F. R., *The Cognitive Psychology of School Learning* (2nd ed.) [Z], New York, NY: Harper Collins College Publishers, 1993.
6. Borich, G. D., Tombari, M. L., *Educational Psychology: A contemporary approach* (2nd ed.), New York: An imprint of Addison Wesley Longman, Inc., 1997.
7. Singley, M. K., Anderson, J. R., *The Transfer of Cognitive Skill*, Cambridge, MA: Havard University Press. 1989.
8. Derry, S., Putting learning strategies to work, *Educational Leadership*, 1989, 47(5): 5—6.

第三部分

教学心理

第十一章　制订教学计划

> 引言
>
> 　　课前你对上课内容有何思考？写教案的主要依据是什么？是教材还是学生已有的知识？是否想过自己上课时如何提问？如果学生的反应超出了预期,你将如何调整？课后,你会对自己的课堂教学作何反思？等等。这些问题主要涉及课堂教学计划。
>
> 　　从师生关系角度,教师在制订教学计划时处于主导地位。事实上,在课堂教学中,教师必须首先决定要教什么及如何去教。也就是说,教师必须根据基本教学目标,依据自己对学生的学习能力的知识(了解和评价),以及可以得到的教学材料,选择能使学生获益更多的教学内容,并设计出一份较好的教学计划。
>
> 　　一般来说,在制订教学计划时,教师需考虑以下两类问题：(1)如何进行计划,这涉及计划阶段、计划模式和影响计划的因素等；(2)计划的内容是什么,如达到什么要求(目标),通过什么来达到(任务),采用何种方式来达到(事件)等。本章的内容主要围绕这两类问题来展开介绍。
>
> 　　学完本章后,你应该能够：
> - 阐述教学计划的基本含义；
> - 按不同模式来制订教学计划；
> - 掌握制订教学计划的基本阶段；
> - 制订各种内容的教学计划,分别涉及目标、任务、事件等；
> - 学会为迁移制订计划。

教学设疑

赵老师是小学二年级的语文课教师,明天就要上《小蝌蚪找妈妈》一文。这篇课文的教学目的是让学生了解小蝌蚪找妈妈的历程,学会课文中的生词,体会课文叙述的顺序性和趣味性;基础知识状况是学生对有些字词还很陌生,对文章中有些句子的深层意义较难理解;教师已有一些有关于该课文的图片,一盘录音带和一盒幻灯片;等等。

在这样的条件下,如果你是赵老师:
- 如何利用现有的教学参考资料?
- 如果你预测学生可能对某些问题回答错误,那么如何计划?
- 如何安排学生阅读课文?
- 如何教授课文中的生字?
- 如何通过讨论来纠正学生的一些错误观念?
- 如何就课文中某些具有深层含义的字词或句子来安排教学?

第一节 教学计划的过程

要成为有效教学计划的制订者,教师要了解一些有关于教学计划的基本原则与一般方法,这主要包括计划、实施与评估之间的关系,制订教学计划所依据的思想或观念,以及从哪些方面来着手,这也就是下面将要介绍的制订教学计划的阶段、模式与影响因素这三个主题。在此之前,将简要介绍有效教学计划的制订者的一些特征。

一、有效教学计划的制订者

学习要求 简述有效教学计划的制订者的特点

计划是为了达到某个目的,提前对某些事件的发生方式做出比较详细的安排。而教学计划就是教师为了完成一定的教学目标,对教学内容和方法进行细致的规划和安排。计划对课堂教学至关重要,其制订过程并非一蹴而就。即使有经验的教师,也不是随心所欲地进行教学;而他们之所以能有效地教学,是因为他们对目标、内容及其组织方式有细致的计划。

如将制订计划这一过程视为问题解决,这主要涉及如下步骤:确定所达到的目标状态(教学目标),了解问题的起始条件(教材内容、学生原有知识、课堂教学情境等),设计解题方案(安排教学活动、选择教学材料等),评估解题效果(预测学生可能发生的结果,设计测验题等)。从这层意义上讲,判断教师是否为有效教学计划的制订者,就是依据他们能否解决这一问题,即形成一份可有效促进学生学习的教学计划。

相对于新教师,专家教师能制订更为有效的教学计划,这主要表现在三方面:(1) 在计划观念上,专家教师是以学生为中心,考虑如何让学生来学习;而新教师是以教材或教学为中心,考虑如何来教好某个内容;(2) 在计划形式上,专家教师所计划的很多内容并没有反映在书面上,其教案内容有时虽然不多,但在头脑中已经对学生学习进行了反复思考;而新教师虽然教案内容看似很多,但大多是一些"细枝末节"的思考,没有围绕主要目标或内容来计划教学;(3) 在计划的功用上,专家教师的计划是为教学目标或学习目标服务,往往会根据学生当前的学习状况作相应调整;而新教师往往为了计划而计划,其计划常常无法有效指导课堂教学。究其原因,最主要在于专家教师善于根据各种有关于自己、学生和教学情境的知识,对课堂中发生的行为模式加以区分,并设计出具体行动计划来处理它们。

计划 为了达到某个目的,提前对某些事件的发生方式做出比较详细的安排

教学计划 教师为了完成一定的教学目标,对教学的内容和方法进行的细致的规划和安排

有效教学计划的制订者 围绕课堂教学目标,能够制订出有效促进学与教的计划的教师

教学之窗

如何成为有效教学计划的制订者

为了成为有效教学计划的制订者,新教师可以通过以下途径来努力。首先,新教师可向有经验的教师询问,了解他们如何解决一再出现的课堂问题,这些问题主要涉及学生对学习内容的理解和应用,以及一些管理问题等等。有课堂问题不一定是坏事,关键在于要对这些问题加以关注并采用适当方法。例如,可以通过建立课堂常规来避免交作业时的嘈杂声。其次,新教师要善于观察课堂,辨别出与计划相符或不符的一些教学事件,如原有计划不起作用,就要考虑是否存在能解决这个问题的其他行动计划。最后,新教师要围绕适合学生水平的那些主题来组织教学,这就要求教师善于利用有关课程的指导资料,以辨别出具体教学内容和概念对某一年龄或年级水平的学生的适应程度。

二、制订教学计划的阶段

学习要求 简述制订教学计划的三阶段

制订与实施课堂教学计划的完整过程,一般包括三个阶段:前动阶段(教学之前)、互动阶段(教学进行中)和后动阶段(教学之后);这也就是教学计划的起始阶段、实施阶段和重评阶段。

1. 前动阶段

制订教学计划的过程,大多发生在前动阶段。在该阶段,教师首先根据学生必须达到的教学目标,然后按照自己的理解,选择一些有助于达到该学习目标的教学材料和教学活动。在前动阶段,教师在观念上逐渐了解学生,思考如何创设符合自己教与学观念的课堂气氛。

在这一阶段中,教师关于如何教和学生如何学的观念和想法,会影响他们制订计划。从认知心理学角度讲,个体在遇到复杂情境时,往往会形成一个有关于该情境的简单化模型,然后按照这个模型来采取行动。而在制订教学计划时,教师也要形成一个简单模型,将不同来源的信息(如教学内容、学生的能力特征等),以及自己的信念和态度加以融合,形成一个合理的可用来指导课堂教学的方案。

2. 互动阶段

在互动阶段,课堂教学常在以下两种做法之间变化:一是要完成在前动阶段既定的教学计划;二是根据当时的教学情境和接受到的反馈,对教学作必要调整。这就是说,教师一方面要按照自己制订的教学计划来进行教学,另一方面要观察学生的反应,修订自己的教学计划,以适应不断出现的新事件和新想法。

具体来说,在一堂课的教学中,教师往往要作几十次决策,常常要思考和处理一些有关学生的问题,以及一些关于教学过程和学习目标的问题。有经验教师在实施教学计划时,会不断调节自己的教学步骤,以保证课程的正常进度,如临时提出一些问题,讲故事,更改教学内容,调整教学次序等。

3. 后动阶段

在后动阶段,计划过程仍然继续。在这个阶段,教师需要反思计划的成功性,观察互动阶段的成果,并对下一阶段教学作出决策。也就是说,在实施了课堂或单元教学计划后,教师反思上节课的教学,并对下节课的教学作出决策,或者还要思考上节课的计划实施结果对下一步计划的制订会有何影响。

在本质上,教师的思维过程在后动阶段与前动阶段大致相同,从这个意义讲,可以把"教学"定义为一系列活动环,这个环中的后动阶段就成了下一个教学环的前动阶段。依照这一教学环,前一循环中的各个阶段,与后一循环的各个阶段,构成一有序的连环,形成一系列教学计划序列。

应当强调,反思是进行有效教学计划的必然环节,而制订教学计划的过程也是教师不断进行教学反思的过程。虽然有些教学计划,如有关常规和班级组织的计划早在学年之初就已制订,但教师对计划的反思与调整一直在发生。这是因为,在制订计划的各个阶段,活动内容虽然经常变化,但都紧紧围绕着如何促进学生学习这一目的;这就要求教师时常回顾与反思先前的教学活动,评估当前教学,预测将来可能发生的情形。

三、制订教学计划的模式

> **学习要求** 简述目的—手段计划模式的基本含义
> 简述整合性目的—手段计划模式的基本含义
> 简述基于内容的计划模式的基本含义

教师在制订教学计划时往往有各自侧重点,或以目标为主,或以活动为主,或以内容为主;也就是说,大多数教师往往采用以下模式中的一种来制订教学计划:目的—手段模式(目标第一),整合性目的—手段模式(活动第一)和基于内容的模式(内容第一)。

1. 目的—手段计划模式

所谓目的—手段计划模式,就是首先形成目标(目的),然后选择合适的教学方法(手段)。按照这种模式来制订教学计划,教师一般按顺序组织教学任务,并通过可观察和可测量的行为来评价学生的表现。正是由于这种计划模式具有一定合理性和科学性,以及对结果的测量也比较可靠,所以,一旦精确陈述目标,就可用基于行为的测验来评价学习结果。

这种"目标第一"的计划模式,在教师培训类机构或师范类学院得到普遍运用。例如,大多数实习教师的教学就涉及:(1)确定目标;(2)选择任务和程序;(3)激发并维持学生参与任务;(4)详细确定学生的学习结果和评价程序。应当注意,目的—手段模式虽可用于教学计划的任何时间单元,如日、周、月乃至学年,但这种模式主要适用于日常课堂教学的设计。教师依据这个模式,确立每次课的主要目标,并将预期的学生行为和结果具体化。

2. 整合性目的—手段计划模式

所谓整合性目的—手段计划模式,就是先选择适合学生的行为,由此形成教学目标。在这种模式中,目的和手段是整合的,没有绝对的"目标第一"或者是"手段第一"。根据这种计划模式,教师应创设一种使学生投入到学习之中的环境,而非首先去辨别和确定教学目标。例如,对课堂中调控活动和其他事件进行常规性计划,形成一些日常规范,可确保教师更关注教学本身,而不是分散注意力来监控学生行为,从而使教学活动更为灵活和高效。

整合性目的—手段计划模式与目的—手段计划模式的区别在于:前者将目标用作对教学(学习)进行计划的框架,例如,教师可利用各级教育行政部门规定的教育目标,来构建自己的教学决策,但这些目标在教师制订教学计划的过程中,并未占据主要地位;而后者将目标作为所有计划活动的目的,贯穿于所有计划活动之中,例如,教师制订出各类可观察、可测量的教学目标,发挥它们在导学、导教、导测量等活动中的主导作用。

有研究表明,大多数教师虽然受过目的—手段计划模式方面的训练,但在实际教学中仍较多关注与教学对应的各类学习活动,如言语表述、解题、与人交往等等,从而置学习目标于次要地位。其原因可能是因为他们十分关注教学本身,而没有充分考虑学生的兴趣、能力和学习需求等。

3. 基于内容的计划模式

实际上,有些教师在制订教学计划时,往往优先考虑教学材料和教学资源,而非考虑学生的学习兴趣。这是因为学科教育目标往往不是教师所能决定的。更有研究发现,在制订教学计划时,只有约28%的教师首先考虑教学目标或教学活动的内容,而大多数教师一开始就考虑教学内容、材料和资源。另一些研究也发现,有些教师在制订教学计划时首先关注内容,然后是活动方式和策略,最后才关心目标。

与其他计划模式相比,基于内容的计划模式是一种较为实际的做法。这是因为在实际课堂教学中,对教师而言,在决定教学(或学习)活动及其将要达到的目标时,学科领域内容是最重要的因素,而教师对学科知识内容越是了解,越是能制订出有效的教学计划。

目的—手段计划模式 形成目标(目的),然后选择合适的教学方法(手段)
整合性目的—手段计划模式 先选择适合学生的行为,由此形成教学目标
基于内容的计划模式 优先考虑教学材料和教学资源,而非考虑学生的学习兴趣

四、影响教学计划制订的因素

学习要求 阐述影响教学计划制订的几个因素,以及这些因素如何影响该计划过程

一般来讲,影响教学计划制订的因素主要来自三方面:教师、学生与学科内容。

1. 教师

制订教学计划这一行为或多或少地反映了教师对学生学习、自己教学以及两者间关系的观念或想法。该行为本身又直接对学习结果产生作用。可见,教师的思维、行动和学生学习结果之间存在密切关系,具体见图11.1:

教师的思维过程	教师的行动或行为	学生的学习结果
思维 理论 信念 决策	选择教学方法 选择材料 提问 提供反馈 评估学生	课堂行为 学习策略 参与 学业成绩 自信

图 11.1 教师思维、行动和学生学习结果的模型

可以看出,理解教师的计划过程与教师的思维过程,以及对它们之间联系的性质的认识,是改进教学的关键。值得注意,不同教师对学生、学科内容、自己的职业角色及责任等,均持有不同程度的"内隐"想法。影响教师决策行为的各种观念和想法,并非全部出于理性或完全正确,有时会充斥某些偏见、个人经验、不完整认识和经历等。例如,有些教师要么将教学失败归因于自我能力不足,要么常常责怪学生,或期望其他教育者来解决学生的这些问题;而有些教师会在自身内部寻找其他解决办法,反复思考如何来教授学业成绩较低的学生,甚至作出某些富有创造性又十分有效的决策。所以,从这个角度讲,教师应时常反思自己对教学与学习的不同观念或想法,明确自我行为及其动机。

2. 学生

对制订教学计划产生影响的另一类因素是学生,特别是学生之间的个别差异。教

师往往考虑学生在背景知识、学习方式或学习需求等方面的差异,在此基础上精心设计各种形式的教学活动,如采用大组、小组配对教学或个别化教学,等等。按需求的相似性或性格的互补性,教师将学生安排到不同小组,或者进行两人配对,这一策略被称为"有计划的异质性"。例如,在写作教学中,教师可以这样安排:将写作能力较好的甲学生与写作能力较差的乙学生进行配对,那么,甲学生可以从教师的"教"中获益,而乙学生则从甲学生的"教"中受益,这是因为,甲学生可用乙学生"熟悉的"语言,比教师更好地就写作主题、思路、方法等向其作详尽解释。

3. 学科

在制订教学计划时,教师还要考虑不同学科内容的特点,这主要涉及两类:结构化的和非结构化的。结构化的学科内容可分解为有序的步骤,并按照从低到高的水平进行学习,如数学、书写、拼读和发音等能力,以及某些实践技能(运用电脑或词典、设计一项科学实验或准备一份社会研究报告等)。例如,数学课程中有许多系列化、逻辑化、依赖于以前课程的内容,该学科内容的突出特点是,一旦领域的前提技能趋于常规化和自动化,学生就可获得更高级的概念或思维能力。从这个角度讲,在结构化的学科领域中制订计划时,如采用目的—手段模式,将有助于学生有效获得这些领域的能力。如果教师认为还应包括更长远的目标,如对数学概念的理解,那么在制订教学计划时可安排学生进行各种"活动中心"类实验,让他们自己去"发现"这些概念。

非结构化的学科内容较难分解成有序步骤,存在某些难以理解或尚未揭示的结构或规律,如在文学、社会研究、社会学科等领域。教师在制订这些领域的计划时,除了要求学生掌握基本概念之外,常要求学生能进行一些高级思维活动,如希望学生思考一些问题:为什么这些事件会发生?对我们的行为有什么影响?如何影响我们对未来的决策?等等。因此,在非结构化的学科领域中制订计划时,如果采用整合性目的—手段模式,就要求教师为学生提供不同的经验,如实验和手工活动,以加深学生对学科中概念的理解,进而促使学生对问题进行探索、反思并加以解决。

第二节 教学计划的内容

在介绍了制订教学计划的一般过程后,本节将详述该过程涉及的主要内容,这包括确定教学目标、分析教学内容、安排教学事件等。同时,本节也将介绍一些可用于计划的教育心理学原理,如布卢姆(B. S. Bloom)的教育目标分类学,加涅的任务分析理论以及对课堂教学事件的分类,奥苏伯尔(D. P. Ausubel)的先行组织者技术,等等。

一、确定教学目标

1. 布卢姆的教育目标分类学

> **学习要求** 阐述教学目标的含义
> 　　　　　阐述布卢姆教育目标分类学的思想

教学目标通常也称为学习目标,它简短地陈述了学生在接受教学之后,应该在自己的行为和能力上表现出来的预期成绩或者进步。美国著名教育心理学家布卢姆(B. S. Bloom)及其合作者提出教育目标分类学,将教育目标分为三个领域:认知、情感和心因动作。根据这些不同领域的教育目标含义,教师可以确定不同等级的教学目标,具体见表 11.1、表 11.2 和表 11.3:

Bloom

表 11.1　在认知领域的教育目标分类及其举例

类　型	含　　义	举　　例
知　识	了解特殊事实、普通词条、基本概念、原理和理论的能力。	能辨认椭圆的特征。
理　解	明白、说明、解说的能力。	能解释一幅说明供需关系的图。
应　用	把事实和概念应用于新情境和解决实际问题的能力。	能够把强化原理运用于课堂情境中。
分　析	把一种情况分解成各个组成部分的能力,区分事实和推理的能力,以及辨别整体组织结构的能力。	能分辨出证明过程中的错误。
综　合	把许多观念整合到解答方法或结论中,及作概括性说明的能力。	能写出一篇好论文。
评　价	按照准则和标准对某事物的性质做出判断的能力。	能对一件艺术品作出评论。

表 11.2　在情感领域的教育目标分类及其举例

类　型	含　义	举　例
接　受	感知到外界刺激,包括意识到某一事物的存在,并愿意接受。	观察到某人在公共汽车上给老人让位子。
反　应	主动注意或参与某一活动。	自己也做出某些帮助他人的行为。
评　价	将特殊的对象、现象或行为与一定的价值标准相联系。	认可"在公共汽车上给老、弱、病、残等人让位"是助人为乐的行为。
组　织	将许多不同的价值标准组合在一起,建立内在一致的价值体系。	意识到助人为乐行为不仅可以与人方便,而且也能提高自身素养。
个性化	长期控制自己的行为以致发展了性格化"生活方式"的价值体系。	自觉做出某些助人为乐的行为。

表 11.3　在心因动作领域的教育目标分类及其举例

类　型	含　义	举　例
反射动作	对某些刺激作出不由自主的动作。	眨眼动作等。
基本的基础动作	由反射动作组合而成的天生运动模式。	走、跑、跳、推、拉等。
知觉能力	对环境中的刺激进行观察和理解,并作出相应调节动作的能力。	踢球、平衡、旋转等。
身体能力	基本的运动与动作能力。	长时间运动的耐力锻炼。
熟练动作	熟练完成复杂动作的能力。	弹拉乐器、调整机器等。
非言语交流	传递信息或感情的体态动作。	舞蹈、脸部表情等。

根据上述三个领域的教育目标分类,教师可以制订各种不同水平的教学目标。但是,应当注意,这些教育目标分类在学习理解上都强调以下三点:第一,学习导致的最终变化应该是能力或倾向的变化,而非仅仅是行为变化。在认知领域,最终的目标是学生的运用、分析、综合、评价等较高认知能力。在情感领域中,行为上的相似仅是情感形成或变化的初级水平,而价值体系的形成则是其最终的要求。在心因动作领域,技能的适应,即技能运用中学生具有的灵活应变的认知能力,而非技能的简单形成是其最终目标。第二,学习是从行为到认知这一由外到内的过程。三个领域的目标分类都是按照由低级行为变化或认同到内在认知能力的获得顺序来安排。第三,学习有层次,三个领域的级别都是由低到高进行划分,这与学生能力的发展是从形成简单技能到获得复杂

问题解决能力相一致。

> ***教学目标*** 也称为学习目标,陈述学生在行为和能力上表现出来的预期成绩或进步

2. 陈述教学目标的方法

> ***学习要求*** 阐述陈述教学目标的不同方法

从目标表述角度讲,根据可观察或可测量与否,可把学习目标区分为两类:行为目标和认知目标。所谓行为目标,就是描述教师能够观察到的学生所做出的行为。例如,"给出有20个国家名称和大陆名称的列表,学生会区分出哪一个是国家的名称,哪一个是大陆的名称,并有80%的正确性",就是一个行为目标。可以看出,行为目标由三个部分组成:(1)期望学生做什么("学生会区分哪一个是国家,哪一个是大陆");(2)学生的行为发生在什么条件下(给出一张有20个国家和大陆名称的列表);(3)可接受水平的行为表现是什么("有80%的正确性")。行为目标采用动词来描述可观察行为,如"定义出"、"列表表示"、"加上"、"解释说明"、"表现出"等等。

所谓认知目标,就是指教师虽然不能直接观察到学生是否理解内容,但是能够观察到预示是否理解的某种行为。例如,"学生能懂得国家和大陆之间的区别",就是一个认知目标。在认知目标中,常用诸如"理解"、"明白"、"解决"等动词来表明学生将要习得的能力;在此基础上,也可列出学生的一些具体行为样例,如比较两个观点,或区分两个相对立的观点等。

> ***行为目标*** 描述教师能够观察到的学生所做出的行为的一类教学目标
> ***认知目标*** 指教师虽然不能直接观察到学生是否理解内容,但是能够观察到预示是否理解的某种行为的一类教学目标

教学之窗

如何选择教学目标

好的学习目标应该能区分什么是学生要学的内容;而在确定这些目标时,一般要

第十一章 制订教学计划 · 281

求教师必须以可测量的方式明确学习内容。对于一些简单的、可以照本宣科的学习目标,如说出某个地区有几个省,或者解决一道小学数学问题,就很容易确定;但是,对于一些属于高级思维技能的学习目标,如创造某种具有独创性的事物,做出某种瞻望或决策,以及综合某些研究等等,都不能够给出比较确切的界定。这类目标使教师发现,在鼓励学生要有创造性、独立性、发散性的思维时,以可观察和可测量的方式来陈述目标的做法值得商榷。例如,下面有一系列有关于塑料泡沫盒回收的目标:

- 学生会区分各种回收的方法。
- 学生会解释为什么回收很重要。
- 学生会描述回收如何有利于社会。
- 学生会设想出能用于回收的新方法。
- 学生会制订出促使他人加入回收活动的计划。

可以看出,前三个目标较易评估,后两个目标较难评估。假如这些信息都是一门课程的一部分,那么对学习目标所涉及的有些问题,学生会提供标准的答案(如回收是重要的,因此我们不要浪费自然资源)。但是,后两个目标则要求学生有创造表现,对教师来说,如何评估学生提出的新回收方法或鼓励回收的新计划呢?如何评价这些观点的有用性、实用性和原创性呢?从这个角度,教师应根据对学生知识或能力的不同要求,来选择不同形式的教学目标。

二、分析教学内容

1. 任务分析的理论

学习要求 简述任务分析的理论

加涅提出,在确定教学目标之后,有必要对教学目标与内容进行任务分析(task analysis)。所谓任务分析,就是指在教学活动之前,预先对教学目标中规定的、需要学生习得的能力或倾向的构成成分及其层次关系所进行的分析,目的是为学习顺序的安排和教学条件的创设提供心理学依据。一般来讲,对教学内容进行任务分析主要涉及三方面:确定学生的原有基础、分析使能目标和分析支持性条件。

确定学生的原有基础

在进入新的学习单元或新的学习课题时,学生原有的学习习惯、学习方法、相关知识和技能对新知识的学习起着决定性作用。同时,由于学生某些习得的知识或技能有严格的先后层次关系,即高一级知识或技能的学习常常以较低一级知识或技能的学习为基础,所以教师需要了解学生在学习新知识时的原有知识状况。教师可以运用作业、小测验,或课堂提问并观察学生的反应等方法,来了解学生的原有基础。而一旦发现学生缺乏必要的原有知识或技能,就应及时进行补救性教学。

分析使能目标

从原有知识基础到教学目标之间,学生还有许多知识或技能尚未掌握,而掌握这些知识、技能又是达到教学目标的前提条件。这些前提性知识或技能被称为子技能,以它们的掌握为目标的教学目标被称为使能目标。从起点到终点之间所需学习的知识、技能越多,则使能目标越多。分析使能目标的方法,可以采用递推法,即从终点目标(教学目标)出发,一步一步揭示其必要条件(即使能目标),如反复提出这样的问题:"学生要完成这一目标,他预先必须具备哪些能力?"一直追问到学生的起点状态,即原有知识基础为止。

分析支持性条件

支持性条件与使能目标(必要条件)的区别在于:使能目标是构成高一级能力的组成部分,而支持性条件不是,但它有点像化学中的"催化剂"一样,有助于加快或减缓新能力的出现。一般来讲,支持性条件分为两类:其一是学生的注意或学习动机;其二是学生的学习策略或方法。这两类条件都有助于加速新知识的获得或新能力的形成。

任务分析 在教学活动之前,预先对教学目标中规定的、需要学生习得的能力或倾向的构成成分及其层次关系所进行的分析

使能目标 从原有知识基础到教学目标所需要的次级目标

---

2. 对教学内容的分析

学习要求 简述对教学内容进行分析所采用的方法或技术

对教学内容进行分析,一般可以采用两种方法或技术:程序分析和能力成分分析。

程序分析

程序分析也称为信息加工分析,它主要描述完成某一任务的具体步骤。程序分析的对象可以是外显动作,也可以是内隐智力活动。这类分析旨在揭示正确完成某一任务的行为阶段或内隐过程,进而确定哪一步是学生掌握的,哪一步是学生没有掌握的,哪一步是难点。程序分析的优点是能揭示学生解决某一问题时的外显或内部操作过程。图11.2就是一采用程序分析来揭示学生解决两位数减法(如"45-38=?")的分析实例。

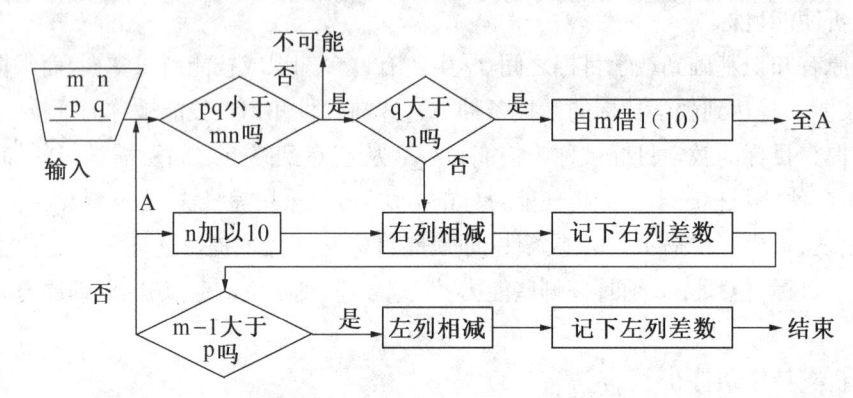

注:菱形框表示决断;方框表示动作
图11.2 两位数减法的程序性分析

从图11.2可以看出,学生解决两位数减法的心理过程是:先判断减数与被减数的大小,如果减数大于被减数,则两数不能相减(这种情况发生在学生还未学过负数概念的前提下)。反之则进一步比较个位数上的大小,如果被减数的个位数 n 大于减数的个位数 q,则两数相减,否则,则需要从十位上借位,n 加上 10 再相减。个位数计算完之后再判断被减数的十位数 m(如借过位则是 m-1)与减数 p 的大小。最后,得出两数的差。可以看出,这类分析可较直观地反映一个问题解决或任务完成的步骤。

能力成分分析

能力成分分析是从能力构成的角度,揭示所完成任务的子能力及相关的能力或倾向。这种分析方法有助于教师明了所要教授内容与其他知识、技能间的关系;同时,也使教师意识到完成这一任务哪些能力是学生已经掌握的,哪些是学生要学习的。同样以两位数减法为例,通过能力成分分析,可以得出图11.3。

从图11.3可知,要学会计算两位数减法,学生需要形成应对各种情形的计算能力。根据该图,教师一方面可以推测学生可能在哪种情形下容易出错,如在"50-23"这一题上;另一方面可以采用有针对性的复习方式,如教师通过复习两位数减一位数的减法,

284 · 教育心理学

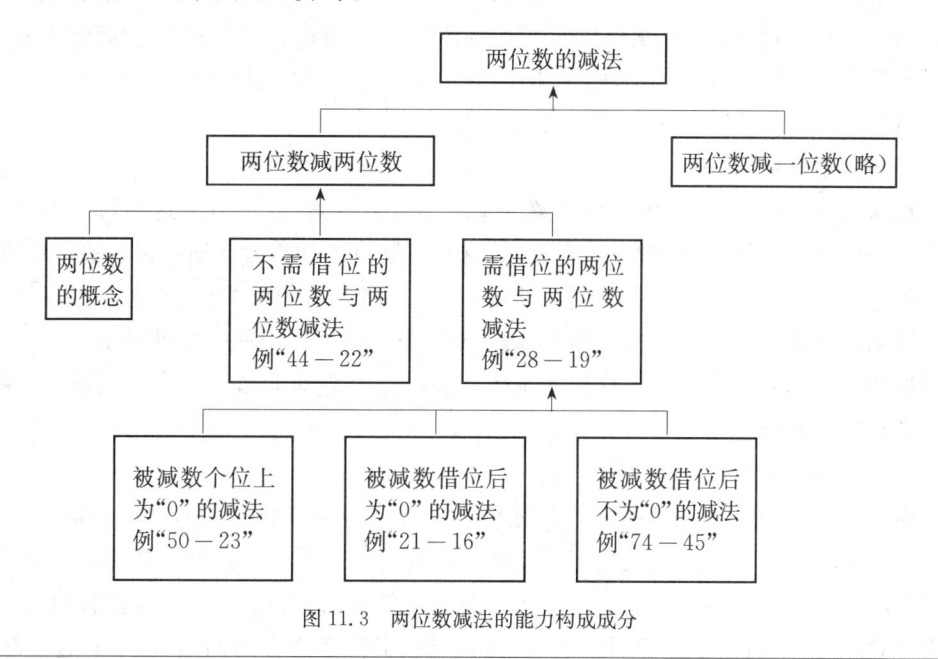

来引入两位数之间减法的运算等。

```
                          两位数的减法
                         ↗           ↖
              两位数减两位数           两位数减一位数（略）
         ↗         ↑         ↖
    两位数      不需借位的      需借位的两位
    的概念      两位数与两      数与两位数
                位数减法        减法
                例"44－22"     例"28－19"
                          ↑
              ┌───────────┼───────────┐
         被减数个位上    被减数借位后    被减数借位后
         为"0"的减法    为"0"的减法    不为"0"的减法
         例"50－23"    例"21－16"    例"74－45"
```

图 11.3　两位数减法的能力构成成分

程序分析　描述完成某一任务的具体步骤
能力成分分析　揭示所完成任务的子能力及相关的能力或倾向

三、安排教学事件

1. 加涅对教学事件的描述

学习要求　阐述加涅的九个教学事件

加涅等人(R. M. Gagnè & M. P. Driscoll, 1988)在信息加工理论的基础上，将教学分成九个顺序性的事件：引起注意，告知学生目标，激活相关的原有知识，呈现刺激材料，提供学习指导，引发学习行为，提供反馈，评估学习行为，促进记忆与迁移等九类活动。

引起注意

这是用以唤起和控制学生注意的活动。利用有意注意和无意注意的特点，教师可采用不同的方法，如在授课时提高或降低的声音，板书的字体、颜色的变化，教材内容的新颖性与好奇度,学生对知识内容的间接兴趣等都会影响学生的注意。一般来说,引起注意的方式有四种:(1)改变呈现的刺激,如教师突然提高音量等;(2)引起学生兴趣,如提出学生感兴趣的问题;(3)用身体语言(手势、表情等)引起学生注意;(4)运用指令性语言,如"请仔细听……""下面,我们介绍……"等。

告知学生目标

在课堂上,教师应让学生具体了解课堂的学习目标是什么,以及达到目标后,他们将学会做什么,从而使学生形成对学习的期望,控制自己的学习活动。目标的呈现应用学生熟悉的语言,如"给定两个名词,(学生)能将这两个名词组成句子"的学习目标,教师可以明晰地告知学生:"假使有两个词:'男孩'和'狗',你们的任务就是造一个句子,包含这两个词,如'一个小男孩在逗狗玩'。"此外,当一堂课的目标较多时,教师应使学生明了目标之间的关系。

激活相关的原有知识

激活相关的原有知识是在学习新内容之前,指出学习新技能所需具备的先决技能,以激活学生回忆已学过的有关知识与技能;同时,还应让学生看到自己已掌握的知识和技能与将要学习目标的联系。这使学生有可能充分利用他的认知结构中已有的合适观念来同化新知识,有助于避免机械学习。如教授"平行四边形的面积 $S=ah$"这一教学内容,教师可先复习长方形的面积计算公式以及平行四边形的特点。

呈现刺激材料

教师呈现的新材料应具有鲜明的特征,以促进学生进行有目的的意义加工。例如,学习概念时要使用各种各样的事例作为刺激材料;而要求学生形成解题能力时,就安排各种例题,让学生看到知识或原理的应用。呈现新材料涉及两个方面:一是新材料顺序的安排;二是教学过程中每次呈现知识内容的多少。呈现的材料应尽可能适合学生的特点,如年龄、知识准备、学习类型等。

提供学习指导

这项活动旨在促进学生的理解和记忆,以及形成技能。教师为学生提供的学习指导可以是:(1)为知识提供一个有意义的组织结构;(2)通过一系列提示或问题,提供思路,启发问题的答案。应当注意,过多的指导会使理解快的学生厌烦,而过少的指导则又可能使领会慢的学生失去信心,所以,选择学习指导的方式或方法视学习目标、学生特点等因素而定。例如,概念的名称或定义,就可直接告知答案,而对于复杂知识的学习,就可提供一系列指导,帮助学生发现答案从而获得智慧技能。

引发学习行为

这是学生获得知识和形成技能的必经阶段,也是教师判断学生学习效果的有效途径。在课堂教学中,学生会对所呈现的信息以各种方式作出积极的反应。学生通过参与能更好地理解并保持所呈现的信息,而参与活动愈积极主动,学习效率愈高。例如,在呈现信息过程中插入问题,可提高学生的心理参与度,即使学生回答不出,也能激发他们思考。

提供反馈

在学生作出反应、表现出一定学习行为后,应及时让学生知道学习结果,这就是提供反馈的活动。反馈既可以是学生自我提供的,也可以是由外部提供的,如教师观察行为时的点头、微笑,以及教材在适当的地方出现答案等。反馈的作用在于,一方面帮助学生了解自己的理解与行为是否正确,以便及时改正,另一方面通过肯定或鼓励学生的学习,促进他们的学习积极性,并建立信心。

评估学习行为

该活动的目的是促进学生进一步回忆并巩固学习效果,也是教师了解教学效果的手段。测试是评估行为的主要方式,既检查学习结果,又能起强化作用。与评定行为有关的测试一般可分为三种:(1)在教学过程中插入类似练习的小测验,它能帮助教师了解学生当时的学习状况,也能提高学习积极性;(2)在教学过程中学生需要回答的各种问题,这使学生通过自己的实践,得到教师或教材的反馈,了解自己知识的掌握情况;(3)完成一个单元的学习之后进行的单元测试,其形式与内容比较全面、系统,并在一定程度上要求学生表现出较多创造性,因而常常成为决定下一阶段学习的依据。

促进记忆与迁移

这些活动旨在使学生进一步牢固掌握所学的内容,形成应用所学知识与技能来解决新问题的能力。就知识而言,教师可提供有意义的组织结构,供学生回忆时使用;就技能而言,教师应安排各种练习机会,反复要求学生回忆并运用已学的技能,进行有间隔的系统复习。

值得注意的是,上述九个教学事件并非完全包括在一节课中,它们或多或少地存在于不同类型的课中,如新授课、练习课和复习课等。本节下面内容将就这些事件中的一些内容进行详细阐述,如设计活动、提出问题、组织材料以及为迁移而计划等。

教学事件 课堂中所发生的各类对学与教有重要影响的活动

教学之窗

运用加涅的课内活动事件来设计教学材料

如何应用加涅的观点呢?这里有一例子,是一节有关各大洲的名称和位置的地

理课,按照加涅的模式,这节课的教学步骤如下:

☞ 引起注意。给学生提供最近发生在某一大洲上的新闻事件,如战争、地震等,并问学生是否听说过。

☞ 告知学生目标。帮助学生理解这些事件发生在哪里,并通过了解不同大洲的地理位置,让学生理解这些大洲与自己所居住地方的关系。

☞ 激活相关的原有知识。让学生提取以前的知识,如提问学生谁知道非洲在哪里,在地球仪上非洲位于哪个地方?询问学生有关非洲的知识。

☞ 呈现刺激材料。向学生展示其中一些大洲的名称和地理位置,如南美洲和北美洲,并在地球仪上指出来。

☞ 提供学习指导。在教师给学生所举出的例子的基础上,要求他们对"大洲"下个定义,并向学生提问"大洲"与"国家"和"岛屿"有什么区别。

☞ 引发学习行为。提问学生在地球上还有哪些大洲,为什么加拿大不是一个大洲?

☞ 提供反馈。如果学生认为非洲和澳洲是大洲,教师就对他们的正确回答进行表扬;而如果学生认为大不列颠岛也是大洲,教师就要向他们解释为什么不是。

☞ 评估学习行为。要求他们在世界地图上标注并记下七个大洲,并用自己的话对"大洲"进行界定。

☞ 促进记忆与迁移。要求学生说出来自不同大洲的著名人物,或者提问他们"我们住在哪个洲?""爱迪生生活在哪个洲?"等等。教师也可以在下一次上课的时候(或其他时候)让学生回述一下"大洲"的概念,并说出不同大洲的名称。

2. 设计活动

学习要求 阐述对教学活动进行计划的不同方面

在制订教学计划时,往往要有意识地设计各种有助于形成有效常规,培养学生团体合作精神,促进学习兴趣和创造思维发展等的活动。根据不同教学情境,灵活设计出各类教学活动,一方面体现了教师本人的教学观念,如关于学生怎样学以及如何学会学习等;另一方面反映了教师预期建立的课堂气氛,如在以教师指导为主和以学生合作为主的两类教学中,所营造的课堂气氛大不相同。例如,为增强学习动机与合作意识,促进各方面能力的协同发展,教师可计划出各种小组活动,在此活动中,学生可以相互启发,共同解决问题和评价对方作业。

值得注意的是,为保证课堂教学的正常进行,教师常常要计划各种常规,如收发学习材料或作业、安排座位或交换位置、变更学习活动等。建立并运用常规,甚至达到自动化程度,有两点益处:一方面可确保教师腾出更多时间或认知空间,以思考采用何种有效教学手段或方法;另一方面通过规范学生行为并创造有效学习环境,培养学生对规章制度负责的自我意识,进而提高学习效率。

教学之窗

如何安排教学活动

☞ 建立常规的活动
→ 为常规写下详细计划;
→ 在要求学生知道时,把这些程序告知给学生;
→ 把这些常规计划张贴在布告板上,便于学生参考;
→ 训练学生按照这些常规进行活动;
→ 对已建立的常规保持前后一致的态度;
→ 在出现更为有效的手段时,可以更改常规。

☞ 提供合作的活动
→ 安排学生配对或形成小组,让学生彼此互动;
→ 与学生商讨活动计划;
→ 为完成某一学科任务,组成研究小组或写作小组;
→ 让学生创设小组计划;
→ 考虑学生在能力上的差异,尽量为某些学生提供学习机会。

☞ 适应不同情境的活动
→ 选择教学管理方法、教学材料与教学形式(如讲演、讨论、学生指导活动或独立作业)等;
→ 根据课的性质和学生需求,变化个人、小组以及大组的活动;
→ 注意活动前的准备以及活动之间的转换。

---

3. 提出问题

学习要求 阐述对教学问题进行设计的方法及注意点

课堂中的问题有多种。不同时段的问题具有不同功能:在上课或某单元开始的问题,可以激发学生的兴趣并集中学生的注意力;在课中间的问题,可重新引导学生的注意力,或者进一步深入加工已学过的内容;在课结束后的问题,可用来小结和评价学生的学习情况。根据内容是否已教授,教师也可设计出一些仅需回忆的问题,或者需要学生分析、综合和评价的问题;而除了向学生提问外,教师还应鼓励学生自己提问,以帮助他们学习或深入理解新材料。

对问题的设计并非一成不变,在实际课堂教学中,教师往往会根据学生的学习情况,临时提出一些问题,或者改变和删掉先前设计的一些问题。这些做法都是为了一个目的,即围绕教学目标,引导学生注意应该学习的内容,评估学生已达到的知识或技能水平。因此,根据不同层次的教学目标,教师可相应设计出不同层次的问题。从这个角度讲,教师的提问应涵盖不同层次教育目标的需求。例如在认知领域内从知识、理解到应用、分析、综合和评价来设计问题,这样做将更有助于不同水平学生在问题中都有所收益,具体见表11.4:

表11.4 在认知领域内为不同教学目标而提问

种 类	例 子
知 识	给……下定义 ……的首都是哪里? 这篇课文说的是……?
理 解	用自己的话解释…… 比较…… ……的主要意思是? 描述……
应 用	计算……的面积 用……原理去解决这道题。
分 析	影响……的作品的因素是什么? 为什么……会成为首都? 下列哪些是观点,哪些是事实?
综 合	为……取个好名字。 如果南北战争中……获胜的话,美国会是怎样?
评 价	下列……最有效? 你认为哪幅画更好?为什么? 你为什么更喜欢……?

而为激发学生进行高级思维,提问不仅仅要求复诵,更应要求学生运用批判性思维,如辨别故事中人物的动机,分析某个假设的证据等。同样,通过提出某些发散性问

题,要求学生设想出或创造出新的计划,发挥学生的想像力和创造力,如在评价类问题中,要求学生用证据支持自己或他人意见,或对所依据的准则加以区分和运用等。

> **教学之窗**
>
> **提出问题以促进不同水平的理解**
>
> 有研究者认为,阅读理解有三个水平:文字性理解、推理性理解和解释性理解。文字性理解,即要明白书面语言实际表述的是什么(即逐行阅读);推理性理解,则涉及对书面语言的理解(即行间阅读);解释性理解,是阅读者结合其他相关信息,对阅读材料做出有关结论、比较和预测(即超行阅读)。下面是一段有关第一次世界大战的材料:
>
> "谋杀奥地利费尔南多大公这一事件,在1914年6月28日引发了第一次世界大战,但引发这场战争的因素却十分复杂……。多年以来,德国不断壮大自己的军事力量。大公死于塞尔维亚民族主义者之手,导致奥地利在6月28日向塞尔维亚宣战,并受到了奥地利的盟国德国的支持。不久之后,俄国开动自己的部队保护塞尔维亚,这给了德国一个借口,于是在8月1日德国向俄国宣战。由于俄、英、法互相结盟,而德国要求法国宣布中立;因此当法国拒绝这样做时,德国向法国宣战并入侵比利时,以便进一步征服法国。英国看到德国如此接近自己门口,也由于自己与法、俄结盟,于是在8月4日加入了这场战争。所以,在谋杀这位奥地利大公之后的三十八天,整个欧洲都陷于战争之中。"
>
> 对这一材料,教师可设计出需要不同理解水平的问题。具体如下:
>
> 文字性理解:奥地利为什么向塞尔维亚宣战?导致第一次世界大战爆发的直接原因是什么?
>
> 推理性理解:英国为什么会卷入这场战争?导致第一次世界大战爆发的间接原因是什么?
>
> 解释性理解:中国是否卷入这场战争?最后哪几个国家是战胜国?

4. 组织材料

学习要求 阐述先行组织者的类型与运用方法

在制订及实施教学计划时,教师要决定如何呈现新材料。为了帮助学生学习特定的内容和材料,教师应当首先把材料的结构呈现给学生,让学生能够把所要学习的特定内容牢牢地"锚定"在这个结构之上。如何促使新材料与原有知识产生稳固联系呢？其中一种就是奥苏伯尔所倡导的先行组织者技术。

先行组织者是对要学习的新材料所做的引导性陈述或活动事件，以帮助学生做好学习新内容的准备，并且还对将要学习的内容与某个宽泛的概念或观念之间的关系加以说明。先行组织者的作用，在于激活学生原有的知识，即他们对观念性知识已有的理解；以及提示学生哪些是他们已经知道的，并帮助他们再认已有的相关知识。一般情况下，先行组织者都是以概括的方式对新知识加以引入并介绍，以便学生能够以此作为框架，来理解包含在新信息中的细节性知识。有些先行组织者也以比较或类比的方式对新知识的学习进行引导，让学生对新的信息与已有信息加以辨别和区分。先行组织者的运用不受学科内容的限制，教师可以用先行组织者教授任何学科内容。

应当注意，教师在呈现了先行组织者以及应用了例证之后，还要指出其中所存在的相似性和差异性，这包括一系列步骤：呈现上课内容，然后向学生提问，帮助学生理解材料或将之归类在较宽泛的概念下，把学生已有的知识与将要学习的内容之间的差异弥补起来。

教学之窗

先行组织者技术的课堂应用举例

以下面文章为例：

"在英格兰的早期历史中，伦敦就有突出地位。后来，当英格兰和苏格兰统一起来成为大不列颠时，伦敦毫无疑问地成为这个统一国家的首都，但是伦敦并非仅仅是大不列颠的首都；多年来，伦敦是许多无比重要的历史和文化事件的中心，无论这些事件是令人称奇的还是令人恐怖的，它们不但影响了英语语言世界，而且影响了整个世界。这里是议会制政府的诞生地，是一个地域广布全球的帝国中心，是莎士比亚、牛顿、密尔顿、弗吉尼亚、沃尔夫等巨人的故乡，他们的著作已被译成了数不清的语言。伦敦还是欧洲反希特勒的中心。"

为了让学生理解这段文章所包含的信息，教师可以要求学生阅读几遍。可以运用先行组织者，让学生去注意文章中最基本的信息。如果在学生阅读上述这段文章之前，先呈现一段文字，作为先行组织者：

"有些作为首都的城市，它们的影响远远超出所在国的范围。具有世界性影响的首都常常历史悠久，人口众多，地理位置优越，易于与海内外沟通。另外，这样的城市也常常吸引那些具有创造性和先进观念的人。"

这个先行组织者对"世界性首都"的概念在抽象的、一般的和概括的水平上进行了表述,这就使阅读者在理解和记忆上述文章中的信息时较为容易。除了这种高层次的说明性的先行组织者以外,在具体的教学材料中,教师还可以采用简要结构、特有事例、系列图片等作为先行组织者,或者以比较说明、类比说明等方式呈现先行组织者。教师在教学计划的制订和实施过程中,也不是只能用单个的先行组织者;根据需要,教师可以增加一些先行组织者,但是不能过多,以免喧宾夺主。

5. 为迁移而计划

学习要求 阐述为学习迁移而制订计划的注意点

教育的一个主要目标就是使学生能把以前学过的观念迁移到新的材料或情境中去。教师除了帮助学生获得更加复杂的知识,也要关注如何把学习从一种情境推广到另一种情境。事实上,学生很少碰到相同的情境,更多是遇到相近但并非完全相同的情境或观点。因此,教师要为促进迁移而制订教学计划,而非仅仅假定迁移会自然发生。

具体来说,在确定学生新知识是否可迁移或者不可迁移时,教师应该适时地给予一些指导。在为迁移而制订的教学计划中,教师要给学生以机会,使他们明白所学内容与内容出自的情境或应用情境之间的关系,而非局限于了解所学的内容之间的关系。新知识不应该只与既定情境联系,而是可以运用于不同情境。所以,在迁移学习到的知识时,教师要提醒学生两类学习在何时、何地是存在相关或不相关的。例如,学生可能学习到字母"g"出现在字母"n"前的单词,如"assign","gnat",这时"g"是不发声的。但是,教师应让学生注意,这个知识可迁移到其他在上课时没有教过的单词上,如"design","malign","gnome",但不能迁移到像"indignation"或"designation"等单词中。可见,对不同情境下知识的应用,教师应在教学计划中有所考虑。

附:教学计划实例——三角比的应用问题

(第一课时 高三数学复习课)

一、教学目标设计

1. 知识目标:在学生掌握了三角比的有关知识和正、余弦定理的基础上,进一步研究三角比在实际中的应用问题。

2. 能力目标:引导学生运用所学的知识解决生活中的实际问题,使学生学会从多个角度研究问题的思维方法,从而提高学生分析问题、解决问题的能力。

3. 情感目标:让学生体会到数学就在我们的身边,数学来源于生活、又应用于生活,从而培养学生学习数学的兴趣。同时,通过小组讨论、分组研究、全班交流等形式,培养学生相互协作的精神。

二、教学内容及重点、难点分析

教学重点:利用三角比的有关知识研究三角比在实际中的应用问题。

教学难点:采用头脑风暴法、思路提示法引导学生学会从多角度探求问题的方法。

三、教学媒体设计

1. 应用计算机技术,采用多媒体课件演示文稿进行演示。
2. 应用实物投影仪演示学生研究问题的方案以及演算过程。

四、教学过程设计与分析

教师活动	学生活动	设计目的
问题一:在外滩对面的黄浦江边,矗立起一座亚洲第一、世界第三的东方明珠广播电视塔,她仅次于加拿大多伦多市和俄罗斯莫斯科市的电视塔,犹如一串从天而降的明珠,寓有"大珠小珠落玉盘"的意境。她位于南浦大桥与杨浦大桥之间,构成了"双龙戏珠"的美景,成为20世纪90年代的标志性建筑。请你设计一种方案,测量东方明珠塔的高度,并指出使用的工具。	采用头脑风暴法,发挥学生的想像力、创造力,让学生思考、讨论、小组交流。然后全班交流,请学生大胆地说出自己的方案或画在纸上。采用实物投影仪进行演示。	演示问题一,体现行动在先。同时有目的地激发学生的情感,调动学生学习的兴趣。
方案一:(从定点上研究)某人身高 $a=1.7$ 米,为了在黄浦江边外滩测得对岸东方明珠塔高度,他设计这样的方案:在黄浦江边外滩测得对岸东方明珠塔尖的仰角 $\alpha=18.886°$,测得在黄浦江的倒影中塔尖的俯角 $\beta=19.014°$,如图,问是否能得出东方明珠塔的高 h。 解:由题意可知,设东方明珠塔的高度为 $CE=h$, $AB=DC=1.7$ 米,	学生提出的方案可能有三类:一是直接查阅,比如上网、到图书馆、买门票看说明书等;二是利用数学知识进行测量,比如测量影子,用相似三角形知识计算、测量绳子的长度等;三是利用物理的有关知识测量,比如自由落体、气压表、温度计等。 由学生进行记录;然后由学生从多角度进行评价,教师小结分组情况: ① 文科学生主要研究方案一,完成后熟悉并研究方案二、三。 ② 生物、化学学生主要研究方案二,完成后熟悉并研究方案一、三。 ③ 物理学生主要研究方案三,完成后熟悉并研究方案一、二(由于篇幅,方案三的介绍略)。	体现分层次进行教学,遵循以学生发展为本,因材施教的原则。

续 表

教 师 活 动	学 生 活 动	设 计 目 的
$\angle EBD=18.886°$, $\angle DBF=19.014°$ $ED=h-1.7$ $DF=h+1.7$ 在 Rt$\triangle EBD$ 和 Rt$\triangle FBD$ 中 $BD=(h-1.7)\div$tg18.886° $BD=(h+1.7)\div$tg19.014° $(h-1.7)\div$tg18.886°$=(h+1.7)\div$tg19.014° $h\approx 467.5$(米) ∴东方明珠塔的高度为 467.5 米 方案二：（从平面上研究）某人身高 $a=1.7$ 米，为了在黄浦江边外滩测得对岸东方明珠塔高度，他设计这样的方案：如图，在 B 点测得东方明珠塔高度的仰角为 10°；对着东方明珠塔沿地面前进 1 362.5米后到达 C 点，测得东方明珠塔高度的仰角为原来的 2 倍；问是否能得出东方明珠塔的高 h。（精确到0.1米） 解：由题意可知，如图 设 $AO=h$ $\angle ABC=10°$，$\angle ACO=20°$ $BC=1 362.5$ 米 在$\triangle ABC$ 中：$\angle ABC=10°$ $\angle ACB=160°$ ∴ $\angle BAC=10°$ ∴ $\triangle ABC$ 为等腰三角形 $AC=1 362.5$ 米， 在 Rt$\triangle ACO$中 $AO=466$ 米 $h=466+1.7=467.7$(米) ∴东方明珠塔的高度为 467.7 米 （以下略）	交流方案一的研究成果，采用尽可能多的办法。 主要有文科(11 名)学生提出，其他学生积极参与并改进；采用实物投影仪演示交流； 学生可能的方法： ① 见演示方案一的解答。 ② $ED=BD\times$tg18.886° $DF=BD\times$tg19.014°，利用 $DF-DE=3.4$ 可得； 交流方案二的研究成果，采用尽可能多的办法。主要有化学、生物学生提出，其他学生积极参与并改进。采用实物投影仪演示交流； 学生可能的方法： ① 见演示方案二的解答。 ② 利用在$\triangle ABC$ 中，$\angle ABC=10°$， $BC=1 362.5$ 米；$\angle ACB=160°$，由余弦定理可得 AB 长，在$\triangle ABO$ 中，解决问题。 ③ 利用在$\triangle ABC$ 中，$\angle ABC=10°$，$\angle ACO=20°$可得 $\angle BAC=10°$，采用正弦定理知 AB 长，在$\triangle ABO$ 中，解决问题。 ④ 利用在$\triangle ABC$ 中，$\angle ABC=10°$，$\angle ACO=20°$可得 $\angle BAC=10°$，采用正弦定理知 AC 长，在$\triangle ABO$ 中，解决问题。 学生小结：谈谈收获。	引导学生学会从点的角度设计方案，利用三角比的有关知识，分析、解决方案。并配有东方明珠塔的图片，能引起学生的浓厚兴趣，激励学生的探求欲。 采用实物投影仪演示、规范学生的书写步骤。 多媒体演示方案二，引导学生学会从面的角度设计方案，利用三角比的有关知识，分析、解决方案二。并配有黄浦江边外滩的图片，能引起学生的浓厚兴趣，激励学生的探求欲。采用多种方法解决问题，培养学生创造思维的能力。并引导学生改进方案。 采用实物投影仪演示、规范学生的书写步骤。 进一步用多媒体演示拓宽学生的知识面，培养学生的思维能力。

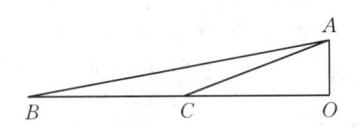

第十一章　制订教学计划　· 295

五、课堂小结：请学生回忆整理，通过这节课的问题解决，有哪些收获？

六、版面设计：（略）

七、作业设计：

1. 课后请你设计多种方案测量宝山中学教学楼的高度。

2. 课后请你测量教室内自己的座位与黑板的有关数据，计算自己的座位是否为最佳位置。

3. 课后请你测量自己家里的电视机与沙发的有关数据，计算电视机摆放位置是否为最佳位置。

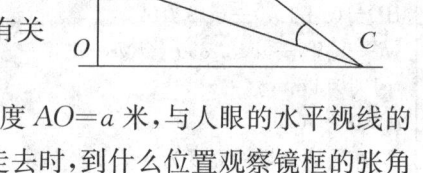

4. 一幅名画《最后的晚餐》平挂在墙上，画的高度 $AO=a$ 米，与人眼的水平视线的距离为 $OC=b$ 米，现人眼在点 C 处，问：当人朝墙走去时，到什么位置观察镜框的张角（即 $\angle ACB$）为最大。

（注：本教案的提供者为上海市宝山中学贾兴文教师）

教学经验

制订教学计划

☞ 制订教学计划必须跳出"以本为本"，转向"以人为本、以学生为本"。要尊重学生的基础，要在充分认识学生也是重要的教育资源的基础上，研究学生的知识基础、能力基础、生活背景和学习需要等；要把握教材，研究教材编排的意图、教学的目标等；要思考如何组织教材等内容。（顾春文）

☞ 教学目标是教学活动的出发点和最终归宿，是评价教学活动的重要依据。在制订教学目标时，首先要处理好教材的知识结构和学生的认知水平之间的关系，要凸现学生的主体地位和主动发展。不仅要体现认知、技能、情感三个层面，还要拓展到发展性领域，如：合作交流能力、思维能力、实践能力、辨析能力等，实现教学目标的多元整合。（骆惠娣）

☞ 我觉得教学内容的选择与组合，应尽可能做到学生经验、知识基础和社会发展三方面的整合。在制订计划时，教师要根据教学目标选择和组合相应的教学内容，要根据学生的认知规律、生活背景、社会科技发展的现实，注意知识呈现的具体顺序和方式，考虑各教学环节教学目标是否明确，时间分配是否合理，教学密度、教学节奏是否得当，以及如何使用多媒体教学手段等。（肖明芬）

☞ 练习设计也很重要。我认为根据教学内容设计相应的练习，通过针对性、有层次

的练习实现知识的掌握,在学科思想渗透中实现能力的发展、情感的培养。(冯雪芳)

☞ 教学计划要通过课堂实施得以落实,计划具有前瞻性、目标性、预测性、假设性,可调整充实,课堂实践可验证计划的可行性,并适时地进行调整,是课堂计划成为现实的过程。实践过程要强调使教学过程成为师生之间、生生之间互动发展的过程,成为培养和发展学生创新意识、创造思维的过程。(陆晓燕)

☞ 在这个过程中,要开放教学环境,让学生体验学习的乐趣;要开放教学内容,让学生体验生活实践;要开放教学过程,让学生体验自主探究;要开放教学方式,让学生体验思维过程;要开放课堂习题,让学生体验成功的愉悦。(刘晓华)

☞ 为了使教学计划得以实现,教师要利用各种教学资源,创造性地使用教材,设计出适合学生发展的教学过程,要做到信息畅通、反馈及时、调控灵活。要关注学生之间的差异,使学生能够亲身经历学习的过程,体验成功。同时,还必须有合理的、科学的评价方式。(周佳春)

☞ 现代课堂教学具有多元性、开放性的特征,不追求某种标准化的、狭隘的、唯一的答案,强调多元价值,不仅允许解决问题可以有不同的方法和不同的答案,而且鼓励学生超越课本、超越教师、标新立异、独辟蹊径,甚至非逻辑反常规的思考,因此必须建立行之有效的课堂教学评估标准和评价体系,才能促使教学计划的有效实施。(陈连兴)

教学反思

学完本章后,你可以思考:

⊙ 有人认为,制订教学计划发生在教学开始之前;也有人认为,制订教学计划是一个连续的过程,在教学开始之前、进行之中和发生之后都存在制订教学计划的问题。你赞成哪种观点?这种观点有何实践意义?

⊙ 布卢姆等人在其经典的教育目标分类学中,把认知领域的学习目标分为六种水平,这对教师制订教学计划有何指导意义?

⊙ 在你看来,制订教学计划的起点是教学目标,还是教学内容?

⊙ 有人根据知识的不同特征,把学科划分为结构化和非结构化的学科知识领域,你认为二者在制订教学计划时有何区别?

⊙ 加涅的教学模式似乎可用于各种教学情境中,你是如何评价这一教学模式的?

⊙ 如何结合所教学科,应用奥苏伯尔的先行组织者来设计教学?

总　　结

教学计划的过程　相对于新教师,专家教师能制订更为有效的教学计划。这是因为专家教师善于根据各种有关于自己、学生和教学情境的知识,对课堂中发生的行为模式加以区分,并设计出行动计划来处理它们。一般来讲,制订与实施课堂教学计划的一个完整过程,主要包括三阶段:前动阶段(教学开始之前)、互动阶段(教学进行之中)和后动阶段(教学发生之后)。这三阶段形成了一个有序的连环。制订教学计划的模式一般有三种:目的—手段模式,整合性目的—手段模式和基于内容的模式。而影响这一过程的因素,主要涉及教师本人、所教学生和学科内容等。

教学计划的内容　对教学目标的计划,教师一方面应考虑适应不同学生需求的目标等级,另一方面要考虑目标陈述的方式是否简洁明了。对教学活动的计划,教师应考虑各种活动对教学结果的影响,如常规的形成、团体合作精神的培养、学习兴趣和创造思维的发展等。对教学问题的计划,教师既要考虑不同时机提什么问题,又要考虑问题所达到的目标层次,还要考虑如何引导学生自我提问。对教学材料的计划,教师可依据不同的学习理论来处理,这视教师本人偏好、学生和学科内容而定。对教学事件的计划,则根据学生的学习过程而定。最后,教师在制订教学计划时,应考虑如何为迁移而教学。

重要概念

程序分析	教学事件	使能目标
基于内容的计划模式	目的—手段计划模式	行为目标
计划	能力成分分析	有效教学计划的制订者
教学计划	认知目标	有意义学习理论
教学目标	任务分析	整合性目的—手段计划模式

参考文献

1. 皮连生:《教学设计》,高等教育出版社,2000。
2. 张祖忻等:《教学设计》,上海外语教育出版社,1992。
3. 张伟民:《教学设计基础》,电子工业出版社,1998。
4. Eggen, P., Kauchak, D., *Educational Psychology*, (3rd ed.), Merrill: an imprint of Prentice Hall, 1997.

5. Tennyson, R. D, Schott, F., Seel, N. M., Dijkstra, S., *Instructional Design*: *International Perspectives*: *Theory, reseach, and models* (vol 1), Lawrence Erlbaum Associates, 1997.

第十二章　激发学生动机

引言

在班级里,是否有些学生不愿做作业?有些学生其他功课都好,就是不喜欢上你的课?有些学生对某门功课不感兴趣,但学习成绩却比较好?除了用有趣的故事或事物来吸引注意力,你还会采用哪些方法来提高学生的学习兴趣?对学生鼓励或奖励越多,他们就越愿意学习吗?诸如此类的问题都与学生的学习动机有关。

动机对学习的作用,已为多数教育工作者所熟知。传统的教育心理学教科书对动机的定义、各种动机理论及其作用等已详尽介绍,但大多在"如何提高学生动机"这一方面缺乏系统阐述。本章为弥补这一缺憾,在阐述完动机的含义、作用与理论之后,重点介绍影响动机的各种因素(包括学生、学习任务与教师),以及阐述激发学生动机的策略,力求详述如何将动机理论运用于课堂教学。

学完本章后,你应该能够:
- 解释动机的基本含义;
- 阐述动机与学习的关系;
- 比较不同心理学视角下动机的出发点和观点;
- 分析不同因素对动机的影响作用;
- 运用一些促进自我能力认识的策略来激发学生动机;
- 运用一些促进参与的策略来激发学生的内部动机和外部动机。

教学设疑

林老师发现:小金数学成绩一向很好,但近两次测验成绩很不理想,以至于对学好数学丧失信心;小海和小姜在测验中表现欠佳,同样对他们说:"我知道你们已经尽力了"这句话,只对小海有积极作用;与此类似,经常使用"做得好"、"太好了"等语句来表扬学生,有时奏效有时却无效;为了激发学生之间的竞争意识,每次测验之后公布分数或名次,对原本成绩一直不好的小海却产生消极作用;小刚虽然语文成绩一般,但一直想成为作家;等等。

如果你是林老师:
- 应当如何激发小金学习数学的动机?
- 对小海和小姜实施同一安慰,为什么会产生不同效果?
- 经常表扬的做法有何局限性?有效表扬应当怎样进行?
- 影响小海的原因是什么?应如何告知小海学业成绩,并怎样做出解释?
- 如何利用小刚的目标来激发他学习语文的兴趣?

第一节 动机及其理论

一、动机的含义

学习要求 简述产生动机的各种因素
比较不同类型的动机

人表现出的任何行为都有一定原因,这就是人的行为动机。所谓动机(motivation)就是激发、维持并使行为指向特定目的的一种力量。它是一个解释性概念,用来说明个体为什么有这样或那样的行为。与能量使物体运动一样,动机促使人行动。动机就好像汽车的发动机和方向盘,既给个人的活动以动力,又对个人的活动方向进行控制。

动机的产生依赖于两类因素——需要和诱因。动机是在需要的基础上产生的,如果说人的各种需要是个体积极性的源泉,那么人的各种动机就是这种源泉的具体表现。需要必须达到一定强度并指引行为朝向一定方向时,才有可能激发动机。反过来,动机也能引起、维持个体的活动并将该活动导向某一目标,以满足个体某种需要、实现其愿望和理想等。

诱因是产生动机的另一个重要因素。凡是能诱发个体动机的刺激或情境都称为诱因。诱因可以分为正诱因和负诱因。使个体趋向或接受刺激而获得满足者,称为正诱因;使个体逃离或躲避某种刺激而获得满足者,称为负诱因。例如,食物对饥饿的人来说是正诱因,而刑罚对人来说是负诱因。诱因可以是物质的,如衣服对身处寒冷之地的人是物质诱因,也可以是精神的,如表扬是激发学生学习的精神诱因。

从某种意义上讲,个体的行为往往取决于需要和诱因的相互作用,只有需要和诱因相结合才能成为实际活动的动机。例如,有"上名牌大学"这一需要的考生,只有在某些名牌大学在本地招收一定数量考生的条件下,才会产生报考名牌大学的动机。

一般来说,动机通常被分为两类:外部动机(extrinsic motivation)和内部动机(intrinsic motivation)。外部动机是指由某种外部诱因所引起的动机。它是在外界的要求或作用下产生的,如学生为了避免教师惩罚,以及获得好的考试分数、教师表扬或其他奖励而学习。内部动机则是指对活动本身的兴趣所引起的动机,它取决于个体内在的需要,如儿童从事游戏,体育爱好者从事体育活动等等。这两类动机在不同学生身上的表现不尽相同,有的学生内部动机高,外部动机低;有的学生外部动机高,内部动机低;有的两者都高,而有的两者都低。在激发学生动机的过程中,最理想的做法是激发学生的内部动机,这是因为,多数研究表明:内部动机高的学生比外部动机高的学生往往能取得较好的学习成绩。

动机 激发、维持并使行为指向特定目的的一种力量
诱因 诱发个体动机的刺激或情境
外部动机 由某种外部诱因所引起的动机
内部动机 对活动本身的兴趣所引起的动机

二、动机的作用

学习要求 简述动机的不同功能
分析动机与学习的关系

动机对个体的行为和活动具有哪些功能呢?一般来说,动机具有引发、指引和激励行为和活动的功能。首先,动机对活动具有引发功能,个体的活动总是由一定动机引起,没有动机也就没有活动;其次,动机对活动具有指引功能,指引着活动朝着预定的方向前进;最后,动机对活动具有激励功能,对活动起着维持和加强的作用,强化活动达到目的。不同性质的动机对行为的激励作用是不同的,例如,对品德高尚的人,高级动机比低级动机更具有激励作用。动机的强度也会影响激励效果,例如,运动员为国争光的动机越强,就越会刻苦训练;学生为将来更好地建设祖国而学习的动机越明确,学习就

越有成效。

具体到学习上,动机起何作用呢?这存在一定的争议。有的心理学家认为,没有动机,任何学习都不会发生;而另一些心理学家则指出,动机在学习中是一个很有效能的因素,它能较大地促进学习,但这并不意味着动机是不可或缺的条件;甚至还有心理学家完全否认动机是学习过程中的一个重要变量。尽管心理学家在动机对学习的作用上观点不一,但大多数人都认可,学习有赖于动机。

一般来说,动机对长期的有意义学习是必要的。如学习某一学科内容,需要学生不断地把新观念、新材料融合进已有的知识结构,这要求学生具备注意力集中、坚持不懈以及应对挫折的耐受力等品质。相反,如果学生对所做之事毫无兴趣,或者毫无知识需求,他将很难持久努力,具体表现为没有学习心向,不能获得意义,或不能将新材料与原有观念相结合,也不能根据自己的经验,用自己的语言重新阐述命题,不会花时间和精力去练习和复习。因此,进行有意义学习,首先要挑战学生的求知欲,激发学生的学习动机。

动机可促进学习,所学知识反过来又可增强学习动机。在实际课堂教学中,当学生尚未表现出对学习的兴趣或动机之前,教师可以暂不考虑学生当前的动机状态,先向他们传授一些知识,并教会他们如何运用。在尝到学习的"甜头"后,学生就自然而然地产生了学习动机。所以,在某些情况下,提高学习动机最适宜的方式,是把学习的重点放在认知而非动机方面,依靠优良的学业成就来增强学生进一步学习的动机。

三、动机理论

> **学习要求** 简述从行为主义、人本主义、认知、社会文化等视角下的动机观
> 阐述马斯洛的需要层次理论
> 阐述勒温的预期—价值理论

动机一直是心理学的重要研究主题,各种流派的心理学家分别提出了自己的动机理论,形成了认识动机的不同视角。

1. 行为主义的视角

行为主义心理学的强化概念不仅可以解释操作学习的发生,而且可以解释动机的引起。有些行为主义心理学家甚至认为,无需将动机同学习区分开来。他们认为,引起动机同习得行为并无二致,都可用强化来解释。在他们看来,无需谈论诸如内驱力、需

要、目的、愿望、知觉之类的纯属主观猜测的术语,只要根据可观察到的反应和强化刺激来解释行为或行为倾向即可。

人为什么具有某种行为倾向呢?按行为主义心理学的观点,这完全取决于先前这种行为和刺激之间因强化而建立的牢固联系。因此,操作条件作用的基本原理可以很好地解释动机的产生。由于强化对引起和改变一个人的行为起十分重要的作用,行为主义心理学家对选择适当的强化程序做了大量的研究。本书第六章已经详细阐述了连续强化和间隔强化这两类强化程序。研究表明,使用连续强化,行为或行为倾向建立快,但消退也快;使用定比和定间隔强化,行为或行为倾向建立慢,但消退也慢;而使用不定比和不定间隔强化,行为或行为倾向建立较慢,消退也很慢。

2. 人本主义的视角

20世纪前半叶,心理学界关于动机的理论,主要是以行为主义和心理分析理论为主导。行为主义强调通过强化和惩罚来研究、解释学习与动机;而心理分析理论则关注潜意识的内驱力和内在本能,运用诸如本我、自我和超我之类的概念来解释动机。人本主义心理学家在批判这两种理论观点的基础上提出,应从整体角度来观察个体,包括物理的、智力的、情感的和处于互动人际关系中的人,以及这些因素如何交互影响个体的学习与动机。人本主义理论着重关注个体对内在需要的知觉及自我实现的驱力。

前已述及,需要是产生动机的重要因素,在人本主义学派中,美国心理学家马斯洛(A. H. Maslow,1908—1970)曾提出需要层次理论。该理论认为,人有五种基本的需要,按其满足的先后依次排列成一个层阶。在这一层阶中,最基本的是生理需要,即对食物、水、空气等生命必需品的需要;在生理需要得到基本满足之后,便产生安全或保护的需要;随后,出现对爱、感情、归属等的需要,以及对尊重、价值或自尊的需要。在上述这些较低层阶的需要得到满足之后,最后要满足自我实现的需要。所谓自我实现(self-actualization),就是使自己更完备、更完美,能够充分发挥自己已有的能力和技能。

Maslow

马斯洛认为,较低级的需要满足以后,追求高一级的需要就成了驱动行为的动力。他指出,"前四种需要表示有机体的一些基本缺失,或者说,出于健康的缘故必须弥补的缺失,这些需要必须由他人从外部给以满足"。满足前四种需要是缺失性动机,而自我实现的需要是一种成长性动机,它不在乎寻求紧张的缓解,而是经常自觉地保持紧张甚至制造紧张,以促进潜能的发挥和自我的实现。自我实现的人熟谙自己的内在本性、潜能与能力；了解自己有什么样的需要；自我日趋整合和统一，越来越明确自己是怎样的一个人；自己真正向往什么；自己的需求、使命或命运是什么。

从人本主义的动机观出发，教师在课堂教学中应该意识到，在某种程度上学生缺乏动机是因为一些低级需要未得到充分满足，而这些因素可能成为学习和自我实现的主要障碍。此外，教师还应重视人的内在价值和内在潜能，认识到人具有发挥自己潜能的高级需要，从而激发学生的高级动机。

3. 认知的视角

有些心理学家认为，人之所以会做出某种举动，是出于其对某一特定情景的看法。德国心理学家勒温（K. Lewin，1890—1947）是推广这种心理学观点最有影响的人物。他重视心理需要，反对行为主义心理学家所强调的生理内驱力。他认为，当人的目的与环境之间出现某种不平衡或"紧张"时，便会引起各种心理需要。这种心理需要的状态会使人做出某种行动以恢复平衡或降低紧张感。

勒温把自己对行为的解释概括为一个公式：$B=f(P，E)$，B指的是个体的行为，f指函数，P表示人，E表示环境。勒温的这一公式被称为预期—价值理论（expectancy-value theory）。按照这一理论，人的行为取决于他在某一特定情景中预期将会发生什么，以及他对将要发生事件的结果的价值或重要性的认识。

认知理论也关注学习者了解规则和理解事件的需要。例如，为什么年幼的儿童有探索周围环境的强烈愿望？为什么迷津游戏能吸引众多儿童甚至成人？认知心理学家认为，对规则和理解的需要可促进个体此类行为的发生。皮亚杰的

Lewin

"平衡化"概念就体现了这种需要，当人们已有的图式不足以对周围的事物进行解释时，人们就会改变图式以理解事物，从而获得发展。

因此，认知理论有助于理解以下问题：为什么人往往在没有经历过的事情上受大脑的蒙骗？为什么人们对意料之外的事情感到奇怪？为什么学生会问一些偶发的、与课文无关的事情？为什么人们在理解、掌握事物之前会持之以恒地保持一些行为？为什么人们希望别人对自己的表现做出反馈，即使反馈是否定的？以上列出的问题都与理解"这个世界是如何运转的？"这一问题有紧密关系，即人们有理解这些问题的认知需要和动机，从而促使了相关行为的发生。

4. 社会文化的视角

从某种意义上讲,人类活动的目的是维持其在群体中的身份(identity)及人际关系,而学习是通过观察和学习特定文化群体中更有能力的人而进行的,涉及对群体实践的参与。身份是动机的社会文化观点的核心概念,如学生把自己看成班干部、好学生、差学生等。个体具备何种身份,是由其在群体活动中的参与程度决定的。例如,在课堂中有些学生由于只能回答少量问题或简单问题,而被视为成绩较差的学生;另一些学生由于可以回答大量问题或复杂问题,而被视为成绩好的学生。

正是由于动机来自身份,而身份来自参与,所以从这一角度来引发学习动机,其目的就在于促使学生认同自己是某一班级或群体中的成员;而教师的作用就在于创设各种类型的群体活动,以确保所有学生参与其中。例如,有研究者设计了以某一学科内容为研究项目的学习共同体(Brown & Campione,1996);还有研究者设计了一种基于计算机系统的学习共同体(CSILE,Computer-Supported Intentional Learning Environment)(Scardamalia & Bereiter, 1996)。无论哪种形式的群体活动,都应该鼓励所有学生围绕问题进行合作,促使他们在这种群体中形成积极的学习身份,并对学习产生责任感。

自我实现 使自己更完备、更完美,能够更充分发挥自己具有的能力和技能

预期—价值理论 人的行为取决于他在某一特定的情景中预期将会发生什么,以及他对将要发生事件的结果的价值或重要性的认识

第二节 影响学生动机的各种因素

影响学生动机的因素既有外部的也有内部的。外部因素主要涉及学习任务和教师;而内部因素主要涉及学生本人,如他们的兴趣、自主性、自我效能感、归因和智力观等。

一、外部因素

1. 学习任务

学习要求 简述学习任务的风险性和模糊性对动机的影响
简述学习任务的价值对动机的影响

进行某种学习任务,必然涉及一些认知操作,如记忆、推论、分类和应用等,因而对学生来说具有不同的风险性和模糊性。同时,根据是否真实和有意义,学习任务对不同学生来说具有不同价值。下面将围绕任务的性质和价值来阐述它们对学习动机的影响作用。

任务的性质

根据所要求的认知操作,学习任务可以分为四类:(1) 记忆任务,要求学生再认或回忆他们以前学过的内容,如字母匹配;(2) 程序任务,是解决问题的步骤和规则,如用"πr^2"计算圆的面积;(3) 理解任务,要求学生将几种观念联系起来、创设某种程序或以某种方式对所学内容进行重新组织,从而使学到的知识超越所给予的信息本身;(4) 评价任务,要求学生阐述个人的观点,如故事中哪个角色最勇敢。

不同类型的任务具有不同的风险性(即可能失败的几率)。例如,评价任务由于其答案无所谓正确和错误,故而风险较小,不易失败;简单的记忆任务或程序任务容易得到正确答案,所以风险也小;而复杂的记忆任务和程序任务风险很高,如在短时间内背诵一篇1 000字的文章,风险则比较大。不同类型的任务还具有不同水平的模糊性(即预期的答案是否明确)。例如,评价任务和理解任务由于较难预测正确答案(如果有的话),故而比较模糊;而复杂的记忆任务或程序任务由于有明确的正确答案,故而比较清楚。表12.1是根据风险性和模糊性两个维度对任务的分类:

表 12.1 任 务 的 分 类

模糊性	风险性 高	风险性 低
高	理解	评价
低	复杂的记忆或程序性任务	简单的记忆或程序性任务

那么,这种任务分类对动机有何意义呢?大多数学生希望降低学习的风险性和模糊性,因为它们对取得高分构成了威胁,高焦虑或试图回避失败的学生尤其如此。但教师总希望采用复杂的理解任务,借此让学生思考和解决问题,在这种情况下,学生需要更多的指导,他们会要求教师给出示范、规则和公式,甚至会就学习任务和教师讨价还价。风险和模糊程度高的任务往往使学生困惑,甚至会泄气或失去学习兴趣,因而需要向其他同学寻求帮助。因此,适当减少任务的风险和模糊程度对于维持学生的学习动机是有益的。

任务的价值

一般来讲,学习任务对学生有三种价值:(1)成就价值,它表明学生在任务中表现良好的重要性。成就价值与个体的需要及取得成功的意义相关,比如,一个人想使自己表现得很聪明,并且相信测验中的高分能表明其聪明,那么测验对其有很高的成就价值;(2)内在价值或兴趣价值,它是指个体从活动本身获得乐趣,如有人喜欢学习的体验,也有人喜欢从事繁重的体力活动或解决具有挑战性的难题;(3)效用价值,即帮助个体达到一个短期或长期目标的价值,如学习外语可能为自己进入外资企业工作提供更大的可能性。

为了促进学生了解学习任务的价值,可以在课堂教学中采用真实的任务。如果让学生记忆他们很少用到的定义,或者学习只有考试才会出现的内容,或复习他们已经理解的功课,他们的学习动机会比较弱;而如果任务是真实的,学生就能看到真实的效用价值,认为任务是有意义的和有趣的,从而产生较强的学习动机。

成就价值 学生在任务中表现良好的重要性,它与个体的需要及成功的意义相关
内在价值 又称兴趣价值,是个体从活动中获得的乐趣
效用价值 帮助人们达到一个短期或长期目标的价值

2. 教师

学习要求 简述教师的期望对动机的影响

教师除了运用表扬或积极评价外,还可以运用自己对学生的期望来影响他们的学习动机。美国心理学家罗森塔尔(R. Rosenthal)及其合作者曾做过一个研究,他们让小学生做一次所谓的潜力测验,实际上是一般的智力测验;然后在各个班级随机抽取少数学生,故意告诉任课教师,这些学生当年会取得显著进步;八个月后,他们的学习成绩果然比其他学生进步快。这一现象被称为"自我实现的预言效应"。自我实现的预言是一种无根据的期望,仅仅因为有所期望,结果变成了现实。在课堂教学中,这意味着教师对学生能力或行为的信念会导致教师期望的行为发生。

除了"自我实现的预言效应"外,还有一种"固定期望效应"。例如,教师对学生能力的最初评价是比较准确的,但当学生取得进步后,教师并未根据其进步来改变自己最初的期望。由于教师的期望把学生的成就固定在某一水平上,不能提高对学生的期望水平,因而无法提供更合适的教学,限制了学生更大的发展。

一般而言,教师期望对学生动机的作用是通过师生互动来实现的。教师如果期望学生取得更大的成就,就会向他们提出更多更难的问题,给他们更多机会和更长时间来思考和回答问题,给予线索和提示,并表示相信他们能行,经常对这些学生点头、微笑和鼓励,等等。而对那些所抱期望较低的学生,教师只提一些简单的问题,只给很少的回答时间,而且不大给出提示。

　　教师的期望还会影响对学生的反馈。教师要求好学生有更好的成绩,不接受他们很差的回答,有时甚至接受或称赞他们差强人意的回答,而对差生错误的回答则给予批评。更令人困惑的是,同样正确的答案,差生得到的表扬比好生少,甚至会被教师怀疑是抄袭得来的。这种不一致的反馈令差生困扰,他们的错误答案得到的有时是表扬,有时是忽视,有时是批评,而正确答案很少得到认可。教师如果对部分学生带有偏见,就会对他们形成低期望,这种低期望通过师生互动,使学生意识到自己被视为差生,因而自暴自弃,越来越差,造成恶性循环,所以教师应努力避免自己的期望对学生产生消极影响。

自我实现的预言效应　教师对学生能力的信念影响其对学生的期望,而对学生的期望又往往会变成学生的现实表现的一种现象

固定期望效应　即使学生的能力已经变化,教师的期望仍停留在最初水平的一种现象

教学之窗
避免教师期望的消极效应

☞ 慎用以下渠道的信息:测验、学生档案和其他教师
　→ 有的教师开学时不看学生档案。
　→ 对待其他教师的评价持批判和客观态度。

☞ 灵活采用分组策略
　→ 经常回顾学生的表现,尝试重新分组。
　→ 不同学科采用不同的分组。
　→ 在合作练习中将不同能力的人混合分组。

☞ 确保所有学生得到挑战
　→ 慎用对学生说:"这道题目很容易,我相信你会。"
　→ 提供各种难度的问题,鼓励学生尝试稍难一些的题目,并表扬其努力成果中的积极因素。

☞ 在课堂讨论中对差生的反应尤其要慎重
　　→ 回答问题时给予提示、线索和充分的时间。
　　→ 赞扬正确的回答。
　　→ 像对好生一样频繁地提问差生。
☞ 在评价和纪律措施方面一视同仁
　　→ 同样的错误要得到同样的惩罚,用匿名问卷了解自己是否偏袒某些学生。
　　→ 闭卷给学生评分,并不时地让其他老师重评。
☞ 告诉所有学生你相信他们都能学会
　　→ 对不符合要求的作业给出改进的具体建议。
　　→ 如果学生不能立刻回答,那么等待、提示并帮助他想出答案。
☞ 让所有学生都参与到任务中
　　→ 确保每个学生都有机会读、说和回答问题。
　　→ 将学生回答问题的情况记录下来,观察是否存在有些学生一直回答问题,而有些学生很少回答的现象。
☞ 控制自己的非言语行为
　　→ 是否与有些学生距离近而与另一些学生距离远?学生接近你时,是否对有些学生微笑,而对另一些学生皱眉?
　　→ 对不同学生说话音调是否不同?

二、内部因素

1. 兴趣

学习要求　简述兴趣对动机的影响

　　一般来讲,学生往往注意那些引起他们情绪反应或自己感兴趣的事件、形象和读物。而缺乏兴趣往往是学业不成功的主要原因。兴趣与能力、唤醒水平、年龄等因素有关。

　　首先,如果学生感到能够胜任,就会产生兴趣;如果学生感到无能为力,则会对任务兴趣索然。所以,即使学生起初对某门学科或活动不感兴趣,但如果获得成功,他们也会产生兴趣。

　　其次,引起兴趣和好奇心可以提高个体的唤醒水平。如果学生觉得上课无味,可通过变化任务、给出意外惊喜或提供身体活动，使学生精神抖擞；如果学生的唤醒水平过高，产生较高焦虑，则可采用一定方法来应付焦虑。

再次，对于低龄学生，让他们操纵和探索与学习有关的物体，是引起好奇的最有效方法；而对于年龄稍大的学生，可借助建构好的问题、有逻辑的难题以及矛盾的说法来引起他们的学习兴趣。比如，某地的牧场主杀死了他们土地上的许多狼，第二年春天，他们发现，鹿的数量大大减少，这是怎么回事呢？按理说，狼会捕鹿，狼少了，鹿应该多才对。学生在解决这一难题时学会了自然生态平衡的原理：没有狼来消灭老弱病残的鹿，鹿的数量膨胀，到了冬天，食物储备不够他们食用，许多鹿便死于饥饿。

2. 自主性

学习要求 简述自主性对动机的影响

自主性是个体在做什么和怎么做的问题上自己做出选择和控制。心理学家一般用发起人(origins)和跟从者(pawns)来区分自主和他人决定。发起人按自己的意愿以某种方式行动，而跟从者把自己看成是别人控制的游戏中无足轻重的角色。例如，儿童做家务如果是出于父母的要求而非自愿，那么其动机就会降低。在学校情境中，学生很少根据自己的内部动机行事，而只能接受外部的控制和要求。学生作为发起人，是积极主动且有责任感的，但作为跟从者，他们是被动的，对学业缺乏责任感。

在支持学生自主性的课堂环境中，学生学习兴趣浓，胜任感和创新性强，更愿意接受挑战。如果学生能够自己做出选择，那么，即使学习本身并不"有趣"，他们也会认为学习是重要的，从而使教育目标内化成自己的目标。有经验的教师正是通过给予学生自主性，把他们引导到自己特别喜欢且值得学习的事情上。而控制性的课堂环境只有利于提高"死记硬背"类任务的成绩。但有研究也发现，即使学生在教师支持自主性的情况下学得更好，学生和家长还是喜欢控制性的教师。这可能是因为，人们往往认为学生不具备自主能力，教师需要对学生的学习承担更大的责任。

教学之窗

支持学生的自主性

☞ 允许和鼓励学生做出选择

→ 设计几种达到学习目标的方法(如论文、测验或新闻报道)，让学生选择并说明理由。

> → 安排各学生小组,由他们就某些问题(如照顾班级的宠物或分配设备)提出合理化建议。
> → 给学生完成独立任务或额外工作的时间。
☞ 帮助学生制定计划,以完成自我选择的目标
> → 采用目标卡,列出短期和长期目标,并写出3至4个有利于达成目标的具体行动。
> → 鼓励学生为每门学科设置目标,并记录在软盘或笔记本上,定时检查进度。
☞ 给出限制和规则
> → 解释制定该规则的原因。
> → 大家一起遵守规则和限制。
☞ 利用非控制性的、积极的反馈
> → 把不好的成绩或行为看成是需要解决的问题,而不是批评的靶子。
> → 尽量不用控制性语言,如"应该"、"必须"等。

3. 自我效能感

学习要求 简述自我效能感对动机的影响

自我效能感是对自我能力或操作绩效的感知。换句话说,自我效能感就是对"自己能做什么和不能做什么"的认识。自我效能感具有一定的领域性,例如,有些学生在数学领域自我效能感较高,而在写作上的自我效能感却很低;有些学生在学业上有较高的自我效能感,而在运动方面的自我效能感却很低;即使在某一单项运动中,有些学生在最初可能有较高的自我效能感,而后来自我效能感可能会变低。自我效能感在选择目标和实现目标的过程中起着重要作用。例如,对当前任务具有较强的自我效能感,将促使个体选择具有挑战性的任务,同时也会提高将来的努力程度。

自我效能感影响学生学习动机,是以学生对成功的预期为中介的。具有较高自我效能感的学生,往往认为自己能够成功或达到某种操作水平。一般来说,小学低年级学生对成功的预期较高,他们大都很乐观且精力充沛,即使行为未达到预期水准,但仍相信自己会成功。例如,当问及小学低年级学生在某项任务上表现如何时,大部分学生都会回答自己做得较好。而多数小学高年级学生对自己的学校表现不很乐观,特别是当他们学业成绩不好时更是如此。这是因为随着年级或年龄的增长,小学生对自己在学校中能力表现的期望值会逐渐下降。

影响自我效能感的因素主要有三类：学习状况或表现、榜样以及他人评价或反馈。首先，自我效能感在相当程度上是由以前和现在的学习状况或表现决定的。例如，一名大学新生选修微积分课程，可能是因为他以前的数学成绩非常好；如果其微积分课程成绩很好，那么在数学领域的自我效能感又会增加，继而增强其将来选修数学类课程的动机；反过来，如果没有学好微积分课程，那么在数学领域的自我效能感可能会降低，从而减少将来选修数学课程的可能性。其次，社会榜样会影响自我效能感。例如，学生看到与自己情况类似的人成功，就会认为自己也能做同样事情且应该做出尝试。最后，学生的学习表现或行为得到肯定评价，对其自我效能感也有影响。例如，体育老师鼓励学生进行平衡木练习，并在学生完成动作后给予积极评价，能够增强学生对自己行为的信心。

4. 归因

> **学习要求**　简述归因对动机的影响
> 　　　　　　阐述习得性自弃的各种表现

所谓归因（attribution），就是对自我行为的原因进行分析。归因理论假设，寻求理解是行为的基本动因。学生在解释他们取得的成绩时，经常提及自己的努力、能力、任务或运气，这些因素将会产生不同的动机效果。表12.2列出了这些归因的具体例子。

表 12.2　对数学测验成功和失败的归因

努力："我为了测验而努力学习"；"我学习的努力程度不够或学习的方法不对。"
能力："我数学能力较好"；"我数学能力不行。"
任务："数学是容易的科目"；"数学是最难的科目。"
运气："我猜对了某些问题"；"我们老师讲分数这一章时，我刚好缺课了。"

一般来说，归因对学习动机的影响，可以从稳定性（稳定—不稳定）和控制性（内部—外部）这两个维度进行分类。稳定性这一维度与个体对今后成功或失败的预期密切相关。如果学生将成功或失败归因于稳定的因素，如能力或任务的难度，那么他们可能会对今后类似的任务做出同样的成功或失败的估计；如果他们将结果归因于不稳定的因素，如努力、运气等，以后遇到类似任务时，预期结果将有所改变。而控制性这一维度则同个体今后的努力程度密切相关。如果学生将成功归因于努力这种可控的内部因素，他们就会信心倍增，愿意付出更多的努力；而如果他们将成功归因于像运气这类不可控制的外部因素，那么，他们就会产生侥幸心理，希望今后仍能碰到好运气，而不愿付出更多努力。

　　导致学生得出"成功不可控制"这一结论的原因，可能是其多年在学校任务中的失败，因此，学习困难的学生比取得正常学业成就的学生更倾向于认为：低能力导致低成就。经过努力却失败，可能会降低个体对将来成功的期望，低估自己的能力，并最终导致"习得性自弃"(learned helplessness)。所谓"习得性自弃"，是指个体将失败归因于不可控因素，认为自己在任务面前无能为力。习得性自弃一方面表现为冷漠、听任失败、压抑、无助或"丧失动机"等，另一方面表现为行为的退缩。行为退缩的内在原因是，个体可以借此采取一种变通的归因方式：将失败归因于没有努力，而非归因于他们的愚笨。所以，学习困难的学生学习缺乏主动性的原因，很可能就在于，不努力使他们为自己的不成功找到了一个不损及颜面的理由，即没有努力。

归因　对自我行为的原因进行分析

习得性自弃　个体将失败归因于不可控因素，认为自己在任务面前无能为力

教学之窗

课堂中的行为归因

我们来看一个实例：

三个学生正在焦急地等待老师分发已批改的作文试卷。

……

小红问小林："你考得怎么样？"

"糟透了！"小林显得有气无力，"我不善于写作文，尤其是老师想要的那种文章。"

"我的作文也没有写好。"小红说，"我知道我写不好，因为我没有努力学习，我早就知道我的考试成绩好不到哪儿去。"

"不可思议！"小妮嚷叫着，"我根本就不懂怎样写作文，但我却得了'B+'，老师可能压根就没有仔细读我写的文章。"

……

可以看出，以上所举例子中的学生希望理解自己成绩好坏的原因，这使他们对自己的成功或失败提出了各种各样的解释，这就是归因：小林认为自己的能力不行，小红认为自己没有付出足够的努力，而小妮则完全把自己的好成绩归结为运气。

5. 智力观

学习要求 简述学生对智力的看法如何影响其动机

影响动机的另一内部因素是学生持有的智力观,即认为智力是永恒不变还是智力可能发生变化。持智力恒定观的学生,其理论依据是智力的"实体论"(entity theory),该观点认为智力是稳定且不可控制的;而持相反观点的学生则以"增长论"(incremental theory)为依据,该观点认为智力可以通过努力而改变。持有不同智力观的学生,在设置学习目标、对自我行为进行归因、对失败的态度及应对策略等方面表现出差异,具体见表12.3:

表12.3 持不同智力观学生的差异

智力观	归因	目标设定	对待失败的态度	应付策略
增长理论	成功的原因是努力、正确的方法和丰富的知识	学习目标:适当的难度和挑战性	不怕失败	适应性策略,如尝试其他方法、寻求帮助、更努力地学习和练习
实体理论	失败的原因是能力差	成绩目标:过难或过易,甚至无目标	回避失败或接受失败	自己打败自己的策略,如付出最少的努力、装作漠不关心;或者习得性自弃

持智力增长论的学生往往:(1)把成功归因于自己的努力,因而对学习有责任感,有较强的自我效能感,在竞争性情境中表现最好。这种学生往往是"任务指向的学生",他们关注的是掌握学习内容本身,而不是担心与班上其他人比较成绩。(2)设置难易适中的目标,敢于冒险。(3)不害怕失败,因为失败不会威胁他们的胜任感和自我价值。(4)为了取得进步,乐于寻求合适的帮助,并采用更深的认知加工策略,运用更好的学习策略,而不管犯多少错误,或遇到多少尴尬,他们敢于寻求挑战且在遇到困难时能坚持不懈。

持智力实体论的学生往往:(1)将失败归因于自身能力差,而他们的成绩评价是来自他人,而非自己付出了多少努力。这种学生被称为"自我指向的学生"。(2)关注成绩目标。他们关心的是向他人证实自己的能力,关注如何在考试中获得高分或如何超过其他同学,他们缺乏胜任感,很少体验到成绩之外的自我价值,从未形成稳固的自我效能感。(3)在对待失败方面,往往表现出两种倾向:避免失败和接受失败。(4)有避免失败倾向的学生为了保持胜任感,如取得成功,就不会冒风险,而是停留在已知的内容上;有接受失败倾向的学生会认为自己是无能的,其自我价值感和自我效能感受到损害,往往会感到压抑、冷漠和无助,他们几乎没有任何对变化的希望。

第三节 激发学生动机的策略

在系统阐述了影响学生动机的各种因素之后,可以据此提出一些激发学生动机的方法或策略。一般来讲,激发学生动机的策略主要涉及两个问题:(1)我能成功吗?(2)我愿意成功吗?前一问题是如何使学生认识自我能力,后一问题是如何使学生愿意参与到学习任务中去。

一、促进自信心的策略

要激发学生的动机,首先要考虑如何帮助他们建立自信和积极的期望,这是因为如果缺乏自信或对未来不抱希望,个体不可能有较强的学习动机。一般来说,可从设置合理的目标、增强自我效能感、进行归因训练等方面入手,帮助学生树立自信。

1. 设置合理目标

> **学习要求** 阐述能激发学习动机的目标类型
> 讨论评价方式对学习动机影响

在课堂教学中,目标可用来激发学生的动机以改善他们的作业表现。一般来说,具体的、短期内能实现的、难度中等的目标可以有效激发学生动机,这是因为这类目标比较容易达到。为此,教师应当指导学生将相对宽泛的总体目标分成多个具体的子目标,将一个长远目标分成多个近期子目标。例如,学生要完成一个科研项目,可以先制定计划,再向老师征求建议,收集资料,做实验,作演示,向全班同学及教师进行解释,修改结果,最后提交研究报告。

对学习目标达到与否的反馈或评价有助于激发动机。反馈告诉学生目前的努力距离目标有多远,学生可以更加努力或尝试采用其他策略,如果反馈告诉学生目标已经达到或已超过,学生就会感到满意或有胜任感,从而设置更高的目标。强调进步的反馈比强调差距的反馈更有效。有研究表明,对成人的反馈可以强调他们已经完成了设定目标的75%,也可强调距离目标的完成还有25%,前者使被试的自信心、分析思维和成绩都得以提高。

而有些评价方式会使学生得出"能力不如同伴"的结论,如:(1)绘制分数曲线。

因为只有少部分学生位于曲线的顶端,大部分学生在该分数系统内与同伴进行比较时会认为自己是失败的。(2)强调标准化成就测验上的百分位数排名。并不是每个学生的分数都在平均水平以上,许多学生的分数低于平均水平。(3)将分数公布于众。由高分到低分分发试卷的做法,使许多学生公开经受失败的羞愧感。因此,教师应注意对学生的成功和失败采用不同的评价方法。如果不将学生与其他学生进行横向比较,而只将学生的表现进行纵向比较,并给予奖赏,其效果将会怎样?研究发现,这种通过"纵向比较"而进行奖励的方式,要比通过"横向比较"而进行奖励的方式效果好。这种评价方式能培养学生的"任务指向",而不是"自我指向"。

此外,目标的可接受性也会影响到动机,如果学生接受教师或自己设定的目标,就能激发起学习动机,但如果学生拒绝他人设定的目标,又不愿自己设定目标,就无法激发学习动机。一般来说,如果目标是现实的、有一定难度且有意义,而且对目标的价值有合理的解释,学生就容易接受目标。如果与家人和同伴一道来设置目标,那么,目标的可接受性就更强。

教学之窗

帮助学生设置目标

心理学家就如何帮助学生设置目标提出了以下建议:

第一,尽可能让学生制定目标。因为学生自己制定目标有助于他们为实现目标而努力,实现个人价值并看到任务的用处。

第二,如果学生自己不能设置目标,那么要引导学生与教师共同制定目标。可以给出若干个目标让学生选择,或选择先达到哪一目标。一定要向学生解释清楚教师选择的目标是适宜的。

第三,使学生确信目标是可以达到的,为此,可以告诉学生其他人已达到此目标,并确保学生拥有达到该目标的资源,让学生知道别人相信他能成功。

第四,一定要给学生向目标迈进的反馈,最好是教会学生通过自我观察和自我表达来监控自己的进步情况,比如可以问"你觉得自己做了多少",而不要说"你做得太毛糙了",或者问"你觉得自己做得怎么样",而不要说"很好,你已经大功告成"。

---

2. 增强自我效能感

学习要求　分析可能自我对动机的影响
　　　　　　讨论提高自我效能感的教学方法

增强学生的自我效能感,可以通过要求学生形成适当的预期来实现。为此,教师可以尝试让学生回答一些涉及"可能自我"(possible self)的观念性问题。设想可能自我,可引发学生更高的成就动机。有研究者曾设计了一项训练计划,促使学生了解将来他们有可能从事的工作,并知道要获得这些职位至少要有中学毕业证书;此外,还让学生学会如何应付否定的或消极的反馈和失败,包括受到不公平的待遇等。该研究设计的宗旨是通过训练,使学生逐渐坚定这一认识:自己可以控制将来的成功,只要有付出就会有回报。研究结果显示,与控制组(不接受训练)的学生比较,实验组的学生对将来成功可能性的期望更高,他们相信自己能获得比较好的工作和较高的社会地位,如法官或外科医生等,而且学业成绩也获得了中等程度的改善。

增强自我效能感,还可以通过提供挑战性任务来实现。虽然尝试容易的任务可能会较快取得进步,但学生较难从中了解自己解决挑战性任务的能力;反过来,如果尝试太难的任务,负面结果又会降低学生的自我效能感和长期动机。因此,只有当任务具有挑战性而又不很困难,并且学生能从任务操作中获得有关自己能力的信息时,才有可能增强自我效能感。

是否每次完成任务的反馈都会影响学生的自我效能感呢?这要视学生先前是否具备较强的自我效能感而定。例如,一位大学生在撰写学年论文方面已经取得成功,并且对该任务有较强的自我效能感。四年级时,一位新教授把他上交的第一篇论文仅评为"及格",这是否会影响该学生撰写论文的自我效能感呢?可能不会,或者即使有影响,也会通过另一种解释加以消除,如"我没弄清楚教授到底需要我在论文里写什么"。但是,在设置新目标或完成新任务时,有些反馈可能会对自我效能感和长期动机产生明显影响,如一位学生新近学习写诗,而第一首诗的成绩仅是"及格",这可能会使他觉得自己不适合写诗,从而不再写诗。

3. 进行归因训练

学习要求　阐述可帮助学生进行正确归因的方法

大多数学习困难的学生都将失败归因于不可控制的能力因素,并因此不再做出努力。通过何种训练,可以促使他们将失败归因于可控制的因素(如努力)呢?为做到这一点,教师必须让学生明白,他们学业的成功或失败取决于自己的努力程度。

低成就学生可能不知道如何努力,所以仅仅规劝其用功学习是不够的,还必须教授他们有效的学习方式。因此,训练低成就学生适当归因的一项技术,就是教其使用有效的策略来完成学业任务,然后让学生知道他们的成功或失败取决于在学习及使用策略中的不同努力程度。例如,教师可以对成功使用新策略的学生说:"你瞧,你已经取得了进步,你如果继续使用这种策略,将来还会做得更好。"这样做会提高学生今后做出继续努力的动机。

二、促进学习参与的策略

促进学生积极参与学习活动,一般可以从内部动机和外部动机两处入手:引起学生的内部动机,可利用使任务更有趣、激发认知冲突等手段;而激发学生的外部动机,可利用适当奖赏的手段。

1. 使任务更有趣

> ***学习要求*** *总结使任务有趣的一些教学方法*
> *通过变化任务引起学生的好奇心*

激发内部动机,就需要学习任务富于变化和有趣,能够引起学生的好奇心。一方面,教师可以变化教学任务,以此来吸引学生的注意力。但有些教师采用的教学方法常常没有变化。如在小学数学课堂中,教师通常先花 15—20 分钟进行班级教学,偶尔也会让学生回答黑板上的问题,然后再花 25—30 分钟来完成书本上的作业。这种教学过程常常令学生学习兴趣不大。其实,同样一种技能可以用不同的方法来教,可以全班教学,也可分组解决问题。研究表明,没有一种教学方式是绝对优于其他方式的,所以教师可以大胆地改变任务以保持学生的兴趣和注意力。这种改变很容易做到,有时略作改变就能产生明显的效果。比如阅读理解课,通常是学生先阅读,然后回答后面的问题,这样日复一日,学生容易厌倦;但如果让学生阅读后自己提出问题,并和同桌交流,学生就会热情高涨。

另一方面,教师可以采用各种能吸引学生兴趣的学习材料。这是因为学生往往将注意力集中于那些对他们来说有趣的任务上。要使学习任务更有趣,一般从以下两点着手:课本内容和教育软件。一般来说,课本内容应包含学生容易识别的特征,例如在性别、年龄、宗教、种族和职业方面与读者相似的特征;课本内容也应从学生的认知需求出发,安排他们认为重要的生活事件,以及一些令人感兴趣的轶事和例子。但应当注意,给学生呈现有趣任务,必须与教学(或学习)目标相一致,因为有些材料处置不当,将使学生习得的内容发生变化,从而违背了本来的教学意图。学校教学中经常出现看上去生动活泼的活动,但仔细分析下来,学生并未从中学到什么。比如,四年级的老师为了教学生概率的概念,让学生玩掷骰子的游戏,并把结果记录下来;学生玩的兴致很高,但游戏结束后对学生的非正式访谈表明,学生并未从中领悟出概率的概念。其实,正确的做法是在游戏之前或之后对概率的概念进行讨论,从而使教师期望学生掌握的内容清晰起来。

大多数学校如今都配备了计算机,应用于教学的教育软件也越来越多。教育软件能激发学生的学习动机,是因为:第一,软件内容的呈现形式变化多端,可刺激学生多种感官,拓宽学生的想像空间;第二,教育软件所呈现的任务具有适当的挑战性,能激发学生的好奇心;第三,使用教育软件可为学生提供一种控制感,也就是说,他们的动作能决定电脑程序这个微小世界里将要发生什么事情;第四,网络类教育软件为学生提供了与其他人合作或竞争的机会,具有激发动机的作用;第五,教育软件可为完成某些任务的学生提供各类反馈或精神奖励,如为学生提供"排行榜"等。应当注意,教育软件虽然可在一定程度上激发学生的学习动机,但其本质目的是用来促进学生对内容本身的学习,因而要避免设计一些充满了有趣形式但缺乏学习内容的教育软件。

> **教学之窗**
>
> ### 设计学习任务,鼓励学生参与
>
> 设计学习任务应考虑学生的参与,因为参与能使任务对个体本身具有意义。即使是采用讲授法,也应鼓励学生提问、回答、发表观点或交流个人经验。让学生表达自己的观点,可激发学生的兴趣。
>
> 比如,在历史和政治课上,让学生就某一问题进行辩论,充分表达自己的观点,这可以帮助学生理解事物的复杂性。在学习英格兰殖民时期的历史时,让学生就亲英派和独立派进行辩论,比阅读二者的分歧更能加深学生对该问题的理解。
>
> 还有些任务,由于需要综合运用多种能力并易产生成果,可使学生体验到自豪感,所以能更好地激励学生。比如,让学生出版一份报纸,这要求学生把数学(决定生产成本及报纸的定价)、社会学科(报道时事政治事件)、艺术(设计报头)和其他实践技能(如利用电脑进行文字处理)综合起来。
>
> 同时,还可通过角色扮演来学习社会学科,比如,让一个学生扮演在广场演讲"废除奴隶制度"的人,其他学生扮演市民,提出各种问题或反对意见。
>
> 在高年级学生中,任务的意义依然重要,比如教经济学原理,除了让学生阅读课文外,有许多方法可以使经济学更加有趣,如给班级每位学生虚拟的1 000元购买股票,然后全班围绕这一任务讨论中国的经济状况、贸易平衡、世界大事以及其他影响股票价格的因素。类似的任务还有很多,教师只要动脑筋,可以设计出许多能激发学生动机的任务。

2. 激发认知冲突

> *学习要求* 讨论激发认知冲突对学习动机的影响

激发认知冲突的方法主要分为两类：激发学生认知观念与他人观念的冲突（人—人冲突），激发学生已有认知观念与客观世界的冲突（人—物冲突）。例如，某学生可能比较熟悉问题的某一方面，而另一学生则熟悉其他方面，由于观察问题的角度不同，不同人对同一现象的理解存在差异，这可能引发学生的探究欲；同样，学生在观察日常生活中的现象时，会遇到各种依靠自己已有的知识结构无法解答的问题，这也会使学生产生求知欲。无论如何，当学生受到挑战时，他们会以全新的方式更加深入地思考问题。有研究者(Stepek,1993)曾描述这样一堂课，一位教师向5年级的学生提问：其他行星上是否有人生存？如果回答"是"，教师就问地球上的人是否需要氧气才能呼吸；学生刚学过这一事实，所以回答"是"；然后教师就对他们说其他行星上的大气中没有氧气，这一事实和学生有关其他行星的观念发生冲突，于是就产生了对探讨其他行星上的大气，以及可以在这些大气条件下生存的生物等问题的兴趣。直接讲解行星中的大气可能使学生昏昏欲睡，但这种讨论却能使学生对这堂课产生兴趣。

值得注意的是，教师在激发学生的认知冲突时，要注意学生头脑中已有的许多错误概念（这一点在第九章中已有叙述）。因此，在学生学习科学概念的过程中，教师一方面可以在教学早期将学生的错误观念加以更正，另一方面通过呈现正确观念，利用讨论或证明等形式，引起学生原有的错误知识和当前信息之间的冲突。此外，还可通过辩论，使学生不断反思自己的错误观念，思考他人的正确观念，养成从多个角度思考问题的习惯，提高解题效率，进而促进学习动机。教师还应适当提供各种额外材料，使将要习得的科学观念或概念更为详尽、具体，使辩论更具内涵与深度。

3. 合理奖赏

> *学习要求* 简述通过奖赏来增强动机的教学方法

奖赏可以满足学生的心理需要，进而增加学生出现某种行为的可能性，但如果使用不当，也可能降低其出现的可能性。因此，教师必须正确、恰当、适时地使用奖赏，尤其是对那些不需要奖赏就能得到自然强化的行为更要谨慎。例如，如果学生因为计算出数学难题而获得奖赏，那么以后让其计算更难的题目但不给予奖赏时，他们可能不会全力以赴(动机低);同样,因画画而获得奖赏的学生,如果不能继续获得奖赏,那么他们以后对画画的兴趣要比一直没有获得奖赏的儿童低。

那么,何时给予奖赏才会有效影响学生的行为表现呢?心理学中有一种"德西效应",即过分运用奖赏来增强学生的外部动机,反而会削弱其内部动机。具体来说,如果学生对任务本身兴趣较高,奖赏就会削弱这种兴趣。相反,如果学生对某一学业任务的兴趣很低,奖赏则在某种程度上会增加对该任务的兴趣。例如,教师许诺某学生,如果他读完某本书,就在记录本里该学生的姓名后添加一颗"金星",这种做法将促使初学阅读的学生努力读完该本书。当然,从根本上讲,奖赏的最终目的是为了激发学生的内部动机。

应当注意,奖赏对小学生的影响较大,但随着年龄或年级的增加,到中学特别是中学高年级,奖赏的强化效用就逐渐削弱。表12.5列出了一些小学阶段可用的强化物。

表 12.5 小学阶段可用的强化物

强化类别	强化例子
消费品	糖果、饮料等
娱乐	看电视、听收音机、唱歌、跳舞等
自主	给予自由支配的时间
成人的赞扬	教师的表扬,书面通报表扬
同伴的赞扬	为同伴提供帮助
竞争	考试高分,最快最好地完成任务
权力和责任	担任班长,负责班级活动等

德西效应 过分运用奖赏来增强外部动机,反而会削弱内部动机

教学之窗

有效运用表扬来激发动机

表扬学生的方式,决定了表扬能否激发学生的动机。但在实际课堂教学中,很少见到有效的表扬。相反,表扬大多时候都与学生不值得表扬的行为联系在一起。教师给予的表扬基本上都没有说明学生的什么行为值得表扬;表扬的表述方式可能空洞、重复、信息性不强(如"做得好";"太好了";"不错";"好……好……好"等)。有时

候,受到表扬的行为实际上根本就不值得表扬,例如,许多教师仅仅表扬参与(如"我很高兴你参与了"),而不是表扬对教学过程的深入参与(如"你的确认真思考了这个问题")。

因此,有效的表扬应该:(1)发生在学生做出某种适宜、良好的行为之后;(2)是有目的的,不应该是为了表扬而表扬;(3)应指出学生值得表扬的行为,即将注意的重点放在学生获得表扬的行为上;(4)是真诚的、发自内心的,能反映出教师对学生所获得成就的关注;(5)隐含着学生如果付出努力,在将来就有可能获得成功等这样的信息。

教学经验

激发学生动机

☞ 我逐渐意识到,填鸭式的教学效果之所以不好,很大的一个原因就是它遏制了学生的学习动机。学生只是在被动地接受,不知道自己为什么要学,不知道如何学习才能达到比较好的学习效果。(黄晔)

☞ 现在很多小学生就已经不想学习了。他们没有学习的主动性、积极性。一定要教师和家长逼着才肯学,这样的学习只能成为压力,学习效果怎么会好得起来呢?作为教师,如何在分数的压力下激发学生的动机实在是太重要了。(王东群)

☞ 我觉得要激发学生的学习动机,关注学生的兴趣是非常重要的。在数学课上,我会把要教授的知识结合到生活情境中,譬如在教近似数的时候,我会让喜欢足球的学生估计一个体育场大约能容纳多少名观众,用类似的方法来吸引学生的注意力。当他能够解决现实生活中的问题时,他会觉得学这些东西是有用的,于是产生了兴趣,增强了学习的动机。(黄晔)

☞ 以前我在教音乐课的时候,就是按部就班地采用先识谱,后教歌词,最后练习几遍的做法。长此以往,学生的动机一点儿也没有增强。现在我改变了方法,我先让学生自己去发现难点,发现自己唱不好的地方,然后几个同学在一起学习,一起解决。学生通过自己发现困难,自己解决困难,得到一种成就感,而这种成就感往往就能够反过来激发学生的学习动机。另外,我还发现,学生为什么学习流行歌曲这么快呢?是因为他们总是不停地听,不停地跟着哼,所以我现在也常常采用这种整体教学的方式,即教师不说什么,只是让学生听,看他们谁学得快,学生就很有积极性,很有主动性,能很敏锐地去感知整首歌曲。(郑德意)

☞ 要激发学生的学习动机,了解学生是非常重要的。每个学生的个性和兴趣都不同,能够激发他们学习的事物也不同。所以,我觉得激发学生的学习动机也要因人而异。特别是那些成绩比较差、且因为成绩差而更加没有学习动机的学生,就更需要老师去了解他们的需要,从而激发他们的学习动机了。……知识的生活化是很重要的。脱离生活的知识会让学生不知所云,根本不会有什么动机去学习。(吴志标)

☞ 要提高学生的学习动机,适当的强化也很重要。我们也会有一些强化的措施,有一些奖惩的方法,还可以用学生之间的合理竞争等外在的刺激来促进学生的学习动机。(王东群)

教学反思

学完本章后,你可以思考:
⊙ 动机是后天学习的结果,这一观点你是否同意?
⊙ 如何通过知识内容的掌握,来促进学习动机?
⊙ 不同视角下的动机观有何关系?
⊙ 自我效能感对个体归因有何影响?
⊙ 学生的智力观与其归因有何关系?
⊙ 在激发学生的学习动机时,是从认知角度着手,还是从情感角度着手?
⊙ 针对激发动机的不同方法,你应该有什么样的态度?
⊙ 针对兴趣、动机、爱好等非智力因素,是脱离学科知识来培养好,还是结合学科知识来培养好?

总　　结

动机及其理论　动机是激发、维持并使行为指向特定目的的一种力量,建立在需要的基础上,并受各类诱因影响。动机可分为两类:外部动机和内部动机。一般来说,动机具有引发、指引和激励行为的功能,对学习有促进作用,而学习对动机也有反作用,两者不可割裂。从行为主义角度,强化可用来解释动机的发生;从人本主义角度,动机与需要密切关联;从认知角度,动机受制于对某一特定情景的看法或思想;从社会文化角度,动机来自获得群体中身份的需要。

影响学生动机的各种因素　影响学习动机的因素包括学习任务、教师和学生本人。学习任务方面的因素包括任务的风险性和模糊性、价值等;教师的期望能够影响学生的学习动机；学生本人的因素包括其学习兴趣和情绪唤醒程度、自主性、自我效能感、归因及智力观等。其中学习任务和教师是外部因素，而学生本人是内部因素；各种因素并非相互独立，而是密切相关的，因而激发学生动机是一项系统工程，要从整体来考虑，不应仅采取某项孤立的措施。

激发学生动机的策略　激发学生的动机，可从促进学生认识自己的能力与鼓励他们积极参与学习这两方面来着手。具体来说，首先要帮助学生设置适当的目标，对他们的学习表现进行合理评价，增强他们的自我效能感，并运用归因训练来帮助学生树立自信心，并对未来产生积极的期望；然后通过引起好奇、使任务更有趣、激发认知冲突及适当奖赏使学生看到学习的内在价值和外在效用。

重要概念

动机	诱因	内部动机	外部动机
自我实现	预期—价值理论	成就价值	内在价值
效用价值	自我实现的预言效应	固定期望效应	
归因	习得性自弃	德西效应	

参考文献

1. （美）霍斯顿：《动机心理学》，辽宁人民出版社，1990。

2. 张爱卿：《动机论：迈向二十一世纪的动机心理学研究》，华中师范大学出版社，1999。

3. Blumenfeld, P. C., Classroom learning and motivation: Clarifying and expanding goal theory, *Journal of Educational Psychology*, 1992, 84(3): 272—281.

4. Eggen, P., Kauchak, D., *Educational Psychology*, (3rd ed.), Merrill: an imprint of Prentice Hall, 1997.

5. Maehr, M. L., Midgley, C., Enhancing student motivation: A schoolwide approach, *Educational Psychologist*, 1991, 26: 399—428.

6. McCormick, C. B., Pressley, M., *Educational Psychology*, Addison Wesley Longman, Inc. 1997.

7. Pressley, M., Harris, K. R., Guthrie, J. T., *Promoting Academic Competence and Literacy in School*, San Diego: Academic Press, 1992.

8. Stipek, D. J., *Motivation to Learn: from theory to practice*, Allyn and Bacon, 1993.

第十三章　有效课堂教学

引言

在课堂教学中,如何应用教学理论才最为有效?对于各种学与教的理论模型,教师应该依据什么标准进行选择?对不同性质的知识是否要使用不同的教学模式?在课堂教学的各个环节,又该怎样运用教学策略?对不同知识背景的学生,教师应采用什么教学方法?等等。这些问题都涉及如何进行有效课堂教学。

前面章节已经探讨了各理论流派下的学习理论,如行为主义、信息加工、社会认知和建构主义(第六、七、八章),并介绍了一些基于这些学习理论的教学原则或教学方法。按照活动所围绕的中心,可以将课堂教学分为教师中心式和学生中心式两类。本章将分别介绍这两类教学模式的特征、类型、具体方法以及它们之间的区别。另外,随着现代科技的不断进步,运用技术手段来传授知识在课堂中也成为越来越普遍的现象,本章第三节着重介绍了这些教学技术。

学完本章后,你应该能够:
⊙ 说出以教师为中心的教学的特征;
⊙ 描述直接教学的步骤和要素;
⊙ 阐述讲述法和讲述—讨论法的要素;
⊙ 区分以教师为中心和以学生为中心的教学的不同;
⊙ 说出各种以学生为中心的教学方法的特征;
⊙ 描述各种运用技术的教学方法。

教学设疑

袁老师正准备教授"匀变速直线运动"这一新的知识单元。在这一单元中,涉及很多先前学习过的匀速直线运动的知识,如位移、速度及时间这三者之间关系;也涉及一些新的概念,如加速度。在教学过程中,教师首先要激活学生已经具有的背景知识;之后要让学生了解什么是变速直线运动,什么是匀变速直线运动,匀变速运动的规律是什么等等新知识;最后还要让学生运用知识,例如学会利用匀变速运动的公式来解题,能够解决现实生活中的匀变速运动(如汽车启动与刹车过程等)问题。

如果你是袁老师:
- 如何激活学生原有的一些背景知识?
- 如何帮助学生理解一些新的概念?
- 如何让学生自己去探讨匀变速运动的变化规律?
- 如何让学生观察做匀变速运动的物体的运动情况?
- 针对班级中每个学生物理成绩的差异,你会怎样准备教学?
- 如何让学生运用匀变速运动的有关定理,来解决一些书本上甚至是实际生活中的问题?

第一节 以教师为中心的教学

一、教学特征

学习要求 简述以教师为中心的教学的特征
简述课堂教学中的不同互动的特点

在以教师为中心的教学(teacher-centered teaching)中,教师是课堂的焦点,在整个教学过程中起主导作用,他们通常采用强制性的教导方法,伴以奖励和惩罚行为,协调与学生的互动关系,最终达到将知识与技能传授给学生的目的。而学生的地位则比较被动,仅仅作为教师备课时的想像对象,以及上课时的教授对象,学生更多地采取顺应、被动等行为。

以教师为中心的教学,并不排除课堂教学中的互动。从人际关系角度讲,课堂教学的互动主要有两种:师生互动和生生互动。在以教师为中心的教学互动中,教师具有控制权,他决定讨论的主题,设置话语的转折点,并且直接影响学生反应的质量;而对学生的要求则是他们的言语参与。在这一师生互动中,交谈意味着学习,而沉默则被解释为缺乏知识。例如,具体到提问这一环节,教师首先向学生提问,然后学生举手,教师点名或走到学生面前,学生开始回答,经过多次"提问—回答"后,教师完成既定的教学目标。

教师在主导教学时,同时要关注课堂中存在的生生互动形式,例如观察学生之间的言语、眼神以及动作交流。有研究表明,理解学生言语模式的教师比不理解的教师,能更多地接受并利用学生的反应;也就是说,教师越理解学生的言语或行为模式,就越能帮助学生逐渐获得可提高他们学业成就的互动模式。而关注生生互动模式的时机可以是:学生没被提问时,学生不愿意回答问题时,学生进行小组活动时等。

总的来说,以教师为中心的教学具有如下一些特点:(1)制订教学计划时,教师确定特定的教学目标,并设计学习活动来帮助学生达到目标;(2)整个课程都须围绕这些目标;(3)教师的任务是让学生学会一些清楚而明确的知识;(4)在指导学生学习上,教师承担主要责任。

值得注意的是,当教师教授一些明确的知识,并且期望所有学生都能掌握这些知识时,以教师为中心的教学比较有效。这是因为在这一教学形式中,教师的要求比较明确,课程内容具有一定的结构,而且学生有大量练习与反馈的机会。本章下面内容将详细介绍两种以教师为中心的教学方法:直接教学(direct instruction)与讲授法(lectures)。

以教师为中心的教学 教师在整个教学过程中起主导作用,学生的地位则比较被动
教学互动 教学互动主要有两种:师生互动和生生互动

教学之窗
在课堂中运用教学互动

☞ 运用有效的师生互动模式
→ 当学生回答问题较为犹豫时,教师可再给予几秒钟;如果此时其他学生抢着回答问题,教师要委婉地拒绝或劝阻。
→ 当学生回答问题出现错误时,教师并不急于纠正错误答案,而是在学生已有回答的基础上提供一些线索或提示。

☞ 理解生生互动模式
→ 定期召开学科竞赛,分小组来评估成绩,观察学生在小组中互相学习的状况。
→ 形成各种兴趣小组,观察不同学生之间的互动方式及过程。

☞ 帮助学生建立各种有效的互动模式
→ 在学习活动中,教师可名正言顺地表扬那些认真倾听,并且有次序地轮流发言的学生。

> → 教师在新学年开学时就立下这样一条纪律:"别人说话的时候,要认真倾听",这种做法可以提醒学生,课堂中需要一定的规矩。

二、直接教学

学习要求 　阐述直接教学的含义
　　　　　　　阐述直接教学的四个教学步骤

直接教学是一种旨在帮助学生学习程序性技能的教学方法。程序性技能就是程序性知识(见第七章中相关内容),例如,"将分母不同的分数相加"、"断句"、"找出城市的经纬度"、"配平化学方程式"等问题都属于程序性技能。上述这些技能都有特定的解决步骤或程序,而且都要通过大量练习来达到熟练运用的水平。

尽管不同研究者所描述的直接教学方式各不相同,但所涉及的教学要素基本相同。表 13.1 就列出了其中三种模型的基本要素。

表 13.1　直接教学的模式

教授功能 (Teaching Functions) (Rosenshine & Stevens, 1986)	密苏里数学教学计划 (Missouri Mathematics Program) (Good 等人, 1983)	亨特·马斯特夫教学 (Hunter Mastery) (Hunter, 1982)
复习 　检查家庭作业,练习前提技能	**开始** 　练习技能,检查家庭作业	**预期的设定** 　给出问题或提出疑问来吸引学生的注意力,解释课程的目的
讲述 　详细说明目标,小步教学,使用例子	**发展** 　提供例子,示范过程,快速教学,学生高度参与	**输入和示范** 　呈现知识,提供例子,示范过程
有指导的练习 　做习题,教师提问,反馈,必要时重教	**课堂作业** 　有效的练习,学生承担习责任	**结构化练习** 　练习例子,检查学生的理解情况,提供反馈
独立练习 　学生练习,教师监控	**家庭作业** 　除星期五外每天有家庭作业,每天复习	**独立练习** 　学生练习,教师监控,提供反馈

在分析上述模型后,可以看出,直接教学可以用四个基本步骤来表示(见图 13.1)。

```
步骤:  ┌─────────┐   ┌─────────┐   ┌───────────┐   ┌─────────┐
       │ 引入与复习 │ → │  讲 述   │ → │ 有指导的练习 │ → │ 独立练习  │
       └─────────┘   └─────────┘   └───────────┘   └─────────┘
```

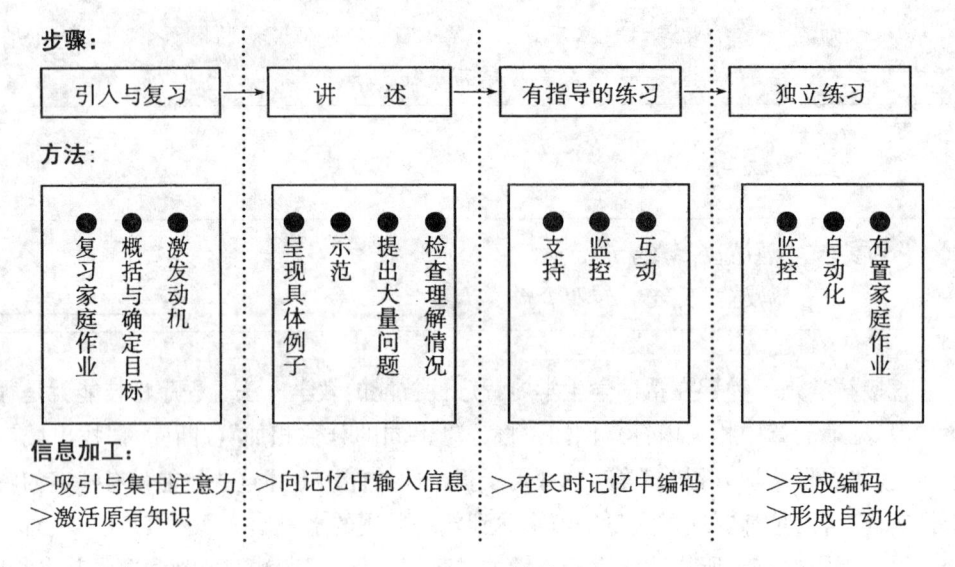

方法:
- 复习家庭作业 / 概括与确定目标 / 激发动机
- 呈现具体例子 / 示范 / 提出大量问题
- 检查理解情况 / 支持 / 监控 / 互动
- 监控 / 自动化 / 布置家庭作业

信息加工:
> 吸引与集中注意力
> 激活原有知识
> 向记忆中输入信息
> 在长时记忆中编码
> 完成编码
> 形成自动化

图13.1 直接教学的步骤

直接教学以复习前一天的功课开始,先讨论学生的家庭作业,然后教师试图吸引学生的注意力,通过确定学习目标并强调本课的重要性来激发学习动机。尽管这一步骤很重要,但多数教师很少注意应用这一步骤来引导学生。

直接教学的第二步是讲述知识,使学生能用自己的工作记忆来处理这些信息,并且帮助学生将新信息与自己长时记忆中原有的信息联系起来。讲述主要有提供榜样和传授经验两种形式。提供榜样是为学生提供一系列他们可以模仿的动作,而传授经验则通过例子来提供。应当注意,一味地提供榜样或鼓励学生参与活动,并不能确保学生理解活动背后所蕴涵的内在原理或规律,所以教师要适时进行点拨。

有指导的练习采用"支架式教学"理念(见第二章相关内容)。在最初的讲述后,学生在教师的监控之下进行练习,同时教师提供足够的支架以确保练习成功。但也要注意,教师过多的帮助会增加学生的依赖感,降低在任务上的自信心和成就感。

在独立练习阶段,技能一旦达到自动化水平,学生的工作记忆负担就会减轻,转而专注于运用技能。此时,教师的支持(支架)逐渐减少,责任会慢慢转移至学生身上。应当注意,技能在最初执行时也许比较缓慢,但会逐渐变得轻松而流畅。因此在这一阶段,教师的监控仍然十分重要。优秀教师往往会细心观察学生,发现学生技能执行的错误并予以纠正;新教师可能只是检查一下学生是否在练习,而不管他们技能执行的情况如何。

家庭作业是一种常见的独立练习,但要发挥其积极作用,应该将它与课堂作业相结合,与教师的批改、评估相结合。一般而言,真正能促进学习的有效家庭作业往往：(1)是课堂作业的扩充；(2)成功率较高，可激发学习动机；(3)是课堂常规教学的一部分；(4)通过教师的批改，一方面增强教师的责任感，另一方面为学生提供反馈。

直接教学 一种旨在帮助学生学习程序性技能的教学方法

教学之窗

将直接教学法用于课堂教学

☞ 用示范、疑问或问题来导入课程以提高学生的兴趣

→ 教师走进教室，在黑板上写道："最有可能在地球上幸存下来的动物是昆虫！"然后说："今天在开始学习有关昆虫的知识之前，请大家把这句话记在脑子里。"

→ 一位数学老师在开始教授百分数和小数时说，我国的国民生产总值平均每年增长8%，她问道："这意味着什么？我们怎么把它算出来？"

☞ 在直接教学的讲述阶段要保持学生的高度参与

→ 一位地理教师挂出一张地图，并提出一些问题，来帮助学生找到一些城市、山川等地理位置的经度和纬度。

→ 一位语文教师要教授"形容词"这一概念，他给学生看一段文章，其中有几个斜体的形容词；然后，他向学生解释形容词的作用，并且提出一些问题，帮助学生们理解形容词是如何在句子中使用的。

☞ 尽量提供有指导的练习，以确保学生将知识从教师讲述转迁到独立练习中

→ 一位语文教师想要学生理解明喻和暗喻，她采用下面的方式来从教师的讲述过渡到有指导的练习："好了，现在每个人都写一个句子，句子中至少有一个明喻或者暗喻。"然后她在教室里走了一圈，检查学生们的句子。接着她让几个学生把自己的句子写在黑板上，全班一起讨论这是明喻还是暗喻，接着大家继续写、继续讨论，直到教师确定每个学生都能写出句子。

☞ 在学生独立练习时执行监控

→ 一位数学教师布置了一些加法和减法的题目作为作业。当学生们开始做题时，他在教室里来回走动，检查每一个学生的进度，偶尔停下来给学生一些建议。

三、讲授法

学习要求　简述讲授法的优缺点
　　　　　　讨论讲授法的适用范围
　　　　　　比较讲授法与讲授—讨论法的效用

直接教学可用于教授程序性技能，但对教授"20世纪中国文学"这一类以陈述性知识为主的科目而言，并不是最佳方法。实际上，这类课的目标是要求学生掌握"组织化的知识体系"，理解各种概念（如情节、情境和人物发展），以及这些概念如何在一部作品得以体现，或者要求学生能够概括出"文章受作家个人经验的影响"等诸如此类的结论。组织化的知识体系是指一些事实、概念、规律、原则以及它们之间的关系。正是由于组织化的知识体系较难通过呈现例子这一方式来说明，所以需要不同的教学方法，其中最普遍的就是讲授法和讲授—讨论法。

讲授法主要有以下三个阶段，如表13.2所示：

表13.2　讲授法的三阶段

开始：学习的准备	讲述：知识的呈现	结束：复习
陈述目标和基本原理	按照理解的难度，将内容从易至难排列	将新学习的知识与学生原有的知识和经验整合起来
提供讲授新材料的情境	结合视觉形式的信息来讲述	
将注意力集中于关键概念、概要或原则上	用言语或非言语行为来吸引学生的注意力	过渡到下节课或下面的活动中

有效的讲授法能为学生节约很多学习时间，而其运用的关键在于确定清晰的教学目标，这种方法适用的场合是：（1）所学习的知识用其他方法不容易获得；（2）教师将来源于各个方面的资源加以整合；（3）学生要理解不同的观点。因此，要在短时间内将大量信息传递给大多数学生时，讲授法是一种比较适合的教学方式。讲授法在导入新课题、给出背景知识，并激励学生独立学习等方面也比较有效。讲授法还可帮助学生学会正确、批判地听课，并且在学生觉得疑惑的时候，教师能够随机做出变化，以帮助学生理解。

讲授法虽然得到广泛运用，但它有个缺点，即讲授法将学生置于被动的位置，这与强调学生主动学习的信息加工和建构思想不相吻合。这是因为，学生建构知识并将信息加以编码，继而储存在长时记忆中，这些过程都需要学生的主动参与。再者，不同学生学习与理解的步调往往不一致,而讲授法却强调教师的统一步调。具体到教学目标,如果要求学生能够解决问题,提出观点,写一些散文、诗歌或者小故事,绘画,或者评估作品等,就有必要对讲授法辅之以其他教学方法。此外,对年龄较小的学生,由于他们的注意力持续时间较短,词汇量又有限,因而讲授法更加不适合。

尽管讲授法长期以来受到诸多批评,但它仍然是一种最普遍的教学方法,其原因主要有三:讲授法对教师而言很有效率,备课时只要将内容加以组织即可;讲授法比较灵活,几乎适用于所有的学科领域;讲授法非常简单,教师可腾出更多工作记忆来组织与呈现内容。很多时候,讲授法的功能之所以无法发挥,是因为它被错误地或者无效地使用。

克服讲授法缺点的一个有效方法,就是使用讲授—讨论法,讲授—讨论法是将少量讲授与教师提问结合起来的教学方法。讲授—讨论法包括三个循环出现的基本要素:(1)呈现知识——开始教学时,教师提供给学生一些与主题相关的信息;(2)理解监控——在简短呈现之后,教师提出一系列问题,通过学生的回答,评估学生对这些知识的理解程度;(3)整合——教师提出附加问题,以帮助学生确定内容之间的联系。

与直接教学相类似,讲授—讨论法的效果也可以通过信息加工理论来解释,例如,在用讲授—讨论法教学时,首先要吸引学生的注意力,提高他们对主题的兴趣;然后,呈现新材料,将新信息输入到学生的工作记忆中;在监控学生理解时,激发他们的积极主动性,帮助信息编码进入长时记忆中;最后,巩固新知识的内在联系及其与先前知识的联系,增加内容的意义。

值得注意的是,在讲授—讨论法中,提问有所必要,但问题应使教师可以评估学生的背景知识;鼓励学生积极地参加到课程中去;有助于知识的精致与有意义编码,促进知识的整合;使教师能够监控学习过程,从而相应地调节自己的教学。

讲授法 是一种旨在帮助学生学习组织化的知识体系的教学方法
讲授—讨论法 是将少量讲授与教师提问结合起来的教学方法

教学之窗

将讲授—讨论法用于课堂教学

☞ 尽可能在课程中多运用一些例子,并且将这些例子与学生的经验联系起来

→ 一位历史教师在比较20世纪初和20世纪末的中国留学生时,提示学生可以从不同时期留学生所处的政治体制、社会文化氛围、经济发展状况等,以及个人的目标、学习任务、困难等方面加以讨论。

第十三章 有效课堂教学 · 333

> 讲述知识时尽量简短,常常复习,并且检查知识项目之间的联系
> → 一位生物教师在讲述细胞内外液体传送的有关知识时,明确解释了一些关键概念,5分钟之后,她停下来问:"设想有一个细胞处于低渗性溶液中,另外一个细胞处于高渗性溶液中,这两个细胞会有什么不同?每个细胞会发生怎样的变化?"

第二节 以学生为中心的教学

一、教学特征及使用误区

学习要求 阐述以学生为中心的教学的特征及误区

在以学生为中心的教学(student-centered teaching)中,学生处于教学活动的中心,以平等的身份与教师互动。教学过程主要依据学生身心发展的需要进行,强调学生主动学习。教师扮演咨询者、辅导者和学习动机激发者的角色,他们往往采取民主参与的方式,在教学目标设计、教学组织、教学方法选择等环节上寻求学生的反馈信息,并依此做出相应的调整。

可以看出,以学生为中心的教学方法,所依赖的心理学原理主要是学习的认知观和建构主义观。按照这些观点,错误和误解是学生当前知识的反映,而真正理解一个概念,要经过较长时间才能达到,其间往往要经过很多的困惑与冲突。从学习的认知观出发,以学生为中心的教学主要有两个特征:学生处于教学过程的中心及为学生理解而教学。

随着行为主义影响式微,认知学习理论和建构主义学习观的影响逐渐扩大,学生在学习过程中的主体作用越来越受重视。例如,美国心理学协会(APA)(1993)曾公布一些"以学生为中心教学的心理学原则"(见表13.3)。在这些教学原则下,围绕着学生的学习目标和内容,教师必须考虑学生的背景知识、认知与情感、发展特点以及他们所处的环境。

将学生置于学习过程的中心,引发了教师的角色转换。教师不仅仅要呈现与解释知识,而且要引导学生建构自己的知识。从这一转变出发,有研究者提出"为理解而教学"的口号。"理解"远非字面上那么简单,它寓意了很多需要运用思想的过程,如解释、寻找证据、验证假设、提供补充的例子、概括、将部分与整体相联系等等。所

以,教师如果关注于理解,并将学生置于学习过程的中心,将有助于学生建构知识并承担学习责任;反过来说,学生获得知识并体验到责任感,也会促进他们的自我调控学习。

表 13.3　APA 以学生为中心教学的心理学原则

认知与元认知因素

原　则	描　述
1. 学习过程的本质	当学生有意识地从知识与经验中建构意义时,这对复杂学科的学习最为有效。
2. 学习过程的目标	成功的学习者在一定的支持和教学指导下,经过一段时间后能够创造出有意义的、连贯的知识表征。
3. 知识的建构	成功的学习者能够以有意义的方式将新知识与已有知识进行联系。
4. 策略性思维	成功的学习者能够创造并使用一系列思维与推理策略来达到复杂的学习目标。
5. 对思维的思维	一些用于选择和监控心理操作的高级技能会促进创造性与批判性思维的产生。
6. 学习的情境	学习受环境因素影响,其中包括文化、技术和教学过程。

动机和情感因素

原　则	描　述
7. 动机与情感对学习的影响	学习的内容与程度会受到学习者动机的影响。学习的动机则会受到个体情绪状态、信念、兴趣、目标和思维习惯等的影响。
8. 学习的内在动机	学习者的创造性、高级思维和本能的好奇心都会影响学习动机。当学习者认为学习任务具有新颖性和难度,和自己的兴趣有关,并且他们有个人的选择和控制权时,他们的内在动机就会被激发。
9. 动机对努力程度的影响	复杂知识和技能的获得,需要学习者付出更多努力并进行更多有指导的练习。在学习者没有学习动机时,如不严厉就想让他们努力,这几乎不可能。

续 表

发展与社会因素

原　　则	描　　述
10. 发展对学习的影响	在个体发展的各个阶段,学习的机会和限制是不同的。只有教师考虑了学习者在生理、智力、情感及社会领域等的不同发展水平时,学习才可能最有效。
11. 社会对学习的影响	学习会受到社会互动、人际关系以及与他人交流的影响。

个 体 差 异

原　　则	描　　述
12. 学习中的个体差异	由于先前经验和遗传的原因,学习者在学习的策略、方法和能力各方面都会有差异。
13. 学习与差异	当学习者的语言、文化和社会背景等方面的差异都被考虑到时,学习是最有效的。
14. 标准与评估	设定难度适中并具有挑战性的标准,同时对学习者和学习过程进行评估(其中包括诊断、评估过程和结果),这些是整体学习过程的一部分。

　　在使用以学生为中心的教学方法时,教师有时会误解它的真正含义,例如:(1)与以教师为中心的教学方法相比,在以学生为中心的教学中,明确目标和认真备课没有那么重要;(2)只要学生参与讨论或其他形式的社会互动,学习就必然发生;(3)与传统教学相比,教师在以学生为中心的教学中所起的作用比较微弱。

　　在运用以学生为中心的教学时,由于学生正在建构他们的理解,教师可能会认为"明确的目标并不那么重要"。这种观点具有很大误导性。事实上,明确的目标在以学生为中心的教学中更加重要,这是因为它使得教师在引导整个班级的时候有固定的关注点。虽然在学生建构理解时,教师可能会修改目标,但最初教师头脑中一定要有明确的目标。

　　至于第二种误解"讨论或其他形式的社会互动会使学习自动地发生"同样不正确。教师应当对讨论进行监控,而且如果学生"撞进了死胡同"或对主题产生了误解,教师必须进行干预并且重新指导讨论。教师希望学生能够自我调控,自己建构对材料的理解,但要注意这些理解必须是正确的。

　　最后,由于在以学生为中心的教学过程中,教师不进行讲授与解释,似乎教师的作用也减弱了。然而,正如前面内容所述,教师的作用其实更加重要而且更加困难。教师自己理解并掌握知识是一回事,将这些知识进行解释并让学生掌握是另一回事。因此,指导学生并使学生形成对某一主题的深入理解,需要更熟练的教学技巧。

为详细介绍以学生为中心的教学及其使用误区,本章将主要介绍三种方法:发现法(discovery learning)、讨论法(discussion)和个别化教学法(individualized instruction)。

以学生为中心的教学　学生处在教学活动中心,以平等身份与教师互动的教学形式

教学之窗

促进学生理解或改变观点的教学方法

☞ 鼓励学生明确自己的想法
　→ 让学生做出可能与他们最初的观点相冲突的预期。
　→ 让学生用自己的语言表达他们的观点。
　→ 让学生用物理模型或者图表来解释他们的观点。

☞ 帮助学生看到观点之间的差异
　→ 让学生互相总结或者解释对方的观点。
　→ 鼓励用提出或比较证据的方法来讨论观点。

☞ 鼓励元认知
　→ 在开始单元教学之前,先做一次测验,然后让学生讨论自己对这次测验的反应。将相似的反应归类在一起,继而让学生总结出这类反应中蕴涵的一般原则。
　→ 在每堂课结束后,问一问学生:"你学到了什么?""你理解了什么?""你的观点变了吗?"

☞ 了解学生对观点的理解程度
　→ 直接就一个观点的可理解性、可行性及成效进行提问。如:你知道这个观点的意思吗?你赞同这个观点吗?你能使用这个观点获得一些有价值的结果吗?
　→ 计划一些支持或者质疑学生的观点的活动与实验,例如给他们看成功运用的例子或者让他们指出其中的冲突。

☞ 让学生证明自己的观点
　→ 教学生如何辩护自己的观点,使用诸如"逻辑的"、"相容的"、"不相容的"、"一致的"等术语。
　→ 让学生互相交流并分析他人的观点。

二、发现学习

学习要求　阐述发现学习的基本含义
　　　　　　讨论发现法与其他教学方法的区别

　　发现学习是以学生为中心的一种教学方法,它是指为学生提供可使用的知识,来建构理解的一种策略(具体见第九章相关内容)。在发现学习模型中,教师首先提供一系列事例,然后让学生运用归纳推理的方式得到隐含于其中的原理。例如:教师可以向学生描述灯泡、照相机和唱片的发明过程,并将这些"发明"与"发现"(如发现电流、核裂变和万有引力)进行比较,这样,学生就会自己探讨下面问题的结论:"发明"的要素有哪些,它与"发现"有什么区别。在发现学习中,学生通过自己进行的活动,"发现"其中的基本概念和一般原理。布鲁纳认为,学生要是自己做出了"发现",那么他们就"拥有"了自己的知识,并且这样做能够让学生对自己的学习负责,提高他们的学习动机。

　　学生做出发现的过程类似于问题解决的过程。在发现学习开始时,教师给学生呈现一个问题。学生在教师的指导下试着解决该问题。在这个过程中,学生提出疑问并形成假设。进而,学生对自己的假设进行检验,并从自己的试验中得出结论。可以看出,发现学习关注的是过程,而非结果。所以,在发现学习的模式下,教师的责任是激发学生的好奇心和探究精神,给学生提供许多事例,让学生进行检验,最后发现一般观念或原理。

　　发现学习有各种形式。像科学家那样完全根据自己所做的实验研究,对理论假设和实验证据进行检验和匹配,以发现新的事实,或者做出新的假设,是一种单纯的、独立的科学发现。而在学校学习的情形中,学生所进行的发现基本上都是有指导的发现,即在教师的指导下进行发现。在这种教学方法中,教师给学生一些指导,以帮助学生避免进入"死胡同",或是避免学生"钻牛角尖"。在指导学生发现一般原理或基本概念时,教师要向学生提出有启发性的问题,或设计一些需要解决的两难问题,并给学生提供适当且有趣的材料,鼓励学生形成并检验假设。值得注意的是,虽然学生是在教师的指导下,运用问题解决的一般方法进行发现学习,但是学生也难免做出错误的发现,如答案不正确,证据与假设不匹配等。这些错误对发现学习常常是有利的,因为能促进学生从错中学,帮助学生获得正确的发现结果。

　　与直接教学法和讲授法相比,有指导的发现学习更具迁移性,对科学概念和原理的长期保持更稳固。有研究发现,在有指导的发现教学中,教师讲述和解释的时间更少,而提问的时间更多。此外,在有指导的发现教学中,学生的参与程度更大,并有更多的机会来练习高级思维,而这两者都是以学生为中心的教学的要素。

发现学习 给学生提供一系列事例,让学生运用归纳推理的方式得到隐含于其中的原理

教学之窗

在课堂教学中如何运用发现学习模式

例如,教师可以运用布鲁纳的发现学习模式来教"平方根"的概念:

开始上课时,给学生呈现平方根的一些例子:(1) 49 的平方根是 7;(2) 4 的平方根是 2;(3) 100 的平方根是 10;等等。

用这些例子,大多数学生会自己形成什么是"平方根"的概念(即用归纳推理的方式)。教师要想检验学生对这个概念的理解程度,可以让他们自己陈述"平方根"是什么,或让他们自己举出"平方根"的例子(即用演绎推理的方式)。由于许多问题既要运用归纳推理,也要运用演绎推理,因此要使学生有机会来运用这两种类型的推理。

当运用布鲁纳的发现学习模式时,教师最好对学生所要学习的概念,既呈现正例也呈现反例。例如,在教"环境影响人们的生活"这个主题时,希望学生发现环境是如何影响人们作出各项选择的。教师可以采取以下步骤:

☞ 呈现特定刺激

开始上课时,给学生呈现不同类型家庭的生活图片,并提问:这些图片涉及生活方式的哪些方面?

☞ 提供数据和材料

教师把不同地理位置上有关气候的数据给学生,让学生自己来选择世界上的某个区域进行研究,自己收集一些材料,如在不同地理位置上人们的生活条件状况(房子、食物和衣服等等)。

☞ 提出指导性问题

提出一些问题来激发学生的探究,例如"做什么工作","如何得到食物",最后引导到"不同环境条件(气候、地理等)如何决定人们的生活方式"。

☞ 鼓励直觉性思维

如果学生没有现成答案,则鼓励他们在已阅读过和讨论过的知识基础上作出猜测。在课程快要结束时,让学生讨论各自的想法,并对"环境因素如何影响人们的生活方式"这个问题做出总结。

第十三章 有效课堂教学 · 339

三、讨论法

学习要求 阐述讨论法的基本含义

讨论法是旨在激发思考、挑战态度与信念并发展人际交往技能的一类教学方法。所形成的思维与人际交往技能包括：学会倾听他人，包容不同的意见，学习民主的过程，批判地看待自己和他人的理解、态度和价值观。与有指导的发现学习一样，讨论法也具有以学生为中心的教学的特征：学习者处于整个教学过程的中心，学习的目标是对主题的深层理解。讨论法符合学习的认知主义观，这是因为学习者在形成自己的理解时是积极主动的，而且也强调学习的社会方面。

要在课堂中进行有效讨论，教师首先要提供一个关注点，它可以是一个疑问或者一个问题，例如清王朝为何会由强盛转为衰败等。学生在回答问题并陈述事实时，往往容易偏题，如不加以干涉，讨论往往会引到无关的问题上。因此，当学生开始提出无关论点时，教师要让学生重新关注所讨论的问题，并且使他们意识到自己离题了。

其次，教师要利用学生的背景知识。如果学生的背景知识不够，讨论就会失去效果，焦点问题就演变成随机的猜想和空洞的观点。从某种程度上讲，讨论一个完全没有背景知识的问题，就像要求小学生讨论"能量守恒定律"，这种讨论完全是浪费时间。

再次，教师要注重学生的理解过程。在发展初级的概念理解方面，讨论效果不是很明显。有效的讨论要让学生明确概念之间的联系，并且建构对他们而言有意义的理解。从理解角度讲，不确定性、推想以及正常的争执都是讨论过程中不可或缺的一部分。

最后，教师要关注课堂中的生—生互动。讨论过程中的生—生互动，既有助于学生学会质疑别人的思维，又有助于他们解释并捍卫自己的推理，这两种活动都符合建构理解的思想。在获得知识的同时，学生还能学会各种讨论技巧，例如，尊重别人的观点和发言权，学会等待发言时机，对新的论点采取开放态度等等。

对有效讨论的研究表明，教师在从讲授者的角色过渡到促进者的角色，其过程往往会遇到困难，例如他们会支配整个讨论，使讨论变成小型讲座。要成为有效讨论的领导者，教师应该只在必要时加以干涉，同时还要提出问题来促进学生思考，鼓励他们与学习内容、其他同学和教师之间进行互动。

讨论法 是旨在激发思考、挑战态度与信念并发展人际交往技能的一类教学方法

四、个别化教学

学习要求　阐述个别化教学的基本方法

个别化教学是为了满足每个学生特定的学习需要而采用的一种教学形式。也就是说，个别化教学是为了适应个别学生的需要、能力、兴趣、学习进度和认知方式等而设计的教学方法，但它并不单纯意味着个体独自学习。

采用班内个别化教学，教师可因人而异地给学生提出各种学习要求，并花一定时间以一对一的形式辅导学生，其特点是：在全班上课的基础上，照顾班上学习速度慢的学生或学习速度快的学生，以及有特殊需要的学生。教师给学生布置的学习任务和教师的辅导必须以该生的学习准备、学习特点和个性特点等为依据；教师的作用主要在于指导和帮助学生自学和独立钻研；学生的学习由教师"扶着走"向独立过渡。

具体来说，随不同学生的学习需求来改变教学形式，这主要从以下三方面来实现：改变用来学习的时间，改变学习活动和改变教学材料。

首先，学习者在掌握一个主题所需的时间量上各不相同，学业成绩好的学生所需时间比较差学生所需时间要少。教师在处理这种差异时，往往是给所有的学生完全一样的作业，然后对一小部分学生提供额外的指导，让大多数学生做课堂作业或是其他一些活动。教师也可以安排能力不同的学习团队，各团队的活动目标相同，但可利用的时间和资源是可变的。根据知识或能力状况，学生参与到适合自己的学习团队中。

其次，改变学习活动是个别化教学的第二种途径。例如，同样是介绍一位名人，教师可以让学生选择是写论文、做口头报告，还是多媒体展示。让学生在学习活动中有选择，有助于他们选择自己感兴趣的主题，也为他们用不同方式来学习提供可能，从而增强他们的学习动机。

最后，随着视听设备的迅速发展，个别化教学越来越容易，这是因为材料内容越来越丰富，其展示方法越来越多样，例如音频与录像带教学，幻灯片与计算机软件等等。假使无法运用这些设备，教师可在阅读前引导学生讨论关键问题，这样会使阅读更易理解。

一般来讲，当教师常常对学生进行评估，并为学生提供选择、自我调控和同伴合作的机会时，个别化教学似乎更有效，但值得注意的是，个别化教学效果的迁移性较差。有研究指出，尽管有些学生需要更多的时间和指导，但是为所有学生提供高质量的教学材料和学习方法，其效果还是优于目前开始为不同学生提供不同材料和方法的这一类教学。进一步说，尽管个别化教学很适合基本技能的练习，但对发展高级思维技能和问题解决的技能并不十分有效。

个别化教学　是为了满足每个学生特定的学习需要而采用的一种教学形式

教学之窗

运用个别化教学的注意点

不管采用哪种方法进行个别化教学,教师都必须吃透教材,分析教材,将教材转化成具有逻辑联系的小步子,以便学生自学。为了发挥个别化教学的最好效果,教师要注意以下几点:

☞ 学习步调

教师将学习材料组织成一系列学习活动或任务,让学生以自己的步调学习同样任务。

☞ 设置教学目标

教师设置不同的学习目标以适应不同的学生。

☞ 学习活动或材料

即使学生面临同样的目标,但他们使用的学习材料可能不同:有的学生可能依赖于课本;有的学生可能需要阅读一些课外辅助材料;有的学生则可能需要使用视听媒体。

☞ 评价教学的手段

教师对不同学生的评价手段应有所差异。书面表达有困难的学生,可以先进行口头测验、或者以磁带录下他们对书面测验的口头回答;聪明的学生可让他们写一篇论文或感想录;有些学生适合于正强化,而另一些则有必要惩罚;频繁的测验对某些学生可能有效,但也可能无效;学习结果可以是非语言的形式,如图画、图表、制造模型、实际操作等等。

☞ 个别辅导

个别辅导的形式有:成人的个别辅导,同伴辅导,以及模拟一对一教学情景的个别化教学程序,如程序化教学和计算机辅助教学等。

第三节　运用技术的教学

一、教学特征

学习要求　阐述运用技术教学的优点

技术不仅改变了生活，也改变了教学方式。不同形式的科技手段，包括计算机、影碟、录像带、因特网和教育电视等对提高教学效果都有巨大的潜力。尽管运用技术（utilizing technology）的教学需要付出更多时间和金钱，但它仍有许多显著优点。首先，当前社会越来越要求人们具有良好的科学素养，而在学校中学习科学技术知识，能够为个体在社会中生存做准备。其次，技术能激发学生的学习动机，使用计算机和其他形式的技术手段，能够使学生将更多时间投入到学习任务中。再次，让学生用技术手段来创造自己的成果（如使用多媒体，用计算机作图等），可使学生觉得学习更有意义。最后，使用技术手段能够增加学生自己对学习的控制感，从而提高学习动机。

无论哪种形式的运用技术的教学，都依赖于一定的学习理论基础，而大多数此类教学是建立在学与教的认知观的基础上，尤其是建立在建构主义观点的基础上。在运用技术的教学中，教师与学生各自有新的角色：教师被看作是学生学习时的帮助者与合作者，而不是传授知识的专家；学生在自己的学习过程中要担负起更多的责任，确定自己学习的步调、形式甚至内容。与传统教学相比，使用技术的教学对学生所做的课堂作业的要求也有所不同，更加强调问题解决技能与研究技能的使用；同时，还要求使用不同的评估方法，如不仅要评估学生所学的知识内容，也要评估学生所获得的问题解决、思维与研究技能，甚至还有学生的动机。

教师在运用技术进行教学时，首先要明确教学要达到的目标。有时，让学生进行"网上冲浪"或"接触计算机"等时，由于教学的目的性不强，反而会起到负面作用。而如果教师使用技术仅仅为了赶潮流，要给别人造成良好的教学印象，那么使用技术进行教学的目的就存在一定偏差。因此，在明确的教学目标下，教师在教学中使用技术，同样需要详细计划和合理决策。

教师可以使用的技术手段有多种，如多媒体教学、网络教学、智能化辅导系统、运用CD-ROM教学、创设虚拟现实等。本节主要介绍前面三种，其他形式的运用技术的教学方法可以阅读相关的教学之窗。

运用技术的教学　运用不同形式的技术手段，包括计算机、多媒体、因特网和智能辅导系统等来促进学生学习的一类教学方法

二、多媒体教学

学习要求　说明多媒体教学的优缺点

多媒体教学是综合使用多种技术来促进学习的一种教学方法。例如，设计一个计算机软件程序，它不仅控制计算机屏幕上出现的文本与图像，而且控制镭射影碟、CD、录像带、录音磁带等的使用。与传统教学方式相比，多媒体教学由于能提供较多的视听资源，学生不仅能听能看，有时还能对其进行操作，故能有效地促进学生理解、保持与使用新知识，有助于学生解决直观性较强的问题，同时也使学生在学习中体会到更强的主体感，更愿意参与学习。此外，该种教学方法常鼓励学生整合自己的知识（如自然科学、数学与历史等），以促进自己解决问题。

但是，和许多基于科技的教学方法一样，多媒体教学也要付出更多的代价，如时间、精力和金钱等。教师不仅要会使用各种机器（计算机、影碟机、CD播放机等），还要会使用这些机器上的软件。但更大的挑战是，教师在多媒体教学中往往较难控制学生学什么。例如，允许学生设计自己的多媒体项目，虽然有助于促进学生思考问题，但也可能会导致一些学生不按教师（或学校系统）的要求来学习。此外，如何评价学生在多媒体教学中习得的知识或技能，则是一个比较大的问题。

多媒体教学 同时综合使用几种不同类型的技术来提高教学效果的手段

教学之窗

运用技术的教学实例一：多媒体教学

美国的Van Haneghan等人（1990）设计了一个以"贾斯珀（Jasper）"为主人公的系列剧（镭射影碟）。首先，将贾斯珀放在一系列比较困难的现实问题解决情境当中，然后要求学生设身处地地确定主要目标，并分解为若干个子目标，发现影碟中提供的相关信息，并且形成策略来达到子目标以最终实现主要目标。这些影碟对于帮助学生学习内容知识、形成一般问题解决技能、整合各种知识等很有作用，这主要体现在：第一，所呈现的问题很复杂，要求学生分解出大约15个子目标并一一实现它们，达到这些目标需要一定的经验，在普通课堂中通常没有这样的机会。第二，所遇到的问题都是现实的，让学生有机会在现实情境中作出决策。第三，这些影碟使用的是内含的数据设计，在这种设计中学生可以看影碟，产生子问题，然后回去找内含于故事中的相关信息。所有必要的数据都被包括在内，但是和现实情况一样，学生第一次碰到问题时，并没有被告知哪些信息是相关的。学生们必须学会搜索信息资源（包括他们自己的记忆）来获得潜在的有用信息。最后，这些影碟鼓励学生将数学与自然科学等领域的知识加以整合。例如，在其中一张影碟中，贾斯珀必须确定他是否有足够的汽油把轮船开回家。这就要求学生使用很多自然科学知识，比如风速、水流速度、顺风还是逆风,船的重量对航行时间的影响等等;同时,也要求学生使用数学知识,比如比率与概率等等。最重要的一点是,这些影碟鼓励学生将这些自然科学与数学的知识看作解决问题的工具,而不是一些要求记住的事实与公式。

三、网络教学

学习要求　阐述网络教学的含义
　　　　　　说明网络教学的优缺点

现在,大多数人都已经熟悉了"因特网"这一词语。因特网是一种有组织的计算机网络系统,使用者可以用它来传输与搜索信息,快速便捷地查看相关主题。网络教学(Web-Based Instruction,WBI)就是运用因特网的搜索与传递功能,以及它所拥有的充足资源来促进学习的一种教学方法。WBI的优点在于:(1)它能提供更多的学习资料,学生与教师能够获得以前很难得到的信息、材料、专长与经验等;(2)它往往是不同地区乃至不同国家的合作,有助于使用者理解不同文化,学会尊重并学习他人的观点与立场,陈述或反思自己的观点与立场;(3)它常常提供一些现实的有意义问题,这些问题既可以由学生独立解决,也可以以小组方式来解决,因而改变学生的学习观念,鼓励合作式学习;(4)它提供学生控制自己学习过程的机会,进而有助于形成更多的创造性成果;(5)其多媒体性质使学生能够选择自己喜欢的信息形式(听觉的、视觉的、文本的或图表的)来学习,促进记忆与理解。

因此,与传统的教学形式相比,WBI更加以学生为中心,也更加以项目为导向。它强调不同的思维、学习与研究技能。为了有效使用WBI,学生需要学会上网的各种技巧,以保证浏览网页时不致于迷失方向。研究发现,漫无目的地上网虽然有助于学生学到网络的基本知识,但会阻碍他们发现相关信息。因此,在网络教学中,教师要教会学生如何有效地"网上冲浪",有时还要规范学生的各种上网行为,以确保学生习得给定的知识。

教学之窗

运用技术的教学实例二:网络教学

某个学生想要浏览一下有关当前火星探险的资料。她可以在互联网中键入一个关键词(如"火星"),在几秒钟之后就会发现有关"火星移居计划"的文章,其中有这一计划最近的照片。在阅读这篇文章的时候,她发现对火星最初的探险是在20世纪

> 70年代。当她单击文章的第二部分时,几秒钟后就得到了早期探险的摘要以及它是如何引导当前工作的。她还可以浏览对其他行星进行探险的有关资料,如美国的太空探险计划以及更多关于火星特征的详细资料(例如远古河流的存在,生命形态的证据,它为什么被称为红色行星等等)。她还可以进入聊天室与来自世界各地的对这一主题感兴趣的人们一起讨论火星探险。

网络教学 运用因特网的搜索与传递功能以及它所拥有的充足资源来为学生提供教学的技术

四、智能辅导系统

学习要求 阐述智能辅导系统的含义及其特点

在国外,运用技术的教学方法中有一种是智能辅导系统(Intellectual Tutoring System,ITS)。ITS最初用于工业与军事的训练,由于它的设备与开发费用昂贵,所以在中小学中并未得到广泛应用。这一系统的目的是在某一学科领域中为每一个学生提供一个个别辅导者。这一系统所呈现的新材料必须是每个学生都能理解的,所提供的样例与问题也是适合这个学生的。最重要的是,ITS能够追踪学生的表现,确定其错误与误解之处,并且提供适当的指导与反馈。事实证明,最后一点往往是最困难的,因为这样的程序必须包含一种决策规则系统,以确定何时及以何种方式进行干预,以及何时允许学生学习下一系列的技能或概念。

一系列研究表明,ITS对于学习很多基本知识以及如何处理问题都是很有效的,并且能够节约大量的时间。在某些情况下,ITS所包含的内容领域知识远远超过了一些教师的全部技能。当要确定学生们对某一领域的误解时,这就显得尤为重要了。因为要确定这些误解是很困难的,而它们对学生理解、记忆并使用新知识的能力有着较大的影响。并且在某些情况中,教师们可能有同样的误解,这样确定并改变这些误解就更困难了。ITS在每一内容领域都有高水平的专家,这样就提高了其确定并纠正这些误解的可能性。

那么使用这种技术有什么缺点呢?主要存在费用与实用性这两大问题。ITS需要把大量的时间与精力花费在众多专业知识与技能上,这自然需要巨大的费用。另一个缺点与辅导组件有关,这一组件几乎完全关注于辅导过程的认知方面,也就是确定并编制何时以及如何进行干预的规则。但有研究者(Lepper & Chabby，1988)指出，要提出一个真正个人化的教学系统，必须将辅导的动机与认知方面均考虑在内。他们认为一个ITS系统不仅应当是智能的辅导，还应当是有情感的辅导。最后，大部分ITS系统都是建立在学习的认知理论基础上的。当前的人类认知理论都考虑人类学习与认知的社会特质，强调学习的社会情境与社会互动的作用，但ITS经常不考虑学习的这些社会性方面的重要性，这一点会影响它的效用。

几乎没有人对ITS的有效性进行过系统的评估。大多数评价都认为ITS加快了学习的进度，而且没有降低学习者的成绩。它还改变了课堂中教师与学生的角色，学生也认为使用ITS充满乐趣且有启发性。但是也有人提出有证据表明使用ITS会导致失败，并指出有必要改进评估研究。

智能辅导系统 是在某一学科领域中为每一个学生提供个别辅导的系统

教学之窗

运用技术的教学实例三：ITS教学

一个ITS通常包括三个方面。首先，这一系统必须包含一个能够解决所有呈现给学生的问题的专家组件。其次，必须有一个诊断程序，追踪学生的行为并诊断学生的误解与错误。最后，必须有一个能为学生提供适当的反馈和指导的辅导组件。当所有的程序都编好以后，ITS就会使教学个性化，这在以往的教学技术中是看不到的。它会追踪学生的行为，在学生当前理解的基础上提出不同的问题和解释，在适当的时候进行干预与重新指导，并且给出即时的反馈。

一个ITS系统所给出的辅导在以前根本是不可能或者十分困难的，使用的样例要么很少见，要么很重要，要么很危险。例如，一个航空电子学的ITS就用来训练空军中维修喷气式飞机与战斗机的技师。传统的训练方法包括大量有关这些飞机的系统的(如电子的、机械的、燃料的)课堂教学(讲座与课堂练习)。课堂教学之后是实习，学生们会在一位经验丰富的技师指导下诊断并修理飞机。而航空电子学的ITS系统正是为了改进学生们接受的训练而提出的。它可以呈现罕见但灾难性的问题，这样学生们就可以学会辨别这些灾难的警报信号。这种ITS系统也允许学生犯错，甚至是非常危险的错误，此时系统会给学生一个适当的反馈。结果表明，使用这一辅导系统进行四个月的课堂学习的学生，解决问题的能力与那些经过四年的传统教学的学生不相上下。

教学之窗

运用技术的教学实例四：运用CD-ROM的教学

　　CD-ROM（光盘）是发展最快的技术之一，它能够存储任何类型的大容量的数码资料，包括文本、数字、声音、图像以及数码电影。在图书馆里，CD-ROM为读者获得数据库提供了快捷的方法。有些CD-ROM系统就是一部百科全书，可以使个体在几秒钟内获得任何包含在整个大百科全书中的任一主题信息。它包含有静态与动态的视觉信息与声音，常常以新闻胶片或动画的形式出现。这样的信息比那些印刷文本所能提供的信息要丰富得多。

　　目前CD-ROM教学正以惊人的速度在发展。它的动画、音乐、叙述可以控制，有双语选择，有教师或家长的"编辑页"（此处教师能提供传统设计的问题、词语或其他资料），还有让师生知道学生完成正确项目数的进度报告。很多CD-ROM系统都允许学生使用图像、文字与声音来提出他们自己的创意，还有程序可以大声阅读出学生的成果。到目前为止，对CD-ROM系统的评估发现，它对诸如阅读、理解等各方面都有积极效果。

教学之窗

运用技术的教学实例五：虚拟现实的教学

　　虚拟现实（Virtual Reality，VR）是一种由计算机产生的三维空间，可以与使用者进行实时的、多感官的互动。使用者可以戴上一个特制的观察头盔，这种头盔能产生三维的视觉与听觉效果；还可以戴上一种电线手套或者穿上特殊材料制成的全套衣服，使用者能在虚拟空间中"走来走去"。当使用者移动时，计算机会在虚拟空间中更新其位置，并在头盔里对视觉与听觉信息进行适当的变化。

　　对学习而言，VR系统令人激动的一个方面在于学生可以全身心地投入到这种将认知、情感与心理运动技能整合在一起的互动学习中去。例如，学生可能想像不到生活在火星上是什么样子，但是在一个模拟火星环境的VR系统中就能获得这种体验。专攻生物学与医学的学生可以通过为"虚拟"的病人做手术来学习不同的器官系统，以及不同治疗方式的效果。这些学习活动在现实中是不可能进行的。然而，几乎没有什么中小学拥有VR系统。高级教育机构一直在对物理、化学、生物学、音乐等领域用来训练与教学的VR系统进行实验研究，这些研究项目中有一些已经扩展到中学了。然而，研究者们并不了解这种学习的情况与步调，以及学生对这一技术的态度。随着对VR的教学用途的研究不断发展及其费用的不断降低，相信这一系统将会渐渐走进中小学课堂。

教学经验

有效课堂教学

☞ 以往以教师为中心的教学都采用教师满堂灌的方法,这样的教学方法对教师来说是比较简单的,老师只要做好课前的备课工作,上课时按部就班地上就可以了。即使一个班级的学生水平参差不齐,也只能这样上下去,对于那些成绩跟不上的学生就只能课后给他们补课了。(卢飞)

☞ 以前以教师为中心的教学,可以说大部分都是填鸭式的教学。课堂上,只有老师在说话,学生就坐在那儿听,到底接受了多少并不知道,只能通过课后的作业和考试成绩来反映。以前是把知识大批量地灌下去,但是学生的能力提高并不显著。尽管这种以教师为中心的教学有很多缺点,但我们还是常常采用的,毕竟用了这么多年,很熟悉,很方便。(黄晔)

☞ 我觉得以教师为中心的教学,是让老师设计好主线,备课上课都以老师为主,这样有一个很大的好处就是老师好调控,不会出什么差错。但是这种方法,尤其是在教我们这种音乐课的时候不能激发孩子的兴趣。(郑德意)

☞ 我们老师很多时候都要求学生听话——"乖";而以教师为中心的教学确实好像也能培养学生这方面的特质,而且学生死记硬背的功夫也花得很多。但是创造性就相对不够,头脑也显得不够灵活。(吴志标)

☞ 现在的学生跟以前的学生比起来,知识面更广了,信息量更大了,性格好像也更活跃了,所以传统的以教师为中心的教学方法常常不能让他们满足,要通过以学生为中心的教学来提高他们的学习兴趣,活跃课堂气氛。(卢飞)

☞ 以学生为中心的教学与以教师为中心的教学相比较,更注重培养学生的积极主动性、思维创造性。还有很重要的一点,就是学生的个性体现得更加明显了。每个班级都有那么多的学生,他们的智力水平、个性特征都不一样,而以学生为中心的教学重视他们的差异,重视他们各方面的特征。但是以学生为中心的教学效果要长期观察,才能更好地继续实施下去。而且,当教师重视学生的个体差异时,一个班级的学生整体、全面的发展对教师而言是一个更大的挑战。(吴志标)

☞ 现在在教学过程中,也会根据班级的不同特点来进行教学,某个班级的好生多一些,气氛活跃些,而另一个班级差一些,那么对这两个班级的学生,教师在设计活动、设定问题等环节都要因班而异了。此外,我觉得以学生为中心的教学更重视培养学生的创新能力、合作能力和人际交往能力。但是我们的考评制度并不能与此挂起钩来,以致于要考试的时候我们还是会采用大量的训练、填鸭式的方法来对待学生。所以,真正贯彻以学生为中心的教学还不是说说就算了的,不仅仅是教师的事,也是家长的事,是整个教育行业的事。(黄晔)

☞ 以学生为中心的教学不仅仅是上课时候的事情,老师从开始准备上一堂课、教一个知识点的时候,就要把这作为自己的指导思想。老师在备课、上课的时候都要以学生为中心。(王东群)

☞ 事实上,以学生为中心的教学对教师的要求似乎更高了。教师不再是把教材进行简单的分割和简单的传授就够了。而是要对教材有更深更全面的把握,知道不同的知识点应该怎样教。教师也要对学生有更多的了解,知道在什么时候应该让学生进行什么样的活动。(须彦慧)

☞ 从教师的角度来看,以学生为中心的课堂教学,上课的难度增加了,上课的要求也提高了。但从学生的角度来看,能够在课堂上活动起来,不仅能够与老师对话,还能与同学在小组间进行对话,甚至可以接触计算机等多种教学工具,他们的兴趣必然提高,某些知识也更加容易接受了。(杨静)

☞ 对于美术这门课,每个学生的天资、经验不同,吃"大锅饭"肯定不行。对不同的学生,他们的绘画技巧的缺陷与长处都不同,教师必须采用个别辅导的方法进行指导。所以,以学生为中心很有必要。但是,这种教学方法受到时间与精力的限制,尤其是现在每个班级的学生人数也不少,不可能一堂课上对所有的学生进行指导,这也是一个局限。(顾雨青)

教学反思

学完本章后,你可以思考:
⊙ 使用直接教学法和讲授法来分别教授技能或知识,其心理学原理是什么?
⊙ 如何使用提问来促进学生的讨论与思考?
⊙ 以学生为中心的教学比以教师为中心的教学更好吗?如果是,表现在什么地方?
⊙ 发现学习适用于怎样的教学环境?
⊙ 在进行讨论时,是不是只要每个学生都在说话就够了?讨论法的要素何在?
⊙ 使用个别化教学有哪些好处以及局限性,由此你打算如何采用这种教学方法?
⊙ 使用技术手段来教学的目的是什么?

总　　结

以教师为中心的教学　信息加工理论是以教师为中心的教学的理论基础。以教师为中心的教学主要包括直接教学、讲授法和讲授—讨论法这三种形式。其中直接教学是一种旨在帮助学生学习程序性技能的教学方法；讲授法是一种旨在帮助学生学习组织化的知识体系的教学方法；讲授—讨论法是将短时的讲授与教师提问结合起来的教学方法。在以教师为中心的教学中，教师是课堂的焦点，在整个教学过程中起主导作用，承担主要责任。在制订教学计划时，教师为课程确定特定的目标，并设计学习活动来帮助学生达到目标，并且整个课程都要关注于这些目标。

以学生为中心的教学　以学生为中心的教学主要依据的是学习的认知主义观和建构主义观，强调为学生的"理解"而教学。在以学生为中心的教学中，学生处在教学活动的中心，以平等的身份与教师互动。教学过程主要依据学生的身心发展需要进行，强调学生主动学习。教师扮演咨询者、辅导者和学习动机激发者的角色。本章介绍了发现学习、讨论法、个别化教学这三种以学生为中心的教学方法。其中发现学习是给学生提供一系列事例，让学生运用归纳推理的方式得到隐含其中的原理的一种教学形式。讨论法是旨在激发思考、挑战态度与信念并发展人际交往技能的一类教学方法。个别化教学是为了满足每个学生特定的学习需要而采用的一种教学形式。

运用技术的教学　运用技术的教学指运用不同形式的技术来促进学生学习的一类教学方法，其中包括网络教学、多媒体教学、CD-ROM教学、智能辅导系统及虚拟现实等不同的形式。本章主要介绍了多媒体教学、网络教学和智能辅导系统这三种运用技术的教学。所谓多媒体教学，就是同时综合使用几种不同类型的技术来提高教学效果的手段。而网络教学，是运用因特网的搜索与传递功能以及它所拥有的充足资源来为学生提供教学的技术。智能辅导系统就是在某一学科领域中为每一个学生提供个别辅导的系统。

重要概念

以教师为中心的教学	讲授法	讨论法
教学互动	讲授—讨论法	个别化教学
直接教学	以学生为中心的教学	运用技术的教学
		多媒体教学
		网络教学
		智能辅导系统

参考文献

1. 陈厚德：《有效教学》，教育科学出版社，2000。
2. 张爱卿：《现代教育心理学》，安徽人民出版社，2001。
3. Borich, G. D., Tombari, M. L., *Educational psychology: a contemporary approach*, New York: Longman, 1997.
4. Leaderbetter, J., et al., *Applying Psychology in the classroom*, London: David Fulton, 1999.
5. Henson, K. T., Eller, B. F., *Educational psychology for effective teaching*, Belmont CA: Wadsworth Pub. Co., 1999.
6. Fenstermacher, G. D., Soltis, J. F., *Approaches to teaching*, New York: Teachers College Press, 1998.
7. Wilen, W., et al., *Dynamics of effective teaching*, New York: Longman, 2000.

第十四章 学习结果的测评

> 引言
>
> 　　上课后，学生掌握知识的情况如何？是否愿意学习？可采用何种测评方法来了解他们的知识或技能状况？他们是否达到教学目标所确定的知识要求？有哪些手段可用来了解学生的情感状态？如何解释并处理学生的一些不良学习习惯？等等。这些问题都涉及教学中对学习结果的测评。
>
> 　　与众多强调基本概念和理论的测评类教材不同，本章将主要围绕学校教育情境中的测验展开叙述。根据教学活动中测评的特点和教师的实践要求，本章将首先简要介绍测评领域中的一些基本概念，然后重点阐述对认知目标和情感目标的不同测量方法，最后介绍一些解释测验分数时需注意的事项。
>
> 学完本章后，你应该能够：
> - 理解测评理论中的基本概念；
> - 简述编制测验的基本原则与步骤；
> - 在教师自编测验中采用多种形式的测题；
> - 针对不同类型知识来设计测验；
> - 针对情感教学目标来设计测验；
> - 根据不同学习结果进行评价。

教学设疑

　　快到期末考试了，孙老师要出一份试卷，他一直在想：这学期的试卷出难一点，还是容易一点？出难了，大多数学生不及格，一方面怎么向学校、家长解释，另一方面是不是反映自己教学水平不高？出易点，就一定"皆大欢喜"吗？是不是要出一些开放式题目？如果有学生平时还可以，到考试就不行，这种学生怎么处理……

> 如果你是孙老师：
> - 在出试卷的时候，你有怎样的偏好，如难易题目的比例，题目形式等？
> - 在一次考试中，大部分学生都不及格，那么如何解释这一情况？
> - 某学生本学期的成绩与上学期成绩反差较大，如从不及格到优秀或从优秀到不及格，从测评角度，如何解释这一现象？
> - 学生未按教材内容来回答问题，但其答案有新意，你如何处理？
> - 某学生一贯不喜欢语文学科但成绩还可以，作为语文教师，你如何从测评角度来分析其原因？
> - 某学生在一次期末考试中得59分，你如何看待这个分数，并向该学生家长解释？

第一节　测评理论概述

一、测评的基本概念

学习要求　解释测验、测量和评价的基本含义

在教学过程的所有环节中，教师运用各种手段或方法搜集教学信息，描述、分析和判断学生学习状况，这些活动被称为教育测评（assessment）。完整的测评过程包括测量（measurement）和评价（evaluation）两方面。测量主要是指搜集资料的过程，而评价是指对测验结果的解释。测量这一概念在教育情境中，常以测验（test）来代替，不同的是后者主要在"名词"意义上使用，而前者主要在"动词"意义上使用，且涉及的意义范围更广。下面，我们简要介绍测量、测验和评价这三个概念。

测量就其广义来讲，是按照法则给事物指派数字。测量的这一概念的含义包括三个要点：一是事物及其属性，这不仅包括可直接测量的事物及其属性（如长度），也包括一些可间接测量的心理现象（如智力）；二是法则，即测量者对事物指派数字时所采用的依据；三是数字或符号，其所代表的含义直接标示所欲测量的内容，反映了被试的表现或者代表了"他（她）能做到多少"的解释。

测验是运用一系列问题来鉴别能力、性格、学业成就等个体特质的工具。从心理测验学的角度，测验实质上是"对行为样组的客观的标准化测量"。也就是说，测验只能选取一个具有代表性的行为样本，并据此来推断学生的整体行为；测验必须标准化；测验具有客观性；测验必须具有一定的信度和效度。因使用目的的不同，测验有多种形式，如

性格测验、智力测验、学业成就测验等。

评价是指系统地收集有关学生学习行为的资料,在对之加以分析处理后,再根据预定的教学目标给予价值判断的过程。这些资料既可以是测验结果,也可以是教师平时观察的现象;既可以是测量中获得的数据,也可以是对某种品质的描述。根据发生时机,评价分为:(1)诊断性评价,在教学活动之前了解学生的原有知识掌握情况;(2)形成性评价,在教学过程中了解学生的学习进展情况;(3)总结性评价,在教学活动后了解学生最终的学习效果。根据资料处理方式,评价可分为:(1)常模参照评价,根据常模来确定行为的优劣,常模就是解释测验结果的参照指标,是依据测验适用对象总体的平均成绩制定的;(2)标准参照评价,根据某一不随测验适用对象的变化而变化的固定标准来评定被试行为。

测验 运用一系列问题来鉴别能力、性格、学业成就等个体特质的工具
测量 按照法则给事物指派数字
评价 指系统地收集有关学生学习行为的资料,对之加以分析处理之后,再根据预定教学目标给予价值判断的过程

二、有效测评的必要条件

学习要求 举实例说明效度、信度、难度和鉴别力这四个有效测评的必要条件

衡量某一测评方法的有效性,其常用指标有以下几种:效度(validity)、信度(reliability)、难度和鉴别力。

1. 效度

效度是指一个测验所测量的东西与该测验所要求测量东西的相符程度。效度是一个相对概念,任何一种测量工具只是对一定目的来说才是有效的。效度有多种类型,如内容效度、构想效度和预测效度。所谓内容效度,就是指测试问题能否真正代表或推断测验编制者希望测量的目标或能力,而教学内容与测试内容一致性越高,则可认为测试的内容效度越高;所谓构想效度,就是指一个测验对某种心理学理论所涉及的抽象概念或心理特质测量得如何,如气质测验对胆汁质类型的气质的反映程度;所谓预测效度,就是指一个测验对处于特定情境中的个体的行为进行预测时的有效性,如智力测验对学业成就的预测程度。

2. 信度

信度是指所测量属性或特征前后一致的程度。信度与效度的差别在于：效度是对测量准确性程度的估计，而信度是对测量一致性程度的估计。在心理和教育测量中，常用的信度有再测信度、复本信度、分半信度、评分者信度等。所谓再测信度，是指使用同一测验在不同时间对同一组受测者施测两次，根据两次测验分数所计算的相关系数；所谓复本信度，是指使用两个等值但题目不同的测验来测量同一组受测人，然后计算出两次测验分数的相关系数；所谓分半信度，是指将测验题目分成对等的两半，根据受测人在这两半测验的分数所计算出的相关系数。可见，不同种类的信度是用相关系数来表示。

3. 难度和鉴别力

难度是指项目的难易程度，通常用受测者答对或通过每个项目的人数百分比（P值）作为难度的指标。项目的难度水平多高才合适，这取决于测验目的、项目形式以及测验的性质。在学校教育中，如果测验目的是考查学生对某一知识或技能的掌握程度，则难度水平可以较低；如果测验用于对学生作区分，则可适当提高难度水平，如选用1/2中等难度（难度在 0.5—0.7 之间）的题目，1/4 难题，1/4 易题，这样对于好、中、差各类学生都具有较好的区分能力。

鉴别力是指测验项目对所测量属性或品质的区分程度或鉴别能力，也就是项目的效度，一般以不同水平的被试通过每个项目的百分比之差来计算。如果一个项目的鉴别力高，那么水平高的或能力强的被试就会得分高，水平低的或能力弱的被试就会得分低，这样就能把不同水平的被试区分开来。而鉴别力低的项目，则意味着它不能对水平或能力有差异的被试作出很好的区分。鉴别力的指标常以对项目的反应与某种参照标准间的关系为基础。例如，学业成就测验可用年级或教师评定的等级作标准，观察测验能否把不同年级或不同水平的学生区分开来。

作为教学实践工作者，教师需要初步了解前面所介绍的测量领域中的基本概念和术语，但更为重要的是，如何将这些理论知识转化为具体的、可操作的方法与技术。下面我们将介绍一些常用于课堂教学的测量与评价方法。

效度　是指一个测验所测量的东西与该测验所要求测量东西的相符程度
信度　是指所测量属性或特征前后一致的程度
难度　是指项目的难易程度
鉴别力　是指测验项目对所测量属性或品质的区分程度或鉴别能力

第二节　学校教育中的测验

一、实施测验的基本环节

在学校教育中,测验实施主要包括四个基本环节,即设计测验、帮助学生准备测验、实施测验和分析结果。

1. 设计测验

在设计测验时,第一项任务就是要确保测验与教学目标和课堂教学相一致。这一任务虽然在制订教学目标时就应该加以考虑,但由于测验常常在课堂教学结束后才开始准备,所以要做到目标、教学和测验这三者的一致,是一件比较困难的工作。例如,在课堂教学中一些次要内容在测验中可能有多个与之相关的题目,而一些重要内容反而只有较少测题与之对应;再如,一个主题可能在课堂上是讨论其应用,在测验时却只停留在知识水平上;有些主题要求学生有可观察的表现,而评估方法却是多项选择题。上述这些因素都可能降低测验的效度。为此,在设计测验时,教师需要计划一些双向细目表,具体形式如表14.1：

表14.1　心理学科测验的双向细目表

教学目标 教材内容	知识	理解	运用	分析	综合	评价
概　　述	3	5			3	2
生理基础	5	4		2	3	
记　　忆	6	4	5	2	5	4
……						

(表中数字为题数)

2. 帮助学生准备测验

为使学生进入测验情境时焦虑程度最低,教师可以帮助他们准备测验,既要让他们了解测验过程、测验模式与测验内容,又要让他们掌握一定应试策略或技巧。为确保学生更好地理解测验内容与程序,教师可以：(1)详细说明测验的内容;(2)让学生在模拟测验的情境下练习一些题目;(3)让学生对测验有积极的预期,鼓励学生将成功与努力联系起来;等等。要提高学生的考试策略,教师可以引导学生注意:(1)测验时有效利用时间,并调整自己的速度;(2)仔细阅读指导语;(3)确定问题中的重要信息;(4)理解不同测验模式的要求;(5)弄清各题的计分方法;等等。通过这些措施,测验分数可较为准确地反映学业成就,从而增加测验效度。

3. 实施测验

在实施测验的过程中,教师首先要安排好适宜的测验环境,使教室远离干扰。其次,教师要向学生清楚说明答题要求、交试卷的方式以及考试结束后的安排,以此来保证测验秩序,也避免先完成测验者在交试卷过程中,对正在进行测验的学生造成干扰。最后,教师要监控学生做试题的过程,这不仅保证教师能鼓励那些困难的、分心的学生,也能防止作弊现象。所以,教师在监控时应尽量是支持者、帮助者的角色而非仅仅是监督人员。

4. 分析结果

测验过后,教师要进行评分,讨论结果并及时为学生提供反馈。这个过程有助于学生了解自己的学业成就与激发他们的学习动机。如果在反馈时对班级的成绩给予肯定评价,这对学生参加下一次测验将有积极影响。此外,教师对自己出的测题也应作一份笔记,为下次测验提供必要信息,促进对将来教学与评估的计划。

教学之窗

降低考试焦虑

对大多数学生而言,考试压力的不利影响是暂时而微弱的;但对一部分人(大约有10%)来说,考试焦虑是一个相当严重的问题。所谓考试焦虑,是指对考试情境的一种相对稳定的影响考试发挥的不适反应。考试焦虑主要涉及两方面:情绪和认知。考试焦虑中的情绪成分主要是指生理特征的变化,如脉搏增快,口干和头疼,还伴有恐惧、无助及头脑空白的感受;考试焦虑中的认知成分包含了对失败的害怕,以及对低分的困窘等这类想法。

考试焦虑的原因主要有两方面:测验情境和学生本人。例如,事先没有通知的测验,有难度且时间不够的测验,含有不熟悉题目或测题模式的测验,都会导致学生考试焦虑;而一些自我预期较高,或自我效能感不强的学生也容易考试焦虑。

降低考试焦虑的方法有很多,但大多针对焦虑中的认知成分。例如:
→ 采用参考效标的测量方法,使测验的竞争性最小化。
→ 避免社会性比较,例如不要公开测验分数和名次。
→ 增加小测验与考试的频率。
→ 在考试前讨论测验的内容与程序。
→ 清楚地指导,确保学生理解考试。
→ 教学生考试技巧。
→ 使用各种可靠的测评方法,了解学生的知识与技巧。
→ 提供足够的考试时间。

二、对认知目标的测量

1. 编制测验的基本原则与步骤

学习要求 从不同角度阐述教师自编测验的基本原则
简述学校教育测验编制的基本步骤

对课堂教学中认知目标的测量,教师一般采用学业成就测验(achievement test),即自编测验(teacher-made test)来测量和评价学生的学习状况。教师自编测验的目的在于,检查学习结果是否达到预定教学目标。

编制测验的基本原则,从测验本身角度主要涉及:(1)测验内容符合评价目的。教学评价有不同形式,根据评价的目的和功用,测验内容涵盖的范围应有所不同,如用于形成性评价的测验只能包括新近学习内容,而用于总结性评价的测验必须包括一学期的学习内容。(2)测验编制的科学性。自编测验必须具有科学性,如效度和信度等。除了以教材内容为根据外,测验还可通过以下方式来提高其科学性:明确测题意义;增加测验题目;避免测题内或之间存在暗示正确答案的线索;答案无争议;施测和评分要标准化;等等。(3)测验的使用必须具备一定效果。教师自编测验不仅要有助于教师的教学,更要有助于学生的学习。所以教师应及时给予学生测验的反馈信息,帮助其纠正学习中的偏差,达到知识内容的进一步深化掌握。

从测题角度则主要涉及:(1)测验题目与目标、内容的一致性。测验题目必须反映教学目标以及教师教过的重要知识,测量出学生的学习结果;同时,测题范围必须不超出教材的知识范围。(2)测题具有代表性。测题必须代表教材内容中的重要知识;在题目数量的分配上,必须均衡教材中各个重点。为达到这一要求,教师可根据教学大纲来列出教材内容和教学目标的双向细目表,并根据考试的性质和目的,确定题目取材范围、形式和数量。(3)测题形式与测验目的一致。在课堂学习后,学生对同一知识可形成不同的能力,如辨别能力、理解能力和记忆能力等。根据不同的测验目的,教师可选择不同的测题形式,如用是非题、选择题、填空题来测量学生的知识辨别能力或再现能力,用论述题或操作题来测量学生的综合分析能力。

基于上述基本原则,教师编制测验时可遵循以下六个步骤:

(1)确立测验目的,即测量什么或测量对象是什么。教育测验的目的是测量学生的学业成就,而后者的高低与教学目标密切相联,因此,教师必须明确学生要掌握的知识内容和类型,根据教学目标来确定测验目标。

(2)选材,即选择测验材料。在选材时,教师应注意材料的普遍性、目的性、代表性,既符合测验目的,能代表教材的全部内容,又不偏向某类学生。

(3)编制题目,即命题。在命题时,教师应注意测题的各种要求,如取样应具代表性,难度要有一定分布,文字要浅显易懂,各试题彼此独立,等等。根据测量目标,教师还应注意选取最合适的测题形式,而备选测题的数目最少应是所需数目的两倍,以便日后筛选。

(4)预试和测题分析。预试是指把初步选定的题目向一组学生实施的过程。在这一过程中,教师应注意:被试(学生)样组应具备代表性;预试过程力求正规;学生有时间完成所有题目;随时记录学生的所有反应。测题分析过程包括两部分:一是在预试前,教师对测题内容、形式、取材的适合性、制定测题的技术等加以分析;另一是在预试后,教师根据学生的反应,分析测题的难度和鉴别力。

(5)测题的选择、编排及标准化。在这一环节,教师应注意三点:题目的鉴别力、测验的难度和各类题目的比例。在这三点上,不同测验的要求各不相同。测题选好后,测题的编排方式一般是由易到难。而对测题进行标准化,就是规定测题的内容、实施、记分及分数的解释应符合什么要求等。

(6)鉴定测验的基本特征,即鉴定测验的信度、效度等。

根据不同的测验目的,教师在编制测验时不必经过每一步骤,但大多要经过前三步;而对于标准化测验,则必须严格按照测验的编制程序进行。

教师自编测验　教师编制某一测验,用以测量学科教学后学生的知识掌握或技能形成状况

学业成就测验　在学校情景中的成就测验

2. 不同的测题形式

学习要求　简述不同的测题形式
　　　　　简述不同的测题形式的优缺点

在教师自编测验中,测题形式大致分为两类:客观题和论文题。根据测验的目的和测验的特点,客观题和论文题有各自优缺点,具体见表14.2。

表14.2　客观题与论文题的比较

	客观题	论文题
优点	试题多且取样广泛和系统,评分较为客观,能涵盖多数教学内容。	可测量文字表达能力、综合运用知识能力与分析评价能力。
缺点	大多测量细节知识,较难反映对知识的组织与运用以及创新想法。	客观性差,评分较为主观,测题少且取样代表性差,评分困难且费时间。

客观题

客观题的特点是:问题给出较为明确,答案唯一,可较为客观地评分,而不同评分者的评定结果相同;该类测题包括选择题、是非题、匹配题和填空题等,其形式见表14.3。

表14.3　不同形式的客观题

题型		举例
选择题	单选题	中国封建社会中唐朝的第一个皇帝: a. 李渊　　b. 李世民　　c. 李密　　d. 李元
	多选题	下列哪些概念是具体概念: a. 口琴　　b. 毛笔　　c. 水果　　d. 香蕉
是非题	无需说明理由的是非题	暗适应是从暗处到亮处的视觉适应过程。(错误)
	需说明理由的是非题	流体智力是变化的智力。(错误)

第十四章　学习结果的测评·361

续 表

题 型	举 例
匹配题	请将下列人物与各自朝代连结起来？ 刘备　　　　　汉 刘基　　　　　唐 　　　　　　　宋 刘秀　　　　　三国 刘禹锡　　　　明
填空题	在教育心理学中，学生按照教师所期望的方向来塑造自己的行为，这被称为＿＿＿＿＿效应。（皮格马利翁）

具体来说，选择题是针对一个问题，要求学生从数个可能答案中选择一个或多个答案的试题形式。它包括两部分：题干和选择项。题干是对问题的陈述。其中，题干可以是一个完整的句子，一个不完整的句子或一个问题；而选择项一般是4—5个，其中一个或多个为正确选项。根据正确选择项的个数，选择题可以分为单选题（一个正确）和多选题（多个正确）。是非题是要求学生对一个或多个命题给予是非判断的一种试题形式。这种形式的试题只有是非两种可能的答案，根据测验的要求，教师可以要求学生说出正误选择的理由，或者对错误的陈述进行修改。匹配题是选择题的扩大运用，要求学生从两组或多组选项中寻求意义彼此配合的一种试题形式。填空题是省略一句话中的重要概念，要求学生填空，从而测量其记忆能力的一种试题形式。

论文题

论文题则要求学生针对一些问句或陈述句，用自己的语言写成较长的答案，并允许学生自由回答。按题意的限制与否，论文题可分为两类，即限制反应题和自由发挥题，具体形式见表14.4。

表14.4　不同形式的论文题

题 型	举 例
限制反应题	请你就生理方面新陈代谢的含义及其过程作一详细说明。
自由发挥题	就中国加入WTO所面临的机遇和挑战，请陈述自己的看法。

限制反应题要求学生在所限制的范围内发表自己的意见。而自由发挥题则给予学

生较大的自由,要求按题目的限制条件自由发挥。为了改进论文题中评分标准主观的缺陷,教师可采用一些方法加以弥补或避免。例如,对限制反应题,由于答案有一定范围限制,教师可采用分点法的评分方式。也就是说,教师事先列出该题的答案要点,并确定各要点所占的分点数;在阅卷时,按学生是否答对各题的要点给予分点数;然后,合计各题分点数,并以此作为学生的成绩。再如,对自由发挥题,由于答案没有任何限制,教师可采用评估法的评分方式。也就是说,在对学生答案整体进行批阅和考虑后,教师才给予分数。为使评估法的使用更为合理,教师可采用下述两种方法:(1)在评分之前先设定几个等级(如优、甲、乙、丙、丁五级),并规定各等级分数的范围(如优等代表90分以上,甲等代表80—90分,乙等代表70—79分……),通过这种方式,教师可以在相互比较的情形下,给予学生较为客观的评定;(2)以分题阅卷代替整体阅卷的方式,即教师先批阅所有试卷的第一题,然后批阅所有试卷的第二题,以此类推,这可避免同一试卷中各题之间的影响。

当然,论文题的评分还受到一些非答案性质的其他因素影响,如文字的工整及流畅,行文的条理和逻辑性,回答字数的多少,对好学生的晕轮效应等等。在限制反应题的评分中,教师可尽量避免这些因素的干扰。而在自由发挥题的评分中,这些因素的影响必然存在,有些甚至左右教师的评分(如行文的条理性和逻辑性)。在这种情形下,为降低这些因素所造成的不利影响,教师可以考虑:问题回答是否切合学习内容,是否有自我独特的见解,等等。

客观题 问题给出较为明确,答案唯一,可较为客观地评分的一类测验

论文题 要求学生针对一些问句或陈述句,用自己的语言写成较长的答案,并允许学生自由回答的一类测验

教学之窗

选择题的命题误区

☞ 题干不明

例:我国最大的城市是:

a. 上海　　　　　b. 重庆　　　　　c. 北京　　　　　d. 天津

(这里"最大"的含义不明,是指工业、人口、面积,还是其他?)

☞ 各选项陈述中有共同词语

例:北京_____。

a. 是中国的首都　　　　　　　　b. 是中国最大的城市
　　c. 是中国历史最为悠久的城市　　　d. 是中国最大的工业城市
　　（四个选项有重复词语"是中国"）

☞ 单选题中选项的意义重复
　　例：三角形三个角之和(x)：
　　a. $90<x<180$　　b. $x=180$　　c. $x<360$　　d. $x>90$
　　（b、c、d 都为合适选项）

☞ 滥用"上述答案都不对"选项
　　例：一圆的半径为1，圆面积是：
　　a. 3.28　　　　b. 6.28　　　　c. 3　　　　d. 以上都不对
　　（学生可能由于运用错误的公式，如 $s=\pi r$，而非测题所要求的运算，如 $s=\pi r^2$，而选择 d 项）

☞ 题干提供正确答案线索
　　例：... the man is also an _____：
　　a. artist　　　　b. captain　　　　c. barber　　　　d. manager
　　（如果这题是词汇题，题干中"an"提示选项单词必须以元音发音开头，学生则无须知道选项单词含义，也能正确回答）

☞ 正确选项有固定次序（如大部分为 b 或 c）

教学之窗

是非题的命题误区

☞ 题目陈述含糊
　　例：感觉是人对事物的感受所产生的心理活动。
　　（在心理学教科书中，感觉的精确定义是："人脑对直接作用于感觉器官的客观事物的个别属性的反映。"而该题使学生不明白题目要求回答的是精确含义，还是对这个概念的日常理解）

☞ 题目照抄书本语句
　　例：心理学是研究人的心理活动及其发生、发展规律的科学。
　　（这是教科书上的一句话。作为是非题，它可能导致学生死记硬背教材内容，而不求甚解）

☞ 出现双重判断

例：上海是中国最大的工业城市和人口最多的城市。

（此题前半部分正确，而后半部分错误）

☞ 使用限定词

例：所有平行四边形的对角线相等。

（学生可能依据"所有"这一绝对限定词而判断这句话为错误，而题目要求学生对平行四边形的定义有所掌握）

教学之窗

匹配题的命题误区

☞ 各组选项的项目不同类

（例如第一栏为人物，第二栏为朝代。如果一组选项不同类，则使得匹配关系较为混乱，答案标准不易制定）

☞ 各组选项数目相等

（各组选项数目相同可导致学生对不熟悉内容进行猜测）

☞ 试题过长，出现在不同页面上

（匹配选项位于不同页面导致学生匹配时间过长）

☞ 匹配联系太过牵强或含糊

（假设有一匹配题，联系为"人物所处年代"；而选项中有"鲁迅"，匹配项有"20世纪30年代"、"20世纪20年代"，等等。但是，这里人物与年代的关系不明确）

教学之窗

填空题的命题误区

☞ 要求填空部分是该命题陈述中的次要部分

例：_____包括两个方面：个性和心理过程。

（答案为"心理活动"，但这并非这句话主要意义所在）

☞ 从课本或教材中抄录整个句子

例：A型血气质类型的人_____，_____，_____，_____。

（该题内容并非主要教学内容。从教材中照抄句子，这使学生拘泥于教材的细枝末节）

☞ 题目要求填空的部分过多

　　例：学习是_____。

　　（填空题的预留内容太多，将不易使答案标准化。此题可设计为：学习是学习者的<u>能力</u>或<u>倾向</u>这两方面变化的结果。）

☞ 可填写答案太多

　　例：心理学是一门_____学科。

　　（这题空白可以填写"自然科学与社会科学交叉的"，也可以是"边缘"，更可以是"不同于物理学的"，等等。）

教学之窗

论文题的命题误区

☞ 限制反应题的题目陈述含糊

　　例：请比较一下心理学与物理学的异同。

　　（学生可以从学科性质或者研究对象等角度来回答，这一题没有给出学生应从何种角度回答问题）

☞ 限制反应题的题目过小或过大

　　例：请比较一下陈述性知识与程序性知识的表征方式。（过小）

　　请说出认知心理学对教学的贡献。（过大）

　　（问题过小就变成要求死记硬背的简答题，问题过大使得学生无从着手）

☞ 滥用自行选择论文题

　　例：请从下面三道问题中选择两道回答。（具体题目略）

　　（在考查学生在某个学科中的基本素质或能力时，这种测题形式可测量学生的优势能力；但是，在考查学生是否掌握该学科的知识时，这种测题形式将使得学生都选择自己熟悉的题目回答，从而影响试题效度）

---

3. 对知识的测量

　　通过本书前面章节的介绍，我们知道，现代认知心理学将知识分为两类：陈述性知识和程序性知识。与之对应，测量也为不同知识的教学目标而服务。

　　从测量角度，陈述性知识要求学生能用自己的话陈述信息，其主要特征是识记和理解。在这类知识的学习过程中，学生学习时所输入的信息基本类似于测量时所输出的信息。应当注意,在测量陈述性知识时,如果测量目的是了解学生是否记住某些事实,题目所使用的材料可以是教材上的重要句子,但最好是意思相同而表达不同的句子,具体可采用最简单形式的回忆式题目,如填空、选择等;如果测量目的是了解学生对某一信息的理解,则适合采用较复杂的测题形式,题目所使用的材料应尽量避免与教材的原文雷同,如是非题、匹配题和论文题等。

而程序性知识则要求学生能运用某些概念或者规则,来处理某个情境或解决某个问题,其主要特征涉及一类行为或操作步骤(过程),学生学习时的信息内容不同于测量情景中的内容。对程序性知识的测量虽然以某种外化行为或结果来实现,但更注重学生是否具备某种处理事物或解决问题的能力。与对陈述性知识的测量中强调学习结果相比,对程序性知识的测量注重学习过程。

总的来说,知识类型不同,其测量手段和方法也不同。对陈述性知识的测量,注重测题与学习情境的一致性;而对程序性知识的测量,注重测题能反映学生运用已习得知识处理各种任务的能力。值得注意的是,测验只是形式,关键在于解题结果和过程所体现的知识或能力类型。具体来说,填空题并非只适合测量陈述性知识,不适合测量程序性知识;而论文题所反映的知识或能力并非都是理解或更高能力,也可能只是反映了学生死记硬背的能力。教师应该利用多种测量方式来反映学生对知识的不同掌握水平。

教学之窗

不同知识类型的测题举例

☞ 陈述性知识教学的测题举例

知识点:学生对《最后一课》的作者及国籍的掌握情况。

填空题:《最后一课》是由____国作家_____写的。

选择题:《最后一课》的作者是_____:

a. 苏联的高尔基　　b. 法国的都德　　c. 丹麦的安徒生　　d. 英国的狄更斯

知识点:学生对教育心理学中迁移理论的掌握。

限制式论文题:从迁移的实质、实验依据和揭示的现象,简述传统的迁移理论中各个学说的特点。

自由式论文题:试比较传统的迁移理论与现代迁移理论的异同。

☞ 程序性知识教学的测题举例

知识点:英文读音[ei]和[i:]。

选择题:下列单词中有发音[ei:]的单词为:

> a. say　　　　b. see　　　　c. he　　　　d. me
>
> 知识点:"圆"的概念。
>
> 简答题:请你用圆规画出三个圆,要求不能重复。
>
> 知识点:"城市"的概念。
>
> 选择题:下面属于"城市"概念的正例是_____。
>
> a. 苏州　　　　b. 天安门　　　　c. 嘉定　　　　d. 上海
>
> 知识点:在其他条件相同时,气压低则水的沸点低。(物理学原理)
>
> 简答题:在什么地方,水温不到100度就可沸腾。请举出例证并解释原因。

三、对情感目标的测量

1. 情感教学的测量特点

> **学习要求**　讨论对认知教学和情感教学进行评价的不同特点

课堂教学目标除了包含知识和技能之外,态度、兴趣、习惯、品德、鉴赏力等情感教学也是不可缺少的成分,如缺少对这些内容的测量,就不能全面评价一个学生。与认知教学相比,情感教学的测量具有跨学科性和质性描述两个特点。

跨学科性

由于认知教学可以分学科施教,而且各科都有具体的教材内容,故而教师可采用纸笔式测验(包括客观题和论文题)来评价其教学效果。而情感教学不专属于任何一门学科,其效果可能产生于任何一种学科的教学活动。例如,在文科类(语文、历史、地理、音乐、艺术、体育等)教学活动中,情感教学范围中的习惯、态度、兴趣等内容多蕴涵于此;即使是在理科类(数学、物理、化学、生物等)教学活动中,也同样可产生情感教学的效果,例如,在数学教学活动中,数学理论的严密性可建立学生的科学态度,而对数学作用的认识可培养学生的求知兴趣,等等。由此可见,情感教学的测量,不应视为某一学科教学的责任,而是所有学科教学中教师都应承担的责任。

质性描述

在认知教学的测量中,教师根据测量理论来自编测验,通过量化的分数来标识学生认知能力的高低,而这种教学测量结果也不存在好坏之分。但在情感教学测量中,这种量化的分数固然重要,但其测量形式大多为质性描述,描述所欲测量的情感类教学目标,其结果往往存在好坏之分。例如,在语文学科中,对语法知识掌握程度的测量可用分数来表示,其结果是分数的高低,掌握程度的多少;而对语文学科态度的评估只能通过观察法、谈话法等质性描述方法,其结果是态度的正确与否。

2. 测量方法

学习要求 运用各种情感教学评价方法来测量学生学习态度

一般来说,情感教学测量必须符合情感教学目标。情感教学的范围较广,涉及态度、兴趣、习惯、品德、鉴赏力等,并且不同情感教学目标的测量方式也有差异。下面,我们仅以对学习态度的测量为例来说明情感教学的测量方法。

在学校教学中,对学习态度进行测量的方法很多,如观察法、语义分析法、情境法、问卷法和谈话法等。在此,我们主要介绍观察法、情境法和问卷法。

观察法

观察法是在自然的教育场景下,教师观察学生的行为表现,并加以评定的一种方法。与测验不同,在观察过程中,被观察者正常地活动和学习,没有(或较少)产生任何压迫感。所有收集的资料自始至终都是学生自然、真实的常态表现。正因为这一点,观察法可被用来客观、正确地评价某些学习态度。但是,观察得来的材料不易量化,且易受到教师主观因素的影响,这些都是在使用该方法时应予注意的。

观察法有自然观察法和实验观察法。无论用哪一种方法,都应有周密的计划,并随时记录;常用的记录方法有行为记录法和评定量表法。

所谓行为记录法,就是教师观察学生的日常行为表现,并随时作记录,这可用于评价学生的情感发展。这些日常行为表现反映出学生对学校学习、某一学科或某一学习内容的态度或兴趣等心理特征。教师将学生的这些行为随时记录下来,可采用横向评价的方法(比较同一组学生的学习态度异同),也可采用纵向评价的方法(过一段时间,然后再比较某一学生或某组学生在学习态度上是否发生改变)。表14.5举例说明了教师对提问的行为反应记录表。

而评定量表法来自语义分析法,是对各种行为的性质、特点,根据其程度,分别列出几个等级或阶段,用文字加以表述,从而形成评定量表。评定量表的设计分为两部分,一是所要评定的该项行为特质的名称,二是评定时用的分点说明语。观察时,教师从这几项不同的描述中,选择与被观察者行为表现相符的一项,标上记号,并据此分析学生的行为特质。表14.6举例说明了评定量表法中适用的表格。

表 14.5 行为记录法中记录表举例

例：对教师提问的行为反应记录表

行为表现 \ 姓名	李 明
一接触问题马上回答	
认真思考一段时间后回答	
低头不语，不想回答	
回答问题较偏	
回答问题有新意	

授课内容：　　　　　　　　　　　　时间：　　年　　月　　日

表 14.6 评定量表法中表格举例

例：行为特质，对心理学"感觉"一章的学习兴趣

学生姓名：　　　　　　　　评定日期：

	5	4	3	2	1
看黑板时间					
记笔记时间					
回答问题					
……					

表格说明：5——长(好) 4——较长(好) 3——一般 2——较少(差) 1——少

情境法

情境法来自心理学中的投射测验。它是教师给出一些反映情感教学目标的问题，要求学生解决这一问题，或者让学生设想自己为故事情境中的主人公，据此观察学生的言谈举止。这种方法有造句测验、不完全故事、两难问题等。表 14.7 举例说明了情境法的测题。

表 14.7 情境法的测题举例

测题类型	举　例
造句测验	当……时，我对教师的讲课非常感兴趣。 心理学的内容，我最喜欢看……部分。
不完全故事	记忆这一章的理论观点很多，你作为教师，如何吸引学生听课？

续 表

测题类型	举 例
两难问题	父母亲反复强调外语学习的重要性,我知道这些。但我对数学感兴趣。现在外语老师也教得不好,整天要我们背单词,我都烦死了。我是继续学外语呢?还是学数学呢?

问卷法

通过设计符合情感教学目标的问卷并实施问卷调查,教师分析并评价学生对某一学科或学习内容的态度。在问卷法中,教师在对学生行为评定的归纳或者归因判断中,将获得有益的教学信息。表14.8举例说明了问卷法中使用的评定表。

表14.8 问卷法的评定表举例

例:对学生学习结果的评定表

学科名称	
学生填答的问题	1. 我在本科目得到的成绩:优 甲 乙 丙 丁
	2. 我的成绩与我所希望的相比:较好 较低 一样
	3. 我从本科目中学到了:很多知识 一些知识 很少知识
	4. 我在学习时感觉到:非常快乐 无所谓 很不快乐
	5. 我感觉教师教课时:速度太快 适中 速度太慢
	6. 我希望教师给我的帮助是(说明):_____

教学之窗

对情感目标进行测量的注意点

▶ 行为记录法

首先,教师应设置行为记录的目的,即要事先设定所要观察学生行为的范围,但也要随时记录下学生的不寻常行为,如打架等。

其次,在记录方式上,教师不仅应清楚描述学生的行为表现,更应当记录当时的情境;如只记行为而不记情境,日后处理时就不易了解该行为的意义,从而导致行为评价的偏差。同时,教师每次所记可限于单一学生行为的单一记录,避免将数人或多事相混淆,而且经常重复的行为可简单记录。

最后，为使记录保持客观，教师应：a. 在记录中同时记下学生行为好与坏的两方面，以免偏于重视学生违规行为而忽视了学生良好的行为表现，同时也避免教师忽略学生出现的违规问题行为；b. 从累积的记录中分析判断学生的行为，以避免记录中的首因效应或近因效应，也即避免只凭一次观察记录，如最早印象或近来表现，就断定学生行为的好坏；c. 观察到学生某项行为后，尽快作成记录，避免过多的事后记录，也即避免事过境迁后对行为的重要细节产生遗忘。

☞ 评定量表法

一般来说，在使用评定量表法时，教师确定的行为特质过于抽象，因而不好判断；因此，选择行为特质时应考虑可观察的外显行为，避免一些抽象术语，如同情心、自卑感、愧疚感等。

此外，在设置评定分点时，存在两个误区：(1)对评定分点的文字说明过于含糊，使得评分不好操作；(2)评定分点太多或过少，过多分点导致评定无从着手，太少分点使得行为特质的鉴别力太低，因此，评定分点一般为3—7个分点，以5个分点为宜。

第三节 学校教育中的评价

一、教学评价结果的功用

学习要求 阐述教学评价结果的不同功用

在学校教育中，教学评价结果的功能主要体现在如下三方面：

对学校与教师而言，教学评价结果可用作检讨与改进教学的根据。教学评价是以教学目标为根据，如果评价所反映的学生学习结果与教学目标相符合，则表示教学目标适当，而且也显示出教学策略的成功。相反，如发现两者之间不相符合，那就必须重新考虑教学目标的适当性与教学策略的有效性。

对学生而言，教学评价结果可用作评定个别学生学习成败，及是否需要接受学习辅导的根据。从班级教学观点而言，纵使教学评价是有效的，也并不能表示每个学生的学习都成功。因此，根据评价结果并针对学生学习的困难，给予相应的辅导，才是教学评价结果的有效应用。

对学生家长而言，教学评价结果反映了子女在学校期间的情况或表现。学生在校成绩优异,家长自然满意。如学生在校学习有困难,家长们有权利了解子女在校学习的困难,并配合学校教学的要求,尽家长督导子女的责任。因此,在教学评价之后,学校有义务与家长沟通并合作,解决学生学习困难等问题。

二、对测验结果的处理

1. 认知教学评价

学习要求　阐述处理认知教学评价的方式
　　　　　　阐述解释教学评价结果时应注意的问题

在进行认知教学评价时,无论采用的是客观题还是论文题,测量结果必须按照选定的评分标准予以处理。当然,在评分之后,教师也应知道如何来解释这些评价结果,即理解这些分数所蕴涵的教学和学习含义。在课堂教学中,对学生认知学习成就的评分标准,不外两种制度:相对评分制(relative grading)和绝对评分制(absolute grading)。

相对评分制

相对评分制也就是平常所说的"等第制"。在理论上,相对评分制根据常模参照评价的原则,按照统计学上常态分布的原理,将学生分数的高低,按比例分配为不同的等级。例如,在五等级的评分制中,各等级所占的百分比可以是:优等占 7%,甲等占 24%,乙等占 38%,丙等占 24%,丁等占 7%。这种评分制度的优点,在于可由每个学生所得等第看出他在班上的相对位置(例如,得甲等的学生,其成就优于其他 69%的人)。但是,相对评分制仍有一些缺点,例如,班上学生的分数未必呈常态分布,而硬性规定学生只有 7%的优等,且必须有 7%不及格,这对优秀班级和学习成绩较差班级,显然都不合理;再如,因个人成就受等级名额的限制,难免使学生受到过分竞争的压力。

绝对评分制

绝对评分制也即平常所说的"百分制"。在理论上,根据标准参照评价的原则,绝对评分制一般以 100 分为学习熟练程度的标准,这具体体现在学生在每份试卷上都有一个分数。在学校教育中,一般规定 60 分以上为及格,这表示成绩在 60 分以下的学生,未能达到教学目标所规定的最低成就的程度。在实际使用绝对评分制时,学生的成就可直接用分数表示,也可用等第来表示。例如:优等代表 90 分以上;甲等代表 80—89 分;乙等代表 70—79 分;丙等代表 60—69 分;丁等代表 60 分以下。百分制的优点在于简单易懂,能评估学生对学习内容的掌握程度。但这一评分制也有缺点,这主要体现在试题过难或过易将影响学生的成就。例如,试题过难,使得多数学生得分过低(无人得优甲等),或试题过易,使得多数学生得分过高(都考到优甲等),这就难免因试题缺乏鉴别力而失去评价的意义。

相对评分制　也就是平常所说的"等第制",根据常模参照评价的原则
绝对评分制　也即平常所说的"百分制",根据标准参照评价的原则

2. 情感教学评价

学习要求　阐述情感教学评价结果的不同处理方式

对情感教学或各学科教学的情感结果进行评价,可用来帮助教师了解学生在学习态度、品德、兴趣等方面进步的情况,也可作为教师改进教学以及对学生实施心理辅导的参考。情感教学评价结果,在结果处理上并没有统一规定。例如,教师将每个学生的资料,按时间先后顺序汇集一起,分析其整体反应,并加上平日的观察记录,可作如下两方面处理。

一方面,教师采用观察法、情境法或问卷法,发现有明显反常行为的学生,立即给予辅导和协助,以免发生意外的后果;同时也可发现学生在习惯、态度、适应等各方面表现不当或显示困难的情形,采用随机教学的方式,或给予生活辅导,或实施学业辅导,以实现认知和情感教学目标的统一。

另一方面,结合认知教学评价,对情感教学结果进行评价。例如,在统计分析的基础上,可以将学生的学习结果归为四类:知识掌握程度较高且喜欢该学科,知识掌握程度较差且不喜欢该学科,知识掌握程度较高但不喜欢该学科,知识掌握程度较差但喜欢该学科。第一类情况表明教学是成功的,后三类情况表明教学是失败的,应当找出其情感方面的原因,并实施补救教学。

教学之窗
教学评价结果的解释

为了使评价起到加强学生学习动机,促进努力学习的积极作用,教师在向学生或家长解释与报告分数时要注意以下四方面。

第一,测验分数是对学生目前状况的测量,它受许多因素影响,如测验前的学习与经验、测验情境等,所以,教师在解释和报告之前,应全面了解学生情况,不要单纯

从分数上武断下结论。

第二,教师在报告学生学习结果时,必须使学生和家长认识到分数或等级通常不具有绝对的价值,只代表一种相对的意义,任何一个测验都不是一把绝对无误的"尺",应该把测验所得分数看成一个范围而不是一个固定分数。因此,在报告学生某些学科成绩时,最好指明参照组及其在组内所处位置。有时可把几个分数(如平时成绩、期中和期末考试成绩)通过加权,评出一个总的等级,如果使用确切的分数,则必须说明这些分数并不是一个精确的指标,而是对某人真实成绩的估计。

第三,鼓励学生本人积极参加对分数的解释,并用非测验因素如测验时的主观状态、平时的学习态度、学习环境、学习中的一些其他问题等加以补充说明,从而增进学生自我接受与自我了解的程度。

第四,教师应从关心、爱护学生的立场出发,解释和报告测验分数,最好采用一对一的形式,尽量不要有他人在场,以使测验分数的解释与报告产生积极的效果。

教学经验

如何编制测验与对待学生的成绩

☞ 有时试卷分基本题和附加题两部分,如果学生能得100分以上,学习热情有很大提高。我们现在使用的新教材比较注重学生能力的培养,就语文来说,课外阅读分析题、拓展性知识比较多,因此也拉大了学生间的差距。(蔡朱萍)

☞ 我在编高年级数学卷时,一般保证大多数学生能考70—80分,但要考满分也是有很大难度的。一般分三个难度档次按照7-2-1的比例安排试题。测题的形式根据教学内容而定。自己编制试卷时我们更多地是从难度、题量上来考虑。(姜海伟)

☞ 教师不能仅从学生的学习成绩来评判学生,更不能因此而给学生贴上标签。我相信每个学生都有自己的强项,教师要耐心、善于观察,才能发现学生的闪光点。学生的作业、平时的待人接物更能全面地反映这个学生的真实情况。(蔡朱萍)

☞ 对学习成绩不好的现象,要具体情况具体分析。如果学生只是一时发挥失常,教师应该给学生以安慰,避免学生产生精神压力,并让家长不要过于在意。而对于学习成绩一贯很差的学生,这里也有两种情况。如果学生智力较差,教师应以鼓励为主,并让学生课后加强练习;如果是心理上的原因(如懒惰、厌学)造成学业成绩差,教师应经常督促,并加强与家长的联系。(姜建锋)

☞ 对待学业成绩一直较低的学生,基本以鼓励为主。绝对不能直接告诉家长学生笨或智商低,可以使用比较委婉的说法,如学生的接受能力比一般学生要差一点。即使学生在班里属于最差的,向家长反应时,我一般说学生处于中等偏下水平。要给家长信心和希望,让家长感受到教师并没有放弃学生,这一点很重要。(姜海伟)

教学反思

学完本章后,你可以思考:
- 如何自编一份所教学科的测验?
- 自编测验与教学目标之间的关系?
- 测量陈述性知识与程序性知识有何不同?
- 论文题如何进行科学评分?
- 学生测验分数意味着什么?
- 对情感目标的测量,应注意什么?

总　结

测评理论概述　从心理测验学的角度,测验实质上是"对行为样组的客观的标准化测量"。而测量就其广义来讲,是按照法则给事物指派数字。评价则是指系统地收集有关学生学习行为的资料,对之加以分析处理之后,再根据预定教学目标给予价值判断的过程。有效测评的必要条件在于四方面:效度、信度、难度和鉴别力。

学校教育中的测验　无论何种形式的测验,都必须与教学目标相吻合。对认知目标的测量,教师一般采用自编测验,来测量和评价学生的学习状况。其测题形式大致分为两类:客观题和论文题。对认知目标的测量还应考虑不同知识的特性,如陈述性知识和程序性知识。对情感目标的测量,由于情感教学的范围较广,涉及态度、兴趣、习惯、品德、鉴赏力等,可主要采用观察法、语义分析法、情境法、问卷法和谈话法等。

学校教育中的评价　教学评价的结果,对教师可用作检讨与改进教学的根据,对学生可用作评定个别学生学习成败,及应否接受学习辅导的根据,对家长可帮助其了解子女在学校期间的情况。在进行认知教学评价时,测量结果必须按照选定的评分标准予以处理,但教师也应知道如何来解释这些评价结果,即理解这些分数所蕴涵的教学和学习含义。在进行情感教学评价时,可用来帮助教师了解学生在学习态度、品德、兴趣等方面进步的情况,也可作为教师以后改进教学以及对学生实施心理辅导的参考。

重要概念

测量	绝对评分制	难度	相对评分制
测验	客观题	评价	效度
学业成就测验	论文题	鉴别力	信度
教师自编测验			

参考文献

1. 陈琦等：《当代教育心理学》，北京师范大学出版社，1997。
2. 戴忠恒：《心理教育与测量》，华东师范大学出版社，1991。
3. 金瑜：《心理测量》，华东师范大学出版社，2001。
4. 皮连生：《教学设计——心理学的原理与技术》，高等教育出版社，2000。
5. 邵瑞珍：《教育心理学》，上海教育出版社，1998。
6. 张春兴：《教育心理学》，浙江教育出版社，1998。
7. Eggen, P., Kauchak, D., *Educational Psychology* (3rd ed.), Merrill: an imprint of Prentice Hall, 1997.

华东师范大学出版社
教师教育类图书（部分）

教育领导（校长）用书

1. 一个称作学校的地方	39.80元
2. 教育领导学	34.00元
3. 有力的教师教育	45.00元
4. 学校经营	20.00元
5. 学校文化	30.00元
6. 教育的感情世界	38.00元
7. 人是如何学习的——大脑、心理、体验及学校	29.00元
8. 教育改革——批判的和后结构主义的视角	24.00元
9. 教学与社会变革（第二版）	59.80元
10. 未来的课程	24.00元
11. 为了民主和社会公正的教师教育	39.80元
12. 学会教学：教师专业发展导引	26.00元
13. 教育信任——减负提质的智慧	25.00元
14. 为了学习的教科书：编写、评估和使用	49.80元
15. 整合教学法：教学中的能力和学业获得的整合	36.00元
16. 知识社会中的教学	29.00元
17. 让每一所学校成为杰出的学校	25.00元
18. 教育变革的新意义	36.00元

教师用书

1. 走出"盒子"的教与学	24.00元
2. 教师不可不知的哲学	36.00元
3. 21世纪的学校心理学	
4. 学校中的心理咨询	36.00元
5. 这样教学生才肯学：增强学习动机的150种策略	34.00元
6. 激发学习动机	25.00元
7. 做一名有谋略的教师	32.00元
8. 教师不可不知的心理学	25.00元

9. 一个模子不适合所有的学生·差异教学的原理与实践　　　44.80元
10. 体验学习:让体验作为学习与发展的源泉　　　27.00元
11. 基于脑的学习:教学与训练的新科学　　　39.80元
12. 高效能教师的教学锦囊　　　19.80元
13. 教育启示录　　　24.80元
14. 情感教育:塑造更完整的人生　　　28.00元
15. 高效学习:我们所知道的理解性学习　　　30.00元
16. 学会教学:教师专业发展导引　　　26.00元
17. 教学设计原理(第五版)　　　44.00元
18. 教学设计(第三版)　　　64.00元
19. 学习心理学(第三版)　　　49.00元
20. 个性化学习设计指南　　　24.80元
21. 教师课堂研究指南　　　28.00元
22. 向经验教师学习指南　　　29.80元
23. 新教师最佳实践指南　　　36.00元
24. 学习的条件和教学论　　　29.00元
25. 学程设计:教师课程开发指南　　　34.00元
26. 课堂观察:走向专业的听评课　　　28.00元
27. 教学样式:优化学生学习的策略　　　49.80元
28. 教学设计和技术的趋势与问题(第二版)　　　68.00元
29. 促进学生理解的50种方法　　　34.00元
30. 整合教学法:教学中的能力和学业获得的整合　　　36.00元
31. 为了学习的教科书:编写、评估和使用　　　49.80元
32. 让学生投入、参与、兴奋的180个创意　　　33.00元
33. 教学方法——应用认知科学促进学生学习　　　57.00元
34. 教学机智论　　　29.80元
35. 教师实践性知识研究　　　29.80元
36. 教师教育中的案例教学法　　　28.00元
37. 探索以校为本的教学研究　　　20.00元
38. 教师教育改革与教师专业发展——国际视野与本土实践　　　39.80元
39. 新课程背景下的教师专业发展　　　22.00元
40. 教师专业发展:途径与方法　　　25.00元
41. 教师能力标准:面对面、在线及混合和情境　　　18.00元
42. 基于标准的学生学业成就评价　　　28.00元

更多教育类图书,请登录华东师范大学出版社网站:
www.ecnupress.com.cn